市民社会の変容と労働法

横井芳弘
篠原敏雄 編
辻村昌昭

信山社

はじめに――本書を刊行するにあたって

（一）　本書『市民社会の変容と労働法』を刊行するに至った経緯は、次のようなものである。そもそも、本書の刊行母体は、後記のように一九九二年一〇月一六日に第一回の研究会がもたれ、爾来二〇〇三年七月二七日の第四二回を数えるまでに至った「理論法学研究会」である。この研究会は、労働法基礎理論の分野を含め、法律学の学界全体にポストモダン的状況が浸透し始め、戦後法学が蓄積してきた諸々の学問的認識、歴史認識および社会把握等と離れたところで、学問的営為を行なうという風潮を憂えるということから出発した。このような問題意識を共有した横井芳弘（中央大学　法哲学）の三名が数次の準備会を重ね、その後辻村昌昭（淑徳大学　労働法・社会保障法）も加わり発足するに至った。研究会の発足以後、商法、民法、労働法のメンバーが加わった。会員の多くは、地方の大学所属研究者であるため主に各種の学会が開催される時期や夏・春休み等の機会を利用して研究会を重ねた。このため、自ずと各メンバーの研究関心により法現象を理論法学の観点から考察する形式をとることとなった。その内容は、法哲学の領域に始まり、経済学、政治学、市民社会論、国家論、法解釈学、各法律学、比較法研究、労使関係論そして雇用保障の問題等きわめて多岐にわたるものとなった。法学者の研究にとり、判例研究を除く、まさに「法一般」の研究会となった。

そして、この研究会の回数を重ねる中で、こうした研究の成果を何とか一冊の本にまとめてみようという話が自然発生的に起き、各自論考の成果を持ち寄り全員参加の討議の結果、共通テーマを「市民社会の変容と労働法」とすることに至った（第四〇回研究会・二〇〇三年三月二三日・全電通労働会館）。しかし、「市民社会の生成変容と労働法」というタイトルで巻頭論文を執筆予定の横井は、個人的事情で締切期限に間に合わなかった。にもかかわらず、多くのメンバーの力のこもった論考が集成されたことは本研究会にとっては大きな喜びである。これも、研究会構成メンバー全員の努力の所産といえよう。

哲学の領域では、ポスト・ポストモダン、すなわち、もう一度近代哲学の読み直しを計ろうとする動きも見られるようになってきた。われわれの法学の分野、とくに労働法基礎理論の分野でも、戦後法学の読み直し・継承が必要である。このような理論状況の中で、本書がささやかであるが一石を投ずることになれば幸いといわねばならない。

(二)　ところで、本書の表題である「市民社会の変容」につき、一言する。現代市民社会の構造的変化の特質は、以下のように指摘できよう。第一に、高度情報技術が産業基盤に大きな変化を生じせしめた。単なる物の生産に比重を置く産業システムと異なり商業、金融、サービス等において情報経済は強いインパクトをもたらしている。産業基盤の変化は、何よりも労働力に大きな質的変化を招来せしめた。新サービス部門を中心に、教育、情報、福祉、医療、レジャースポーツ等知的サービスを供給する労働力の増大とそのキャリアアップである。就業構造において他の第一次産業や第二次産業の就労数よりも多く、職業分類でも、情報処理技術者・保健医療従事者・建築技術者等の事務・管理・技術関係の就業者増加が著しい(1)。このことは、同時に知的な情報発信とその受信によるネットワーク、つまり縦組織の中での人間関係の在り方の違いへと転化した。第二に、多国籍企業が広範な分野で進展した。単なる製品の生産・原料の取引だけでなく、「資本の輸出」（鉄道の敷設、石油の確保等の古典的形態）から、製造業のあらゆる分野での企業の多国籍化が進展し、国際的業務提携が進捗している。このため、資本、金融の世界的な移動とその連動性による国際資金（証券、株式、デリバティブ等）の大量の移動、企業組織・市場組織の国際化（アメリカ化・企業会計の連結決算等）を引き起こしたといえよう。総じて、グローバリゼーションといわれる市民社会秩序の大変貌である。第三に、これらは、とりわけサービス労働の本質的な定義をどうするか、すなわち生産的労働、つまり、単純に物的生産＝剰余価値労働と位置付けられ得るかという根本的な問題を提起した。ギルド的な熟練工を解体せしめた機械制大工業は、労働力の商品化を実現したものの、重化学工業の進展とともに、熟練的な技術者・管理者を増加させ、さらにはホワイトカラーをも急速に増大せしめた。そして、ポスト・フォーディズム下といわれる現代においては、単なる商業資本の経営に従事する労働者のみならず、知的サービス労働者をも増大せしめた。旧来の生産工程では、生産は流通や消費から切り離され、生産だけが独立になされた。しかし、サービス生産の場合は、その生産された財貨は、生産、流通、消費は原則、同一の時点、同一の場所で行なわれる。サービスは、財貨と異なり、在庫が不可能であり、輸送することもできない。ただちに消費される。このため、形式上は、労働者の労働力が企業に売られ、企業に雇用される実態が変わらないにしても、労働者のサービスが、直接消費者に売られることになる。つまり、労働者の労働サービスが消費者に販売され、その販売代金の内から一部が賃金として支払われる。その残りが、他の費用を控除した上で企業に利益になる。これは、他ならぬサービス労働者の雇用の際に出来高給や歩合給が採用されることが多くなる結果をもたらすこととなった（大内秀明著『知識社会の経済学』〈日本評論社、一九九九年〉参照）。この著は知識価値論にもとづく見解であるが、固有価値論からのアプローチもなされている。つまり情報資本主義においては、サービス労働、事務労働、商業労働そして研究職的な労働も含めて剰余価値労働として位置付けられるとする見解もある（北村洋基「情報資本主義と労働価値論の現代化——問題提起的ノート——」〈経済一九九九年九月号〉参照。なお、十数年前、横井は「労使関係の変容と労働法解釈の方法論的課題(1)」季刊労働法一五〇号、〈一九八九年〉で、労働法の基本概念である従属労働との関係で、サービス労働（役務）が如何にモノを生産する労働と異なるのかの解明の必要性を労働法学者に問い掛けたが、遺憾ながら労働法研究者の中からこのテーマを体系的に分析した論稿はあまりない）。

そして、第四に、このことは、雇用や賃金の制度、それだけではなく労働雇用それ自体「雇用・就業形態の多様化」と象徴化されるような展開を引き起こした。いわゆる労働市場の規制緩和である。第五に、これらの諸現象は、労働組織自体が消費それ自体の個性化の中で主観的、個性的なものとならざるを得ず、フォードシステム型の労働組織よりも主観的で個性化されたサービス労働、技術者的な裁量労働的な「質的要素」が労働において求められざるを得なくなった。いわゆる「雇用の質」問題である。第六にこれは、また企業と家計の関係も変え、物の生産だけが労働ではなく、家事労働もそのサービス労働なるが故にジェンダー的視点で重要な法評価の対象となった。テレワークやＳＯＨＯ等が労働法で論議の対象とせざるを得ないことも然りである。さらに、第七に、このサービス労働は、集団法理でも新たな論議を引き起こさざるを得ない。例えば、労働組合の組織率の低下は、先進国すべてに共通する現象となり、さらにその結合原理の問い掛けさえ惹起している[2]。ユニオン・ショップ協定に代表されるビッグ・ユニオンや大企業労組の結合原理とは異なる地域ユニオンや地域合同労組の模索、あるいはＮＰＯによる労組の代替活動等となって現象している（最近の研究成果として、浜村彰・長峰登記夫編著『組合機能の多様性と可能性』〈法政大学出版局、二〇〇三年〉参照）。

（三）　以上述べた現代市民社会の構造の質的な変化は、一言で表現するならば、情報技術に基づいて展開された「市場経済主義における需給システムの内部的制度的組織的変動」（横井芳弘「市民社会の変容と労働法」季刊労働法一九八号・巻頭言）といえよう。規制緩和にせよグローバリゼーションにせよ、この現象を国内的に象徴化したか国際的に象徴化したかの違いにすぎない。ヒト、モノ、カネの需給のシステムをどのように高度情報下の社会の中で、市場の原理の中で担保すべきかが、まさに国家レベルの総合的な政策でどう位置付けるべきかが現在問われているものといえよう。このためには、第一に、「市民社会――国家」の関係を経済・労働政策等で明らかにする作業（法イデオロギー、法制度等の分析）が必要とされよう。そして、第二に、資本主義それ自体発生時点から国際的な商品経済（市場主義経済）の程度を異にする国との関係で展開されてきたわけであるが、それはとりわけ先進国の影響を受けてきた。現下においては、企業組織のアメリカ化（アメリカン・グローバリゼーション＝企業会計の連結決算、企業年金等）の影響が大であることから、第一の国家の総合的な政策は、世界市場における支配的な資本形態の態様・動向の考察とを合わせてせざるを得ない。

この際、留意しなければならないのは、総合的な政策中、こと労働政策は当然ながら労働市場中から労働力商品を確保し、資本の再生産の中に如何に組み入れるかが至上命題である。上述した時代に即応した新たな様式の労働政策が求められており、これは雇用・労使関係の有り様のみならず労働法をも含めた新たな様式が求められている。このためには、今まで実施されてきた政策の内容の当否がまさに論議されざるを得ない。これは、当然労働法の市民法に対する特殊性をいかに国家の政策レベルで論議するかにある。この論議の視点は、当然複数の立場がありこれについての評価が分かれるのはいうまでもない（横井「もっと政策批判が必要なのでは」労働法律旬報一五一九号〈二〇〇二年・年頭所感〉参照。なお、横井は、部分的にかつてこの問題を論じたことがある〈「労働法制改編を問う」新地平・一九八六年五月号・新地平社〉等）。そして、第三に、「法（は）、現実社会に対する国家意思の実践的価値判断が特殊に法的なことば的技術をもって集積された規範の集積」（横井芳弘「労使関係の変容と労働法解釈の方法論的課題〈一〉」〈前掲・季刊労働法一五〇号二九頁〉）であるがために、当然ながら一般規範としての法規とそれが適用される場合の独自な意思（価値）が相対的に分離することを意味する。したがって、解釈の複数性が生じるのは当然ともいえるが、しかしこのことと一般規範として現実社会（市民社会）をどう評価するかは異質の問題に他ならない。したがって、その異質性は法の制定・改廃作業＝立法作業の当否が問題となるときにとりわけ明らかにになる。このことは、結果的に、現代的にはボーダーレスあるいはグローバリゼーションを考察する際に、法化社会の現象の考察を避けて通れない（二〇〇一年一〇月一三日の第三五回・理論法学研究会・横井報告「労働法学における『市民社会と国家』（総論）」・全電通労働会館）ものといえよう。以上、基本的な考察の指針を提示したが、研究会のメンバーの視点が完全に一致しているわけではない。さらに、他の指針を加えるべきであるという見解もあろうと思われるが、それはそのままとしてある。

次第である。

なお、本研究会の一覧を、本書巻末に記した。読者諸氏において参考とされたい。

最後に、本書作成にあたり、多大の労を頂いた信山社の渡辺左近氏と鳥本裕子さんに心より感謝を申し上げる次第である。

（1）「活用労働統計2004年」（生産性労働情報センター）によると2002（平成14）年時の日本の産業別就業者数の中の約六割が第三次産業に就労している。また、非正社員の比率は正社員の約25％、そしてサービス産業ではさらにその比率が高い。

（2）同じく「活用労働統計2004」によると平成15（二〇〇三）年の日本の労働組合の推定組織率は一九・六％である。戦後の最高数値は昭和二四（一九四九）年の五五・八％である。

二〇〇五年五月一〇日

編集代表　横井芳弘
篠原敏雄
辻村昌昭

※本研究会の創立メンバーである横井芳弘先生（中央大学名誉教授）は、一九二四（大正一三）年一一月一八日にお生れになり、二〇〇四年にめでたく満八〇歳（傘寿）を迎えられた。本書は、日頃ご指導を頂いている先生の一層のご健勝を祈念して執筆者一同より捧げられるものである。そして、先生の学問的足跡を後発世代たる読者諸兄姉に知っていただくために、各論考の後に横井先生の業績目録を付した。戦後労働法学に大きな貢献をされてきた横井先生を知る読者諸兄姉におかれても、このことを諒とされるであろう。

執筆者一同

目　次

〈執筆者一覧〉（掲載順）

篠原　敏雄　国士舘大学法学部教授
遠藤　隆久　熊本学園大学商学部教授
石井　保雄　獨協大学法学部教授
辻村　昌昭　淑徳大学総合福祉学部教授
鎌田　耕一　東洋大学法学部教授
梅田　武敏　茨城大学人文学部教授
新谷　眞人　北海学園北見大学商学部教授
小俣　勝治　青森中央学院大学経営法学部教授
藤原　稔弘　関西大学法学部教授
中野　育男　専修大学商学部教授
荒木　弘文　元新潟中央短期大学商学科教授

沼田稲次郎『労働法論序説——労働法原理の論理的構造——』を読む
——市民法学の視座から——

篠原敏雄

一　はじめに

私は、一九八六年に、その前年に書き上げた法学博士論文を、論創社という出版社から上梓した。その本の題名は、『市民法の基礎構造——法・国家・市民社会——』というものであった。この本は、それまで学問的に多々ご教示をいただいた沼田稲次郎先生に献呈されたものであり、その旨は、この本の開巻劈頭に記されている。

沼田先生とは、私が中央大学法学部を卒業して、東京都立大学大学院基礎法学専攻に入学して以後、その謦咳に直接接することになったのである。それまでは、法の基礎理論に関する論策を通じて、名前のみを知っていた程度であった。大学時代の研究会において、加古祐二郎の著作との関連で、また、橋本文雄の著作との関連で、沼田先生の名前は私の記憶に入っていた。特に、日本評論社から出されていた加古祐二郎『近代法の基礎構造』を読んでいた頃、加古祐二郎の横顔の遺影写真の次に、沼田先生の「編者はしがき」が三頁にわたって、執筆されており、また、最後の所で、「加古祐二郎の法哲学」が書かれていた。この時の印象が、私には強く残っていたと思われる。

私は、大学時代のその頃、岩波書店より逐次刊行されていた恒藤恭の法哲学に関する著作に学問的興味を持ち、刊行される毎に親しんでいた。そして、恒等恭が京都大学出身であることから、哲学のいわゆる京都学派の著作者達にも、私は関心を向けていた。その中でも、三木清の著作には、学問的に興味を惹かれたのである。乏しい書籍代から、『三木清全集』（岩波書店）を購入したのも、その勢いがあったからである。そうした関連で、梯明秀、戸坂潤等の名前を知ることになっていったのである。もちろん、マルクス、ヘーゲル、カントといったヨーロッパの思想の重要性も知ることになったのである。

付け加えておくと、先程の加古祐二郎の指導教授は、恒藤恭であり、加古の先述した著作の編者として名を連ね、愛惜極まりない「加古祐二郎君の追憶」という論稿を書いている。私自身の記憶によれば、私は、加古の著作に興味を持つ前に、恒藤恭の著作に親しんでいた。したがって、あの恒藤恭が、この加古の先生であったのか、という感想を当時抱いたのであった。

このような思想圏で、法学の基礎を考えていたので、大学院基礎法学専攻修士課程においては、そうした思想を原文にあたって読み込みながら学問的作業を進めていった。その際、役に立ったのは、沼田先生のゼミであった。令名のみで顔も知らなかった沼田先生を沼田先生と知ったのは、その時であった。その時、大学院の入学試験の面接で、全教員の真ん中に座り、私に「認識論について、また存在論とは何か」という質問をされた教授が、沼田先生だったことを知ったのである。

大学院のゼミは、私と、今は労働法の教授をしている浅倉むつ子さんとの二人だった。私は、その頃、ヘーゲル『法の哲学』を読み進めていたのであるが、沼田先生のご自宅でのゼミの時、ヘーゲルのこの著作にからめて報告をしたことがある。その時、「ヘーゲルは、市民社会を、悟性国家と捉えているが、その意味は何か」と沼田先生に問われて、咄嗟に返答できなかったことを鮮明に思い出す。そして、また、その当時入手困難だった、「自然法の学的取り扱いについて」と「人倫の体系」の訳である『ヘーゲル自然法学』（勁草書房）を沼田先生よりお借りしたところ、各所にわたって書き入れ、傍線引きがあり、粛然たる気持ちを味わったことも思い出す。

そして、私の修士論文の審査の際にも、審査委員として論文に眼を通され、面接の時、「法を存在拘束的側面および価値理念的側面から検討するということだね」と捉えて下さったことも脳裏にある。

基礎法学専攻の博士課程に入学して後、清水誠教授の研究室にたまたま在室していたところ、沼田先生が「勉強しているか」と入ってこられた。私は、その時、マルクスの『ドイツ・イデオロギー』およびその編集問題に取り組んでいたので、そのことについてお話しした。その当時の岩波文庫版が、偽書に等しいことをお話したのであるが、沼田先生は、極めて真摯に静かに聞いておられ、私の話の後、『ドイツ・イデオロギー』関係の諸資料を後で届けるように、と言って出ていかれた。

以上のように、沼田先生は、私にとって、法哲学、法社会学といった基礎法学の先達として存在していたことが分かる。したがって、沼田先生の『法と国家の死滅』という著作も私の関心の対象であったのである。そして、他方、沼田先生の労働法学に関する諸著作については、私自身の学問の体系が整った時点で、集中的に読み込もうと思っていたのでその当時の私の学問的関心の範囲に直接入ってはこなかった。

その後、年月を経て、冒頭に述べたとおり、一九八五年に博士論文を書き上げ、翌年、それを出版したのであるが、この博士論文をまとめるにあたって、沼田先生の折りに触れての発言が、個々の論点としてではなく、それらの背景にある論文全体の構成・理念に関連するものとして貴重であったので、躊躇うことなく謹呈したのであった。

その後、沼田先生は、病を得られた後、逝去された。

長々と、沼田先生との間でのことを述べてきたが、そのように私としては、先生の学恩に触発され、刺激されて、自分の学問的体系を構築しようと努力してきたつもりであったので、いつかは、先生の学問を取り上げ、検討・研究したいと念じてきた。今回機会を与えられたこともあり、先生の労働法の分野の諸業績、それも特に基礎理論に関するものを全体的に対象にしようと思ったのである。しかし、この作業を行い始めて、すぐこの計画は断念せざるを得なかった。取り上げるべき諸業績が沢山あり過ぎるからである。したがって、今回は、沼田先生による労働法分野での基礎理論として著名な『労働法論序説――労働法原理の論理的構造――』を取り上げることとした。沼田理論に関しては、逝去される前から、また、その後にも沢山の研究論文があることは、私としても承知している。私は、それらの研究に忠実に目を通して、本稿を書くという手法を今回採らない。私は、二〇〇三年五月に『市民法学の可能性――自由の実現とヘーゲル、マルクス――』（勁草書房）という著作を出版した。この本は、前述した、沼田先生に献呈された『市民法の基礎構造――法・国家・市民社会――』（論創社）の改訂・増補版として作られたものである。今回、この諸著作において述べられている観点、すなわち、市民法学の視座、から、沼田先生の『労働法論序説』を読み解いてみようと思うのである。

二　市民法学の視座

一

それでは、ここで言う市民法学とは何か、ということについて、述べておく必要があるだろう。

(1) 市民法学は、現代法を、二つの原理・理念、すなわち、第一に、自由、平等、独立の諸個人の確立、第二に、そうした自由な諸個人による友愛的、連帯的な国家共同体の形成、から成る市民法原理をもって再構成することを意図する学問である、と言うことができる。そして、この市民法学は、二つの分野を持つのであり、第一は、法解釈学の部門であり、第二に、基礎法学の分野である。第一の法解釈学の部門では、例えば、憲法、民法、刑法、民事訴訟法、刑事訴訟法といった実定法を、以上に述べた市民法原理に即して捉え直し、そのことを前提にして、条文をめぐる判例、学説について検討をすすめる、ということが行われる。ここで言われる法（法律）とは、したがって、特に、発生した法的紛争を解決するための基準という意味で使われることになる。第二の基礎法学の部門では、例えば、法哲学、法社会学、法思想史といった分野において、市民法原理について、その原理の深みと広がりにおいて検討、研究されるのである。ここで言われる法とは、したがって、法現象という意味で使われることになる。

ごく簡単に、市民法学という時、思い浮かべられてよい内容というのは以上のことである。したがって、労働法という実定法の分野も、市民法学の観点からすれば、まず、法解釈学の部門において、市民労働法として捉え直され、その観点から、判例、学説を読み解くということになり、基礎法学の分野において、労働法における法哲学、労働法における法社会学、ということが研究されることになる。

(2) 市民法学という場合、しかしながら、以上のところでつきるものではない。以上に述べた市民法学それ自体を基礎づける、言わばメタ理論としての市民法学理論があるからである。それは、すなわち、法(法律)、法現象を基礎づけ、逆に、それらに基礎づけられてある、市民社会の構造、国家の構造、歴史の構造、人間類型といった分野である。今、基礎づけ、基礎づけられてある、という言い方をしたが、別の言い方をして、法現象、市民社会現象、国家現象の共同主観的存在様式、と言ってもよい。

市民社会とか国家とか歴史とか人間といった言葉で表せられる現象に対する視座なしには、法(法律)、法現象に関して、深くかつ広い理解は、なかなかできないように思われる。その例は、例えば、戦後法学に大きな影響を与えた旧ソ連等の現存社会主義体制に対する把握の仕方を見ても、一目瞭然であろう。現存社会主義擁護の歴史観を採った法学者による日本の現代法の把握の仕方は、その歴史観とリンクしていたのである。

二

さて、では、市民社会の構造とは、では、どのように捉えられるのか。換言すれば、この市民社会現象は、どのように把握されるのか(本稿では、経済的次元での市民社会分析に限定し、他の次元は割愛する)。

現在のわれわれの飲んだり、食べたり、着たり、住んだり等の物質的富をめぐる経済的諸関係の総体・総和(市民社会)を念頭に置いて分析する時、それは、三つの規定・要素に分析される。第一に、歴史貫通的規定・要素、第二に、私的所有制的規定・要素、第三に、資本主義独自的規定・要素、である。

(1) 第一の歴史貫通的規定・要素の内容は、次のとおりである。人間は、人間諸個人の社会的諸関係の総体・

総和としての社会を通して、物質的富の源泉である大地・地球に働きかけ（「労働」）、そこから飲んだり、食べたり等の物質的富を手に入れる（「所有」）。すなわち、人間は、「人間相互の関係」を取り結びながら「自然」に働きかけるという行為を、いつの時代でもどの社会でも行ってきた。その集団の規模が数十人であろうと、一万人であろうと、一千万人であろうと、一億人であろうと、こうしたプロセスは、存在してきたのである。換言すれば、「労働」と「所有」の本源的一致、という事態である。これこそ、歴史貫通的規定・要素であって、現代のわれわれの経済的諸関係の総体・総和である市民社会も、当然のことながら、こうした規定・要素を持っている。この意味で、この市民社会は、「歴史のかまど」としての市民社会と言い換えることができるのである。

(2)　第二の私的所有制的規定・要素の内容は、以下のとおりである。現代のわれわれの社会は、以上に述べた歴史貫通的規定・要素を踏まえ、それを私的所有に適合的な形に編成し直している。つまり、歴史貫通的規定・要素における物質的富は、われわれの社会では、「商品」として存在しているのである。したがって、物資的富の生産、交換、消費のプロセスは、商品の生産、交換、消費のプロセスとして存在するのである。「商品」は社会的形態であって、その特質は、学問的に分析するしかない。分析してみると、商品は、二つの性質、すなわち、私的性質と社会的性質に分けることができよう、その私的性質こそ、「私的所有」であり、社会的性質こそ、「契約」である。別の観点から見れば、商品交換過程における静的基礎と動的側面に分けると、その静的基礎こそ、「私的所有」であり、動的側面こそ、「契約」と言い得る。つまり、商品交換を出発させるためには、あらゆる商品が「私的所有」の対象となっていなければならず、他人の「私的所有」物は、交換すなわち他人との「契約」をつうじてのみしか手に入れることができない、ということである。したがって、われわれの社会、すなわち、商品社会は、「私的所有社会」と「契約社会」の二つの社会の規定性をうちに持つことになるのである。別の言葉で言えば、商品社会を貫徹している関係は、「商品―貨幣関係」とも言い得るのである。こうした関係に適合的なのは、諸個人が、自由、平等、独立な個人として、他人と対等、平等な関係に立つという関係性であり、これは言わば人間関係の「水平的関係」とも言い換えることができよう。さらに言い換えるなら、「私的労働と私的所有の一致」という事態である。ちなみに、われわれの民法・財産法は、以上のような、「私的所有社会」と「契約社会」から成る商品社会の法的保護の体系と捉えることができるのである。この観点から、民法・財産法を再編成する作業が、市民法学の法解釈学の部門である市民民法学の課題となるのである。

(3)　第三の資本主義独自的規定・要素は、以下のとおりである。われわれの社会は、「商品—貨幣関係」が全面的に貫徹している社会、「私的所有社会」と「契約社会」から成る商品社会と捉えることができたが、しかしながら、商品社会が社会全体を過不足なく蔽うようになるためには、あらゆる物質的富が私的所有の対象となるだけでは足りないのである。このことは、次のことを考えれば分かるであろう。一方で、私的所有制的規定・要素からすれば、われわれの社会は、社会構成員の全員が私的所有の主体である、ということが明らかである。他方、生産手段（機械、工場、土地等の労働手段）の所有関係に着目してみれば、生産手段の私的所有者は、私的所有制的規定・要素の次元において、私的所有者の顔が出来るが、生産手段の私的非所有者は、どうであろうか。資本主義独自的規定・要素の次元での私的非所有者が、なぜ私的所有制的規定・要素の次元において私的所有者となるのか。それは、生産手段の私的非所有者は、労働力という商品の私的所有者であるからである。したがって、私的所有制的規定・要素の次元で、全員が私的所有の主体となることができたのである。労働力商品の全社会的規模での成立こそ、近代社会の成立の経済的基礎である。さて、われわれの社会における資本主義独自的規定・要素が貫徹していることによって、労働過程における支配—服従の関係として言わば「垂直的関係」が成立していることも指摘しておくことができる。したがって、諸個人の労働過程における不自由、不平等が成立する根拠ともなり得るのである。これは、言い換えるならば、資本主義的市民社会における労働と所有の分離ということである。ちなみに、われわれの商法および労働法は、この次元の法的保護の体系と捉えることができる。こうした視点から、商法および労働法を再構成する作業が、市民法学の法解釈学の部門である、市民商法学、市民労働法学の課題となるのである。

三　次に、国家の構造についてである。ここで言う国家すなわち国家的諸関係はどのように捉えられるのであろうか。

今、現在のわれわれの政治的な支配―服従の諸関係（われわれは、村・町・市、都道府県、日本国の政治的諸関係の言わば網の目の全体の中で生き、生かされているのであることを想起すればよい。具体的には、その象徴としての税金を思い浮べればよい）の総体・総和、言い換えて国家的諸関係の総体・総和を念頭に置いて分析する時、それは、三つの規定・要素に分析される。すなわち、第一に、歴史貫通的規定・要素、第二に、私的所有制的規定・要素、第三に、資本主義独自的規定・要素、である。

(1)　第一の、国家的諸関係の持つ歴史貫通的規定・要素とは、以下のようなものである。現在のわれわれの国家的諸関係の基礎・根底には、人間が社会を形成すれば（形成することが人間の本質であるが）、その社会を維持し、形成し、まとめるための事務が必ず必要となってくる。例えば、或る社会があれば、そこに何らかのリーダーが見出だされるというのは不思議ではないであろう。このように、人間が社会を形成すれば、必ず見出だされる事務こそ、いつの時代でもどの社会でも見出だされるものである。そのような事務を「共同諸事務」と言っておきたい。この共同諸事務は、その集団の規模が、数十人だろうと、一万人であろうと、一千万人であろうと、一億人だろうと、集団を維持するために不可欠なものである。もちろん、その具体的な在り方は、時代によって、社会によって、異なるであろうが、集団維持のための共同諸事務という点では、共通である。では、その共同諸事務の中身は、どのようなものであろうか。集団の維持という点で、これだけは必要だというものとして、二つ挙げられる。すなわち、集団内部の秩序維持という事務および外敵からの防衛という事務である。これらを基礎にして、他に紛争解決事務、教育事務、厚生事務、財政事務等々の諸事務があるのである。教育事務について言えば、これは、どの集団でも、その集団を支える人材の育成が重要であって、その育成の仕方は、文化人類学上の研究の対象となっているものでもある（通過儀礼。戦士の育成）。現在のわれわれの国家的諸関係も、こうした歴史貫通的な共同諸事務の遂行ということが基礎にあるということが、以上のところからうかがわれるであろう。

(2)　第二に、国家的諸関係の私的所有制的規定・要素について、以下に述べよう。私的所有が市民社会を捉えると、理念としての自由・平等という観念が、そこでの社会構成員全体のものになり得る可能性が生じる。経済的諸関係における商品―貨幣関係を中心とする市民社会の成立によって、或いは、それと相即して、人間の自由・平等といった理念の現実化の可能性が、社会の中に成立する。可能性であって、それが諸個人の獲得のための闘争なくして天然自然に手に入るというものではない。また、もちろん、人間が自由な存在である、といった観念は、近代だけのものではなく、前近代の中にも見出されるであろう。しかしながら、そうした理念が、社会を構成する総ての人々に妥当するべきものである、という共通の感覚の成立は、やはり近代に属するであろう。

さて、諸個人が、自由・平等・独立の存在である、ということを基礎にして出来上がる政治制度こそ、民主主義制度である。したがって、われわれの国家的諸関係は、民主主義国家という形で、あの歴史貫通的な共同諸事務の遂行を行っている、ということになる。ところで、民主主義国家としてわれわれの国家的諸関係があるという場合、その民主主義の中身は、どのように理解されるべきであろうか。ここで言う民主主義を、三つの原理に即して説明しよう。三つの原理とは、価値原理、機構原理、方法原理である。価値原理は、自由、平等というものであり、この理念によって、民主主義を価値づけている。機構原理は、民主主義を作り上げる機構であって、ここでは、特に権力分立制度を挙げておきたい。方法原理は、民主主義を作り上げる方法であって、討論と説得、参加と抵抗という方法が考えられるであろう。この中で、価値原理について、さらに述べると、自由は、個人の国家からの自由（精神活動の自由、経済活動の自由、私的生活の不可侵、人身の自由および刑事裁判手続上の保障から成る）と、個人の国家への自由（能動的権利および受益権から成る近代立憲主義的自由、現代立憲主義的自由）を、具体的な内容とする。以上のような内容からなる民主主義国家は、市民国家とも言い換えることができる。ちなみに、われわれの憲法は、以上のような民主主義国家・市民国家の法的保護の体系と捉えることができるのである。こうした観点から、憲法を再編成する作業が、市民法学の法解釈学の部門である市民憲法学の課題となるのである。

(3) 第三に、資本主義独自的規定・要素について見てみよう。市民社会における資本主義独自的規定・要素である資本―賃労働関係に即して、民主主義国家が展開、機能して行く場合、この国家は、資本主義国家と捉え直される。すなわち、資本関係に相応した国家活動と労働関係に相応した国家活動を、資本主義国家は果たすことになる。ところで、われわれの市民社会が、資本主義的生産様式が支配的な市民社会であることから、資本関係と労働関係との力関係は、等しいものではあり得ない。現実の力関係からして、資本関係に相応した国家活動の方が、事実上重要な力を持つことになるであろう。われわれの国家では、産業交通省と厚生労働省の活動を思い浮べればよいであろう。例えば、自動車の輸出・輸入をめぐる貿易摩擦という事態が発生した場合、自動車産業は私的企業であるが、この事態の解決交渉は、国家活動によることになるのである。したがって、われわれの国家は、現存社会主義国家でもなく、また、封建国家でもなく、原始的国家であるのでもなく、まさに、資本主義国家なのである。

四 以上のところで、市民社会の構造、そして、国家の構造について論じてきたが、最後に、それらとの関連で、現在のわれわれの法の在り方について、以下に述べよう。

今、現在のわれわれの規範的な社会的諸関係（基本的には、命令規範と禁止規範を内容とする）の総体・総和、すなわち、法的諸関係の総体・総和を念頭に置いて分析する時、それは、市民社会、国家の場合と同様に、三つの規定・要素に分析される。まず第一に、歴史貫通的規定・要素であり、第二に、私的所有制的規定・要素であり、そして、第三に、資本主義独自的規定・要素である。

(1) 第一に、現在のわれわれの法的諸関係の持つ歴史貫通的規定・要素というのは、以下のようなことである。

人間は、社会的な動物であることが本質的であるから、集団なしには人間たり得ず、人間は、生まれ落ちた集団の中で、人間として成長する。人間は、したがって、その集団の社会的諸関係の束として存在する。その社会的諸関係には、市民社会的諸関係、国家的諸関係があるが、規範的な社会的諸関係もその中に含まれる。人間は、生まれ育った集団のそうした諸関係の総体・総和から一歩も抜け出ることはできない。さて、その規範的な社会的諸関係は、少なくとも三つの次元を持つことであろう。一つは、習俗であり、家族、市民社会、国家のレヴェルで、それは存在する（洋服、髪型等のスタイルから始まって、様々のものがある）。第二は、習律であり、これは習俗に根差しつつ、それより規範性のレヴェルが高いものである（例えば、冠婚葬祭に見られるわれわれの規範的行動）。したがって、この習律に反すれば、習俗に反したよりも強い非難可能性を浴びることになる。第三は、法である。これは、習俗、習律に根差しながら、これに反する行動を人が取った場合には、習律よりもさらに強い非難可能性を浴び、さらに、その遵守を強制装置（現代では警察、裁判所等）によって、強制されることになるのである（強制可能性）。ところで、このように理解された規範的な社会的諸関係の構造それ自体は、その中に盛り込まれる具体的内容に差異はあれ、どの社会でも、どの時代にも見出だされるものであろう。この意味で、われわれの現代法も、基本的にこのような歴史貫通的規定・要素を内に含み込んでいるのである。

(2)　第二に、われわれの法の持っている私的所有制的規定・要素であるが、これは、以上に述べた規範的な社会的諸関係の構造に具体的な中身を持ち込むものである。私的所有というカテゴリーが社会の中に成立すると、それに相応するイデオロギーもまた現実的な意味を持ってくることになる。市民社会における私的所有制的規定・要素が社会において貫徹する時、そこでは、諸個人の自由、平等という理念が社会的に制度化する可能性が与えられることになる。国家的諸関係においてばかりでなく、法的諸関係においても、社会構成員全体の諸個人の自由、平等ということが、その中心的理念として据えられる可能性が生ずることになる。さて、その諸個人の自由、平等（自然権としての基本的人権）というものこそ、近代法の原理であり、現代では、それに加えて、自由な諸個人による友愛的、連帯的な国家共同体の形成ということも必要不可欠な原理である。この二つの原理から成るものが、市民法原理である。以上のような内容をもって、歴史貫通的な規定・要素を具体化することになるのである。ところで、このような市民法原理が、どのように憲法を始めとする各実定法に浸透しているのかを検討することが、既に述べたように市民法学の法解釈学の部門の課題、任務ということになるのである。この課題、任務を果たすことによって、現代法は、市民法体系という形で把握されることになるのである。

(3) 第三に、われわれの法の持っている資本主義独自的規定・要素に関してである。これは、市民社会における資本主義独自的規定・要素である資本―賃労働関係に相応し、適合的な法を持つということを意味する。すなわち、資本関係を法的に保護する法として、商法（企業法）、経済法等があり、労働関係を法的に保護する法として、労働法がある。ところで、労働関係を法的に保護する法としての労働法の形成は、資本関係を法的に保護する法としての商法等とは異なり、それをもとめるための闘争なくしては、十全に形成されることはあり得ない。一般的に、法＝権利の実現・獲得のためには、闘争が必要であるが、労働法の領域では、特に、法＝権利のための闘争は重要である。法は、言語のように成るべくして成ったものであるというような歴史法学派の把握は、ここでは通用しないのである。したがって、法＝権利のための闘争という契機は、労働法の性格の把握にとって、内在的なものであり、この契機を欠く労働法論は、表面的なものとどまることになることが分かるのである。

五　以上、市民社会、国家、法の圏域に関して、分析を進めてきた。この他に検討すべき、前述した、市民法学における歴史理論、市民法学における人間像についての考察は、別の機会に譲ることにするが、本稿において「市民法学の視座」という場合、今述べてきたような把握・内容を意味しているのである。

さて、そこで、以下では、こうした視座から、沼田稲次郎『労働法論序説――労働法原理の論理的構造――』を、検討することにしよう。

三　沼田稲次郎『労働法論序説』を読む

一　私は、労働法学界で、沼田『労働法論序説』(初版一九五〇年。以下では、一九六八年の第三版をテキストにする。また、本書よりの引用は、本文中に記すことにする)がどのように読まれてきたのかを直接知ることは無い。しかしながら、友人、知人の労働法学者より、この著作が畏敬の念をもって語られてきたことを知っている。そして、沼田先生が亡くなって後、この本にあるような研究志向を持つ研究者が激減したことも、友人、知人より伝え聞いている。これは、一体、どういうことなのであろうか。

確かに、旧ソ連に代表されるような現存社会主義の崩壊によって、この本にあるような概念、カテゴリーが意味を持たなくなったと、簡単に思われてしまったのかも知れない。というのは、この本の「第二版序文」(一九五三年執筆)には、「既に不動の体勢を樹立し、人類の明日を実現しつつある社会主義国家圏」というように、現存社会主義に対する、今から見れば誤った見解が記され、また、「第三版序文」(一九六八年執筆)には、「この二十年は社会主義国家の間にも変動をもたらした。中国とソ連とがかくも鋭く対立しようとは、本書を書いた当時、私は夢想だにしなかった。かかる事態は唯物史観にとって深刻な試練というべきであろう」というように、当時の中ソ論争が、国家主権相互の闘争であったという現実が見逃され、唯物史観というイデオロギーの問題にシフトさせられてしまっているからである。このように、現実の国際情勢を見誤った著者の労働法論、唯物史観も、それと一緒くたにされ、放擲されたのであろう。したがって、この著作にあるような研究志向を持つ研究者が激減したであろうことは、想像に難くない。

しかしながら、研究にあたって、基礎理論、現状把握、具体的政策論(法解釈論)は、相互に相対的に独立しているものであって、現状把握が間違っていたからと言って、また、具体的政策論(法解釈論)が誤っていたからと言って、基礎理論それ自体が総て誤謬であるとは決して言えないであろう。その意味で、沼田先生のこの著作それ自体の持つ学問的香りが、今も労働法研究者によって畏敬の念をもって遇せられているとすれば、それは、学問的に正しいことなのである。

私は、旧ソ連崩壊以前から、現存社会主義を批判してきた（『市民法の基礎構造』〔論創社、一九八六〕、参照）。その点で、沼田先生の現存社会主義擁護論とは異なっていた。他方、私は、その批判基準を、カント、ヘーゲル、マルクスの理論の中に探求してきた。特に、マルクスの『資本論』に至る歴史理論を初期から系統的に検討する中で、現存社会主義批判の根拠を求めた。その際、沼田先生のヘーゲルやマルクスに言及する研究は、私にとって、極めて興味あるものであった。マルクスを語る場合でも、例えば社会主義法の藤田勇教授が語る場合とは、色合が異なるように感じられたのである。沼田先生の今回の著作において述べられていることは、現存社会主義が崩壊しようと、われわれの社会が、資本主義的市民社会であり続ける限りでは、検討し研究され続けられねばならないものである。今回、この著作を取り上げて、検討しようとする理由の一つには、まさに、こうした事情があるのである。

二　私は、今回、沼田『労働法論序説』を、以上に述べた市民法学の視座から検討しようと、一言一句に気をつけるように読み進めてみた。読み進めてみた結果は、その副題に労働法原理の論理的構造とあるように、市民社会理論、法理論における論述には、市民法学の論理・構想と一致する点も見出された一方で、しかし、他方で、国家理論においては、必ずしもそうではなかったというのが率直な結論であった。このことを、以下において、述べていきたい。

(1)　まず、市民社会の構造、という点に関してである。『労働法論序説』においては、その第一章の序の一番最初ににおいて、次のように語り出されている。「われわれの研究課題である労働法は近代市民社会、即ち資本制社会の労働法にほかならない」（三頁）。明確に、市民社会という用語が、使われている。そして、さらに、「近代社会は経済社会たる市民社会を基盤として、そのいわば上部構造に近代国家＝政治社会＝法秩序を形成するところの、二元的構造を顕わならしめている歴史的全体社会である」（同頁）。市民社会は、経済社会として、まず、捉えられている。「資本主義的生産社会＝近代市民社会」（五頁）という表現もある。さらに、「商品交換社会として現象する資本制生産の矛盾的展開」、「市民社会は同質的原子論的体系の裏に却って異質的矛盾的関係を現成する歴史的社会」（一三頁）という規定も見られる。

他に、必要と思われる規定を、列挙してみよう。「価値法則は、資本制生産の基礎における価値法則としては資本蓄積の法則＝窮乏化法則の否定的モメントとしてのみ妥当するのであって、商品＝労働力に関する限り、その価値法則はまさに剰余価値法則として貫徹せられ、却って価値法則一般としては否定せられた形で妥当する」（五五頁）。「価値法則一般の妥当する社会は打算的個人の自由意思による商品交換社会であり、個人の打算にも拘わらず等価交換が支配し（価値関係）総行程において予定調和を現出する（価値法則の支配）市民社会である」（五九頁）。「労働力の不等価交換が、等価交換形式を以て行われるところに、市民社会の特質が存しているのである。等価交換形式こそ近代市民社会の謎を生む関係である」（七九頁）。「市民社会の元素形態たる等価交換―価値法則……社会法における人間像は人間が商品＝労働力の所有者として市民社会のモナッドであると共に、市民社会の内部においてその矛盾的な契機となっているような特殊的社会集団に所属しており、又所属せざるを得ないところの集団的人間―勝義においては階級的集団における階級的人間であるという社会的現実を反省する意識によって把えられた人間像……かかる特殊的部分社会は、市民社会における自由なる個人の生活実践そのもののうちに客観的に形成せられた不自由な社会であり、その不自由が、まさに生活苦を通して各人に意識せられている特殊的社会なのである」（一二〇―一二一頁）。さらに、「市民社会の根本原理である自由なる契約と所有権との織りなす性格」（一四六頁）。「市民社会は原子論的体系であり、そこでは人間は人格者（経済的諸範疇の人格化、基礎的範疇たる商品の人格化）であり、自由平等なる個人の人格性一般として規定せられる同質的存在なのである」（一八三頁）。

以上に掲げた個所以外にも、市民社会論として重要と思われる論述もある（例えば、二〇七頁）が、ここでは、これ以上示す必要はないであろう。

このように述べられた沼田先生の市民社会論は、本稿で述べられてきた市民社会論からすれば、基本的に肯定され得るものであり、違和感があるわけではない。特に、本稿において前述した、三つの規定・要素のうち、第二の私的所有制的規定・要素、第三の資本主義独自的規定・要素、および、両者を繋ぐ論理としての領有法則の転回論、が、基本的に述べられていると理解され得るのである。

したがって、沼田先生のここで述べられている市民社会論は、労働法学界においても、簡単に捨て去っていいような内容ではないのである。むしろ、この沼田市民社会論を、現代においてさらにどのように具体化していくのか、ということ（例えば、レギュラシオン理論とどう接合するのか、という論点）が、労働法分野における学問的課題だと思われる。さらにまた、マルクス的な意味で市民社会論が重要だというだけではない。

この沼田『労働法論序説』においては、ヘーゲルの市民社会論に関しても、適切に目配りがなされており、その意味でも重要なのである。すなわち、ヘーゲル『法の哲学』における「特殊の人は本来他の特殊性との関係に於て存在するものであるから、孰れの特殊の人も他の人によって、従って同時に全く市民社会の他の原理たる普遍性の形式によって媒介されたものとして、自己を主張し充足する」という論述を引用し、このヘーゲルの命題に対して、「特殊者＝商品所有者は普遍性＝価値法則の形によって媒介されてのみ自己を主張し充足する」ことにほかならない、と適切にコメントしているのである（一一頁）。ヘーゲル法哲学によるマルクス歴史理論の理解という手法こそ、現代においても重要な意義のある方法論であり、加古祐二郎の基礎法学とも繋がる方法論であり、逸することのできないものである。ちなみに、ヘーゲル法哲学研究は、現在ルネサンス状態にある。というのは、ヘーゲルの法哲学講義が、新しく続々と翻訳されてきているからである。今まで、ヘーゲル法哲学というと難解だという評判が多かったが、最近翻訳されている各本は、そうした先入観を覆すものである。

(2)　次に、法理論についてである。この法理論については、まさにこの『労働法論序説』において、全編にわたって主題的に論じられているものである。『労働法論序説』において、用語の難解性を除けば、ここでの論理は、きわめて明快なもののように思われるし、したがってまた、その論理は、意識するとしないとにかかわらず、現在の法学研究者の基礎的な枠組として使われ続けてているもののように思われるのである。

沼田先生の見解によれば、近代法ないし近代法原理は、次のように捉えられる。近代法原理は、「近代市民社会の即自的な自然必然性（そこに商品の物神崇拝的性格が生成し、人間の物化が行われる）に照応して形成せられるものであった。そこで予想される実態は、孤立的私的生産者＝自由人であり、その意思関係が原理的基底となる。権利の範疇は法の世界のモナッドとなる。そして権利の連鎖（意思関係の連鎖、商品交換）の上に市民社会の法秩序が構想せられ、等価交換を反映する諸原理（所有権と契約自由など）に支えられる。そして、最後に形式的には私法の原理を範型とした政治社会の法秩序がいわば市民社会の外廓的秩序として構想せられる。これが近代法形成の論理にほかならない」（三一頁）。ここで述べられている論理は、すでに加古祐二郎の基礎法学にも見出されていた論理であるが、今でも検討に値する論理である。近代法の総体を、このように論理的に簡潔に捉えることはなかなか出来るものではないのである。

以上の論理を違う個所では、次のようにも言われている。「近代的意味において市民法という場合、第一義的には市民社会の法（主として私法であるが、訴権と結びついたところの、そして普通は刑法によって保障せられた秩序―司法法の領域を観念せられる）を意味するものであるが、更に、下部構造たる経済社会から生産せられ、それによって規定せられながらも一応独自の原理に立脚し却って経済社会をも統制する近代国家＝政治社会をも含めた、全体社会としての資本制社会の法秩序をも意味する」（三頁）。すなわち、「全体社会の法としての市民法」（同頁）、「公法私法を包摂する概念」としての「市民法」（四頁）という規定である。

以上の規定は、前述した本稿における第二の規定・要素である私的所有制的規定・要素にぴたりとあてはまる。

率直に言うと、私が博士論文で市民社会・国家・法の存立構造について書く準備をしていた時に、この沼田『労働法論序説』を積極的に参看することはなかった。今、本稿を書くにあたって本書をひもといてみて、私見と論理的に基本的に同一のものが見出され、驚くと同時に嬉しくもあるのである。

さて、さらに、第三の規定・要素である資本主義独自的規定・要素について見てみたい。本書においては、以下のように、第二の規定・要素から第三の規定・要素への転変の論理が述べられている。「資本制社会の諸矛盾の展開は、決して単純ではないということは注意に値する。すなわち、労資の対立として現象する基本的矛盾を決定的な基軸として広汎なる社会関係のうちに多様なる矛盾を打ち出すのであり、しかもこれが顕わとなる段階も亦一様ではないのである。個別資本相互の諸関係においては、市民法原理はむしろ純化され高度化された形で(商法)妥当するのであり、他面にいち早く社会法への変容を迫られた領域と並立して全体的法秩序の一環となっているのである」(三二一―三三頁)。沼田先生は、この事態を、的確にも「市民法原理の発展過程に形成せられる二側面＝社会法化と商法化との二側面の分離と統合との過程」と捉えているのである。私の立場から言えば、市民社会における「資本―賃労働関係」に対応した、「資本関係に関する法領域」と「労働関係に関する法領域」、というものである。

以上の法把握において、市民法学の立場からすれば、注目すべきなのは、たとえば「商品所有者―自然権の主体が自由意思―社会契約を媒介として一面的に結びつき、普遍意思主体―国家を形成するという近代国家の論理的構造(正当性の構造)の下では、私人の一般的人権は統治の原理的前提でなければならない。したがって基本人権は統治の、従って公法の基礎的範疇にほかならない。だが、そのことは同時に市民社会における私人の根源的自由を表現する法的規範という面ではまさに私法秩序一般を基礎づけるものだ」(二四―二五頁)という主張にみられる捉え方である。本書の各所において見られるのであるが、近代法における自由意思への着目があるのである。もちろん、社会法への転変という論理局面では、その意義は後景に退くというふうな装置にはなっている。

なってはいるが、自由意思そのものは決して総て否定されることはない。この点が、理論的に極めて重要である。本書では、以下のように説かれる。「孤立的抽象的な法的人格者の自由なる意思関係という市民法秩序のデッサンは修正されなければならない。ここに、商品所有者たることを止揚しているのではなく、それ故所有権と契約の自由、総じて自由意思の形成を否定するのではないが、商品＝労働力の所有者として生産手段から切りはなされた人間、階級的人間（然し、法においては階級は労資共に国家内の並立的な部分社会としてとらえられ革命的主体性は否定せられる）の諸関係に妥当すべき法原理が市民法原理の修正として意識せられるにいたったのであった」（三九―四〇頁）。ここにあるように、「自由意思の形成」は、原理的に否定できないのである。したがって、こうした理論は、いわゆるマルクス主義法学者という人達の論理と肌合いが違うように私には思われるのである。彼らの論理は、近代法における人間の自由意思の在り方を基本的に無視あるいは軽視する形となっているように見えるからである。

さて、以上の他に、種々触れておきたい論点はあるが、それらは、また別の機会に述べることにして、沼田『労働法論序説』における国家論について考察を進めることにしたい。

(3)　以上に述べた沼田『労働法論序説』における市民社会論および法理論は、市民法学の視座からすれば、次のように言える。まず、その市民社会論、法理論においては、その両者とも、第一の歴史貫通的規定・要素に関する考察は欠けている、ということである。この規定・要素が欠けていることによって、労働法の存立構造を解明するための論述全体がどのような影響があるかについては、別途研究されねばならない論点である。さしあたり言えることは、労働法における「労働」概念の原理的・根源的意義の確定なしには、労働法の持つ現代的意味を捉える射程は短いものとならざるを得ない、ということである。次に言えることは、第二の私的所有制的規定・要素と第三の資本主義独自的規定・要素の区別と関連については、適切に目配りされているということである。もちろん、第三の資本主義独自的規定・要素が、労働法論においては、市民社会論においても法理論においても、論理展開の主たる場所であることによって、論述の比率はこの規定・要素に大きく傾いてはいる。しかし、そして、この点に橋本文雄『社会法と市民法』と加古祐二郎『近代法の基礎構造』の大きな影響があると思われるのだが、第二の規定・要素に関する論理的・範疇的な位置づけがしっかりと成されている点に、現代から見ても注目に値するのである。この点の考察の進展こそ、現代の労働法学の理論的課題とも言えるのである。私が、近年の西谷敏『労働法における個人と集団』(有斐閣、一九九二)の試みに着目するのも、こうした理由によるのである。

さて、国家論についてである。沼田『労働法論序説』においては、以上に述べた市民社会論と法理論とは異なり、第二の規定・要素と第三の規定・要素との区別と関連が明瞭ではないのである。沼田『労働法論序説』における国家の導出論は、基本的に、市民社会論から組み立てられている。このことは、一方で、国家の資本主義体制における位置を特徴づけることで意義を持つが、他方では、実は、市民社会と法から相対的に独立している国家(国家的諸関係の総体・総和)をそれ自体として論理的に捉えきれていないということにつながる。

国家論が市民社会論から導出されるということは、次のような把握から明らかに見てとれよう。「資本制社会を基底とする国家たる限り……階級的特殊的意思の実体が、普遍意思の形式をとることによってのみ階級的支配が可能であるということは、近代国家が商品所有者の規範意識―価値法則を基底としてのみ生成せられるイデオロギー的存在であるを意味しているのである」(二七頁)。したがって、「権利形式をもってする国家の政治作用そのもののうちには、異質的階級的社会に規定せられる客観的法秩序の主体的担い手としての国家の本質(階級的支配機構たる本質)が伏在している」(二九頁)のである。言い換えれば、次のようなことである。「国家は、それにおいて生産的実践の行われる生産関係に規定せられた全体社会の維持を志すことによって、全体＝公共的であると共に、生産関係に安住する階級＝生産関係において支配的立場にある階級の物質的支配を完全にすることによって階級的たるを免れない」(二〇八頁)。さらに、「国家の階級性、それは、国家が階級社会においてのみ存在する組織体であるという意味に限らず、恰もかかる歴史的性格の故に、国家は支配維持を本質的機能とするという意味で理解せらるべきである。そして近代国家において、まさに総資本の支配維持こそその本質的機能なのである」(一五六頁)。この国家＝総資本ということについては、別の個所で、次のように言われている。それは、第一に「国家が総資本即ち資本制生産の支配的な社会秩序を維持するという根本的志向性を担うこと」(六一頁)、第二に「現実には、国家＝支配的な資本を意味すること」(六二頁)、と理解される。結局、結論的には、以下の通りであろう。「国家権力の公共性が自覚せられたこと自体が市民社会の展開によって規定されており、まさに市民社会の私的な個人の根源的実在を肯定することの上にのみ公権力の正当性が承認せられ能うということ、即ち市民社会こそ国家＝公権力の conditio sine qua non にほかならないということである」(二三頁)。

以上、沼田先生が述べている国家の導出論を見てきた。これは、別の表現をすれば、典型的な経済還元論としての国家論と言い得るだろう。このように経済に極端に還元された国家論からすれば、次のことは、論理必然的である。「従って我々の立場では、階級社会の止揚は法の死滅をもたらすといわなければならない。それは又国家の死滅でもある。……国家及法は歴史的社会の歴史的形成物であり(階級社会における)従って、これを必然的に形成した社会的諸要因が喪失するとき死滅せざるを得ない」(二一五―二一六頁)。

私の市民法学の視座からすれば、以上の沼田『労働法論序説』の国家論は、まず、第一の歴史貫通的規定・要素に関する考察を欠いていることが指摘される。このことによって、いわゆる「国家の死滅」論も、理論的射程の短さを表していることが明らかであろう。次に、以上に引用した論述からも分かるように、沼田『労働法論序説』の国家論は、特に、第三の資本主義独自的規定・要素に関わるものであり、そのように捉え直した時には、こうした国家論はそれはそれで再検討されなければならないものである。そして、第三に指摘されなければならないのは、第二の私的所有制的規定・要素に関する方法論的考察が見られないということである。第二の私的所有制的規定・要素とは、前述したように、別言すれば、「民主主義国家」、「市民国家」の持つ意義ということである。

この「民主主義国家」の持つ歴史的意義は、しかしながら、実は、沼田『労働法論序説』においても、述べられているのである。それは、法、国家、市民社会の理論的把握のところではなく、「労働法学の課題」の個所での「我国の労働法解釈学について」においてである。

沼田先生は、次のように論じる。「近代国家の統治原理は典型的には民主主義であり、法による統治である。このことは、個人の自然権としての自由権を前提し、国家の権力の正当性の根拠も亦ここに認めることを意味しているのである。普遍意思の主体である国家は公布せられた法規によって統治すべきであり、法規は何よりも基本人権＝基本的自由を保障しなければならぬ。基本的自由は私的自治として幾多の契約関係（合同行為をも含めて）を形成する自由において典型的にあらわれる」（二三一頁）。このような論述は、民主主義国家論からすれば、基本的にうなずける規定の仕方である。また、他の個所では、民主主義国家・市民国家は、以下のように論じられる。「国家は法源の一切を民衆の手に渡し、法解釈と法批判との自由を与えることによって真に民主的法治国たり得るのである。そして、かかる法治国家にして始めて実定法の統一的規範秩序の認識を志す法解釈学は真に成り立つとしなければならない。労働法の妥当領域は集団的な行動が対立と斗争との関係のうちに行われる社会であり、法解釈も極めてイデオロギッシュになり易いのではあるが、法治国家における法秩序である限りは全体的法秩序の一環として統一的な意味構造を以て妥当しているといわなければならない。そして労働法学は、公示せられた法源の自由な解釈によってのみ、労働法を認識し能うのである」、「だから、我国の労働法学は一つの前提を予想する。我国は法治国家であること、即ちこれである」（二三六―二三七頁）。

以上のところで論じられている法治国家観は、市民法学の立場からすれば、民主主義国家論であり、第二の私的所有制的規定・要素における国家像であることが明らかである。このような適切な法治国家論は、しかしながら、沼田『労働法論序説』の文脈においては、外在的な位置にあると思われる。沼田『労働法論序説』における国家論の枢要、すなわち、「国家の本質（階級的支配機構たる本質）」（二九頁）という認識が変わることが無い限りそうであろう。それは、言い換えれば、民主主義国家論のポジティヴ、ネガティヴの両面にわたっての過不足ない解明・認識の上にたっての国家論ではなく、結局は、「法治国家の要請は然し、階級斗争が深刻化し、法の担い手の反動性があらわになるに従って貫徹せられ能わぬ」（二三二頁）という帰結に簡単に収斂してしまうような国家論なのである。こうした帰結には、私は、逆にこう言いたいのである。「だからこそ貫徹させなければならないのだ」、と。原理的には、既に述べたように、資本主義国家においては、法治国家、民主主義国家の論理は、絶対に欠くことができないものなのであり、したがって、貫徹させられないという事態も原理的にあり得ないことなのである。比喩的に言えば、法治国家、民主主義国家の論理なくして資本主義国家はただの一時間と言えども存立し得ないのである。そして、実際の政治行動において、法治国家、民主主義国家の論理の可能性が試されることになるのである。民主主義国家への政治的信頼が欠ける時、民主主義国家の論理を内に含む資本主義国家は、独裁国家へと転じるのである。

以上のように沼田『労働法論序説』における国家論について検討してきたが、市民社会論、法理論と比べて、その国家論は、単線的、硬直的のように思われる。その原因は、私の見るところ、究極的には、二つの理論の混在があることによってではないかと思われる。すなわち、一つは、いわゆるマルクス＝レーニン主義、一つは、ヘーゲル、マルクス、加古の理論の系譜である。市民社会論、法理論においては、後者の理論的系譜の影響が見られるが、国家論においては、前者の見解が採られているように思われる。こうした理論的立場から、政治、法の「中部構造」（一八頁）という、言わば妥協的な概念が採用されることになったのであろう。

しかしながら、このように言うことは、沼田理論を全面的に否定したり、貶めたりすることになるのではない。むしろ逆であって、現代においても、この沼田理論は、ヘーゲル、マルクス、加古の理論的系譜の中で、独自の価値を持っているのであり、この系譜の中において、さらに一層理論的に豊富にさせられなければならないものとして、われわれの前に置かれているのである。ちなみに、本稿では触れることができなかったが、沼田先生の七十年代以降の理論的転回の内実も、以上の観点から跡付けることができることを、付け加えておきたい。

四　おわりに

私は、一九九五年に出版した著書（『市民法学の基礎理論――理論法学の軌跡――』（勁草書房））の「はしがき」の劈頭において、以下のように述べた。「一見混迷を深めているかのように思われる現代世界の中にあって、人は、自らの生を燃焼させるために、何らかの形で、自己および世界に関する了解を拠り所として、生きて行く。そうした自己了解・世界了解の形成過程の機制を、今は、問わないでおくとしても、われわれの法の世界の存立も、そうした自己了解・世界了解の基礎の上にある、ということは、疑い得ないであろう。そして、注目すべきは、そのような自己了解・世界了解の仕方は、全く無方向なものではなく、志向性を内在化させているということである。……そのような志向性を内在化させた法の世界の了解の在り方を、『市民法学』或いは『市民法論』という概念に即して行なうこと、というのが、本書の基本的構想である」、と。

以上の文章を書いた時に、私の脳裏にあったのは、一つには、フッサールの次のような文章であった。「或る内実が存在するということ、しかも、それ自身において絶対的に具体的な、完結的に統一的な、それ自身において抹殺しえぬ仕方で存在するような、或る内実が存在するということ、そしてその内実たるや、そのうちにおいてこそ私が、世界と私の人間存在とを、世界的に実在するものとして、およそ総じて経験しえ、知りえ、行為しつつ前提しうる底のものであり、したがって、その内実は、世界の存在に先立つ一つの固有本質的な存在であるということ、これである。これに反して、われわれの知っているように、事物世界の本質には次のことが属している。すなわち、この事物世界の圏域においてはいかに完全な知覚といえども、或る絶対的なものを与えることはないというのが、それである。このことと本質的に連関することであるが、たとえどれほど遠くまで経験が及んだとしても、そうしたどんな経験についてもみな、そこでの所与が、その所与の生身のありありとした自己現在についての不断の意識にもかかわらず、現実存在しないということの可能性の余地が、残されているのである」(『イデーンI―I』(みすず書房、一九七九)、一九九頁)。

私は、市民法学の方法論として、以上の論点は、主観―客観問題をめぐる極めて重要なものであると考えている。今回の本稿も、この方法論問題を意識しながら書き進めてきたが、紙幅の都合で十分に展開できなかった。いずれ、他の機会に考察を進めてみたいと思っている。ただ言えることは、まず、沼田先生の市民社会、国家、法の把握の仕方において私の市民法学と共通認識、共通了解が得られるのかどうか、次に、得られるとしたらどの点であろうか、という形で論理を進めることは、一見すると当たり前のようではあるが、学問の方法論としては重要な意味を持つということである。このことが確認されれば、沼田先生が言われる「法認識の真理性」(二〇五頁)という論点の持つ認識論上の意義も、解明されることとなろう。

四 おわりに

このように書いてきて、私は、沼田先生をお送りした斎場を後にして、青く晴れた空の下、労働法の横井芳弘先生、蓼沼謙一先生と喫茶店でしばしお話しした時のことを思い出す。そこでも、沼田先生の思い出はつきることがなかった。ベンヤミンだったと思うが、「思い出とは過ぎ去ったものの中への果てしもない書き込み Interpolation の能力である」という言葉を記して、本稿を閉じよう。

〔参照文献〕(本稿では紙幅の都合で註を一切省いたので、関心のある向きは以下に掲げる著作を参照されたい。)

篠原敏雄『市民法の基礎構造――法・国家・市民社会――』(論創社、一九八六)。
篠原敏雄『市民法学の基礎理論――理論法学の軌跡――』(勁草書房、一九九五)。

篠原敏雄『市民法学の可能性――自由の実現とヘーゲル、マルクス――』(勁草書房、二〇〇三)。

福田歓一『近代民主主義とその展望』(岩波新書)。

ヘーゲル『自然法および国家学に関する講義――一八一七/一八　冬学期講義、ハイデルベルク一八一八/一九　冬学期序説(付録)、ベルリン』(尼寺義弘訳、晃洋書房、二〇〇二)

ヘーゲル『自然法および国家法――『法の哲学』第二回講義録　一八一八/一八一九年、冬学期、ベルリン――』(尼寺義弘訳、晃洋書房、二〇〇三)。

ヘーゲル『ヘーゲル法哲学講義録　一八一九/二〇』(中村他訳、法律文化社、二〇〇二)。

ヘーゲル『法哲学講義』(長谷川宏訳、作品社、二〇〇〇)。

篠原敏雄「ヘーゲル法哲学・市民社会・市民法学」(清水誠先生古希記念論集『市民法学の課題と展望』(日本評論社、二〇〇〇)、所収)。


なお、本稿校正時に、新訳によるマルクス『資本論　第一巻』(上)(下)(筑摩書房、二〇〇五年一月)が出版された。本文で述べたヘーゲルと同じように、マルクスもいよいよ、学問的に読まれる機運が出てきたということである。

〔校正時追記〕

グローバリゼーションと労働法の市民法化

遠藤隆久

一　はじめに

九〇年代始めから、グローバリゼーションという新しい現象が世界を席巻している。しかし、その新しさとは何かと立ち止まって考えると、それを捉えることは一筋縄ではいかない。もちろん、カール・マルクスが今のようなＩＴの発達を予見していたとは思えないが、資本のもつ性格として資本主義的市場経済の中で本来機能する商品市場がどん欲なまでに資本主義諸国に留まらず異なる生産様式にある国々をも巻き込んでいくことも、貨幣が信用という形で拡大していくことも、彼はすでに予見していた。その意味では、グローバルな商品市場と資本市場の出現は、決して資本主義の変容というべき現象ではない。

しかし、今日のグローバリゼーションも、これまでのグローバリゼーションが常にそうであったように、イデオロギーに支えられてその姿を形作っている。そうしたグローバリズムというイデオロギーの実態を捉えることが、今進行しているグローバリゼーションという現象の歴史的意義を捉えるためには不可欠なことといえる。

今日のグローバリズムは、新自由主義＝市場原理主義という思想に支えられている。そして、この原理はメダルの裏表のように政治的側面と経済的側面が共存している。経済的側面で見れば、市場の自動調節機能に対する全面的な信頼に基づいていることによって、市場の機能を妨げるものを取り払うことを要求する。その結果、市場に投げ出された人間に対して、自らの責任でリスクを取ることを強いることになる。雇用の場に向かうと、まさにこれまでの労働法が積み上げてきた規制に対しても労働「市場」であることにより、市場原理が例外なく適用されることを求める。その現象を私なりの言葉で言い替えると、「労働法の市民法化」としか喩えようがない。その意味で、今日の労働法が直面している問題は、これまでの労働法学が論じてきた「労働」市場の特殊性という前提に立った労働政策上の問題や解釈論の射程には収まりきれない。すなわち、市場原理一般に引き戻されることによって国家の経済政策の中に大きく従属するようになり、換言すれば、市場のグローバル化という国家を超えた世界市場のルールにおける共通化の問題への視点を欠いては答えを求められないところに来ている。

しかしながら、「市民法化された労働法」が労働法という名に値するのか否かについては、改めて考えてみる必要がある。様々な意見の相違があるだろうが、その問いの先にあるものは間違いなく労働法とはいかなる法なのかという労働法そのもののレーゾン・デートルに関わる問題であることは間違いない。とは言いつつも、筆者の能力ではそこまでの課題を背負いきれるわけでもない。ささやかな問題提起になれば、本稿の目的はとりあえず達することになる。

二 グローバリズム

1 「グローバリズム」の射程

(1) 今日のグローバリゼーションを捉える視角

グローバリゼーションという言葉はすでに市民権を得ている言葉ではあるが、この言葉の定義はすべての論者によって一義的に確立されているわけではない[1]。その原因は、それぞれの論者の立脚している立場によっても左右されるが、何よりもグローバリゼーション自体が決して九〇年代以降に生じた今日的なグローバリゼーションに限定されるわけではないからである。その意味で、この言葉の概念定義は包括的でしかないが、一つ明らかなことはこの現象がイデオロギーとは無関係に価値中立的な現象ではないことである。少々引用が長くなるが、本稿では大野健一氏が明快に示されている以下の定義と同義で考えることにしたい。

「グローバリゼーションとは、単に各国が貿易、投資、金融、情報、人的交流などを通じて接触と競争を深めていく状況ではない。それぞれの時代の世界経済には地球的にも産業的にも中心が存在するのであり、グローバリゼーションとは、その中心に位置する国の価値観やシステムが追随や強制をともないながらそれ以外の地域に伝播していくという、明快な方向性と階層構造をもったプロセスを指すのである。中心国から見れば自分たちの文明が優れていることは『自明』であって、グローバリゼーションには、その恵みをいまだ享受していない遅れた地域にそれを広めるという優越感と使命感が混ざった意味合いがある。さらにいえば、中心国がすでに優位に立つ分野に自分が設定するルールで他国を参加させ、その優位性を拡大再生産するという側面があることも否定できない。(2)」

この概念定義の意味するところは、たとえばスティグリッツが語る次のような概念定義と比べるとよく理解できよう。

「私は、グローバリゼーション――すなわち自由貿易の障壁を取り払い、世界各国の経済をより緊密にすること――が、必ずよい結果をもたらしうると確信するし、グローバリゼーションには世界中の人びと、とりわけ貧しい人びとを豊かにする可能性が秘められていると確信している。(3)」

すなわち、スティグリッツにとってのグローバリゼーションは今日の現象を指すだけではなく、あくまで経済的な現象であり、かつここには価値中立的であることに楽観的な普遍主義が見られる。

今日のグローバリズムの特徴を考える場合、ローマ帝国以来しばしば興隆した帝国の歴史を無視することもできない。しかし、なかでも、ジャン・ボダンによって見いだされた「主権」という言葉によって(4)キリスト教世界であったヨーロッパを排他的な領土に閉じられた国内市場=国民経済を基盤とする主権国家に変容させた国民国家(nation state)の成立が、植民地支配というグローバリゼーションと結びついていたこととの共通点と相違点を考えることは示唆に富む。結論を先取りするならば、そのことを通して、今日におけるグローバリゼーションが政治の領域における「アメリカニズムという独自の自由主義」[5]と経済の領域におけるアメリカン・ルールに基づく共通の市場ルールによる「市場原理主義」を普遍的原理として表現されていることの意味が理解されることになる。

国民国家が自らの市場＝領土を排他的に確保することの裏側には、同時に対外的には国民国家間での交易と熾烈な競争が存在した。したがって、そこには国益を巡る対立と依存の関係による複雑な国際政治が存在した。国民国家が自由主義を標榜する近代となっても植民地支配と結びついていたのは、自らの支配する市場を拡大するためには領土の確保が不可欠であったことにあった。排他的な市場の獲得競争の帰結であった二度の大戦の結果、このダブル・スタンダードの精算が迫られたが、自由帝国主義が、イデオロギーの面では、ヨーロッパ近代による遅れた地域の救済を唱えたことを忘れてはならない。

それに対して、第二次大戦後にソ連とともに二大覇権国の一つとなったアメリカは、領土の確保を求めないという点でそれまでのヨーロッパ列強の自由帝国主義とはその態様を異にした。その理由には、国民国家というヨーロッパの覇権争いが産み落とした国際連盟、国際連合という国際紛争に国際的な秩序の安定をもたらす政治的な仕組みや、ＩＭＦや世界銀行やＧＡＴＴという経済的な安定を図る国際的な経済の仕組みが存在したこともある。しかし、経済力が突出して大きかったことによって市場を確保する手段としては領土の確保ではなく、すべての国の市場の開放こそがアメリカの利益に叶っていたことが何より大きかった。その意味で、アメリカは、政治的にも、経済的にもダブル・スタンダードを必要としない条件のもとで、普遍主義を標榜することができたのである。[6]アメリカが普遍主義を標榜した背景は、上記の経済力の強大さによるだけではなく、第二次大戦後アメリカが東西冷戦の対立の中で強大な軍事力をもった自由主義陣営の守護神となったこと、さらにはアメリカの国家の成り立ち[7]とアメリカが多民族の複合国家であったことが挙げられる。[8]しかし、アメリカの排他的な普遍主義が鮮明になったのは、社会主義陣営の宗主国ソ連の消滅と並行して進んだ東欧社会主義圏の解体の時期からであった(9)。唯一の強大国になり、対抗する価値観を体現する国家がなくなると、アメリカは世界中の自由を防衛しかつ拡大する自由主義の伝道者としての地位を獲得し、皮肉なことにその自由のためには国際機関を含めていかなる国の拘束も受けずにアメリカの信じる正義を貫けると信じるようになった(10)。

以上概観した上で、強調したいことは次の二点である。まず第一に、アメリカの自由主義が普遍主義の名の下に世界秩序を維持する警察としての役割を自ら引き受けることによって、ボーダレスな政治的権力を行使する政治的なグローバリズムが生じている。しかもそのことは、国家の主権と主権国家を尊重した上に成り立つ国際政治の在り方を認めない。まさに、ユニラテラリズムの出現によって、従来の国民国家という国家の在り方が揺らいでいる。しかし、その一方で、この政治空間に生じているグローバリゼーションは、アメリカという強力な主権国家の利益を体現した普遍主義であるという点では、ボーダレスな世界秩序によって直ちに国家という枠組が崩れたというわけではない。その点は、EUという統一市場の上に作られた国家連合が、国際政治の上でそれぞれの主権を維持していることも考え合わせなければ、国民国家の揺らぎの深層を捉えることはできないであろう。

第二に、私がデモクラシーと自由主義の相違を強調するのは、アメリカの政治的普遍主義はデモクラシーの普遍主義ではなく、自由主義の普遍主義であるということを主張したいためである。何故ならば、アメリカの自由主義の「自由」の淵源は、結局、市場原理主義が唱える人間像＝ホモ・エコノミックスの政治的表現以外のなにものでもないからである。換言すれば、政治的空間のグローバリゼーションと経済的空間の秩序として求められている市場のグローバリゼーションには、共通した理念と利害に基づいて一体のものとして機能する特定のイデオロギー＝グローバリズムが貫かれており、その両者を区別して理解することはできないということでもある(11)。

アメリカが世界秩序の警察機能を事実上保有していることと、ドルという自国の通貨によって世界市場の基軸通貨の機能を代位させ、かつアメリカの市場ルールをグローバル・スタンダードとすることを要求していることとは表裏一体の関係でもあるからである。

このグローバリズムのイデオロギー（以下、「グローバル資本主義」と呼ぶ）を理解するためには、改めてそこで理念型として求められた人間像を捉える必要がある。そのためには、市場原理主義という経済的グローバリズムの人間観を検討することが不可欠となるが、まずはグローバル資本主義の実態を捉えることから始めてみることにしたい。

2 市場原理主義の人間像

(1) グローバル資本主義――市場の不均衡――

資本主義経済の特徴は、商品生産できないか、そもそも商品を媒介するものであった本源的生産要素である労働力と土地と貨幣をも擬制的に商品と化した資本の無限の自己増殖＝価値増殖過程にあることは改めていうまでもない。とりわけ労働力と土地の商品化は、労働力の商品化が近代的土地所有権が確立し土地が商品化することによって労働者が土地の軛から解放されたことを通して生じたように、密接な結びつきがある。

それに対して、グローバル資本主義といわれる今日の経済のグローバリゼーションの特徴は、貨幣資本が自由にかつ瞬時に移動できる点にある。労働者の移動はかつてアメリカへの奴隷売買や移民という形で存在したが、今日でも発展途上国から流れ出す大量の移民の群れとして確かに存在している。しかし、それも困窮を原因とするのであって自らの自由な意志で生活基盤を離れることが一般的になったわけではない。土地は埋め立てを例外とする以外（それとても自由にできるわけではない）、生産も移動もあり得ない。(12) しかし、金融取引＝移動は、実体経済とは無縁のヴァーチャルな信用取引によって、世界中に繋がった金融市場で瞬時に膨大な量を動かすことが可能になっている。(13) 国際金融市場の自由化によって登場した高等数学と大型コンピュータを駆使してリスクをヘッジ（回避する）ために複雑な仕組みを生み出したデリバティブ取引が、結局、高リスクを伴う先物買いの投機でしかないことを、次の事例が教訓化した。ヘッジ・ファンド、ＬＴＣＭは、二二億円の自己資金で一二五〇億ドル資金を証券を購入し、それを担保にデリバティブ取引を大規模に行い四〇％の高利回りで一兆二五〇〇億ドルの資金を動かしていたと言われたが、一九九八年八月に生じたロシアの金融危機によってとられたデフォルトによって事実上破綻状態となった。[14] この際、世界的な金融危機を迎えることを防ぐために、連邦準備理事会が出動して市場の失敗の救済をせざるを得なかった。

こうした現状を生み出した原因は、遡ればアメリカがドルと金の交換を停止し為替相場が変動相場制に移行したことに帰因するが、アメリカの金利がどのように設定されようとも各国の金利は常にアメリカの金利より低い形で設定することを求める「新世界ドル本位制」とも揶揄される国際金融協調体制がレーガン政権時代にできあがったことが、大きいと言われている。[15] すなわち、それにより各国の金融政策は独自性を著しく喪失しアメリカ政府および連邦準備の下に置かれ、世界中の長期資金はアメリカの国債等に吸い寄せられることになった。[16] しかし、その後のアメリカの好景気も、アメリカの個人年金だけでなく、国内の不景気と低金利によって投資先を失った世界中の資金流入による金融取引の好調に基づく株価の上昇に支えられたにすぎず、実体経済は必ずしも強くなかった。この結果、消費加熱によって引き起こされた貿易収支の巨大な債務超過を埋め合わせするために好景気を維持することは、アメリカの利益に止まらなくなった。アメリカへの輸出に国内景気が依存しているだけではなく、アメリカに膨大な投資をしている国々にとってもアメリカの好景気が不可欠となる。すなわち、経済のグローバル化とは、アメリカ一国の経済に依存する脆弱な構造が生まれたということでもある。同時に、アメリカにとっては投資された資金へ高配当を維持していくために、貨幣資本が効率的に利益を生むための資金再環流の場が世界中どこにでも保証される必要が生じる。そのためにはリスクヘッジを謳いながら実際にはリスクを伴った国際的な短期資本の移動が不可欠となる。その手段として、アメリカン・スタンダードに基づく規制緩和が求められることになった。[17] 経済のグローバリゼーションも、市場の開放という国家利益とは一見無関係なボーダレスな世界の普遍的な秩序に見えながら、実はアメリカが支配権を握る、アメリカ経済を支える世界経済の構造を作り上げることになる。

アメリカン・スタンダードは、ＩＭＦ、世界銀行、ＷＴＯ等の国際機関と一体となってワシントン・コンセンサス（緊縮財政・民営化・貿易と資本の自由化）と呼ばれる一つの政策として各国に押しつけられていった。なかでも、金融の自由化は透明性を求めた国際会計基準、金融機関に対するＢＩＳ基準等とともに、短期資本が資金を投入する投資のための開放でもあった。金融市場の自由化がもたらす帰結は、一九九四年のメキシコ、一九九五年のアルゼンチン、一九九七年のタイの通貨危機に端を発したアジア金融危機、一九九八年のブラジルなどですでに示されている。[18] 国内に資金が少ない国で経済パフォーマンスの良さが騒がれると資金需要が起こり需要を上回る投機的なホットマネーが急激に流れ込みバブル現象が生じたが、インフレがバーストしそうな危険水域に近づく時期を見計らってバブルの果実を確実にもぎ取って売り抜けていく。逆に、デフレや通貨の下落などで実体経済が悪い国に対しても国際短期資本が投機的な狙いうちをすることができるのは、ヘッジファンドに見られるような膨大な資金による通貨の先物売り、先物買いによって、為替相場の不安定化を生じさせることが起きうるからである。いずれにせよ、バブルの崩壊によってその国の経済が崩壊し、その国の通貨当局が通貨安定のために支えた結果、国家財政は疲弊するしかない。[19] しかし、日本などでは、自国の企業の株が値下がりし運用損を抱えると、年金ファンドはリスクヘッジのためにますますこうした投機的資金運用会社に投資をして、日本売りを仕掛ける資金を提供し経済のリセッションがさらに深刻化することに手を貸すという矛盾さえ生じた。[20] さらに、アメリカへの資金環流は、投資に対する利益配当だけでなく、Ｍ＆Ａを繰り返しながら企業合併を進めたアメリカの金融機関が膨大な資金を元手に各国の金融市場に参入し、かつイギリスや日本などで金融機関を安く買いたたく形で買収することを容易にした。その一方で、不良債権によって体力を失った日本国内の金融機関は、信用収縮によって中小企業からの資金の引き上げに走り、不良債権処理も際限がないまま日本経済が深い霧の中に迷い込んだ。

まさに、規制のない国際金融市場の誕生によって成立した今日のグローバル資本主義がもたらしつつあるものは、市場の均衡ではなく、ソロスの言葉を借りればブームとバーストが絶えず繰り返されどこかの国で通貨危機が起これば世界経済が破綻しかねない不安定な市場であり[21]、他方では規制のない開かれた市場で競争が行われ打ちのめされた弱者にはセーフティネットもまだ張られていないか引きはがされつつあり強者と弱者の運命がますます大きく異なるという点で大衆化社会の終焉なのである。ここで再度付言すべきことは、政治的グローバリズムが、経済的グローバリズムと表裏一体のものであるという事実である。頼るべき国家も支援と引き替えにワシントン・コンセンサスを強要する国際経済機関に翻弄され、約束されたグローバリズムの恩恵も受けない[22]。疲弊してグローバルな市場の競争に裸のまま晒された人々は、民族主義や宗教的原理主義に自らの支えを求めて行かざるを得ない。国際的な政治的秩序の不安定化が、国民国家間の戦争ではなく民族紛争やイスラム原理主義によるテロに変容して始まり、アメリカが自由を標榜し世界の警察にならざるを得なくなった政治的グローバリズムの要因は、こうしてアメリカの市場原理主義に循環して戻ってこざるを得ない。

ここまで、私はグローバリズムの影あるいは脆弱さを指摘してきたが、しかし、このグローバル経済が人々を豊かにし活力ある社会であるとグローバリゼーションの光を語る経済理論がある。それはまさしく、グローバリゼーションがグローバリズムというイデオロギーによって支えられていることを、はしなくも証明している[23]。

(2)　市場原理主義――市場における経済合理的な人間像の不合理性――

市場原理主義の唱道者としては、マネタリズムの理論を形成したことでも知られるミルトン・フリードマンの名前が常に挙げられる。第二次大戦後の経済理論は、ケインズの唱えた国家による市場への介入によって需要を喚起し失業問題を解決することを目指した需要管理政策が支配的な理論であった。それに対して、マネタリズムは、一九七〇年代にインフレと失業率がトレードオフの関係にあったそれまでの常識では捉えられないスタグフレーションの出現を背景として、政府が裁量的に貨幣供給量を決定する通貨政策によって市場の自動調整機能を阻害したことが失業の増加を招いたと主張し、八〇年代にはレーガノミックス、サッチャーリズムを支える支配的な理論となった。[24]

その主張は、市場に対する政府の様々な規制を市場の自己調整力を損なうものとして撤廃することを求めただけでなく、市場に現れる経済活動の主体も市場原理の経済合理性にもとづいて行動することが最適な資源配分と最適な成長を達成するという考え方に支えられている。ここには、政府の規制および金融機関の倒産に対する預金や保険の保護などの保証制度や施策、公営企業などの根拠としてきた様々な価値判断、たとえば正義と公正や最低賃金制度、低所得者や失業者に対する公営住宅のような生活基盤を支える施策などは、市場の自己調整原理を阻害するものとみなされるだけでなく、企業活動における企業倫理や社会的貢献などの企業の社会的な活動への参加と負担も、経済合理性にもとづかないものとして否定される対象とみなされている。[25] フリードマンがしばしば使う自由主義者という言葉の「自由」の含意する意味が、自由一般ではなくある明確な人間像＝イデオロギーに基づいていること、またアダム・スミスの唱えた「見えざる手」にビルト・インされていた正義や公正に基づく市場観とも似て非なる市場観であることから、彼らの考え方は新自由主義という言い方もされている。また、人間を不確実性の中で捉えると、不況期には不安心理で貨幣を購買には使わず貯蓄することを選択して不況をさらに深刻化する方向に行動する存在、あるいは貨幣を地道な企業活動に回さず投機に回し市場の不安定化を招き長い眼では不良債権の山となり企業活動を窮地に追い込むことをする存在とみなすことによって市場の自己調整機能の破綻から出発したケインズとも、理論の前提としている人間像の相違は顕著である。

すなわち、市場原理主義が理念型として捉える「自由な人間」像は、規制のない市場で自己決定をリスク＝自己責任として引き受ける合理的な経済人としての独立した人間であって、それ以上でもそれ以下でもない。しかし、合理的な経済人という理論仮説が現実にも存在するというためには、すべての人に情報の不均衡が存在しないことおよび短期のみならず長期的な市場の安定性が存在していなくてはならない。そうでなければ、規制や市場の失敗に対する様々な保証と給付を役割としない小さな政府によってセーフティネットを外された人びとにリスクを負担させることは、自己の能力を開発する後押しとなるよりは、為替や証券の不安定な国際金融市場が引き起こすカジノ資本主義の中で翻弄される多くの人間を生み出すことになることは明らかである。

（1）　ヨアヒム・ヒルシュ「グローバリゼーションとはなにか」『グローバリゼーションを読む』二二頁。

（2）　大野健一『途上国のグローバリゼーション』iii頁。

（3）　ジョセフ・E・スティグリッツ『世界を不幸にしたグローバリズムの正体』二頁以下。しかしながら、本の題名にもあるようにスティグリッツが市場原理主義に基づく普遍的な価値観を許容しているわけではない。スティグリッツの打ち立てた「情報経済学」の簡潔な概観については、薮下史郎『非対称情報の経済学――スティグリッツと新しい経済学』参照。

（4）　たとえば、福田歓一『近代民主主義とその展望』三一頁参照。

（5）　この言葉の定義には注意を喚起したい。藤原帰一『デモクラシーの大国』は、著書の表題の通りデモクラシー（民主主義）と呼ぶが、著書の中で自由主義と民主主義はほぼ区別なく使われている。実際、アメリカン・デモクラシーと総称される場合に、その区別は意識されていない。しかし、デモクラシーは価値相対主義（すべての価値観を認めるという意味で「平等」に繋がるに過ぎない）を守ることに意味があるのであって、特定の価値判断を持つイズムではない。その意味で、人権を強調することにおいて自由主義がデモクラシーと親和性が高いことは言うまでもないが（しかし、「機会の平等」という言葉には、すでに一定の価値観が含まれている。）、思想としての共産主義もデモクラシーという概念とは矛盾しないこと（「結果の平等」という平等観がそこには含まれている。）を、かつてC・B・マクファーソン（田口富久治訳）『自由民主主義は生き残れるか』は強調した（参照、F・カニンガム（中谷義和＝重森臣広訳）『民主主義理論と社会主義』、福田歓一・前掲書）。また、自由主義における「自由」そのものが特定のイデオロギーに結びつく自由であると同時にそこで語られる「自由」の意味も極めて多義的であることと、自由主義と民主政治の結びつきについても明快ではないことについて、佐々木毅編著『自由と自由主義』のなかの佐々木氏の

主義と同じく、普遍主義として語られる限り、排他的な原理主義でしかない。

「はしがき」と論文の指摘も参照されたい。いずれにせよ、アメリカの要求する自由主義の拡張と防衛は、市場原理主義と同じく、普遍主義として語られる限り、排他的な原理主義でしかない。

(6) しかし、アメリカの普遍主義が欺瞞に満ちていることについては、ノーム・チョムスキーの著作に代表されるように、鋭く指摘する声もある。

(7) 福田・前掲書五二頁以下では、アメリカの成り立ちについて、以下のような特徴を挙げている。ヨーロッパの民主主義が専制政治という現実を批判する理念的な物差し＝観念として掲げられたのに対して、アメリカでは「民主主義は日常の現実であって、事実を変えるために掲げられた超越的な原理ではない。したがって、現実との激しい緊張関係をもって現実を統制していく、そういう役割は考えられず、逆に現実がそのまま民主主義として主張されやすい」。その根底には、タウンミーティングに見られた直接民主主義の伝統があるが、古典古代のポリスと違って、「実質的な公共領域がないために、そこには私的な利害がそのまま流れ込んでいく。利害関心がまた激しく分化することが予想されないままで、ミーティングで共通の事務を処理していく場合に私的利害が簡単に公共の領域に流入していく傾向をもってい」る。すなわち、ここでは、自らの制度は疑いもなく民主主義であると考える思考と、そうした普遍主義につきまとう自らの利害を疑う訓練が不足していることが指摘されている。

(8) 藤原・前掲書は、アメリカが「帝国」の概念に当てはまる理由として「世界経済における影響力、世界各国への政治的影響力と地域介入の実績、さらに特定の民族に依拠しない普遍主義的な統合原理、そのどれをとっても、現在のアメリカには帝国としての性格があるからだ。」(三〇頁)と指摘している。

(9) その象徴は一九八九年一一月九日のベルリンの壁の解放にあったが、その要因は、共産党官僚によるビューロクラティシズムと人権の抑圧に基づく生産性の低い社会主義経済が資本主義市場圏に組み込まれてた結果、競争力をすでに失って経済が破綻状態にあったことにある。その点で、マルクスが資本主義を止揚すると考えた社会主義体制が資本主義市場のどん欲な拡大に組み込まれ破綻したことは歴史の皮肉ではあるが、「神の狡知」ではあっても「歴史の終わり」と断定するのは早計である。

(10) 藤原・前掲書の的を射た要約を引用すれば、「冷戦後の国際関係は、力の対決から正しい平和へ、また普遍的理念を共有する市民社会の平和へと転換を遂げることになる。デモクラシーと人権が普遍的なら、国内政治への不干渉という原則も相対化される。内政不干渉原則によって独裁者の行う虐殺を認めることは許されないからだ。内政不干渉原則が相対化されることで、内政と国際関係の境界線はぼやけてしまう。ほかのどこの国にも制約されない強制力と、普遍的理念の標榜を組み合わせた、デモクラシーの帝国とでも言うべき秩序が、こうしてできあがる。」（四九頁）

(11)　市場原理主義者であるフリードマンは、『資本主義と自由』のなかで政治的自由と経済的自由は表裏一体の問題であること、個人の自由と人間の社会的相互関係の調和を取るための究極の選択肢として国家統制か市場原理主義かの二者択一しかないと主張するとき、自身が社会主義体制に対する批判的なイデオロギーの持ち主であることを隠していない（第一章「経済的自由と政治的自由との関係」参照）。

(12)　拡大生産されることが基本的にない土地が市場における売買の対象になることは、すでに土地を有している土地所有者（相続者を含めて）とそうでないものの経済的な富の不均衡が生じることと、土地が投機の対象になりやすいこと、更には土地の処分や利用方法が所有者の自由に委ねられることが公共の利益を損なうことが有り得ることから、土地の私的所有権は他の商品とは異なる法的（＝公共的観点からの）規制の下に置かれる。こうした認識の底流には、土地が本来、自由な市場競争に委ねるべき商品ではないという考え方が存在している。しかし、そうした考え方も規制も日本ではいまだ極めて脆弱なものでしかない。

(13)　こうしたバーチャルな金融取引ができる根拠となった理論を、梃子（leverage）の理論という。少ない自己資金を梃子＝担保にして大きな借入金を手に入れ、それをまた担保にしてさらに大きな資金を手に入れ、自己資金を増やす。言葉の字義通り、少ない力で大きなものを動かすことになる。浜田和幸『ヘッジファンド』一三〇頁参照。

(14)　浜田和幸・前掲書一三二頁。

(15)　金との兌換の保証がない過剰なドルが基軸通貨でもあるために世界中に溜まっていくとドルの価値は下がらざるをえないが、ドルを貯め込んだ国々の通貨当局や金融機関にとっても資産価値の減少に繋がらざるを得ないことになる。

(16)　深町郁彌『国際金融の現代』二〇二頁では、次の二点が指摘されている。「ひとつは、円、D・マルクにたいするドル相場の著しい低落である。……このドル相場の低落というのは、米国の国際収支において『経常収支』の赤字を『資本収支』の黒字の流入で埋めても『総合収支』は赤字であり、それをファイナンスするためにあらたなドル債務を造出し、累積させているからである。これは一九八〇年代後半の特筆されるべき状況である。……

もうひとつは、変動相場制下における貨幣資本の大量移動による為替相場のボランティリティーである。固定相場制下では、民間の銀行、企業は手に入れた外国為替、たとえば、ドル為替をすべて自国の通貨当局に売ることにより、為替リスクを通貨当局に肩代わりさせることができた。しかし変動相場制になると、民間の銀行、企業は為替リスクを自ら引き受け、回避せざるをえなくなる。そのため銀行はカバー取引、企業はヘッジ取引、さらには為替差益や金利差益を積極的に追う投機取引を行うにいたる。」

(17) 金子勝『反グローバリズム』二四頁以下、同『セーフティネットの経済学』一三九頁以下、参照。

(18) 「IMFは自由市場イデオロギーにもとづいて、投機的なホット・マネーの流入や流出を助長した。何十億ドルという資金を市場に注ぎこんで対症療法に専心することにより、実際には病気そのものを悪化させたのだ。投機家がたがいの資金のなかで儲けを競うのなら、それは魅力のないゲームになるだろう——誰かが儲ければ、それに見合う額を別の誰かが損をするという、ハイリスクのゼロサムゲームに誰か手をだすだろうか。ではなぜ投機が儲かるかといえば、IMFの支援を受けた政府が資金をだすからである。たとえば、IMFとブラジル政府は一九九八年末、過大評価された為替レートの水準を維持するためにおよそ五〇〇億ドルを費やした。その金はどこへ行ったのだろう。どこへともなく消え失せるわけはないから、誰かのポケットに、ほとんどは投機家のポケットに入ったのだ。勝つ投機家もいれば負けると投機家もいるが、投機家全体を見れば、政府が失ったのと同じ額を儲けたことになる。ある意味で投機家をビジネスにつなぎとめているのは、ほかならぬIMFなのである。」(スティグリッツ・前掲書二八二頁以下)

(19) ジョージ・ソロスが以下に語る言葉は、投機的金融市場の性格を喝破している。

「一九九二年に私が英ポンドを空売りした時、イングランド銀行が私の取引の相手方だったために、私はイギリスの納税者のふところからカネをしぼり取ることになった。しかし、もし私がそんな社会的な影響を考えていたら、リスクと報酬との計算が混乱し、私が成功する可能性は減っていただろう。……私が利益の追求に専念しなかったら、私自身の結果に影響を与えるだけだ。……匿名の市場参加者は、ルールを守りながら勝負をしているかぎり、道徳的選択からだいたい免除されるという事実は変わっていない。この点で、金融市場は非道徳的ではなく、道徳とは無関係なのである。」（ジョージ・ソロス『グローバル資本主義の危機』二八五頁）

(20)　カジノ資本主義と批判された投機的金融市場の申し子として、ヘッジファンドに対する批判が強まり、一九九八年一一月にAPECでヘッジファンドに対する国際監視機関が設置されることが合意されたが、むしろ現在のヘッジファンドは、不景気でも運用益をだせる投資先として他に投資先の見いだせない年金ファンドの受け入れ先となって巨額な資金が流れ込み、市民権を急速に獲得している。

(21)　ヘッジファンドの経営者でもあるソロスは、不安定な国際金融市場を放置しておくことは国内の金融市場を国際金融市場の気まぐれに晒すことになり、外国資本に依存している国には耐えられないほどの不安定になることから、何らかの資本市場の規制の必要性を次善の策として認めている。彼の具体的提案は、外国銀行の国内市場への参入を認めないこと、流入した短期資本を流失しないように不胎化すること、通貨投機を抑制する仕組みを作ること等であるが、その規制は市場への参加者を動かす「市場価値」とは異なる（彼の唱える「開かれた社会」を導く概念である）「社会的価値」による指針に基づいて作られるべきだと主張する（ソロス・前掲書二八〇頁以下）。

(22)　「いくつかの試算によれば、一〇〇に近い国が危機に直面した。しかも、ひどいことにその世界的な不安定の原因となったのは、未成熟な資本市場の自由化を中心とする、IMFの推進した多くの政策だった。どこかの国が危機に陥るたびに、IMFの融資や計画は状況を安定するのに失敗しただけではなく、たいていは事態をいっそう深刻にし、とくに貧困層の生活を悪化させた。」（スティグリッツ・前掲書三五頁）

(23)　「自由主義の自由は法の支配下の自由であり、法によって保証された私的領域のなかで享受される自由である。ところが自由放任主義は自由を社会形成との関係で論じるということがない。そうした事柄を不問にしておいて『もっと自由を』と主張するのが自由放任主義である。ここでの自由は社会理論と一体となった、社会成立の要件としての自由ではなく、むしろ特定の階層の利害を背景に主張される自由、あるいは経済成長、さらにはレーガノミックスやサッチャリズムにみられるように、国力を強化する手段としての自由である。自由放任主義の自由はややもすればイデオロギーとしての自由に転化する傾きをもっているのである。」（間宮陽介『市場社会の思想史』一七三～一七四頁）

(24) 根井雅弘『二一世紀の経済学』三一頁以下、参照。

(25) フリードマン『資本主義と自由』前注(11)は、こうした主張を明瞭に述べている。たとえば、累進課税について「これは、他の人びとにあたえるために強権を用いてある人びとから取り上げるという明瞭な事例であり、したがって個人の自由と真正面から衝突するように思われる。」（一九六頁）、公営住宅について「近隣効果もしくは貧困世帯の援助のいずれの根拠からも正当化されることはできない。もしかりに正当化できるのであったとしても、それは温情的干渉主義の根拠に立ってのみ可能である。すなわち、援助される世帯は他の物を『必要とする』よりも住宅を『必要とする』のだが、自分自身でそれに同意しないか、あるいはお金を無分別に使うだろうというのである。自由主義者は責任能力のある成人に対してこのような議論が適用されることを拒否したいと思うであろう。」（二〇〇頁）、最低賃金率について「国は雇主がその最低賃金で、以前にそれよりも低い賃金で雇用されていたすべての人びとを雇うように義務づけることはほとんどできない。そうすることは明らかに雇主の利益にならない。それゆえ、最低賃金の効果は、それがなかった場合よりも失業を多くすることである。」（二〇三頁）。さらに、しばしば引用される箇所だが、「法人企業の役員が株主のためにできるかぎりの利益をあげるということ以外の社会的責任を引き受けることほど、われわれの自由社会の基盤そのものを徹底的に掘り崩すおそれのある風潮はほとんどない。これは根本的な破壊活動の教義である。もし経営者が株主のために最大限の利潤をあげるということ以外の社会的責任を実際にもつとした場合、彼らは……社会的利益に奉仕するために、どのくらい大きな負担を自分たち自身または株主に負わせるのが正当とされるかを決めることができるであろうか。」（一五一頁以下）という主張にその考え方が顕著に示されている。

三　労働法の市民法化に内包されたイデオロギー

1　グローバリゼーションと労働法の変容の関係

(1)「国家による規制から市場へ」という議論を巡る論点

今日の労働法の変容がグローバリゼーションに伴って生じたことについては、異論がないように思われる。しかし、グローバリゼーションという言葉が一人歩きしているにも拘わらず、各人がそれをどのように理解しているのかはほとんど示されることがない。(26) あたかも、当然に受け入れるべき所与のものであるかのように論じられることもあるが、すでに述べてきたように、市場を国家の規制から開放し市場の競争に委ねるという制度の変更それ自体は、アメリカの強力な国家意思によらなければ実現しえないものであって歴史の不可避な流れではない。換言すれば、今日のグローバリゼーションは明確なアメリカの国家利益に基づいてアメリカン・ルールをグローバル・スタンダードとして受容させることによって世界の市場を標準化する試み（＝グローバル資本主義）の現象形態だと言えよう。(27)

その意味で、市場原理主義を国家意思から市場を開放する考え方だと理解するのは、短絡に過ぎる。わが国の労働法の規制緩和も、グローバリゼーションに対する日本政府の国家意思（＝経済政策）によって激流のように展開されていることは、改めて指摘するまでもない。(28) この点で、あらかじめ指摘しておきたいことは、以下の二点である。まず第一に、労働法の規制緩和の意義なりそれを求めた主体を論じる際に、もっぱら労働者の側の事情にのみに焦点を当てることは、意図的にか無自覚にするかを別として、こうした事実を無視するアンフェアな態度としか思われない。(29)(30) さらに、法制度及び法規範そして法解釈の中にどのような事実認識がどのような形で組み込まれるかという法的価値判断についての議論なしに、労働市場に関わる立法が進んだという事実のみを根拠に労働法のパラダイム転換を主張することは、憲法も含んだ法秩序に示された国家意思の在り方を等閑視した議論にならざるを得ないということである。[31]

(2) 「集団的画一主義から個別的管理化と労働者のアトム化へ」という主張を巡る論点

これまでの日本的労使慣行が集団的画一的な労働条件の要因であったとする理解が、主張されている。たしかに、一面の真理であることは間違いない。しかし、今日の労働者像を考える際には、雇用管理の集団的画一主義から個別化への流れをあたかも所与のごとくに語る前に、作業長を中心とした工場労働者の持つ熟練の技能によって企業の人事管理の及ばない独自の秩序を労働者が形成し、かつそれが企業に対抗する労働組合の強さの源泉であった時代があったことを忘れるべきではない。すなわち、この集団的画一化をもたらした日本的雇用慣行の形成過程は、同時に、熟練の解体によって企業が組織管理の主権を現場の労働者から奪っていった過程であり、[32]かつ協調的労働組合運動が企業の中で主導権を持つようになった背景でもあった。[33]そうした集団的画一化を労働組織に対する企業の主権の確立の手段としてきた日本の企業が、個別的管理という方向に舵を切り替えたことによって労働者管理の在り方がどのように変容したのか、あるいは個別的管理の方向に切り替わった企業構造の変容とは何なのかについて、改めて検証する必要がある。

また、現在、個別的管理と労働者の多様性が問題となっている領域は、産業構造が大きく転換したことも相俟って、生産現場であるよりはオフィス部門やサービス産業で働く労働者の領域で主に生じていることも看過すべきではない。わが国では、すでに高度成長期を通して、技術革新や合理化等の過程で生産現場のコスト削減策が様々な形で採られてきたし、パートタイマー、臨時工や下請けという形で古くから外部労働者と本工労働者との代替も行われてきた。それに対して、バブル崩壊後、右肩上がりの成長が構造的に望めなくなってきたとき、中間管理者層を吸収する道が閉ざされたことによって、事務部門において、特に中間管理職を対象としたリストラと称する人件費節減が行われ始めた。さらに、グローバルな競争によってもたらされたデフレ不況で競争条件の厳しさが増す中で、事務部門労働の定型化を促進しながらコスト削減のためのオフィス部門の外部化が急速に進行している。労働者の個別的管理や労働者の働き方の多様化さらには労働力の流動化といった問題は、こうした企業の雇用構造の変化と結びつけて論じられなければ実態とかけ離れた机上の空論に終始してしまうことになる。[34]

今日、労働法のパラダイム転換の問題を考えるキーワードとして、「労働者像の変容」といった議論が必ずと言っていいほど強調される。しかし、そこで提起された今日の労働者像を理解するためには、実は、それぞれの論者が「労働の従属性」というこれまでの労働法のパラダイムを支えてきた概念——換言すれば、「労働者像」——をどのように理解してきたのかを改めて検証することが不可欠である。その見識こそが、労働法を労働市場との関係を考える際のもっとも重要な鍵となるからである。労働法が労働市場を対象とした法であることはいうまでもないことだが、労働法を「労働市場での労働者の取引行為（交渉）をより円滑に機能するために諸種の支援制度を用意する法体系」[35]と考えるか、取引成立後の労働力消費＝利用の場面を敢えて視野の外におき労働法の本質を労働市場に求めて労働市場法であると考えるか、[36]「労働力商品」として労働市場で取引され企業内で使用者の支配下に置かれざるを得ない「生身の労働者」との間の矛盾の中に独自な法領域を形成する法と考えるかでは、労働法の捉え方は大きく異なることになる。

2　グローバル・スタンダードの導入と日本の企業への影響

私は、本稿では、今日のグローバリズムの本質を、規制のない国際金融市場の誕生によって成立した「グローバル資本主義」と定義した。その性格の一端は、象徴的に「マネーの時代」であるとか「カジノ資本主義」という言葉を冠して語られることもある。もちろん、高度情報化技術の進展という技術革新が国際金融市場のグローバル化を可能にした要因の一つであり、以下で述べるように、グローバル資本主義の展開にとって高度情報化技術のもたらした産業構造の変化は国際金融市場のグローバル化に止まらない不可欠な要件をもたらした。以下では、かつて日米間にあった長い貿易摩擦の歴史がものの見事に姿を消した要因も含め、脆弱で不安定なネットワークであるグローバル資本主義が企業の競争構造にどのような変容をもたらし、わが国の企業活動に影響を与えているのかという点について、素描しておきたい。グローバル資本主義の台頭によって、労働法の対象領域である企業活動及び労使関係がどのような変容を迫られているかについて私自身がどのような事実認識をもっているかを明らかにしておくことが、前節で示した論点に対する私見を述べるためには不可欠であると考えるからである。[37]

(1) 時価会計導入の意義

一九九三年に先進国の会計士協会によって組織された国際会計基準協会が、世界的に会計基準を時価会計に従って統一化することを決議し、[38]そのコア項目の統合作業がその後数年間行われ、株式公開会社についてはこの基準(まだ詳細の詰めは行われていない)によって公開されることになった。[39]日本は金融ビッグバンの実施に伴なって、時価会計制度の導入を宣言し、一九九九年から「会計ビッグバン」と言われる制度改革が始まり、売買目的の株式や債権等の有価証券を対象とした時価会計を二〇〇一年三月期から、持ち合い株式等を二〇〇二年三月期から実施に移し、これまでに「連結財務諸表」「退職給付会計」「税効果会計」など新しい会計基準を導入してきている。[40]時価会計を国際会計基準に採用した背景には、取得原価会計の欠陥に対する批判があった。その批判は、日本の企業が含み資産によって利益を内部留保して収益が悪化した際には決算時に損失を埋め合わせてきたこと及び多くの子会社等に赤字を付け替え決算報告から不良債権を消し去ってきたなど、株主に正確な企業情報を開示してこなかったことに当てはまった。[41]これによって、日本の企業は保有し続け売る予定もない有価証券や土地の価格を時価に換算して決算に組み込むことが求められ、たとえ本業で利益が生じてもそれらが下落すれば厳しい業績評価を受けることになった。また同時に、時価会計では退職金や年金など未だ発生していない、しかも不確定な支払いについても同様の考え方に基づいて現時点の時価に評価換算してバランスシートの負債部分に計上することが求められた。

しかしながら、時価会計は必ずしも正確な情報を保証するものではない。(42)その意味で二つの異なる会計制度は、時価会計が「会社は株主のもの」という考え方に沿っているのに対して、取得原価会計は日本のように内部から昇進する経営者による経営支配が行われ、会社と従業員が一体化しムラ社会化して株主の利益よりも会社の発展を図る会社形態に適しているのであって、どちらかが客観的に正しいという性格のものではなく「会社は誰のものか」という古くて新しい価値観の相違に基づくと言い替えることも可能であろう。しかし、今日のグローバル資本主義が時価会計主義を採用するのは、株価差益を求めて移動する国際的な短期流動資本がそのための投資情報を求め、かつ、株主の利益にならないと判断されるコストを徹底的に洗い出させることを求めているからであり、ここでいう株主とは長期に保有する健全な株主を意味するものではない。(43)(44)いずれにせよ、日本の企業は、バブル景気のもとで資金需要の多くを株に求めた結果、国際的に開かれた株式市場の下で、これまでとは異なり各期ごとの企業決算の数字に左右されかつ株価を維持するという命題を背負うことになった。こうした中で、日本企業の終身雇用慣行を維持してきた企業年金の在り方、退職金の在り方、社宅その他の福利厚生施設などの様々な制度を含めて、経営者にとって企業収支に影響を与える負債となって、日本的雇用慣行を大きく崩す要因になったことは間違いない。(45)(46)

こうした流れを追うことによって、私の強調したいことは次の点である。日本の労働政策は明らかに、労働力の流動化に向かっている。(47)それに対し、労働者自身の中にも個人という意識に目覚めそれに呼応した流れがあるという指摘もあるが、そうした個人がキャリアアップの成功者となったとしてもその代償として「市場の原理」が強制する文化の変容によって抱えこむ喪失感についても視線が行き届く必要があろう。(48)(49)しかし、もっとも大きな変化は、グローバリゼーションのなかで国際会計のグローバル・スタンダードを受け入れることによって、日本の企業自身が株主支配という欧米の企業の在り方に沿う形で人格的共同体的性格(50)を解体させて行く圧力が働くということを看過してはならない。そうしたときに予想されることは、株主も経営者も企業活動を自らの利益を獲得する単なる手段として考えるようになれば、ダウンサイジングによってＲＯＥ（株主資本利益率）を引き上げ株価を上げる経営戦略、人件費の節約、アウトソーシング、生産拠点の海外移転[51]など、アメリカ企業の経営戦略を厭わなくなる（あるいは強いられる）可能性もあるということである。アメリカで見られる資本主義の在り様は、経済の繁栄がその国の多くの国民には果実をもたらしていない。しかも、今日のグローバル資本主義は、それぞれの国の企業文化を破壊し標準化＝平準化する力を含んでいる。その結果、労働力の流動化＝市場原理の導入が進めば、労働者は「市場の暴力」[52]に服さざるを得なくなる。[53]市場の持つ資源の最適配分機能を主張する立場においても、なにがしかの「セーフティネット」の必要性を認めていることは、「市場の失敗」を否定していないからであろうが、[54]こうした論者の唱える市場補完的なセーフティネットと日本の労働法がこれまでに張ってきたセーフティネットとは明らかに性格を異にしている。[55]

(2) 情報化とグローバル資本主義

情報革命とコンピュータ・ネットワークがポスト工業化と呼ばれる大きな産業構造の変化やグローバル資本主義というイデオロギーを生み出す基盤となった点で、革命的な技術革新が時代の転換点を形作るものであることは間違いない。

高度情報化社会という言葉の中身を詳細に見てみるならば、まず第一に、情報・金融・サービス産業に留まらず工業部門においてもソフトを含めた技術の革新が世界規模でデファクト・スタンダードという形で囲い込まれ、競争の果実が一社ないしそのグループに独占されるというように競争構造が姿を大きく変えた。すなわち、一度、ある企業が市場を独占したら競争企業に市場を奪われる危険がなくなること、言い替えれば、他の企業がその市場に新規参入することが困難になることを意味する。そこには技術の世界標準を巡るこれまでにない激しい競争が生じているだけでなく、またその競争の結果、今までにはない国際的な市場の独占が生まれることになった。

そのために企業は、デファクト・スタンダードを握ったならばさらに市場の独占を確保するために、あるいは新しい技術を開発すれば自らの技術をデファクト・スタンダードにするために市場を予め確保しようとし、さらにはデファクト・スタンダードを得るための膨大な開発コストを負担するために、国境を越えた提携だけでなく買収・合併を含めたグローバルな合従連衡を進める。そのために、先進企業は一段とあらゆる分野の市場の開放を要求する。そこには、「規模の不経済」というこれまでの常識が通用しない競争構造が生じている[56]。それは同時に、企業の集中と開発投資の負担が、省力化という形で労働者へのしわ寄せとして現れるということでもある。

第二に、情報化によって事務・管理部門でのリエンジニアリングが行われ[57]、それによって事務・管理部門の定型化・専門化が進み、それまで企業内で行われていた業務のアウトソーシングや正規職員の行っていた業務への外部労働市場からの契約労働者や派遣労働者などの受け入れが容易に行われる条件が用意された。情報産業やサービス産業が大きなウエイトを占めるようになった要因は、従来は製造業の中にあった業務がアウトソーシングされたことに多く依存する。その一方で、生産部門にME技術が導入されたことによる変化を見る限り、生産現場の労働が力仕事から解放されることに繋がったとしても、仕事の密度は従来より格段に濃くなってきている。さらに、グローバル競争によるコスト削減圧力が、工場の海外移転による職場の喪失との二者択一を迫って「乾いたぞうきんをさらに絞る」と揶揄された従来にも増して重くのしかかって来ている。したがって、ME化の進展によって生産現場の労働が肉体的負担から解放されたわけでも、ホワイトカラー化したわけでもない。さらに労働の多様性は、事務部門の労働の定型化が進んだことによって生じたのであって、それがなければ、アウトソーシングのような雇用形態の多様化も進展しなかったし、裁量労働のように管理者から離れて仕事を労働者自からの管理に委ねる労基法上の新たな就労形態も、他企業にも通じる能力をもって転職するということも生じない。定型化した労働は、資格、技能や能力によって労働力を提供することに結びつくことも多くなり、常に多くの競争者の出現に晒され、それらの希少性が失われ競争者同士のダンピングが生じることになる。たとえ競争者の現れない能力があるにしても、それは極めてまれなケースでしか考えられない。高度情報技術は、その対象・範囲が広いだけでなく、コストダウンを可能にする企業の果実としてつみ取られるものであって、労働の多様化現象を肯定的に捉えることは一面的な理解でしかない。

第三に、海外の生産拠点への技術移転を可能にするためのネット・ワークが可能になった。それによって、企業はグローバルな市場競争に打ち勝つための経営戦略として安価な労働力を求めて工場を海外に移すことにより無制約なコストダウンを図ることが可能となり、デフレ競争のスパイラルの中でより安い商品をより早く市場に出さなければ市場競争に勝てなくなった。コスト削減には、在庫を極小にする管理や製品規格の標準化のための高度情報技術や規模の経済による大量発注という手段も当然有効だが、労働者にとっては国内産業の空洞化を招くか、正規雇用労働者の労働条件の切り下げ、外部市場からの採用、外部市場への流失などによる非正規労働者との代替を進めるための労働力の流動化を迫られることになる。

以上、今日のグローバリゼーションが高度情報技術という技術革新によって生み出してきた市場の競争構造の変質を素描してみたが、こうしたグローバルな競争構造に労働者のコスト削減でもって対応できる体制が整っているのは、労働法の規制がないに等しいアメリカ企業であることは間違いない。それに対して、終身雇用慣行を採ってきた日本企業やドイツ・フランスなど労働組合による規制や法による労働者の労働条件規制が強く存在していた中で活動をしてきた企業は、大きなハンディをもって競争することを余儀なくされることになる。それに対する国家の労働政策の対応が労働条件の切り下げに向かっている点では共通性はあるが、労働法の規制緩和のありかた及びそれのもたらす労使関係の変容の姿は国によって様々である。次々と打ち出される労働法の改正を辿るかぎり、日本の労働政策はこれまでの労使慣行のドラスティックな変容までも視野に入れているかのようであるが、私にとって右の素描から導き出されるものは、労働者にとって、規制を緩和された市場の中でリスク・テイクすることが極めて厳しい生活を強いられるという結論しか見い出し難い。

3　日本の労働法の基本原理

本稿が今日のグローバリゼーションを読み解くことに多くのスペースを割いてきたのは、労働法の変容を論じるための出発点は、グローバル資本主義の台頭に対する国家の規制緩和という形での競争政策の選択と企業の対応にあるのであって、単に労働法が規制する社会モデルの変容から始まるところには止まり得ないという視点からであった。

そこでまず、以下では、労働法の変容を論じるための課題として、これまでの労働法を支えてきた原理がいかなるものであったのかを再確認し、グローバル資本主義のイデオロギーが労働法の法領域にどのような変容を迫っているのか、さらには労働法の原理がそうした資本主義の新たな変化に対して自らの原理をどのように守らざるを得ないのかを改めて考察することにしたい。

(1)　市民法原理から労働法原理へ

商品交換社会は、市場に現れた人間が自由に自らの意思で商品を貨幣と交換することによって成り立つ。したがって、市民法上の自由な意思をもつ平等で独立した人間像は、日々の商品交換を通して、市場の中で相互承認しあうことになる。

その意味で、市民法上の人間像は、市場に現れた人間の商品所有者としての共通の属性のみを反映した抽象的な人間像である。その限りで、具体的な人間がもっている社会的属性は市民法上一切捨象されており、合意の形式及び内容の背後にある様々な人間の経済的属性に基づく力関係の格差は反映されることがない(59)。そうした商品交換と結びついた人間像は、生産関係が身分によって維持された社会から自由な人間の契約関係へと変容した資本主義的商品経済社会において大きな意味をもつことになる。すなわち、資本主義経済では、生産関係でも労働力商品所有者としての労働者と貨幣（＝資本）をもつ使用者（＝資本家）との間の商品交換が行われ、使用者のもとで作られた生産物が商品として市場で交換されるという循環を通して使用者に利潤の獲得をもたらすことになるからである。

しかし、法の世界の人間像と現実社会の人間像の乖離は、矛盾した関係ではあっても不可欠なものである。法の世界のペルソナ＝仮装は、(60) 自由な自己決定に基づいて結ばれた契約責任の履行を国家が保障する商品交換を円滑化するために不可欠な装置だからである。すなわち、市民法上の人間像は、すでに市民法の成立した時代からフィクションとして機能してきたのである。では、市民法のフィクションがなぜ雇用＝生産関係の場で顕在化して、労働法が生起されたのであろうか。

労働力商品は、そもそも本源的生産要素であって商品たり得ない性格のものであった。労働者は、商品としてもその労働力を商品とするためにも世の中に生まれ出るものではない。すなわち、人間の生の営みは市場とはまったく別の社会関係の中で育まれる。ヘーゲルの広義の「労働」概念によれば、労働は本来、人間を豊かに創造する生の営みであった。しかし、資本主義社会において、労働能力以外に生活の糧を得る手段がない労働者は、みずからの労働力を時間決めで商品化するしか人間の営みを維持することができない。資本家は、この労働力商品を購入して、みずからの商品を生産するために労働力を消費する。そこで、この労働力を売買するための労働市場が生まれることになる。通常の商品は、商品の販売者は購入者にその商品を売り渡したら、購入者がその商品をどのように扱うかについて条件を付けることはないし関心も持たない。しかし、労働力という商品は、それを売り渡した労働者という人格とは切り離して消費することができない。したがって、労働者は、販売した労働力という商品を購入した使用者の消費の仕方によっては自らの人格及び人間の生の営みを侵害されることにならざるを得ない。そこに商品ならざる労働力の商品としての特殊性、言い替えれば、労働力が市場の取引に組み込まれることによって生じる本質的な矛盾がある。さらに、労働力商品は労働者の生命活動と不可分であることによって、賃金を得ずには生活そのものに窮してしまうために売り惜しみが効かないことにより、取引の時点で資本家の自由な条件に服することになる。原生的労働関係においては、労働者は雇用契約によって合法的に自らの生存を確保する最低限度の費用にも満たない賃金で働くことを余儀なくされ窮乏化の中に置かれただけでなく、職場では購入した商品として資本家の意のままに労働力を摩滅するまで消費されることになった。資本主義に内在しているこの本質的矛盾は資本主義を前提とする限り解消されることはないが、市民法によって支えられる市場競争の場に委ねられるままでは、労働者の人間としてもつ生の営み＝人間の生存及び尊厳が侵害されるということが明らかになると、侵害を規制する法原理が導き出されることになる。こうして侵害された不利益を法益として守ることが高度の公益として認められた時、それは包括的に生存権として確立することになったのである。

日本国憲法において、二五条の生存権と二七条一項の勤労権の規定をもとに生存権が保障されている。とりわけ、労働法に関わっては、憲法二七条二項で「賃金、就業時間、休息その他の労働条件に関する基準」について法律によって当事者の契約の自由を制限すること及び二八条で労働者の団結権を保障することによって、労働組合が集団で労働者の労働条件規制をすることを保障している。この憲法で承認された基本権という労働者に認められた高度な公益を実現するために、労働基準法は一条一項で「労働条件は、労働者が人たるに値する生活を営むための必要を充たすべきものでなければならない」ということと、二項では労働基準法で定める労働条件の基準は最低基準であることを定めている。そのことは同時に、労働組合法一条一項に規定されている通り、労働者自らが組合活動によってそれ以上の労働条件を確保することの保障を前提としている。すなわち、わが国の労働者の人たるに値する生活を営む労働条件は、法による最低基準の確保と労働者が団結活動によって最低水準を超える労働条件を自ら獲得するという二つの手段によって行うことを保障したのである。ここには、労働者個人が使用者（＝資本家）と市場で取引する自己決定に委ねたのでは、人たるに値する生活を営むことはできないという認識が示されている。もちろん、労基法の対象とする法領域には制限があり、また外部労働市場に関わる法など労基法以外の法律によって規制を受ける労働者も存在している他、憲法二七条一項を受けた雇用保障法と言われる分野もあるが、労基法と労組法が憲法の生存権規定において示された労働者の生存権、勤労権、団結権を保障する基本的な枠組の中核をなすものと認識されてきたことは疑いの余地はないであろう。[63]

こうした労働法の法領域の市民法に対する独自性を表す際に、社会法と呼ばれことがある。何ゆえそうした独自性が強調されるかといえば、労働法原理が単なる市民法原理の修正であるに止まらず、労働力商品の市場での取引が労働者人格を侵害せざるを得ない必然性を認識することによって市民法とは異なる法領域を生み出したからでもある。[64]その意味で、労働法は個々の労働者の市場における自己決定に責任を委ねることを否定するがゆえに、国家、国民（様々な制度に対する租税負担も含めた費用負担者として）及び企業（労働法によって市民法上の権利＝市場取引の自由を規制されていることを含めて）が負担をシェアすることによって成立している国家の張ったセーフティネットでもある。

(2) セーフティネットと日本的雇用慣行

日本の戦後労働法が、法規定だけではなく判例法理も含めて、これまで使用者に対し外部労働市場からの雇用の自由と正規労働者の労働条件や解雇の自由を厳しく制約してきたことは周知のことであったが、とりわけ八〇年代以降において外部労働市場からの雇用規制を中心に顕著に緩和されてきた。それに合わせてセーフティネット[65]という言葉がしばしば語られるようになったが、右に見たセーフティネットとは同義ではない。[66]近時の労働法のパラダイムを唱える学説を巡って労働法のレーゾン・デートルを論じる際に、その相違を確認しておくことは重要な論点となる。

派遣労働者、業務委託、契約社員、パートタイマーなど外部労働市場から多様な雇用形態で労働者を雇用できる自由を拡大すること及び正規労働者の労働の在り方の規制を緩和することや解雇の自由を拡大することなど、使用者に対する法規制を緩和することを是とする考え方は、そうした規制の緩和によって労働者にとって労働市場が拡大することによって雇用の機会が広がり、かつ、いつでも自由に移動できる開かれた市場によって人材の最適配分が実現し使用者とのミスマッチがなくなると主張する。[67]しかし、そうした市場機能を実現するためには、労働者がみずからリスクを引き受け市場における競争によって経済合理性を追求する主体とならなければならない。まさに、規制のない労働市場の実現こそが、労働者にとってのセーフティネットであるということになる。

自立と自助が時代のトレンドであったとしても、このセーフティネットの本質は、第一に、労働者個人が自己責任で負担する「個人のセーフティネット」であり、日本的雇用慣行という「社会のセーフティネット」の世界からハイリスク＝ハイリターンの世界に個人を解放するところにある。さらに、第二には、労働者がどのような就労形態及び労働条件を選択するかは、客観的には決して労働者の選択に委ねられているのではなく、グローバル資本主義のなかで競争することを強いられている使用者が選択する雇用形態及び労働条件に委ねられているという点にある。消費者のニーズがなければ商品が売れないのは一般の市場でも当然のことだが、労働市場では消費者である使用者の力が労働者に対して圧倒的に強いことは今日でも変わることはないだけでなく、就労形態の多様化を促進してきた大きな要因がどこにあったのかを改めて考える必要がある。

日本のこれまでの労働者の雇用を巡る社会のセーフティネットは、労働法原理と適合する形で日本企業が作り上げてきた終身雇用慣行として機能してきた。企業の社会保障費についてはヨーロッパにおける企業負担と比べものにならなく低く、従業員福利に対する企業負担の面ではアメリカにおいてよりも少ない、そうした日本企業が負担してきた社会のセーフティネットは「雇用の安定」であった(68)。それは、自由放任市場の終末が第二次大戦という形で終わった戦後の市場の失敗を規制する福祉国家型セーフティネットの日本的な受容といえるものであった。終身雇用慣行を解体しようとすることは、こうした福祉国家型のセーフティネットから市場補完的なセーフティネットへの転換を図るものである。すなわち、企業がこれまで負担してきた社会のセーフティネットの負担を免れ、その分のコスト負担から解放されることを意味する。しかし、そのためには、企業の雇用システムをある意味では支え、ある意味では規制してきた「労働法によるセーフティネット」を合わせて解体することが必要である。そこで新たに提案されていものが、セーフティネットの張り替えである。

すなわち、それが一方で個人のセーフティネットであり、他方でそれを補完する形での個人に向けた能力開発支援政策の充実であり、それらを統合する概念として盛んに謳われているものがエンプロイアビリティという言葉である。それは、雇用政策を雇用の安定＝保障からキャリア保障に切り替えるということを意味する(69)。

今日の労働法の立法政策がこうした労働法学の新しい考え方（以下、「労働市場法学」と呼ぶ。）(70)に寄り添うようにして行われていることは、疑いようがない事実である。しかし、戦後労働法学のパラダイムを転換すべきか否か、言い替えれば、戦後労働法学が法理論としての意義あるいは実効性を失ったか否かという問題は、必ずしもそのこととパラレルに考える問題ではない。問題は、労働法の課題に照らして、どちらの法理論の背景にある事実認識が現実を捉えているかである。

繰り返しになるが、私が本稿で、グローバリゼーションという今日の現象をいかに捉えるかについて多くの頁を割いてきた理由は、それが労働法学にとって重要な課題であると考えているからに他ならない。その際、今日のグローバル資本主義のなかにあって、労働法の立法政策が国家の経済政策と労働政策の関係の変容に大きな影響を受けていることが見て取れるが、労働法理論がよって立つ基盤を考えれば、山口俊夫氏の的確な整理を待つまでもなく、労働法理論が労働者の人権を無視して一切を経済効率に支配されることはあり得ない。すなわち、労働法学の方法論の有効性を巡っては、それぞれの理論が捉えている労働者像の背後にある事実認識が大きな鍵を握っている(71)。労働法学が事実に関する実践的価値判断に基づく事実に対する実践的な働き掛けである限り、労働法の人間像はそれぞれの論者が勝手に捉えた仮想現実に止まることが許されるべきものではないからである。

(3) 労働法における労働者像をどう捉えるか

(1) 菅野、諏訪両氏の共著になる「労働市場の変化と労働法の課題——新たなサポート・システムを求めて」は、労働市場法学のマニフェストとして書かれた周知の論文である。そこで、労働法は、「市場経済システムの枠組みを整え、その日常的な運営を支えるサブシステムの一つとしての法制度の一部であり、広い意味での労働市場システムを法的な規整の対象としている。」と捉えられている。この主張は、第一に労働法の目的を市場経済と労働者の生存の間の矛盾を規制する独自性としては捉えず、市場経済のメリットを発展させデメリットを抑制するという微調整をして市場経済が円滑に運営されることを背後から支える（民法、商法、会社法、独禁法、知的財産法と同様の）法と捉える認識と、第二に労働法の法体系を「労働市場での労働者の取引行為（交渉）をより円滑に機能させるために諸種の支援制度を用意する法体系」として新たな労働法のパラダイムを示している。すなわち、労働法を捉える際、労働市場法学は、生存権のもつ意義を相対化すると同時に、労働者と使用者の関係を捉える経済的力関係の格差の存在をも相対化している。

この考え方を支える核となっているのは、「絶対的弱者」＝「集団としての労働者」に対置させる形で、「個人として市場で評価されるだけの職業能力を備え、市場取引に必要な判断能力を有し、自己の責任でリスクを引き受けながら取引を行う」個人としての労働者像の提起である。(72) そうした労働者にいつでも転職の余地が確保されていることが使用者との間で対等な交渉力を持つためには必要であるという理由から、内部市場と外部市場の垣根を取り払い労働力の流動化を促進することが労働法の新たな課題として導き出されることになる。(73) では、労働者は、何を使用者との対等な交渉を成立させる手段として、転職の余地を使用者に対する交渉の圧力とするのであろうか。それは、共著者の一人である諏訪氏が後に明確な概念として提起することになった労働者の財産としてのキャリア（＝職業経歴）である。(74) しかし、こうしたキャリアを財産として使用者と対等に交渉する労働者が経済的弱者としての労働者に替わって現れたという事実認識は、残念ながらほとんど掘り下げられていない。敢えて挙げれば、「若年・壮年の男子による現場労働という労働の典型概念がもはや成り立たなくなってきている。経済はますますソフト化し、情報を処理し、企画・創造を行う知的労働ないしは個人の専門的能力や創意工夫・創造性に依拠した個別的な労働の比重が増してきた。このような動きのなかで、高学歴化が進み、また、生涯学習の時代となった。さらには、女性の労働力化が進み、女性と高齢者を中心に、パートタイム労働や派遣労働と

いった新しい働き方が広がり、労働者像はますます多様化してきた。」（七頁）という指摘の中にあろうか。(75)(76)

以上のように、労働市場法学の主張するパラダイムは、使用者と対等な交渉力をもった労働者の存在を前提として、労働市場の市場としての機能が円滑に運営されるようにサポートすることを新たな労働法の役割である主張する。「伝統的労働法は集団としての労働者の保護のために、市場に一律に介入を行う傾向にあったが、労働者が多様化してくると、むしろ法の介入が自由な選択を阻み労働者の利益に反することが生じうる。(77)」という考え方に示される労働者像は、自己調整力に大きな信頼を与え、市場に登場する人間を自己決定をリスク＝自己責任として引き受ける合理的な経済人とみなす市場原理主義者の人間像と重ね合わせることが可能であろう。(78)しかし、法の介入から労働者の自由な選択の領域を守るという考え方が結果として現実の労働者にもたらすものは、その主張するものとはまったく異なることにならざるを得ない。(79)

「経済的な弱者としての労働者」の対局に「個人としての労働者」像を捉えた労働市場法学は、労働力商品の特殊性を視野に捉えないことから、同時に労働市場の市場としての特殊性をも認めないことになるはずである。そうであるとすれば、このパラダイム転換の意味するところは、労働法を市場の法としての市民法に解体する、あるいは労働法の市民法化を促すということに帰結せざるを得ない。(80)

(2)　それに対して、西谷氏は「個人としての労働者」像を共有しながら、「経済的弱者としての労働者」像から労働市場法学を批判される。(81)同じ「個人としての労働者」像を主張するこの二つの考え方は、どのように異なるのであろうか。

西谷氏は、労働者の従属性を認めながら、「労働者をその従属性の面においてのみ把握するのは、それを単なる保護の客体と見る発想につながり、もはや現実的な妥当性をもちえない(82)」と戦後労働法学のパラダイムを批判し、その一方で多様化した今日の労働者を自立を希求する主体的な個人労働者とみなし、(83)彼らの自己決定権を重視する労働法のあり方を主張される。こうした考え方に対して、自立を強調することが労働市場法学との共通点に繋がりかえって批判を明確にできないと指摘されているが[84][85]、そうした自覚からであろうが、西谷氏は当初の自己決定論パラダイムを微妙に修正されているように思われる[86]。その点で、上記の指摘は、一面で的を射ているが、他面では的を射たとは言い切れない。

しかし、なお残る問題は、「個人としての労働者」像の意義である。すでに検討したが、労働市場法学における「個人としての労働者」像は、菅野・諏訪前掲論文が九四年に著されたことに象徴されるようにグローバル資本主義の登場と機を一にして現れてきた、労働力の流動化政策及び年俸制や成果型賃金制度などの個別的管理を正当化するためのイデオロギーとしての労働者像であった。それに対して、西谷氏の捉える「個人としての労働者」像は、六〇年代の高度成長期から見られる自己充足的な価値観をもった私生活重視型の労働者を対象としている点で、新しい労働者像の変化の時期と内容を異にしている。経済的弱者としての労働者を肯定しながら、従属性のみで労働者を捉えるべきでないと言われる多様化への拘りは、「労働者は、その生活条件、人生観、性向のすべての面にわたって多様化しており、もはや階級的同質性においてのみ労働者を把握することはできなくなっている。[87]」というところにある。しかし、労働者間の意識に多様性が生じているという論点は、労働者間に存在としての階級的同質性があるという議論とは論点を異にしている。したがって、労働者が従属的であるという現実認識に立つ限り、従属性の根拠を階級的同質性に求めることは否定できない。また、労働者の意識の多様性の問題は西谷氏の考えられているよりは環境に敏感で流動的かつ不確定なものに過ぎず、転職率の高さが指摘されながら一方で若年層が中高年層以上に私生活より仕事を優先するという労働観を持っているという調査結果もあり、注（49）で紹介した調査以外にもすでに日本の労働者の所得格差の問題が指摘されており[88]、グローバル資本主義の進行によって、中産階層の解体が進んだアメリカやイギリス[89]で生じている事象が周回遅れですでに日本にも生じつつある。労働の流動化とそれを支える労働法の市民法化の進行は、労働者を裸の個人として否応なしに市場に引き出して、そうした環境変化に力を貸すことになり得る。その意味で、多様性の主張も、労働者の集団としての側面を後退させ個人として捉えることにならざるを得ないが、個人としての労働者の自己決定を個人としてバラバラになった労働者が獲得できる道筋は西谷氏の主張するほど容易ではない。何故ならば、西谷氏の捉える自己充足的な私生活重視型の労働者個人は、「その従属状態を自らの主体的努力によって克服し、可能な限り契約内容に対して実践的な影響力を及ぼそうとする能動的労働者」たり得ないからである。むしろ我々が直面していることは、労働法のセーフティネットを個人としての労働者が自己決定する「個人のセーフティネット」に張り替えるのか「社会のセーフティネット」として維持、強化すべきなのかということを、グローバル資本主義という社会の変動の中で考えるという課題であろう。その点で、石田・和田両氏が金子勝氏の論考を手掛かりにセーフティネットの問題は共同性の問題であると指摘されるのは的を得ている。(90)

4　グローバル経済と労働法学のパラダイムの有効性

石田・和田論文も、戦後労働法学のパラダイムの有効性を批判する立場には変わりなく、(91)戦後労働法学を「従属労働論（労働者の保護客体性の重視）、生存権論（自由の相対的軽視）、集団優位の思想を基軸」とした理論であると批判的に要約するが、こうした論点は多かれ少なかれ、戦後労働法学を批判する人びとの間で共有された批判である。しかし、戦後労働法学は果たしてそのようにステロタイプに理解されてしかるべき法理論であったのであろうか。

結論を先取りするならば、私は、戦後労働法学に対する批判はその時々の課題によってそうした批判の当て嵌まる余地があったとしても、その示したパラダイム自体は今日の労働法学が直面している課題を前にしても、なお有効性を失っていないと考えている。

(1)　生存権理念と従属労働論

生存権が自由権と対置されるとき、それを自由の相対的軽視と見るべきではない。生存権の中には、市民的自由の保障が却って不自由を強制されることになる労働者の置かれている存在非拘束性から捉え直された、抽象的であるゆえに市場社会にとって意義を有する自由とは明らかに異なる自由の再定義が含まれていたはずである。市民的自由が何ゆえ、公的権力からの自由であったのかは、市場の自動調整機能と私的自治に委ねれば契約行為を通して私人間ではお互いの自由と平等と独立が相互承認されるという前提があったからに他ならない。しかし、労働者は本来商品たり得ない労働力を商品化せざるを得ないことから経済人＝ホモ・エコノミクスとみなされ労働市場に現れる。すでに述べたように、労働者は人格と切り離し得ない労働力を売らなければならない矛盾を抱え込んだ存在であるがゆえにそもそも合理的な経済人たり得ない。労働者は生存権の保障を通してしか自由を獲得できない存在なのであり、その意味で、生存権によって保障されるべき自由は自由権に含まれる市民的自由とは性格を異にする。こうした自由権との相違を等閑視し、自由権と統合することによって生存権の中に自由の意義を読み込もうとする試みは、かえって生存権に内在するこうした自由の意義を損なう。そのことを明らかにするのが「従属性」概念である。

労働者の使用者に対する従属性は、労働市場における取引力の格差による一方的な労働条件の合意が契約自由の原則によって合法化され劣悪な条件の下で生活せざるを得ないということだけを対象にしているわけではない。使用者の労務指揮権は、使用者の下に編入されることによって購入した労働力を行使する使用者の社会的権力の行使を合法化するものになることも労働者が自らの人格を労働力と切り離せないことから生じる従属関係である。労働基準法が、労働者の労働条件の最低条件保障をするという場合、単なる生活の最低条件保護だけではなく当然にこうした問題も含まれている。市民法が私的自治の対象として介入しなかった市民間の関係に、労働法は従属的な労働者の自由を具体的に保障するためには法による介入が不可避であるとみなしているからである。したがって、私人間にも拘わらず国籍・思想・信条や男女に関わる差別の禁止が労基法の規制対象になることの意味も労基法の規制する「最低条件」の意義を示しているだけでなく、その点では毛塚勝利氏が独自に提唱されるワークルール・アプローチで論じられている最低生活条件、適正労働条件、公正労働条件等[92]の規制も、当然に「最低条件[93]」の範疇に含まれる。むしろ、そうした多様な労働条件規制の対象は、抽象的な「人」としてしか人間像を捉えず、かつ私的自治の世界である市民法には反映されることのない人間の具体的な従属関係の問題であることは明らかであろう。

(2) 労働者の主体性と集団性

戦後労働法学の有効性を問う議論の有力な根拠として、製造業の工場労働者を典型とした時代に有効であった戦後労働法学は、産業構造が転換したことにより、サービス産業労働者が多数を占めかつホワイトカラー労働者が増大したことに対応しえていないという理由がしばしば挙げられる。そこで指摘されるキーワードは、画一化である。

ホワイトカラー労働者の働き方は、工場労働者が協働作業を中心とするのに対して、定型的な業務ではなかった。しかし、現在は、高度情報化やネットワークの発達によって定型化が進み、その定型化がホワイトカラーの仕事を個別化と多様化に向かわせている。多様化し専門化したと言われる業務内容の変容は、そのことが却ってホワイトカラー労働をいつでも代替可能な仕事に変容させる結果となった。その意味で、工場がオフィスに変わり、ホワイトカラー職種に変わっただけで、現象の背後にある労働者の働き方が本質的に従属労働であることには変わりがない。今日では、工場労働者と事務労働者のそれぞれの働き方の相違を強調することよりも、その共通性を確かめることの方が重要である。

むしろ、若者の半数近くが高学歴となり、事務労働がエリートでもなくなった時代のホワイトカラー像は明らかに変容している。労働の流動化政策の対象となり、事務部門の外部化や人員削減の対象となって、個別的管理に基づく経済条件の切り下げや労働条件条件の悪化に対しても「解雇されるよりはましだ」と受け入れるホワイトカラー労働者の現実を直視するならば、ホワイトカラー労働者は自立して市場に現れる労働者でもなければ、従属状態を克服する主体的な個人でもなく「経済的弱者」でしかない。ホワイトカラー労働の多様化（つまりは定型化）を無定見に強調し、ホワイトカラー労働は画一的な労働条件規制になじまないと主張することは、結果としてホワイトカラー労働者に対する個別的管理による人件費の削減を正当化することに結びつき、裁量労働制に見られるように最低労働条件規制の空洞化を招くことになる。ホワイトカラー労働者に対する最低条件規制の緩和がこれ以上に進むことは、労働法がルビコンの河を渡って労働法でなくなることになりかねない。(94)その意味で、今、我々が課題とするべきは、労働基準法を中心とした労働者保護法による最低条件規制の意義を再確認し、労働者が直面している現実を踏まえた実効ある規制を行うことにある。

労働者が単なる保護の客体ではないということは、団結権という労働者組合の存立と活動を認めたことと不可分離に考えることはできない。労働者の主体性は、労働基本権によって労働者自らが社会的なセーフティネットを張る自由を法的に保障されたところにある。また、終身雇用慣行に代表される労使慣行のもつ社会的セーフティネットの役割を認めることも、使用者による配転・出向命令権を承認することや就業規則の不利益変更による調整を承認することを不可避なこととして受け入れることにも繋がらない。労働者の個別的管理が実態として進めば、キャリア権という概念に敢えて拠らなくても、使用者の有する人事評価の自由を拘束する法理論を形成することは十分に可能である。

石田氏・和田氏が金子氏のセーフティネット論の主張する共同性が日本的雇用慣行に現に存在してきた負の部分（男性の正規労働者のみがセーフティネットによって保護され女性・非正規労働者が保護されないことは過労死などが挙げられている）を受容するものだと批判されるが、(95)労働流動化を促進する労働法のパラダイムに対して終身雇用慣行を維持することを主張することと、それらの負の部分を合わせ受け入れるということとは、まったく別の問題である。戦後労働法学が時として過度な集団優位の考え方に傾いた傾向があったとしても、それはパラダイム自体の欠陥ではない。私は、団結権の承認の中に含まれる労働者の主体的自由の問題を、すでに市民＝私民

（エゴイスティックな経済人）[96]と捉えている市民的自由とは異なる、かつての市民社会論が市民＝公民（ホモ・ポリティクス）として追求しかつ現在においても人びとが経済人としてではなく市民として連帯性を新たに求めてきている「市民的公共性」という共同性の在り方に重ね合わせて捉えることが重要だと考えている。[97]そこには、経済合理性を持った個人でも、孤立して自己の私生活のみを大切にする自己決定権をもった個人でもない、公共性を紐帯とする社会的個人が、市場経済とは異なる社会を形成する主体として現れている。労働者の団結とは、単なる市場競争における圧力団体としてみずからの労働力を高く売るための存在としてその自由を認められた存在ではなく、使用者との関係において従属性を克服し労働者自らが社会的セーフティネットを張る主体として認められた存在だと考えることができる。

一方で、たしかに労働組合の存在感がますます薄れている現状があり、労働組合を必要と感じていない労働者も少なくないであろう。しかし、社会的セーフティネットを守り育てることは、労働者自身が主体的に行動する以外あり得ない。こうした課題を個人としての労働者に委ねるとは思えない。

それに対して、労使委員会という労働組合とはまったく意義を異にする共同性が労基法の中に規定された。労働組合の役割は、労働者保護法の定める最低条件以上の労働条件を獲得するというところにあったが、労使委員会に法的に認められている役割は、労基法に定められた最低基準規制の適用を排除し引き下げることにあるところにも現れている。一方で「個人としての労働者」が主張されながら、他方でそれとは矛盾するかのように労使委員会の設置がなにゆえこの時期に行われたのかを掘り下げることは、労働者の集団自治の在り方の問題として重要な課題といえる。本稿では、労使委員会によって労働基準法の空洞化が進行する危険性が大きいことを指摘しておくに止めたい。

労働者の流動化のもたらすものは、労働者を単なる商品市場から自由にすることにあった労働法の枠組みから再び単なる労働市場に解放することになる。グローバリゼーションの進行によって、労働者の流動化を促進することの帰結は労働法の市民法化であり、その意味ではこの問題に真正面から臨むべき労働法学にとっては、新しいパラダイムを展開することよりも戦後労働法学の意義をもう一度検証することの方が有益であるだけではなく重要な課題となっているという結論をもって本稿を閉じることにする。

(26)　西谷敏「労働法における規制緩和と弾力化」日本労働法学会誌九三号九頁以下では、グローバリゼーションについての定義が示されている。

(27)　佐伯啓思「グローバル市場の〈文化的矛盾〉」佐伯・松原編著『〈新しい市場社会〉の構想』二二頁、二七頁参照。なお、土田道夫「グローバリゼーションとはなにか」浜田・香川・大内編『グローバリゼーションと労働法』四頁以下では、グローバリゼーションを市場・競争・企業のグローバリゼーションと捉え、労働法の規制緩和は、質量ともにに圧倒的な多国籍企業を有することによってグローバリゼーションに勝利したアメリカの考え方に結果として近づくと指摘されているが、それは単なる結果として解すべきことではない。

(28)　その点、山口俊夫「経済効率と人権保障」千葉大学法学論集第八巻一＝二号一四八頁が今、行われている労働法の弾力化・規制緩和の進行及びその論議について「先行した時期以上に、経済的配慮が、明らかに、人権思想に深く根ざす労働法の論議をしばしば支配したということである。……労働法の本質的意味そのものが、現在、われわれの眼前において深刻に問い直され、変更を迫られつつあるとも見え、『労働法の衰退』を印象づけるのも、まさにそのためである。そして、疑いもなく、経済効率と人権保障の新たな均衡の探求が、大幅に論議に反映されるのをわれわれはそこに見るのである。」と指摘されているのは慧眼であるが、その指摘が今日どれほど労働法学研究者の間で共有化されているかは疑問である。

(29)　八代尚宏『雇用改革の時代』は、労働力の移動を妨げている現行労働法の規制がいかに労働者にとって不利益なものとなっているかについて言及しているが、使用者にとって労働法の規制緩和がどのような利益をもたらすかについて言及がない。経営者団体が労働法の規制緩和をこれまで何度も提言してきている事実を振り返れば、使用者が規制緩和の第一の受益者であることは客観的に見ても間違いない。後注(34)の菅野・諏訪論文でも「労働者がドライな行動に出る以上、使用者も雇用維持や処遇において割り切った姿勢をとるようになると予想される。」（八頁）と指摘されるが、労使関係にあって生じる現象は逆であるのが常である。
(30) 前注(28)山口論文では、その視角に基づいて「この二〇年来の経済状況の発展に伴って、労働法規範に加えられることになった『弾力化』の観念は新たな性格のものである。それは、主として、諸国が当面することとなった経済危機ないし困難に対処することを目的として、労働法規範の過度の厳格さを緩和し、企業活動の運営においてより大きな判断と行動の自由を経営側に与えることが、経済活性化にとって不可欠であるとする経営側の主張にもとづくものである。」(同一五一頁以下)と指摘されている。付言すれば、社会システムあるいは雇用システムの変更に伴い労働法の役割が変更されるべきだというよく見られる議論の在り方は、私には自らの価値判断が(結果として)担う役割あるいは機能に無自覚に過ぎるように思われる。
(31) 小笠原浩一氏が指摘している「立法の論理」を考える際に必要な以下の二点の論点について、同感である。「一つは法的論理である。立法の論理は既存の法体系との間に一定の整合性を保ちながら、法的論理として説得力ある形で構想されざるをえない。特定の政策目標を立法的に表現する場合に、かかる法的論理のあり方が立法の内実を左右する。そして法的論理は固有の法的文化を背景にもつ。国際比較から見て、同種の立法制度が異質な法的論理に立脚して成立していることや、同質の政策目標が異なる立法的表現の様式をとることは……そう珍しいことではない。
もう一つは、国家介入の論理である。立法は労使関係に対する国家の位置を表現している。立法には、労使関係の実態が内包する運動の論理を国家が受け止め、誘導する論理が、一定の法的論理としての整合性に配慮しつつ、表現されている。国家介入の論理は強いイデオロギー性をもって表現されるが、そのイデオロギーであることこそが重要であって、そこには逆説的であれ順接的であれ実態が投影され、何が問題なのかが写し出されている。」(『「新自由主義」労使関係の原像——イギリス労使関係政策史』九頁以下)
(32) 拙稿「労働者の個人的自由と労働組合」法学新報一〇一巻九=一〇号一〇一頁以下参照。技術論の観点からは、『人間と労働の未来』等の中岡哲郎氏の論著に詳しい。
(33) こうした過程の進行がドラスティックに進行した高度成長期に、労働組合が主導して行われた反合理化闘争が様々な分野で起こりかつ敗北していった歴史を知るものにとって、今日の労働者像を語る際にその対極にあるこれまでの労働者像として「善良ではあるが無知なので、単純な肉体労働に従事し、使用者のいいなりになるほかはないといった労働者像」（七頁）、「内部労働市場にどっぷりと漬かってきた中高年」（一〇頁）（いずれも菅野和夫・諏訪康雄「労働市場の変化と労働法の課題」日本労働研究機構雑誌四一八号）という表現には違和感を覚える。さらに、本稿執筆現在で六巻に及ぶ山根一眞『メタルカラーの時代』の連作およびNHKテレビ「プロジェクトX」の番組中で、新しい技術革新の技術の試行錯誤の過程にしばしば優秀な現場労働者の技術の蓄積があることに出会うと、菅野氏・諏訪氏の見方とは異なりそこには労働者に蓄積された深い技術の世界が脈々と流れていることを実感せざるを得ない。

(34)　八代尚宏『規制改革』八一頁以下では、「一九八〇年代のような高い経済成長が望めない状況で、終身雇用にこだわっておれば雇用機会が制約されることは当然で、正社員として専門的な能力を生かすための雇用契約の多様性は避けられない。……従来のような売上高最大化よりも、コストの最小化が企業経営にとってより大きな課題となる。正規社員は必要最小限にとどめ、非正規社員や業務のアウトソーシングを進めなければ経営自体が成り立たない状況では、終身雇用以外の雇用機会の規制が労働者全体の利益になるという論理は通用しない」と企業側の論理を披瀝されている。

(35)　菅野＝諏訪・前掲論文一三頁。

(36)　浜田富士郎「労働法の内容を主として雇用関係法、労使関係法の二法域によって捕捉し、理解しようとする立場は、労働法体系の構築にあたって労働市場法に対してしかるべき位置づけをしていなかったという意味で、もともと適切を欠く点があったことになるが、その不適切さは、職業安定法、労働者派遣法の近年の改正に代表されるような、外部労働市場についての規制緩和立法の増加、これに対応した具体的な労働政策・労働行政の展開等によっていっそうその度を増している。」浜田＝香川＝大内編『グローバリゼーションと労働法』「はしがき」i頁。

(37)　横井芳弘「様変わりした労働関係と労働法」日本労働法学会誌九七号一三頁以下参照。

(38)　参加一四ヵ国のうち、この決議への反対が日本の一票だったことは象徴的である。

(39)　アメリカは国際会計基準のベースとなる時価会計を実施し、ヨーロッパは二〇〇五年度に実施することになっている。しかし、この基準をめぐっては、アメリカとヨーロッパの利害対立関係等もあり、単純な流れにはなっていない。詳細は、田中弘『時価会計不況』、磯山友幸『国際会計基準戦争』、徳松倎洪・加藤直樹『企業ビッグバン――国際会計基準が日本型経営を変える』、菊池誠一『時価会計が企業を変える』他、参照。

(40) さらに、二〇〇六年三月期から土地、建物、設備などに減損会計を導入することを決定している。それまで「取得原価会計」を採用してきた日本が、時価会計に大きく会計制度を変換せざるを得なくなったのは、上記の国際会計基準の策定の動きのほか、アメリカの圧力もあった。しかし、金融ビッグバンが国際金融市場における日本の地番沈下を恐れたことに理由の一端があったように、すでにムーディーズに代表される国際的な格付機関による企業評価に晒され企業の株価に大きな影響が生じることへの危惧があったことは間違いない(一九九九年三月決算から日本企業の年次報告書の監査意見に「この財務諸表は、日本で一般的に認められた会計基準と監査基準に準拠して作成されており、日本の会計基準に通じた利用者向けである」という警告(レジェンド)を明記することを世界五大会計事務所から求められ、日本の監査法人はこれを受け入れることとなった)。

(41) しかし、時価会計を支える時価評価そのものが、正しい情報であるかどうかも大きな疑問があり(たとえば、保有している大量の株は市場に出さないことによって時価評価額を維持しているのであり実際にに市場に出せば当然に時価は下がる。それ以外にも問題点は少なくないが、次注で触れる論点もその一つである。)、時価会計が取得原価主義会計に対して優れているという客観的評価が成り立つわけではない。

(42) 時価会計では、将来の未収益の利益も現在の時価評価をして計上することが可能となり、エンロンは電力料金の先物取引で利益操作をしたことが成功と破綻の発端であったし、第三者が複雑なデリバティブ取引の時価評価を適正に行うことは不可能であると言われている(田中弘・前掲書参照)。

(43) 「今のアメリカ会計は、決して、健全な投資家、中・長期的な株式保有者のための用具とはなっていません。グローバル・スタンダードの実態は、『ギャンブラーのための会計』だったのです。」(田中・前掲書一〇六頁)。こうした今日の投資家が、従来のような個人投資家ではなく、年金ファンド等の株の運用利回りを期待する機関投資家(日本の生保や企業年金基金もこれに含まれる)であることはすでに触れた。また、株価を上げることが株主の利益とストック・オプションによって報酬が支払われる経営者にとって共通の利益ともなっている。

(44)　宮本光晴『変貌する日本資本主義――市場原理を越えて』第四章「覇者アメリカの革命」では、経営者企業が株主企業に変遷したアメリカ企業の経緯が論じられているが、その原因について「これが現在のアメリカの資本主義であれば、知るべきは、それは六〇年代後半から七〇年代にかけての経営者資本主義の変質や衰退の結果であるということだ。それは二重の意味でそうなのであり、一つはこれによってアメリカの経営者企業の行動が変化したということであり、そしてもう一つは、アメリカ自身が自らの経済を資本流入国としての経済に塗り替えたということである。」(一三六頁）と指摘されている。

(45)　高収益会社であるトヨタ自動車が、終身雇用慣行を採り続けていることを理由に、ムーディーズから企業評価のランクを引き下げられたことは記憶に新しい。

(46)　金子・前掲書『反グローバリズム』三九頁以下、参照。

(47)　菅野「職業生活と法」『現代の法一二巻』では、「企業は、従業員の全面的な企業依存を負担に感じるようになり、従業員に対して会社を頼らず自立せよ、とのメッセージを送るようになっている。」(九頁）と率直に指摘されている。

(48)　リチャード・セネット『それでも新資本主義についていくか』は、キャリア・アップを通じて転職によって満たされた収入と生活を得たエリート労働者がその代償として喪失した人間の営みの問題を追求している。次節の3(1)で触れる問題にも繋がる論点である。

(49)　財団法人経営経済研究所「平成一四年度『消費生活に関するパネル調査』について」(二〇〇三年九月五日）では、高所得層と中所得層の間、中所得層と低所得層の間の所得格差が拡大していることと所得階層の固定化が進んでいることが指摘されている。

(50)　西谷「日本的雇用慣行の変化と労働条件決定システム」民商法雑誌一一九巻四号では、日本雇用慣行が「人格的共同体」としての企業観に支えられていたこと及びそれが変容することは、「使用者にとっての労働者は、企業共同体の構成員たる労働『者』から、単なる生産要素としての労働『力』へと急速に変化しつつあるように見える。」(四九〇頁）と指摘されている。

(51)　財務省調査統計によれば、二〇〇二年度の日本の製造業の海外生産比率は、すでに三七％に達している(日本経済新聞二〇〇三年九月八日)。

(52) 佐和隆光『漂流する資本主義』では、「実に皮肉なことなのだが、八〇年代から九〇年代前半にかけて、市場経済がより『完全』なものに近づいたがゆえに、市場経済のはらむ新たな『矛盾』——市場の力が暴力に化すること——が顕在化したのである。実際、『市場は不完全であるがゆえに安定的である』とのパラドックスが成り立ちそうである。」(一八頁)と指摘されている。私は、市場のそうした性格は、対象とした時代は異なるがすでにポランニーが著書『大転換』で市場の自己調節機能そのものが矛盾に突き当たると指摘しており、皮肉とも思わないし、市場の有する暴力性は国民生活や企業文化だけではなく「マクドナリズム」に象徴されるようにそれぞれの国の固有な様々なものも含めて破壊する力を内包していると考えている。とはいえ、佐伯・前掲論文で指摘されるグローバルな市場経済に対する必然としての対抗が再伝統化される「文化の防衛」が「歴史と伝統」への回帰という形で意図的に生み出されるとするならば同意することはできない(この議論を深める者ににとって、姜信子『棄郷ノート』、『安住しない私たちの文化』が参考になる)。

(53) こうしたアメリカ企業の経営戦略によって、繁栄の一方で労働者が切り捨てられていき、所得格差が拡大していく姿は、稲葉陽二『「中流」が消えるアメリカ』に詳しい。田中・前掲書「第四章 錬金術に毒されたアメリカ型資本主義」も参照。

(54) 典型的なものは、日経連『新時代の「日本的経営」』で新しい長期雇用者と流動化させる労働者の組み合わせとして示された「長期蓄積能力活用型グループ」への福祉施策が生涯総合施策であるのに対して、「高度専門能力活用型グループ」と「雇用柔軟型グループ」に対するそれが生活援護施策であることの相違に現れている(同書三二頁「図表八」参照)。ここでは、雇用の流動化が経営者の明確な意思として示されているだけでなく、「高度専門能力活用型グループ」の福祉施策が生活援護となっていることにより高度な専門能力をもって使用者と対等で自由な関係に立つと説明されているグループの多くがいみじくも実態として決してそうはならないと経営者も見ていることが読み取る。

(55) 宮本光晴「セーフティネットの罠」前掲、佐伯=松原編著『〈新しい市場社会〉の構想』一六四頁では、二つのセーフティネットを次のように対比する。「労働の自由市場に対しては社会政策や労働政策が対置され、貨幣の自由市場に対しては中央銀行による貨幣管理が対置され、そして国民生活の安全の装置としては社会保障の制度が確立された。この意味で、一九世紀以来の自由放任の市場経済は、福祉国家型の『社会のセーフティネット』の確立に向けて『大転換』を遂げるのであった。……経済のグローバル化とともに、福祉国家の諸制度やケインズ型の需要管理政策を維持することはますます困難となり、同じく経済のグローバル化とともに、労働市場から金融市場まで、あらゆる領域での市場自由化が不可避となる。問題は、これに応じて『市場に対する社会の自己防衛』から『市場の機能の補完』へと、セーフティネットの考え自体が転換するのかということにある。」

(56)　金子勝氏は、こうした「競争力のコアとなる技術やノウハウを軸にして、他分野にも業務範囲を広げて収益を増大させてゆく効果」（『セーフティネットの政治経済学』一二八頁）を称して「範囲の経済」という現象が現れたと指摘される。

(57)　佐和・前掲書一〇九頁以下参照。

(58)　西谷・前掲「労働法における規制緩和と弾力化」日本労働法学会誌九三号二九頁以下、他同書掲載の各論文参照。また、ＥＵの資本主義を概観するコンパクトな好書として、福島清彦『ヨーロッパ型資本主義――アメリカ市場主義との決別』がある。

(59)　横井芳弘「労働法と現代社会」『現代労働法入門（第三版）』四頁以下参照。

(60)　拙稿「『人間の尊厳』理念の再検討」熊本学園商学論集第二巻四号三三頁以下参照。

(61)　日本国憲法二七条の意義については、西谷「勤労権と立法者の労働条件基準法定義務」ジュリスト一二四四号一二二頁以下参照。

(62)　島田陽一「日本型雇用慣行と法政策」日本労働研究雑誌四二三号一六頁は、このデュアル・システムを、戦後の労働法の出発点から「組合費を支払うことができ、かつ熟練を有し労働市場を独占しうる比較的上層に属する労働者層とそうした条件に乏しい労働者層という二つの労働者層の相違を前提として考えられていた」と指摘される。現在の状況を俯瞰してみれば、組合組織率の低さから労働法の予定した機能が十分には働いていないことも、日本の組合運動が大企業の正規職員によって多く担われていることも事実であり、組合の在り方には大きな問題が存在している。しかし、労働組合の発生史から見ても組合員であるか否かが労働者の階層分化の指標になってきたという理解には飛躍があるだけではなく、労働法が労働者の階層分化を前提に構想されたという見解も同意し難い。また、大内伸哉「労働法保護法の展望」日本労働研究雑誌四七〇号三二頁以下では、労働保護法の規制と労働組合法の集団的自治を対立的原理と捉え、「このような集団的自治の保障がある以上、個別的な契約レベルでの実質的な非対等性に配慮した、労働保護法による立法介入は不要ではないか、という疑問が生じる。」（三三頁）と指摘されるが、同意し難い。

(63)　菅野和夫氏が「二〇世紀型労働法」と命名され、今日では時代に適合しないと批判の俎上に載せられる戦後労働法原理を、「これは、労働市場における個別的で自由な取引（市場機能）への根本的な懐疑から発して、公的な需給調整と集団的取引を保障すると共に、契約の最低基準を規制する法体制であった。こうして、『労働市場』という概念や考え方は、労働法の理念や体系においては背後に退けられ、従属的労働関係における労働者の国家的保護を目的とする個別的労働関係と、労働者の団結権・団体交渉・団体行動の諸権利に基づく集団的労使関係が、労働法の基本的骨格となった。」（「『労働市場と労働法』のテーマをどう見るか——はじめに」日本労働法学会誌九七号五一頁）と整理されるのも、こうした枠組として理解されているのであろう。

(64)　今日の民法はすでに、権利濫用や信義則などの一般条項があるだけではなく、借地借家法などの存在によってすでに市民法の修正が反映しており、理念型としての市民法ではない。また、今日では、消費者契約法や製造物責任法などの様々な市民法の修正が図られている法が多数存在することも、労働法と同様、市場に現れる当事者間の経済的な力関係の格差、情報の格差などが前提とされている。しかし、それらの市民法の修正は、労働法が労働者という存在を基本的人権に基づいて保護するものとは基本的に性格を異にしている。

(65)　ここで改めて、「セーフティネット」の概念定義をこの言葉の提起者である金子勝氏に求めると、「本来的にセーフティネットとは、個人では対応できない人々が共通して抱えるリスクを、社会的に共同で処理する仕組みである。」（前掲『反グローバリズム』五五頁）とされる（金子氏は、セーフティネットは国民国家だけではなく国家のうちそとも含めた様々なコミュニティによって張られるものであることを論じられているが、詳細は、前掲『セーフティネットの政治経済学』第二章を参照)。

(66) 以下の論考は、金子勝及び宮本光晴両氏の前掲論文に負うものが大きい。

(67) 宮本・前掲論文一九九頁以下参照。

(68) 宮本・前掲論文一七四頁以下参照。

(69) 菅野和夫氏は、二一世紀の労働法学のパラダイム転換について、一方で立法政策の変化がグローバル資本主義に対する企業の対応に即したものであることを認めた上で、「従来の労働法の課題は、市場取引の弱者としての労働者保護のために労働市場の機能をいかに制限するかにあったが、日本の市場経済システムの改革のなかでは、労働市場の機能を活用することが、労働者の利益増進のためにも必要であるとして、労働法の課題となったのである。」(『労働市場と労働法』——総括」日本労働法学会誌九七号一一三頁)と述べられている(傍点引用者)。ここでは、市場経済システムの改革という日本の経済政策を所与のものとした上で、労働者の利益増進を図る手段として労働市場の機能の活用という答えが求められている。

(70) 石田真=和田肇「労働と人権」法の科学二九号三六頁以下、及び三井正信「労働法の新たなパラダイムのための一試論(一)」広島法学二四巻二号三九頁以下では、菅野・諏訪氏の考え方を「サポートシステム論」と呼んでいる。

(71) 同旨、西谷・前掲「日本的雇用慣行の変化と労働条件決定システム」四九三頁。

(72) 菅野=諏訪・前掲論文七頁以下。

(73) 菅野=諏訪・前掲論文八頁以下。

(74) 諏訪康雄「労働市場法の理念と体系」『講座二一世紀の労働法第二巻』一五頁以下。菅野・諏訪論文でも「キャリア展開」という言葉が使われているが、まだ十分には掘り下げられていなかった。諏訪氏は本論文で「キャリアは財産」という政策スローガンのもと、「雇用の保障」に替わる「キャリアの保障」という新しい労働法のパラダイムの根本概念として「キャリア権」という新しいキー概念を提起される。職業選択の自由が重要な基本権として現れてくるのはこれまでの氏の議論からいって不自然ではないが、生存権と自由権の性格の相違が曖昧にされていることは注視しておく必要がある。いささか長いが引用しておく。「キャリアに対する権利の保障を、雇用政策や労働法の基本にまで遡るならば、個人の主体性と幸福追求の権利（憲法一三条）にもっとも根本的な基礎をおくとともに、労働の場における社会的な役割と自己実現を確保するという観点から、憲法二二条一項の職業選択の自由と同法二七条一項の勤労権（労働権）の交渉が浮上する。また、キャリアの準備や形成に配慮するならば、憲法二五条一項（生存権）と同法二六条一・二項（教育を受ける権利・受けさせる義務――むしろ『学習権』と捉えるべきもの）とも関係してくる。その結果、法理念としての『キャリア権』は、生存権を基底とし、労働権を核にして、職業選択の自由と学習権とを統合した性格の権利であるということになる。」（一六頁）

(75) 荒木尚志氏は、同じ立場から、「労働力商品の特殊性に由来するこうした弊害は、労働者の高学歴化や労働人口の減少による需給関係の変化によって、それほど大きな問題ではなくなってきた。むしろ、バブル崩壊後の雇用情勢は、勤労権の実現にとって外部労働市場の活性化をより必要とするようになっていった。」（「労働市場と労働法」日本労働法学会誌九七号七二頁）と端的に二つの理由を挙げられるが、ホワイトカラー層の変容の問題を無視しては高学歴化が労働者を直ちに労働力商品の特殊性の範疇から解放するということはできない。また、グローバル経済下の構造的不況の下で労働者の流動化は企業のコスト削減効果に貢献しているだけで［正社員と非正規労働者の置き換えが進んだ結果、就職者に占めるパート労働者の割合が三五・八％なっただけでなく（厚生労働省平成一四年雇用動向調査参照）賃金格差も拡大している(平成一五年度労働経済白書第四二表参照)。］、労働者にとっては雇用のミスマッチも埋っていない（同雇用動向調査参照）。雇用の創造も労働条件の悪化に繫がり貢献することが少ないことは、中高年の自殺の増大［警察庁統計（二〇〇三年七月二四日）によれば、九三年以来経済・生活苦を理由とする自殺者が年々増加し二〇〇二年には八〇〇〇人弱に上っている。］という象徴的な指標を見るまでもなく、最近の各種調査結果［経済産業省企業活動調査四月一七日／電機総研調査四月二五日／国民生活白書五月三〇日／連合総研調査報告書六月一日（いずれも二〇〇三年）等参照］からも明らかになっている。さらに、前記「労働経済白書」では、正社員に対する成果主義賃金制度の導入について「従業員の高齢化、高学歴化が進む中で、企業が比較的賃金の高い大卒中高年層を中心に、能力や成果の評価の厳格化等により、賃金コストの抑制を図っていることがうかがえる」と指摘されている。

(76)　むしろ、西谷氏が示される「国家法による規制と労働組合による集団的決定が後退し、それに対応して使用者の単独決定権が大幅に強化されたといえる。しかも、従来は、使用者による単独決定が、長期的雇用を前提とした企業共同体における構成員のための決定として正当化されてきたのにたいして、労働関係における契約的要素の強化にともなって、労働者との合意によって正当化される傾向が強まってきた。しかし、長期不況を背景として、労働者の使用者にたいする従属性はますます強化されて」いる（「新時代の労働法の課題」『転換期労働法の課題』二三頁）という事実認識の方が説得力があろう。

(77)　荒木・前掲論文七九頁。

(78)　鎌田耕一「外部労働市場と労働法の課題」日本労働法学会誌九七号は、注(19)でゲームの理論を挙げ、「制度と市場の経済学」が市場原理主義の理論的欠陥を克服したことが労働市場法学にも当てはまると指摘されている。しかし、ゲームの理論も現実の人間を捨象し数理の中に仮想現実を形成したところに成り立った理論としての欠陥を持つがゆえに現実の市場行動を捉えていないという批判（荒井一博『文化の経済学』六六頁以下、一二一頁以下参照）からすれば、「制度と市場の経済学」も新古典派経済学の中に止まるといえる。また、労働市場法学が日本の雇用慣行を根底から否定するパラダイムを提起することによって、多様な資本主義の在り方を模索するドイツやフランスなどの国々の労働法学とは異なった方向を選択しているとすれば、多元主義を志向するゲーム理論（あるいは進化ゲーム理論）とは整合するところは見いだせない。

(79)　金子氏の「グローバリズムの名の下に『強制』される市場原理主義……それによって生じる倒産や失業は、もはや一人ひとりの人間ではどうしようもないリスクである。『強い個人の仮定』を前提とする主張を繰り返しても、それは、ただ『自分のことは自分で決めなければならない』とする『近代的自我』の建前をもって、人々を追いつめてゆくだけである。」（前掲『反グローバリズム』一五四〜一五五頁）という批判は、「個人としての労働者」という仮定を前提とする労働市場法学にも当てはまろう。さらに、「実は、規制緩和政策は政府の介入を排して個人が自由に自主的に自己決定ができるようにすることが目的なのに、かえって人々が自主的に自己決定できなくなるという逆説が生じるのも、規制緩和が慣習的行動を成り立たせてきた制度やルールを破壊してしまうからである。つまり規制緩和政策は、その目的とは裏腹に人々の自己決定の領域を奪ってしまい、かえって市場を不安定化させてゆく危険性を秘めているのである。」（前掲『セーフティネットの政治経済学』三三〜三四頁）という指摘も示唆に富む。

(80) 前注(74)で引用したように、諏訪氏は生存権を「キャリア権」の理念を構成する基本権の一つとして挙げられている。しかし、労働者の生存権は、自由権では捉えられなかった人間像を新たに法の中に取り込むためのツールであり、「営業の自由」とならび封建遺制である身分制度を撤廃した記念碑的な自由権としての「職業選択の自由」とは安直に結びつけることはできない。また、子供を労働から解放し人間としての教養を身につける権利として認められた教育権までもがキャリア権に結びつけられているが、それぞれの基本権を固有の生成史とその意義を無視する形でキャリア権という新しい権利の文脈に結びつけるのは、あまりにも便宜的に過ぎよう。しかし、こうした生存権の意義を自由権との相違として捉えない考え方が、労働法を市民法との共通の地平の上に考えようとしていることと深く結びついていることは明らかであろう。

その一方で、大内伸哉前掲論文も、拠って立つパラダイムは異なるが、労働保護法の規制を契約の自由の原則の一般原則で読み替えていくという点では、労働法の市民法化という性格を労働市場法学と共有している。

(81) 西谷氏の労働市場法学批判の論点は、たとえば「規制緩和論は、労働者をすでに自立した『合理的個人』ととらえ、その保護の必要性を基本的に否定するが、労働者が資本に対して従属的な状態に置かれていることは厳然たる事実である。労働者が従属的状態にあるからこそ、『自己決定』要求との間で深刻な矛盾が生じる。したがって、今、労働法がなすべきことは、自己決定のために自らが退くことではなく、まさに自己決定の実現のために自ら乗り出して、その条件を整備することなのである。」（「労働法規制緩和論に見る」『法と経済』一九九九年五月号五三頁）という主張に典型的に見られる。

(82) 西谷・前掲「日本的雇用慣行の変化と労働条件決定システム」四九四頁。

(83) 同様の考えに立つ土田道夫氏の端的な表現を借りれば、「使用者に従属しつつも、それを克服すべく主体的に努力する人間」（「日本型雇用制度の変化と法」『二一世紀の労働法第一巻』三〇頁）となる。

(84) 石田=和田・前掲論文三九頁。西谷氏は現代における多様な労働者を『労働法における個人と集団』の中で「使用者に経済的および人的に従属する状態にありながら、たえずその従属状態を自らの主体的努力によって克服し、可能な限り契約内容に対して実践的な影響力を及ぼそうとする能動的労働者として」（同書六九頁）、こうした「現代的労働者像は、伝統的理論が虚偽性を理由として退けた市民法的人間像の再評価という側面を含んでいる。つまり、人間をある程度成熟した判断力を備え、自らの責任において自己決定を行う自立的個人と見る場合、そこにおける人間像は市民法的人間像と重なり合う部分が多い。」（同書六九頁）という見地から、そうした労働者像の根拠を憲法一三条に求め生存権と自由権の双方を統一的にとらえる人間の尊厳理念を提唱された。さらに、この理念をキー概念とする新しい労働法理論は、「個別的および集団的関係のいずれにおいても、生存権と並んで、あるいは生存権理念よりも自由の理念を尊重することに通じるものである。それ自体、生存権に優位性を認める戦後理論の大幅な修正を意味する」（五三頁）と主張されていた。しかし、人間の尊厳という理念に内包されている人間像及び市民法における人間像が市場における経済人としての人間像であって、自由権と生存権を統合するという主張は、西谷氏の意図がたとえ生存権理念の深化にあるとしても経済合理的な人間像に対する批判を含む生存権が捉える労働者像とは一致しない。労働法を市民法化する理論という点では、労働市場法学との相違点を見いだし難い。

(85)　土田・前掲論文も、「新たな労働法は……一面では『集団・弱者としての労働者』を想定したパターナリスティックな政策（ブルーカラーをモデルとする労基法の画一的労働条件規制、職業紹介制度の国家独占政策等）の見直しをもたらす点で規制緩和政策と結びつくが、決してそれと同義ではなく、労働者個人に着目した規制の再編成にほかならない。」（「日本型雇用制度の変化と法」『二一世紀の労働法第一巻』所収三〇頁）と整理されるが、労働市場法学との相違はにわかには判読しがたい。さらに、労働者個人を根拠付ける憲法規定として憲法一三条の個人尊重だけでなく、憲法二二条の職業選択の自由までも含めて考えられている（同論文三二頁）ことは、前注(80)で指摘した労働市場法学への批判がそのまま当てはまる。また、最近労働法の論文の中でしばしば散見されるが、労基法による最低条件の規制を「パターナリズム」という言葉で一般化することは市場原理主義の考え方とパラレルな関係にならざるを得ないだけでなく、社会権の持つ「国家からの自由」という自由権の本質に対する「国家による自由」という意義を如何にとらえているのか、という疑問を生ぜざるを得ない。

(86) このことについての三井氏の指摘（「労働法の新たなパラダイムのための一試論（二）」広島法学二四巻四号四〇頁以下）は、私も同感である。その点が顕著に表れた論文は、「労働者保護法における自己決定とその限界」『現代社会と自己決定権』所収二二三頁以下であろう。ここでは、労働者の自己決定を労働保護法及び労働契約法によって制約する原理として生存権理念が挙げられている。しかし、「自分自身の軽率な判断から保護する必要」（二三一頁）まで生存権を根拠として、労働者の真意に基づく契約であっても労基法によって無効にしうる対象に含められていることには違和感が残る。自己決定という主張の裏側に自己責任が当然にも含まれているはずであり、西谷氏の主張される現代的労働者像にもそぐわない理解ではないだろうか。その一方で、法律や判例が労働者の同意があれば統一的な規整を解除してもいい場合として、労働者の意思が真意に基づくものであっても、「労働者の生活に重大な影響を及ぼすおそれのない労働条件について、もしくはその範囲に限定」されること「労働者間の競争を事実上激化させ、労基法の原則的基準を下まわる条件で労働するのが困難な労働者に悪影響を及ぼ」さないことという二つの厳しい要件が労働者の自己決定権に求められている（二三五頁以下）。これらの見解は、西谷氏が当初提唱されていた自己決定と生存権の関係からは導かれ得るものではなかったように思われる。

(87) 西谷・前掲「日本的雇用慣行の変化と労働条件決定システム」四九四頁。

(88) 経済教室「所得格差と日本人（上・中・下）」日本経済新聞二〇〇三年八月二〇～二二日。

(89) イギリスで再び階級論が論じられるようになったことは、ジョン・スコット=渡辺雅男『階級論の現在――イギリスと日本』参照。

(90) 石田=和田・前掲論文では、金子氏のセーフティネット論の中で展開されている個人の自己決定の在り方について、「こうした自己決定論の意義は、次の三点にあるといえる。第一は、労働者の自己決定権が孤立して宙に浮いたようなかたちで存在するのではないことを明らかにしたことであり、第二は、労働者の自己決定権がセーフティネットに体現される社会的共同体と不可分の関係にあることを明らかにしたことであり、第三は、そうした観点から、市場原理主義的『自己決定権論』を批判したことである。」（四二頁）と整理されている。

(91) 石田=和田・前掲論文三八頁。

(92) 毛塚勝利「雇用・労使関係法の動向」日本労働研究雑誌四七〇号四四頁、表参照。
(93)「最低条件」という意味をもっぱら生活条件に、しかも「人たるに値するギリギリのレベルの条件」という意味に理解する考え方が、かつての戦後労働法学にあっただけではなく今日の戦後労働法学を批判する側にもある。たとえば島田・前掲論文一九頁は、週四八時間労働がそれに当たったが、週四〇時間となるともはや最低条件とは言えないと指摘されるが、四八時間を越えて働く残業が日常化している労働者は少なくない。最低条件を生活条件と見てもその水準は国と時代によっても異なるだけではなく、そこには当然に色々な価値判断が含まれてしかるべきである。しかし、こうした見解は、生存権の意義が文字通りの「生存」にあるのではなく、自由の保障の在り方に意味があることを看過している。
(94) 同旨、毛塚「ワークルール・アプローチのすすめ」労働法律旬報一四四五号四頁以下。
(95) 石田・和田氏の金子批判が当たらないのは、注(65)参照。
(96) それが市場に自動調整機能に結びつくととなえながらも個人合理性というもの性格が、エゴイズムに立脚することはアダム・スミスの認めるところでもあった（新古典派についての批判は、荒井・前掲書参照）。
(97) 拙稿、前掲「労働者の個人的自由と労働組合」は、いまだ試論の域を出ていないが、「市民的公共性」論によって労働者の自由の問題を考察した論考である。

四　おわりに

二〇〇三年、労働者派遣法及び労働基準法のさらなる改正によって、労働法の規制緩和が進み、使用者は解雇の自由を手にすることには成功しなかったが、さらに広い雇用の自由を獲得することになった。このことによって、外部市場で働かざるを得ない労働者の労働条件の規制も厳格にならないまま、現に行われている正規労働者と非正規労働者の代替が一層進むことは明らかであろう。そのことに関連して、男性・正規労働者は女性・非正規労働者の犠牲の上に特権を享受しているとして、労働者間に差別構造があることが問題だとする考え方が主張されている。しかし、たとえばパートタイマーが日本のような形で社会問題になるのは、パートタイマーに対する様々な労働条件差別が現に規制されていないことから、パートタイマーが不本意な選択としてだけではなく疑似パートとして安価に使われてきたことにある。本来の期間と時間を限定した存在として働くことはドイツでも認められており、日本的雇用の中でも男性・正規労働者と女性・非正規労働者間の労働条件差別を厳格に規制するならば、そうした形で補完的な役割を満たす働き方の多様性は、労働者自らが選び得るものであれば必ずしも否定する必要はない。むしろ、我々が眼にしているのは、典型的には労働者派遣事業法のように外部労働市場を規制する法が、派遣元と派遣先の間の労働力商品の商取引契約に従たるものとしてしか労働者保護規定が及ばず、したがって使用者責任を曖昧し派遣労働者の雇用・労働条件を不安定にしているという点で、およそ労働法と呼ぶに値いしない存在のまま、[98] ますますその適用範囲を広げることによって、外部労働市場は単なる商品市場と化してしまっている事実である。法が規制をしないことが原因で生じている問題を、上記のように法規制があるから労働者間に差別構造が生じると唱える議論は問題のすり替えでしかない。現下の労働者の置かれている状況からすれば、労働法を含めた社会的セーフティネットの規制は、むしろ強化されなければならないはずである。

本稿は、当初、上記の労働者派遣法の問題も含めて、労使委員会制度、裁量労働制などの労働法法規の規制緩和の問題を具体的に論じることも予定していたが、この課題は別稿で改めて取り組むことにしたい。

(98) 中野麻美「労働者派遣の拡大と労働法」『社会政策学会誌第九号 雇用関係の変貌』四四頁以下。その他、労働契約承継法も、企業分割という別の法目的に従たるものでしかない労働法の典型である。

（付記） 本稿は二〇〇三年一〇月に脱稿したものであり、西谷氏が二〇〇四年一一月に刊行された『規制が支える自己決定』に大きな示唆を頂きながら、お応えを用意できていない。改めて考えをまとめる猶予を御寛恕頂ければ幸いである。

磯田進著『労働法』（岩波新書）にみる法的発想と方法
――市民法的労働法学に関するノート――

石井保雄

一　はじめに――「戦後労働法学」見直し論と市民法原理への関心――

戦後労働法学の「見直し」[1]ということが言われるようになって、すでに久しい。[2]ここでいわれる「戦後労働法学」とは、アジア太平洋戦争敗北後の一九四五年以降、新憲法のもと労働三法（労働組合法、労働関係調整法、労働基準法）を中心とする労働法規が整備されてからのち、今日にいたるまでの労働法学説の展開の総体をさすものではない。すなわちそれは、「プロレーバー pro-labour 労働法学」とも称される、いわばカギ括弧つきのものであるという。[3]「見直し」を唱導する論者の一人である籾井常喜（一九三一～）によれば、それは「（一）労働者階級の側にたち、それと連帯し、（二）労働者そしてそれを組織する労働組合の権利擁護の立場から、（三）労働現象を分析し、労働法理を構築するなどを通じ、（四）労働者・労働組合の権利闘争ひいては民主主義擁護運動に主体的にかかわりをもってきた労働法学」を指すという。[4]しかしかりに、このような概念規定を受け入れたとしても、「見直し」論者がいう「戦後労働法学」と「プロレーバー労働法学」とは、後述するように必ずしも一致するものではないように思われる。それはむしろ端的にいって、「唯物史観法学」として特徴付けられた、沼田稲次郎（一九一四～一九九七）が提示し、それに依拠した労働法理論を指しており、その「見直し」「再検討」が提唱されていると理解すべきであろう。しかもその理論的再検討が批判対象である沼田自身が一九八〇年代初頭に提起した、従来の生存権に代わる、新たな法理念としての「人間の尊厳」[5]の理解・評価をめぐってなされていることから、議論は複雑なものとなっている。[6]そこでは、所得・生活水準の向上にともなう階級意識の希薄化にかかわる「中流」意識の拡大・普及という労働者の意識変化や、組合組織率の逓減に象徴的に示される労働組合運動の低迷、発言力の減退、そして産業構造や雇用・就業形態の変化などの諸事情が背景として重視されている。[7]すなわち、かつて労働者団結の必然性から、集団性を過度に重視してきたという反省からか、「個人」や「個人意思」の尊重ということが主張されている。[8]さらにいえば、今日では「戦後労働法学」の見直しはすでに自明ないし既定の現実として理解し、「生存権」の実現・確保にかかわる新たなパラダイムの追求に重点が移っているというべきかもしれない。そのような議論のなかでは、具体的には、「自由意思主体復権」（籾井）や「自己決定」（西谷）という解釈原理があげられている。[9]最近では、「見直し」論を踏まえて、具体的な実定法の解釈論レベルでの理論構築に携わる者も現われている。[10]

近時「戦後労働法学」の見直しがいわれるとき、そこでは、従来労働法法理に対する「市民法法理」との異質性や独自性が強調され、重視されていたのとは異なり、むしろ同法理への親近性や回帰志向が示されているように思われる。[11]本稿は、「戦後労働法学の見直し」と市民法原理との関係を直接考察しようとするものではない。ここで意図するのは、かつて同じく「プロレーバー労働法学」といわれながらも、労働法法理を市民法原理に直接基礎付けた先行者について検討・再評価するという作業を通じて、両者の関係をいま一度考えるということである。具体的には、一九五〇年代初めに公刊され、その後二度改訂され、多くの読者にむかえられ、戦後日本社会に労働法法理を普及させるに大いなる貢献をした、磯田進（一九一五〜二〇〇二）の『労働法』（岩波新書）を取り上げ、そこに示された、その法学方法論の特徴を確認したいと思う。それは迂遠な方法かもしれないが、今日の労働法学におけるパラダイム転換問題を考えるうえでの基礎作業となるのではなかろうか。

（1）「戦後労働法学」の再検討・見直しは、主に籾井常喜、西谷敏（一九四三〜）ならびに遠藤昇三（一九四八〜）によって主張されているが、それぞれ数多くの論考を公表している。代表的なものをあげれば、籾井の場合は、「プロレイバー的労働法学に問われているもの」片岡曻教授還暦記念『労働法学の理論と課題』（有斐閣・一九八八）七五―九三頁であろう。そして、その最も新しく、かつ長大なのが、未完ながら「『戦後労働法学』とその見直しの視点」（一）―（六）労働法律旬報一四二三（一九九八）、一四二八（同）、一四三八（同）、一四三九＝四〇（一九九九）、一四五五（同）、一四五六（同）の各号に連載されたものである（なお同論文は、籾井の東京都立大学における最終講義をまとめた「『戦後労働法学』見直しの視点」労働法律旬報一三三五号（一九九四）六頁以下を敷衍したものであると考える）。西谷においては、『労働法における個人と集団』（有斐閣・一九九二）の第一、第二章に従前の理論作業が再構成されている。遠藤については、「『人間の尊厳の原理』と現代労働法の課題」（一）―（四）島大法学三二巻三・四号（一九八八）五七頁以下、三三巻一号（同）一〇九頁以下、三三巻二号（同）四三頁以下、三三巻三号（一九八九）一〇五頁以下と「『戦後労働法学』とその見直し・転換の方法的反省」東京都立大学法学会雑誌三五巻二号（一九九四）一六三頁以下をあげておく。

(2) その端緒を沼田稲次郎が一九七九年、自らも編者の一人となった『労働法事典』（労働旬報社）三―二四頁に発表した「労働法の基礎理論――社会変動と労働法学」であるとすれば、すでに四半世紀に近い時間が経過していることになる。民法学説（＝安井宏「サン・ディディエの労働法と債務法の対立論」（一）法と政治五一巻二号（二〇〇〇）六六―七頁）からは、このような動向が、個人の自由な意思の尊重という観点から、一九六〇年代以降民法学のなかで論じられた「意思主義復権論」（同「最近のいわゆる『意思主義復権論』について」修道法学八巻一号（一九八五）同『法律行為・約款論の現代的展開』（法律文化社・一九九五）四五頁以下および同「《意思主義の復権》という比喩は、どのように理解し評価すればよいか」椿寿夫（編）講座現代契約と現代債権の展望第四巻『代理・約款・契約の基礎的課題』（日本評論社・一九九四）三〇五頁以下を参照）と共通性がある旨を指摘されている。そこでは、社会が複雑になるなかで、個人の意思や私的自治が虚構化しているがゆえにかえって、意思表示における「表示主義」に対する「意思主義」の再評価や、その強調がいわれたのであろう。しかし労働法学における「戦後労働法学見直し論」はそれまでの自らの理論的営為や学問体系のあり方それ自体の再検討・構築を問いかけるものである。それ

一　はじめに

は、民法学における「意思主義復権論」よりも、重くかつ深刻である。なお同・前掲「サン-ディディエ」六六頁以下、とくに六八—七〇頁の（注）四—七で言及している文献を参照。

（3）蓼沼謙一（一九二三〜）「戦後労働法学の原型形成期」労働法律旬報一三九九＝一四〇〇号（一九九七）七頁。

（4）これは籾井・前掲「プロレイバー的労働法学」七五頁が引用する、自らの論文「戦後労働法学の軌跡と課題」法の科学五号（一九七七）五二頁でのべているものである。そして同箇所は「プロレイバー労働法学」の概念理解を示すものとして、多くの論者により、たびたび引用されている。

（5）沼田・前掲論文、同『労働法入門』（青林書院・一九八〇）とくに第一部「基礎知識」等。

（6）沼田の理論的転回の立証を試みたのが、深谷信夫「沼田稲次郎先生の労働法学」上・中・下法律時報六九巻八、九、一〇号（一九九七）であった。また岩佐卓也「沼田法学の思想」法律時報七二巻三号（二〇〇〇）五九頁以下は、沼田理論の中核に「主体形成論」があるとするものであり、併せて参照。なお沼田批判が「修正的沼田理論」に依拠しながら行なわれている現実をさして、横井芳弘（一九二四〜）「時代を斬った沼田先生」労働法律旬報一四一三号（一九九七）三九頁は『死せる孔明生ける仲達を走らす』という言葉を引用して「微苦笑を誘われる」と評言している。

（7）労働法学に隣接する労働問題研究においても、以前一九七〇年代末から八〇年代初めにかけて多くみられた、倒産中小企業における「労働者自主管理」の研究を通じて「経済的危機を克服しようとしてつくりだした労働者世界の特質」と経営組織原理の「可能性と問題点」を探ろうとした『日本の労働者の自主管理』（東京大学出版会・一九九一）の著者（＝井上雅夫）は、その六年後に刊行した『社会変容と労働——「連合」の成立と大衆社会の成熟——』（木鐸社・一九九七）においては、「見直し論」と同様の諸事情を重視して、労働運動の変容を議論していることが注目される。

（8）大久保憲章「裁判官による契約への介入」（三）佐賀大学経済論集二九巻一＝二号（一九九六）一八九頁〔注〕三は、高度経済成長以降、「生活が経済的にも文化的にも向上してゆくなかで人間の尊厳の理念を受容し定着せしめる条件がわが国にも形成せられてきた」等の沼田の言（同ほか〔編〕『労働法辞典』〔労働旬報社・一九七九〕二一―二頁）を引用したのちに、つぎのようにのべている。「沼田教授の認識は、生活が豊かになったから市民法へ回帰するのだ、というように聞こえる。〔そこに―引用者〕貧しい時代は市民法との断絶を、豊かな時代には接触をという、便宜主義的、御都合主義的な色彩を感じるのはわたくしだけであろうか」。

（9）　たとえば、三井正信「労働法の新たなパラダイムのための一試論」（一）―（四・未完）広島法学二四巻二号（二〇〇〇）三九頁以下、四号（二〇〇一）三五頁以下、二五巻二号（同）九一頁以下、二六巻一号（二〇〇二）八七頁以下を参照。

（10）　遠藤昇三の一連の業績、すなわち「団結権論再構築の視座」（一）―（三）島大法学四二巻三号（一九九八）、四号（一九九九）、四三巻一号（同）、「団体交渉権理論の転換」（一）（二）同四三巻三号（一九九九）、四号（二〇〇〇）、「争議行為の責任」日本労働法学会〔編〕二一世紀の労働法第八巻『利益代表システムと団結権』（有斐閣・二〇〇〇）一七一頁以下、「労働協約の新地平」（一）（二）島大法学四五巻四号（二〇〇二）二四五頁以下、四六巻一号（同）五七頁以下がそれである。

二　磯田進の学説史上の位置

1　労働法学説の原型形成と二つの潮流――「プロレーバー」と「プロキャピタル」――

戦後労働法学説史の時代区分のあり方については、議論がある。しかしその「原型形成」はサンフランシスコ講和条約の締結にともなう労働法規改正という一九五〇年代半ば頃ないしは後半になされたものと解されている。(12) しかも、そこにおいてすでに、大きく「プロレーバー」と「プロキャピタル pro-capital」という二つの理論的潮流が形成されていた。では、個々の労働法学説をこれらの潮流のいずれかに何をもってわけるのか。

籾井は解釈論を構築する際の理論指標として（一）市民法法理と団結権保障との整合的把握、（二）欧米諸国の団結権保障の枠組み如何の検証、（三）憲法制定当時の立法者意思の所在、（四）権利主体たる労働者の権利意識の内実如何、(五)日本の労使関係の実態把握、そして(六)国民の支配的法意識の在り様如何の六点をあげている。そして籾井によれば、プロレーバー労働法学は、上記の指標のうち、(四)(五)(六)を重視した団結権優位の労働法理を展開していったとのべている。[13] しかし(一)(二)を重視しながらも、労働運動への関与を志向していった学説もみられた。すなわちそれは片岡曻(一九二五〜)によって「法社会学的労働法」と総称された者たちであった。かつて同『現代労働法の理論』(日本評論社・一九六七)は戦後労働法学の方法論を分析・検討し、「法社会史的研究方法」(吾妻光俊)と、その対極に位置する「唯物史観法律学」(沼田稲次郎)における、その方法論の相違点を明らかにした。しかし片岡は同時に、相対立する両者のあいだに、それらに並ぶ第三の潮流としての「社会学的法律学」というものをあげていた。それらは具体的には、生産管理、労働基本権そしてピケッティングの正当性をめぐる三つの学説上の論争を取り上げながら、その系譜に属する学説を紹介・検討するなかで示されている。それらには、様々な潮流・理論志向に属する学説が含まれていた。しかし同学説らはマルキシズムに依拠しなくとも、少なくとも「いわば反マルクシズム・反社会主義的でない」という意味で、これに「親和的」な立場であったといってもよいものであった。[14] すなわち「プロレーバー」労働法学と呼ばれる、「戦後労働法学」の主流は唯物史観法律学と社会学的労働法を併せて、形成されていったのであろう。それらは先に引用した籾井の「プロレーバー」の概念規定に近いもので、憲法により保障された労働者の広義の団結権の擁護をはかり、労働運動に積極的に関与することを志向するものであった。それらは、法の解釈の伝統的な方法を重視する一方、労働運動への係わりを峻拒した(であるからといって「プロキャピタル」と呼称されることには、不満があったのではなかろうか)学説とは大きく異なるものであった。

2　磯田進の位置と特徴——市民法との連続性の重視——

本稿で取り上げる磯田進は、以上の二つの潮流のいずれに属すべきものと考えられているのか。同教授において特徴的なことは、「労働法原理を市民法原理の直接の発展として基礎づけ」[15]たことであった。他の「プロレーバー」学説の多くは労働法を「市民法（民法）」に対する批判的・修正的契機である「社会法」の一環として捉えて、両者間における原理的な対立や独自性を強調していった。すなわち民法と労働法とのあいだには、つぎのよう点において異質なものであるとされた。法的主体としての人間について、民法は、その社会的属性を一切捨象した抽象的に平等な財産取引主体としての「人」（民法一条の三）として捉えるのに対し、労働法では、自らおよび家族の生活を確保するために、誰かに雇われざるをえないという意味において、使用者（労基法一〇条）に従属せざるをえない属性をもつ「労働者」（労基法九条、労組法三条）として、具体的に捉える。つぎに二つの法の基本的な理念について、民法の場合は、抽象的かつ形式的な自由であるのに対し、労働法においては、労働者の人間的な生存権の保障にある。[16]

磯田は一方でプロレーバー労働法学の主要な特徴であるところの、労働運動へ積極的に関与し、発言し、コミットしていったひとりであろう。その具体的に表されたものが本稿で取り上げる『労働法』（岩波新書）であった。しかし磯田は他方、労働法を市民法＝民法とは区別された独自性・異質性に、そのアイデンティティーを見出し、強調するのではなく、むしろ、それとの連続性を重視した。磯田は「市民法の労働法的修正」ということについて、つぎのようにのべていた。[17]

「**労働法**（**的解釈原理**）**は……、究極において、意思自由の原理……の部分的な否**（**不承認**）**に基礎を置いている……**」。「つまるところ、労働法の領域では、意思自由の原理の部分的な否定ということが根底にあって、それが、契約自由・営業自由の『市民法』原理の部分的な否定として、解釈上、発現してくるのではなかろうか」。「**意思自由の原理……の否定の根拠としては、取引**（**契約**）**当事者の「取引力」の巨大な差ということがあげられる。**すなわち、一方は資本家……、他方は無産の――今日働かなかったら明日食えないという――労働者、というのであっては、その間の――個人的な取引による――契約は、実質的に自由な合意であるとはいえない、ということである」。「裁判規範の問題として考えれば、**労働法原理……は市民法原理とどこかで、また、あるしかたで、**つながり合い、（歯車がかみ合うように）かみ合っている――**接続・吻合している……**――と考えなければならないだろう」（太字・傍点は原文）。

近時「戦後労働法学」の見直しを主張する論者らが「近代市民法法理」に注目・再評価するのは、市民法上の自由な意思ないし契約主体として「個人」の側面であろう。これに対し磯田は、今日とは異なり、労働者が労働組合に結集し、その団体行動を通じて、労使間の交渉力の不平等性の是正の実現を図るために、意思主義の制限・制約を肯定的に捉え、そこに労働法の特質を見出しているのが興味深い。それは、労働法の市民法に対する独自性を強調するのではなく、むしろ重点は、その連続性あるいは延長線上にあると捉えている。[18]では両者は「断絶」しているのではなく、「連続」しているとするならば、問題はどのような法的論理のもとにおいて、そのようにいえるのか。残念ながら、これについて、磯田自身から明確な説明を聞くことはできない。少なくとも私には、理解しえない。

(11) この点について、大久保憲章「民法総則と婚姻・協議離婚・養子縁組」佐賀大学経済論集二八巻四号（一九九五）五二頁は、つぎのようにのべている。

「従来のプロレイバー派の労働法学にあって市民法を再評価する動向がある。それは……『市民法の虚偽性』を『暴露』して市民法とは異なる原理を樹立する意気込みを以て、民法学とは異なる軌道を進んできた労働法学が、その対象とする現実に直面して再び民法学との接点を探ろうとしているように見える」。

ただし「法の虚偽性」は労働法についても問われることであり、このような記述が沼田の「法イデオロギー論」（たとえば同『労働基本権論』（勁草書房・一九六九）一―二八頁、同「法イデオロギー」片岡曻（編）『現代法講義』（日本評論社・一九七〇）二一一―二六三頁等）を踏まえてのべられたものとは思われない。

(12) 蓼沼・前掲論文七―一〇頁は、籾井常喜（編）『戦後労働法学説史』（労働旬報社・一九九六）序章「戦後における労働法と労働法学の歴史的軌跡」（籾井）二五―二七頁が「理論志向を異にする三つの理論潮流の源流」が籾井のいう戦後「第一歴史段階第二期」（一九四八―一九五〇年）に「顕在化していた」としているのに対し、これを「時代条件を過度に重視するもの」であり、法学説史は経済史等におけるそれとは異なる時期区分によるべきだとして、具体的には、一九五二年のサン・フランシスコ「講和〔条約締結〕に伴う労働法規改正の頃（一九五〇年代半ば頃）」までを「戦後労働法学説史の第一期」としている。

(13) 籾井・前掲「見直しの視点」（都立大最終講義）八―九頁。

(14) 蓼沼・前掲論文八―九頁。

(15) 片岡・前掲書一二二頁。

(16) 同『現代労働法の展開』（岩波書店・一九八三）九頁以下、四六頁以下。

(17) 磯田進「市民法と労働法――解釈原理の問題として」法律時報三〇巻四号（一九五八）一二―一三頁。

(18) 磯田は還暦を迎えたとき、このことをつぎのように説明している。「労働法は市民法とは別なんだ。……違わないんなら、労働法なんて要らないですよね。……たしかに、変更することであるのだけれども、同時に、接続することでもあるでしょう。……修正というからには、接続という契機が非常に重要である。……比喩をもっていえば、民法という一本の大木があって、そこから、一方には商法という大枝が分かれている。……もう一方に労働法という……大きな、枝が分かれてきている」（「座談会／労働法研究の回顧」語り手　磯田進、聞き手　氏原正治郎ほか、司会　秋田成就・磯田進教授還暦記念『労働と農村の法社学』〔一粒社・一九七五〕四二四頁）。ただし磯田自身がいうように、これはあくまでも「喩え」以上のものではなかろう。

三　岩波新書『労働法』――磯田「労働法学」の体系的記述――

1　岩波新書『労働法』を中心とした磯田・労働法学の理解

磯田がその労働法学体系を明らかにしたのは、岩波新書『労働法』においてであった。同書は一九五一年一〇月一〇日（奥付の日付。以下同じ）に、いわゆる青版第七七番として刊行された。同書はそののち、一九五四年四月二〇日に第二版（同一六四）、一九五九年一月二〇日に第三版（同三三五）と二度にわたり改訂版が世に出されている。初版が本文二四四頁であったの対し、二版同二七四頁、三版同二九六頁と増頁され、初版と第三版をくらべると約五〇頁も頁数が増えている。「第二版へのはしがき」ⅰ頁によれば、初版にくらべて「地方公営労働関係法と電気・石炭に関する『スト規正法』とをふくむこととなった」としている。初版と第二版とのあいだでは、とくに不当労働行為制度について説明した第三章の記述が増えたこと以外、両者の異同は字句の表現訂正程度にとどまっていた。しかし、第三版では、逆に第三章に新たな数項が設けられ、記述内容が整理される一方、争議行為に係わる第六章が大幅に増頁となっている。また同版では、労働条件基準に言及する第一一章について、著者自身「これまでの版におけるヨリは多くのものについて関説を加えるようにつとめた」（同書「はしがき」ⅰ―ⅱ頁）とする。同章も、旧来の版にくらべて頁数が倍増している。なお〔三版〕の二刷（一九五九）では、最低賃金法制定にともない、同法に関する記述が付加され、同〔一一刷〕でも、ＩＬＯ条約批准にともなう訂正がなされている。三つの版本をくらべると、論述のなかで示される具体例が前者においては、「たとえ話」であったのが、後者では、現実の訴訟において示された裁判例となり、わずか八年ほどのあいだながらも、労働法学の進化と裁判例の蓄積が反映されている。それにともない、当初は社会に生きる人びとに対する、労働法の、文字通りの「啓蒙書」としての性格が優っていた本書は、版を重ねるにしたがい、内容も充実化し、いわばコンパクトな概説書としての性格をもつようになったと思われる。

磯田『労働法』は全一一章からなる。その目次を以下に掲げる。(19)

第五章　労働組合は労働者の自主的団結である
第六章　労働者は争議権を有する
第七章　労働条件は両当事者の合意によって自由に決定される——労働協約
第八章　国家は労働関係の両当事者に対して中立でなければならぬ
第九章　国家は労働関係における交渉が平和的に行われる
第十章　特別の緊急事態には例外的に国家が一時争議行為を差止めて事件に介入することができるしかしその介入は調停的性質のものにとどまる
第十一章　労働者は人間らしい生活をする権利がある

最初の二章が総論として、労働法の出発点としての労使関係の法的把握のあり方についてのべ、第三章以下がいわば各論に相当するという構成である。内容的には、今日いうところの「集団的労使関係法」「労働団体法」を中心に、付随的に公務員および公共企業体労働者に関する団体法に言及している。とくに組合の結成や内部運営および争議権に関する第五および第六の両章で本書（第三版）の三分の一の分量を占めているのは、当時の社会状況を反映したものであろう。第七章までで、団結権やそれを踏まえた団体交渉権、争議権の説明をへて労働協約について触れて、第八章から第一〇章は集団的紛争解決のために、労働関係調整法上国がなすべきことに言及している。労働基準法を典型とする労働保護法については、第三版において従来にくらべて磯田自身「ヨリ多くのものについて関説を加えるにつとめた」というが、それは第二章に付せられている「労働関係における家族主義の批判」（ただし第三版では、削除）と第十一章「労働者は人間らしい生活をする権利がある」のところだけで、他の章にくらべれば少ない記述にとどまっている。

本書の前段について、もう少し具体的に紹介する。第三章は、冒頭「労働者は団結権を有する。なぜか？それは、労働者は自由な市民だからである」（①〔初版の意。以下同〕四三頁、②同、③同）という。団結権の歴史的原理と具体的実定法理としての不当労働行為を説明したあと、〔第三版〕八三頁では、磯田は「労働組合の幹部そのほかの活動家が組合活動を理由にクビにされるのを、だまって見送るのは、……ちょうど、百姓一揆の指導者が処刑されても泣き寝入りしていた封建時代の百姓のようなもので、団結権法認以前の、無権利以前の労働者意識」である(①七九頁、②同)。とのべている。歴史的に団結権は労使の職業組合の自由として法認されたが、今日両者を同じレベルで議論するものはないのではないか。労働力売買の契約関係としての労働関係における対等な取引は具体的には、団体交渉により実現すると考える。なぜならば使用者と労働者とのあいだの bargaining power(取引力)の違いから、不利な条件を押し付けられるのを「団体交渉権」——集団的に bargaining を行なう権利——をもって防ぐことができる(①一〇一—二頁、②一〇七—八頁、③九九—一〇〇頁)。こうして「抽象的、観念的な『対等』性が具体的な、実質的な、実力的なそれにまで近づけられ得る」(①一〇二頁、②一〇八頁、③一〇〇頁)。第五章で、組合の自主性や内部運営のあり方についてふれるが、労使双方が「労働組合は企業の外に立つ労働力の売手団体である」という意識を明確にもつことが必要であり、わが国では「大家族主義」「企業一家」などという考えに「稀薄にながれがち」であることに注意を喚起している(①一五〇頁、②一五六頁、③一五四頁)。

第六章は争議権を扱うが、「労働者がストライキ権をもつことは、先に第一、二、三章でのべた原理からの当然の帰結なのである」(①一五五頁、②一六一頁、③一六〇頁)とする。古代奴隷制や中世封建社会とは異なり、「労働関係が一般に対等な、自由な人格者間の契約関係となった」がゆえに、「物の売買」と同様に、「労働力の売買条件(労働条件)について話が折れ合わなければ、売手すなわち労働者の方では、『そんな条件では売れない』といって労働力の売渡しをことわる……ことができる」。さらに労働者には団結権があるがゆえに、「一人一人ではなく、団結して、『そんな条件では自分たちの労働力を売らない』といってがんばる権利をもっている」(③一六一頁)。またピケッティング等の付随行為について除外した「単なる労務提供拒否の意味におけるストライキ」については、刑事法上のみならず、民事法上も憲法一八条に反する「意に反する苦役」に該当するという。磯田はのちに、別の論考のなかで、つぎのような具体的例をあげて説明する。かりに「向こう一年間ストライキをしない」ことを条件に雇用された者がストライキを行なったとしても、それは実質的に自由意思に基づくものではないから、債務不履行の法的責任を問い得ない。況や、そのような特約をともなわない、通常の労働契約の場合、契約上ストライキ避止義務はないとする。そしてストライキは一定の正当化がなされたとき、免責されるのではなく、それ自体債務不履行を構成せず、単に濫用の問題が生じうるだけであるとする。[20]ただし、その根拠は民法それ自体に求めるべきではなく、「市民法の労働法的修正」として理解すべきであるとしている。[21]こうして観念的、抽象的な労使の「対等性」が具体的、実質的に現実のものとなると説明するのである。[22]とくに第三版では、ピケティングに関する説明が多いのは、当時の社会・理論状況をとくに反映したものとなっているように思われる。争議権についてふれる第六章は、具体的な挿絵なども交え、詳しく裁判例の引用もなされているが、それは従来の版についての「書評」を踏まえたものと思われる。

2　磯田進『労働法』の書評——市民法的労働法学の意義と評価——

磯田は岩波新書の一冊として『労働法』を執筆した動機として、初版執筆当時、つぎのようにのべていた。すなわち戦前、磯田の学生時代、岩波新書（旧「赤版」）の一冊として大塚金之助（東京商大＝一橋大学教授〔マルクス経済学〕、「アララギ」派歌人、一八九二～一九七七）執筆による『経済学説史』が刊行されることが予告されていた。大塚は「日本資本主義論争」の端緒となった『日本資本主義発達史講座』（岩波書店・一九三二―三三）の編者の一人であった。磯田は大塚がその予告のなかで、「私が書きたいと思っているのは、『五十銭でわかる経済学説史』というような本です」といっていたとのべている。このことを引いて磯田は「私が書きたいと願ったものも、まさしく『百圓でわかる労働法』というような本であった」「こういう気持を徹頭徹尾いだきながら、私はこの本を書いた」[22]とのべている。誰もが当時の岩波新書一冊の値段である一〇〇円を出せば、容易に労働法の知識を得られるものを提供するという自負であろう。また第三版の「はしがき」では冒頭「『法律の本』といえば、世のひとは顔をしかめて敬遠の表情をしめすのがふつうである。……私はしかし、労働法について、世間のこうした通り相場をいくらかでもやぶることに役立つような本をかいてみたいと思った」（ⅰ）とのべている。このような磯田の発言からは、万人に有用で、理解しやすい労働法の本を提供しようとする意欲を見ることができるし、その自信も表れている。その試みは成功し、初版から第三版までを通算すれば、出版部数は約三〇万部となった。また同書は親子二代にわたり、読み継がれもしたともいう。[23]このようなエピソードは、戦後、人びとが労働法に対し期待・関心を抱き、本書がその知識の普及に大いなる貢献をしたことを示していると解される。[24]

しかし半面「啓蒙」が「無知の人を啓発して正しい知識に導くこと」を意味する（『岩波国語辞典〔第五版〕』）ことから、それは一歩高所に立ちながらの、発言とならざるをえない。本書〔初版〕と同じく、本来、対等な人格者間の契約関係であるべき労使関係原理の平面から団結権も、団体行動権も導き出す同書〔第二版〕に、その生存権的性格を明らかにしていないことに「足らないもの」を感じるとした浅井清信（一九〇二〜一九九二）は、つぎのようにのべていた。すなわち「この書のあちらこちらに『女中さん』という言葉がよくでてくる。ことのほか封建的遺制の払拭を強調するこの書にでているせい《ママ》か女中に附された『さん』がかえって封建的なものを意識せしめてきに《ママ》なっていけない」[25]と。浅井は、[26]旧制小学校と中学校での二度の「飛び級」をへて旧制第一高等学校、東京帝国大学法学部へと進学していった秀才・磯田のエリート意識の本書への投影を鋭く感知したのかもしれない。

本書（＝初版）に対しては、多くの関心が寄せられたようである。[27]有泉亨（一九〇六〜一九九九）によれば、その批判の「最も基本的なものは、〔磯田〕教授とその立場を同じくする人たちからするもので、法と国家の階級性について語っていないという非難」であったという。[28]すなわちそれは本書が市民法に依拠し、国家の役割をいわば肯定的・楽天的に描いていることに向けられていたようである。たとえば後藤清（一九〇二〜一九九一）は「市民法に反逆して生成しつつある労働法」について、本書を読んだ「『ぼくとつ』な労働者が、労働法は国家から授かったものだ、働いてさえおれば悪いようにはならない、という印象を受けても、それは無理もない」のではないかとし、また「サロン用のためではなく、また学生のためでもなく、労働者のため」に書かれた本書に、当時大いに議論されていた「臨時工」「レッドパージ」について言及していないのは、「大へん物足らなく感じます」と評していた[29]。

マルクス主義に依拠することを明言していた浅井清信は本書の刊行前すでに、つぎのようにのべていた。すなわち「労働立法はプロレタリアー革命の胎動にねざす法律現象であり、労働法学はこの胎動に刺戟をあたえ、労働立法の発展を促進し、プロレタリアー革命を成育さすべき使命をもつ」「労働法学の使命をこれまでの近代法学のわくのなかにとどめ、近代法学の概念と理論と方法のみをもつて労働法学をこころみることは歴史の流れに逆行するものであって、そのような労働法学は現段階の社会においてはその存在価値をもたぬであろう」[30]と。このように労働者の階級闘争に資すべきことを法の任務とするとの立場からすれば、磯田『労働法』は微温的なものと写ったのかもしれない。実際、浅井は、本書の初版についても「徹底した自由平等の近代的民主主義の立場を堅持し、貫徹して、個々の具体的事実に即して叙述しているところに特色がある」と紹介したあとで、「相当に意識が高まった無産労働大衆も存在する現時と想いあわすときは、わさびのない鯛のさしみを食うような一抹のものたらなさをそこに感ずる」（傍点は原文）と評していた[31]。なおこの点異質な評価をしていたのは、藤田若雄（一九一二〜一九七七）であった。藤田は短いものながら、「今日、労働法の原理的な解釈（階級的暴露を正面から取扱わない）は、労働法の原理そのものがファシズム労働政策によって否定されようとする時一《〔ママ〕》の有効な抵抗たる性格をもっている」とし、本書を「最新で好著である」と評していた[32]。

もっとも磯田自身は、これらの批判に対し、あらかじめ、つぎのような「反論」を用意していた[33]。

『ストライキは不テイ（ママ）のやからのすることだ』、『八時間労働なんて、ぜいたくだ』、という観念をもっている人の多い今日の日本で――しかも、そうした観念は、日本人の伝来的な『ものの見方』からすれば、当然のことであり、確固たる基礎があるのだから、なおさら、――労働組合法や労働基準法の条文の解説だけならべたような本をつくってみても、労働法を――その精神そのものを――民衆のものにするには、あまり役立つとは思われない」。

このような発言は、磯田『労働法』にみられる市民法的労働法学が当時の労使関係のありかたや意識、価値観を踏まえた、ひとつの「選択」としてあえて選ばれた説明の方法であったということを意味していると考える。すなわち本書は「戦前以来戦後も高度成長の続くまでわが国の労働関係のなかに根強く残っていた前近代的なものを、……多くの具体例をあげてえぐり出し、近代社会における労使の市民としての対等・独立・自由という法原理を強調して、これの延長線上に労働法原理を捉えようとした点で特色がある」[34]と評されるものであった。遅れた日本の労使関係の「近代化」の実現。そのためには、近代市民法的な労使関係理解をひろく普及させることが必要ではないのか――。磯田は、そのような使命感をもっていたのかもしれない。要するに、磯田は戦後直後の日本における「生ける法」、日本人の法意識の在り様を重視していた。では、はたして磯田は日本社会について、どのような認識をもっていたのか。これをつぎに探ることにしよう。

(19) 本書の概要については、「ぶんけん／磯田進著『労働法』」労働法律旬報七一号（一九五一）二四頁が〔初版〕の内容を紹介し、〔第三版〕は、経済学専攻者である山村喬による「書評」経済志林二七巻二号（一九五九）一五八頁以下のなかで詳しく言及されている。また磯田進「特別講座・労働法入門」（一「労働法の出発点となる原理」二「団体交渉と争議権」三「労働協約・就業規則・労働基準法」四「団結権と不当労働行為」）月刊労働問題二、三、四、五号（一九五八）は著者自身による、本書のダイジェスト版と考えてもよかろう。

(20) 磯田進「争議権に関する諸家の見解」講座労働問題と労働法第三巻『労働争議と争議権』〔弘文堂・一九五六〕一

一〇―一一二頁。

(21)　片岡曻「強制労働禁止の法理」(一) 季刊労働法三三号・同『労働者権と経営権』(労働法学出版・一九六三) 二六頁は、アメリカ合衆国憲法修正一三条に由来する憲法一八条が保障するのは、労働者個人の労働放棄権であり、社会的実体においても、法的構成によっても、単なるそれにとどまらない争議権行使の根拠とはなりえないとしながらも、争議権行使に対する抑制措置の限界を画する規準には、なりうるのではないかとしていた。なお、一九七〇年代、籾井常喜『ストライキの自由』(労働旬報社・一九七四) および同『「スト権」立法闘争論』(同・一九七九) において、公共部門労働者の労働基本権制限問題に関し、ストライキ権の保障には①「いやな条件でははたらかない」という根源的な人間の自由に根ざし、②労働条件取引の自由の具現、③労働者としての生存権実現のための唯一・不可欠な手段としての意義を担うという「三重構造的な意義」があると主張された。これは直接的には、最高裁全農林事件判決 (大判昭四八・四・二五刑集二七巻四号五四七頁) が「労働基本権は……勤労者の経済的地位の向上のための手段として認められたものであって、それ自体が目的とされる絶対的なものでない」ことから、代替措置が設けられれば制限されうるという議論に対する反論として、のべられたものであった。今日の籾井がいう「自由意思主体復権論」という市民法原理に依拠した考え方・発想は、以上のスト権議論の延長線上、あるいは、その帰結と位置付けることができるのではなかろうか。

(22)　磯田「労働法を脱稿して」図書二六号 (一九五一) 一四―五頁。なお大塚金之助による『経済学説史』は岩波新書として刊行されることはなかった。その代わりといってよいのか、大塚は戦後青版の第一号として、「国際ファシズムのもとでの追想一九三五―四〇年」というサブタイトルの付された『解放思想史の人々』を著した (岩波書店編集部〔編〕『岩波新書の五〇年』(岩波新書／別冊・一九八八) 六―七頁)。

(23)　前掲「座談会／労働法研究の回顧」四一九―二二頁 (磯田)。なお磯田は同所において、当初「岩波全書」シリーズの一冊として執筆を依頼されたが、同シリーズが想定した販売部数十万部よりも「もっとたくさんの人に読んでもらうような、そういう本を、いま書くなら、書きたい、そういう気持ちがあった」と回顧している。

(24)　同書はレオ・ヒューバーマン『資本主義経済の歩み』上・下 (一九五三) とともに「第一級の啓蒙書」として、

「学生・労働者にひろく、長く読まれた」と発行元の岩波書店自身ものべている（前掲『岩波新書の五〇年』一四頁）。

(25) 浅井清信「書評／磯田進『労働法〔第二版〕』」法律時報二六巻九号（一九五四）一〇〇―一〇三頁。

(26)（司会）江守五夫（語り手）磯田進（聞き手）秋田成就ほか五名「座談会／研究生活の回顧」社会科学研究（東大社研）二六巻三＝四号（一九七五）三一〇―三一三頁参照。

(27) 磯田『労働法〔二版〕』（一九五四）「はしがき」iv頁には、末川博、後藤清、川島武宜、浅井清信、藤田若雄、楢崎二郎、舟橋尚道、柏木千秋、安藤次郎、鈴木鴻一郎および向山寛夫の各氏の名前をあげ、同書初版について、有益な批判と教示を「あるいは刊行物において、あるいは個人的に」えた旨記されている。ただ残念ながら、本稿本文が示すように、私はその多くを、所在すら確認することもできなかった。

(28) 有泉亨「学界展望／労働法」私法七号（一九五二）一三六頁。なお、そのような批判の背景には、当時終息を迎えつつあった、いわゆる「法社会学論争」（さしあたり長谷川正安『法学論争史』〔学陽書房・一九七六〕七頁以下）と時期的に重なり、何らかの影響もあったのかしれない。

(29) 浅井清信『労働法学』（評論社・一九四八）一八―一九頁。

(30) 後藤清「労働法と労働者の立場＝磯田進著『労働法』を読んで＝」内外労働研究四二号（一九五一）七―一〇頁。なお有泉・前掲論文一三六頁も「やはり筋道だけはつけておかないと、アメリカの労働法が理想的な労働法であるというような印象を人に与えないとも限らない」とのべていた。

(31) 浅井清信「学界回顧／労働法」法律時報二三巻一二号（一九五一）三九頁。

(32)「組合運動の特殊性から見た最近の良書」図書新聞一一七（一九五二・一・一四）号（二）面。同評は自身内村鑑三の無教会派キリスト者であった藤田により、戦前の左翼がなし崩し的に崩壊していき、むしろ自由主義者といわれる人びとやキリスト者が原則的な抵抗を示しえた歴史的事実（差し当たり、思想の科学研究会〔編〕『共同研究　転向』中巻〔平凡社・一九六〇〕、同志社大学人文科学研究所〔編〕『戦時下抵抗の研究』I・II〔みすず書房・一九六八、六九〕および、思想の海へ〔三一〕降旗節雄〔編〕『戦時下の抵抗と自立』〔社会評論社・一九八九〕を参照）を踏まえたものであろうか。それは、磯田の真意を適切に汲み取ったものであったものかもしれない。

(33) 磯田・前掲「労働法を脱稿して」一五頁。

(34) 蓼沼謙一「法律学の学び方と文献案内/労働法」ジュリスト増刊『新法学案内』(一九六七)一六一頁。

四 磯田『労働法』における法的思考の特殊性と普遍性
——法社会学的方法の労働法法解釈への投影——

1 市民法的労働法把握と敗戦直後の日本的労使関係に関する法社会学的理解
——論文「日本的労使関係の特質」——

市民法=民法に基礎づけた労働法の説明を通して、磯田が意図しているのは、近代的な労使関係を日本社会に根付かせることであったのではなかろうか。磯田の、労働法に関する基本的な認識は、『労働法』における、後の各章でも頻繁に言及している冒頭の二章、すなわち第一章「使用者と労働者とは対等の人格者である」と、第二章「労働関係は契約関係である」に端的に示されている。

第一章では、労使関係が「目上」「目下」あるいは「主従関係ではなく、対等な人間どうしのあいだの関係である」ということから説き起こし、「これが、今日の全労働法の基礎となっている原理」であると高らかに宣言している(①一頁、②一頁、③一—二頁)。このことを日本の軍隊の内務班生活や、私的な生活場面でも会社内での部下と上司の関係の延長線上に捉えがちな日本の現状を、仕事を離れれば、社内での上下関係とは関係のない「もとの水平線上の位置に復帰する」アメリカ社会とを対比させて、これこそが「民主主義社会における使用者・労働者関係の原理」を前提として、あるべきものとしている(①七—一〇頁、②七—九頁、③七—一一頁)。つぎに第二章では、労働関係が対等な人格者間の労働力売買をめぐる契約関係であり、「団体交渉権、争議権等々の労働法の諸原則はみなここから出てくるのである」(①一一—一二頁、②一一—一二頁、③三〇頁)と説明している。労使関係は確かに民法六二三条以下が示すように、労務の提供と、その反対給付である報酬の支払いという双方にとっての権利・義務関係である。それは決して相手方に無定量の服従・奉仕義務を負わせ、そのかわりに生活の糧を保障するといった封建領主と家臣との関係ではないはずである。しかしながら当時の日本の現実は、それとは反対の在り様であったということを強調するという意図が込められているのであろう。

このように岩波新書『労働法』は、労使関係が本来は、労働力売買をめぐる対等な契約関係であるべきであるにもかかわらず、そうではない日本の状況をアメリカやヨーロッパの国ぐにやそこで暮らす人びとの生活を例にとりながら印象深く、読者をあるべき「労働法」の世界へと案内していく。その語り口は確かに、多くの評者がいうように、平易で、理解しやすいものである。しかし同書の冒頭でのべられていたことが読者のまえに提示されていたのは、本書が最初ではなかった。すなわち『労働法』の第一章と第二章でのべられていることは、磯田が同書刊行の前年（一九五〇年）に東京大学東洋文化研究所の紀要第一号に発表した「法社会学的研究」という副題のふされた「日本の労働関係の特質」という論文を基礎とするものであった。(35)

同論文は、冒頭「理念としての資本主義的労働関係」は「労働力の売買関係」であるとして、それが存在するには、つぎのような関係がなければならないとする（七八―七九頁）。

(1) 労働者が資本家に売り渡すのは、一定の量と質の労働力であり、全人格的なそのものではない。

(2) 労働者が受け取る賃金は、同人が資本家に売り渡した労働力の対価（＝労働力の再生産費に等しい）である。

(3) 労働者と資本家とのあいだで成立する労働力の売買関係は、すべての商品交換関係と同じく、身分的隷属関係から解放された自由・平等・独立した法的人格者相互の「ひとつの契約関係」である。

「はたして現実の日本の労働関係は、理念的な資本主義的労働関係と一致するのであろうか？もし一致しないとすれば、日本の労使関係は一体どのような性質のものなのであろうか？」。同論文はこのような課題を設定し、いわばその正解を、うえの三つの判断指標にしたがって判定しようとしたものであった（同前七九頁）。同論文は戦前の助手時代や東洋文化研究所、東亜研究所において末弘巌太郎（一八八八〜一九五一）を中心になされた中国大陸の農村慣行（小作制度）調査や日本国内での同様の調査活動に従事してきた磯田にとっては、そのなかで培った（調査）方法や問題関心を、当時の戦後間もない時間しか経過していない労働関係に、いわば応用するものであった。[36] 後年磯田は同論文に関連して、当時を「市民法の予想している社会構造との照し合わせを念頭におきつつ」「日本の社会構造――家族、村落、労働関係、政党等々の諸断面における――の法的性格を検出すること」に自らの主要な関心があったと回顧している。[37]

敗戦直後から一九五〇年前後、すなわち「昭和二一年から……、二五年、二六年〔頃まで―引用者〕……〔労働法と法社会学という――同〕二足のワラジをはいていた」[38]磯田が取り組んでいた、もうひとつの課題は日本の村落構造の法社会学的な解明であった。それは具体的には「村落構造の二つの型」法社会学一号（一九五一）、「村落構造の『型』の問題」社会科学研究三巻二号、そして「農村における擬制的親子関係について――特に村落構造との関連において」（一）―（三）同五巻三号（一九五四）、四号（同）、六巻一号（一九五五）という一連の作品群となって現われた。[39] それらは日本の村落構造について「家格制あるいは家格関係が顕著に存在する型と、それが存在しない型」の二つに大別できるとし、とくに前者については、さらに「同族型」と「非同族型」に分けて、村落内の「家」の同一あるいは異なる階層間における社会関係の有り様の特徴を探ろうとするものであった。当初は、対人呼称の違いに着目し、それが村落内の婚姻関係や、公衆の会同する席順などに現われるが、それは土地所有関係を反映したものであるとした。その後は、同じく同族型に属する家格関係においても、「本家」と「分家」とのあいだで、いわば上下関係があり、それが伝来的に村落内での支配秩序が維持されてきたとのべている。そして村落構造において擬制的な親・子関係が同族型の村落において、自然的親・子関係に準ずるものとして、対立・対抗関係をあいまいにした支配・従属関係を対人的関係を覆う機能を果たしているとした。[40] これらの作品は川島武宣（一九〇九〜一九九二）が「階級」とは区別された、身分階層＝「人の社会的地位を区別する横断的な層」（傍点は原文）に着目し、「農村の身分階層制を明らかにすることは、ひろく日本社会における諸々の階級の間の力関係を明らかにするための鍵のひとつを提供することにもなるであろう」（傍点同前）とした論文「農村の身分階層制」『日本資本主義講座』第八巻（岩波書店・一九五四）[41]を執筆するに際し、主要な資料としたものであった。

このように当時、論文「日本的労使関係の特質」[42]を仲立ちにして、磯田の労働法解釈と法社会学とは、互いに結び合わされていたのであった。

2 戦後直後の法社会学の課題と磯田論文

敗戦直後の法社会学は、当時の日本社会における「生ける法」の探求を課題としていた。すなわち第一次世界大戦後、従来の概念法学に対する批判として現われ、「生ける法」の発見を主要な任務としてきた法社会学にとって、日本の無条件降伏という形で終わったアジア太平洋戦争後の日本社会の「民主化」について、いかに寄与することができるかを自らの任務として意識していた。このことは戦後法社会学の形成および発展に大きな役割を果たした川島武宣の、つぎのような発言に、明瞭に表明されている。

「いまやわが民族に課せられた課題は、日本の政治・経済・社会における『民主化』、すなわち近代化である。さうして、この課題は、とりわけ『法化』であるところの近代社会においては、すなわち、法的生活の近代化としてあらわれる。……われわれの生活の現実における法の——法社会学者のいわゆる『生ける法』の——近代化こそが問題の核心でなければならない」[43]。

当時にあっては、戦前の日本において維持されてきた社会関係——権威のもとでの服従——をいかに、自由と平等の理念のもとに「民主化」するかという国民的課題がそのまま法社会学の課題であるとされたのである。その場合具体的な作業は、農地解放や家族制度の改革の実現を念頭においた農漁村における生活・婚姻慣行や小作制度、社会構造などの研究であった。そして「生ける法」の探求とは近代法の秩序原理が現実の社会関係のなかに根付いているかどうかを探るものであった。しかしそこには、「独特の強みと弱み」があったと指摘されている。[44] まず変革されるべきは、戦前の末弘の主張とは異なり、民衆の側であるとの暗黙の合意があったという。すなわち戦前における末弘巌太郎を中心とした「生ける法」理解は一義的ではなく、展開があるけれども、国家法（制定法および判例法）を含む社会の人びとの行動を現実に規制している準則をそれ自体として、静止状態にあるのはなく、流動するものとして探求しようとしていた。これに対し戦後同じく「生ける法」といっても、それは実定法の外部にあり、それと対立するものとして捉えられ、また国家法と比べて従たる地位にあるものとされた。つぎにそこでは、新たな近代法秩序の担い手となるべき可能性を探るというよりはむしろ、古い、克服すべきものとして否定的にとらえ、しかも戦前にさかのぼって、旧い秩序原理を固定的・静態的に探るという傾向が強かったと指摘されている。そして「生ける法」＝行為規範の探求は結局社会構造一般に解消され、「法」の特殊性が見失われてしまっていた──[45]。

こうして研究の中心にあったのは、日本社会の「生ける法」＝現実の人びとの規範意識や社会関係を調査し、分析することであったが、その際に力点がおかれたのは、近代法的秩序原理に照らして、いかに、またどのようにへだたっているかを示すことであった。それは一人川島にとどまることなく、当時の法社会学研究に共通したアプローチでもあったと指摘されている。[46] すなわち「生ける法」探求の限界性は、先に言及した磯田の「家格」制に関する一連の業績および「日本的労使関係の特質」にも当てはまるものであるように思われる。さらに磯田の場合、気になることがある。すなわち労働関係について分析・検討し、『労働法』における実定法解釈の基盤を構成する後者論文において、その冒頭に掲げる理念型との、現実の「隔たり」の具体例としてあげられているもののなかには、紡績工場の女工や化学工業などへの言及も確かにあった。しかしながら磯田が「遅れた」日本の労使関係や意識を強調する主たる記述は、労働基準法の適用されない家事使用人＝「女中さん」（同法一一六条二項）や、さらには、「バクチうち」の徒弟修業などを例にあげながらなされていたことである。はたして、このような特異な社会関係や労働のありかたをもって〔判断〕規準である「資本主義的労働関係」の違いやズレを明らかにしたことになるのであろうか。到底疑問なしとはしえない。

3　磯田進『労働法』（岩波新書）を貫くもの――マルクス主義的労働法学と法社会学的労働法の同根性――

つぎに磯田『労働法』の原型論文である「日本の労働関係の特質」の最初に掲げられた「理念としての資本主義的労働関係」における三つの標識をみたとき、それらがマルクス経済学における公式的な賃労働関係の把握をそのまま提示したものであることは、容易に理解できよう。すなわち市民法＝民法との連続性のなかで、労働法の解釈体系を構築したといわれる磯田は、法社会学を「社会現象・したがってまた歴史的現象・としての法現象を支配するところの合法則性を追求する学問」[47]と捉えていた。このような、その基本認識あるいは現状分析の方法論において、磯田は明らかに、マルクス主義に依拠、あるいは少なくとも影響を受けていると考えられる。さらにいえば、磯田の法的方法論、さらには戦後法社会学のそれは、マルクス主義という普遍的な原理に依拠しながら、日本社会の特殊性を明らかにしようとした、戦前の「講座派」理論を色濃く反映していたように思われる[48][49]。その点においては、労働法の独自性を主張し、生存権に基づく法理形成を意図していった人びとのあいだに共通性が見出せるように思われる。とくに磯田の市民法的労働法の対極に位置付けられる沼田稲次郎の唯物史観法学との共通性を見出すこともできるかもしれない。生年は違う（沼田が一九一四年五月二五日生であったのに対し、磯田は一九一五年一月三日生である）にせよ、学年を共通とする両者は、東＝東京と西＝京都の違いはあれ、ほぼ時期を同じく学問世界の門口に立ったことを考慮すれば、これは必ずしも奇異なことではないかもしれない[50]。磯田と沼田は、磯田の好む比喩を用いれば、地表に現われた樹木としては、別個のものであったとしても、地下の根においては同じものから発したものであったといえようか。

しかし、これは磯田を含む労働法学および法社会学にとどまるものではなかったようである。すなわち戦後ほぼ一〇年の労働問題研究もまた、同様の発想に基づいて遂行されていった。そこでは、日本の労働問題にひそむ「前期的なもの」「非近代的なもの」「封建的な」ものの解明に向けられていたという。それは戦前の「講座派」による日本の土地所有関係における「封建制」を分析の基点にすえて、そこから日本資本主義の「構造」を解明していく分析視角を継承するものであった。戦後労働問題研究においては、一方において農村における封建制を自明の前提事実として、それに規定された特殊日本的賃労働関係を研究するという問題領域の限定があったという。そして他方では、「本来の資本主義社会」あるいは「古典的な資本主義社会」としての先進国＝イギリスと対比させ、それを通して特殊日本的なものを、『本来の資本主義社会』にないものを、「半封建的」なものと把握しようとしていた。こうして「イギリスにおけるように総体としてみた賃労働力が資本制社会関係の内部で再生産されず農村が社会的総労働力の再生産の契機となっていること」（いわゆる「出稼ぎ型」）「労使関係が資本家と労働者の対等な契約関係として成立せず全人的、身分的であること」「縁故募集人制度などにみられるごとく全国的規模での労働市場は未だ成立していない」等々の特殊日本的賃労働の「封建的」性格を構成するものが摘出されていった。しかし外国研究を通して、特殊日本的と解されていたことが、一定の歴史条件のもと、近代の母国である欧米にも見られることがしだいに明らかになっていった。[51]

以上のような戦後直後から五〇年代初めにかけての、わが国労働問題研究の方法のあり方に関する記述に接したとき、磯田の問題発想の方法は、磯田固有のものというよりも、むしろより広く、当時の労働問題研究のなかに多くの者に、一般的に見られものであったということがわかった。[52]

（35）　東洋文化一号（一九五〇）七八―九頁。

（36）　前掲・座談会「研究生活の回顧」三二八―三三頁。併せて、巻末に付された磯田の「略歴」と「作品目録」（前掲・磯田還暦記念論文集四三三頁以下に再録）を参照。華北農村調査の概要については、利谷信義「戦前の『法社会学』」川島武宜（編）法社会学講座第二巻『法社会学の現状』（岩波書店・一九七二）二三六―八頁および石田眞「戦前日本におけるアジア法研究の一断面」名古屋大学法政論集一三二号（一九九〇）三五―八〇頁を参照。そして磯田の「成果」として著されたのが「北支の小作――その性格と法律関係」（一）―（五・未完）法学協会雑誌六〇巻七号（一九四二）、一二号（同）、六一巻三号（一九四三）、五号（同）七号（同）であった。なお華北農村慣行調査および、これを中心的に担った末廣太郎の学問姿勢については、最近、馬場健一「『科学的』調査と研究者の政治的責任」法社会学五七号（二〇〇二）一七〇―一九〇頁が、価値判断を回避した社会科学が現実にはいかなる役割をはたしたかを検討するという視点から、従来の評価に対する異論を示している。

(37) 同前・座談会三四四頁（磯田）。

(38) 磯田進「法社会学と私」社会科学研究二六巻三＝四号（一九七五）三五六頁（但し口頭発表されたのは、一九五七年五月二日開催の日本法社会学会第一八回大会であった）。併せて、同前・座談会三四七―八頁（磯田発言）を参照。

(39) これらの論文が当時の法社会学のなかでいかなる役割を果たしたのかということを、潮見俊隆「法社会学における村落構造――戦後法社会学史の一齣――」前掲・磯田還暦記念論文集一―三八頁が検討している。

(40) このような磯田の「仕事」に歩調をあわせるかのように、磯田の旧制第一高等学校の同級生であった（前掲・座談会「研究生活の回顧」三一一頁、杉浦民平『ノリソダ騒動記』（講談社学芸文庫・一九九八）同「年譜」二〇四頁〔栗坪良樹〕）作家の杉浦民平（一九一三～二〇〇一）は、自ら居住する愛知県知多半島の農漁村をいわば舞台にして、地域ボスの漁業権などの利権をめぐる生態や腐敗、基地反対運動をめぐる人間模様を、『ノリソダ騒動記』（一九五三（講談社学芸文庫・一九九八）または『杉浦民平記録文学選集』第一巻（読売新聞社・一九七一））、『基地六〇五号』（一九五四（同上所収））、『ルポルタージュ台風十三号始末記』（岩波新書・一九五五（同一九九九復刊））などを通じて、描いている。いうまでもなく杉浦は、それらに描かれている農・漁民たちの生活や思考や発想が愛知県渥美町に特有のものとしてではなく、当時の日本の地方に一般にひろく見られた普遍性があると考えたがゆえに、文学作品化したのであろう。なお桜井哲夫『可能性としての「戦後」』（講談社・一九九四）第四章「『ムラ』の政治――杉浦民平のルポルタージュ」九九―一三一頁も併せて参照。

(41)　川島武宜著作集第一巻『法社会学Ⅰ』（岩波書店・一九八二）二五二頁以下所収。

(42)　前掲座談会「研究生活の回顧」三四七頁（秋田発言）は、同論文は磯田が法社会学から労働法へと研究の重心を移していく際の「かけ橋のような意味」があったのではないかと捉えている。

(43)　「遵法精神の精神的および社会的構造」（一）法学協会雑誌六四巻七号（一九四六）三頁。なお同論文については、六本佳平「戦後法社会学における『生ける法』理論」石井紫郎〔編〕『日本近代法史講義』（青林書院新社・一九七二）二五六頁に引用されていることから知った。また六本・同前論文それ自体からも教えられることが多かった。なお川島は上記論文を発表した同時期に書かれた諸論文を中心に集めた『法社会学における法の存在構造』（日本評論社・一九四七）のなかでも、同様の趣旨のことを繰り返しのべている。

(44)　六本佳平『法社会学』（有斐閣・一九八六）一四九頁。

(45)　同前一四八―一四九頁および六本・前掲論文二五一頁以下。なお森嶋昭夫「終戦後の法社会学」川島〔編〕前掲『法社会学の現状』二五八頁以下も併せて参照。

(46)　六本・前掲論文二六二―二六三頁。

(47)　磯田・前掲「法社会学と私」三五二頁。ただし、このような法社会学理解は磯田の師である末弘巌太郎のそれを踏襲するものであった。

(48)　農村における「家格」関係に着目した「型」の摘出という、先の村落構造に関する諸論文に示された磯田の発想は、平野義太郎『日本資本主義の機構』（岩波書店・一九三四）と並んで「講座派」を代表する著作である山田盛太郎『日本資本主義の分析』（同・同〔岩波文庫・一九七七〕）における、著名な「日本資本主義の軍事的半農奴制的型制」という「型制」摘出という方法に影響を受けているのかもしれないと考えるのは、牽強付会であろうか。なお「日本資本主義論争」の概要を知るには、長岡新吉『日本資本主義論争の群像』（ミネルヴァ書房・一九八四）が有用である。また上山春平『日本の思想』（サイマル出版会・一九七一）一七一―一八八頁、二七三―二八七頁も併せて参照。

(49) 渡辺洋三『社会と法の戦後史』(青木書店・二〇〇〇)四四―四五頁は、天皇制、地主制、家族制度、財閥などの解体・改革を通じた、日本の民主化=近代化を志向した戦後初期の法社会学にとって、前近代的権力構造の変革=民主主義革命を第一次的に重視する「講座派」理論に親近感をもつのは当然であり、またそれは初期アメリカ占領政策と一致するものであったとのべている。

(50) それぞれの『還暦論文集』に付された年譜によれば、二人は一九三三年(=磯田)または、その翌年(=沼田)に帝国大学法学部に進んだ。一五年戦争ともいわれるアジア太平洋戦争はすでに中国大陸で拡大しており、同年三月作家小林多喜二が築地警察署で虐殺され、四月には、当時の文相鳩山一郎が京都帝国大学法学部教授であった瀧川幸辰に辞職を勧告したことを契機とした「滝川事件」により、二つの帝国大学が大きく動揺していた(丸山真男・福田歓一(編)『聞き書 南原繁回顧録』(東京大学出版会・一九八九)一六七―八頁では、同年六月二一日、滝川事件に抗議する東京帝大「法文経連合学生大会」における磯田の行動に言及されている。併せて瀧川事件東大編集委員会(編)『私たちの瀧川事件』(新潮社・一九八五)も参照)。一方目を欧米に転じれば、片やドイツでは、ナチスが一月に政権を掌握し、片や三月ローズベルトが第三二代アメリカ合衆国大統領に就任している(『近代日本総合年表〔第三版〕』(岩波書店・一九九一)二九四頁以下参照)。そのような状況の中で、二人はそれぞれ、マルクス主義が「社会科学」の同意語と解される知的風土のなか(石田雄『日本の社会科学』(東京大学出版会・一九八四)一〇七頁)、学問世界へと入っていった。磯田の旧制高校および学生時代については、前掲座談会「研究生活の回顧」三一〇―三一九頁で語られている。一方、滝川事件の翌年に京都帝国大学法学部へと進んだ沼田の学生生活は、同『民主主義法学と学者像』(法律文化社・一九八二)二三一―六頁、同および山科三郎「対談/転換の時代に生きる青年のメッセージ」(一)(二)労働法律旬報一〇七四号(一九八三)四―一七頁、一〇七六号(同)四六―六二頁および同「滝川事件後の法哲学研究会等についての覚書」二六会(編)『滝川事件以後の京大の学生運動』(西田書店・一九八八)九九―一一二頁で言及されている。両人の学生生活は、学部は違う(文学部仏文科)が、磯田および沼田と学年を同じくし、沼田の入学の一年後、つまり天皇機関説事件の年に同じく京都帝国大学に進学した野間宏(一九一五~一九九一)が戦後そのデビュー作の「暗い絵」(同作品集一『暗い絵 崩壊感覚』(岩波書店・一九八七)所収)のなかで、自らの大学時代を踏まえて描いていたものを思い浮かべればよいのであろうか。同小説は冒頭、戦争とペストの時代を生きたフランドル地方の農民画家ペーター・ブリューゲルの描いた絵の風景を幾重にも描写することから始まっているが、それに野間は戦前日本の閉ざされた社会のなかでの学生生活、「暗い花ざかりの楽園」を象徴させたものであった（蛇足ながら、滝川事件以後、「学生運動の合法的機関誌」として一九三六年五月に創刊された「学生評論」〈復刻版〔白石書店・一九七七〕〉の一巻一号三一―四六頁、二号三四―四三頁に、沼田は田井俊一名で処女論文である「法解釈の真理性について」（上）（下）を発表している。野間も同誌創作欄に四〇枚ほどの小説を掲載してもらおうと編集部に渡したが、掲載されることなく返却されたという〔伊藤孝夫『瀧川幸辰：汝の道を歩め』〈ミネルヴァ書房・二〇〇三〉二〇五頁以下、とくに二一四―一七頁〕。このような事実から沼田と野間とが同誌を媒介にして何らかの接触があったかもしれないという山田風太郎「明治物」的に想像することも可能かもしれない。閑話休題）。なお沼田と磯田の両人には、従軍経験があるが、これについては学生生活についてとは対照的にいずれも寡黙である。

(51)　以上、戸塚秀夫「戦後労働問題研究」労働問題文献研究会〔編〕『文献研究・日本の労働問題〔増補版〕』（総合労働研究所・一九七一）三七頁以下、とくに四〇―四五頁。

(52)　さらにいえば、これは法律学や労働問題研究にとどまらず、戦後日本の社会科学に広く見られた傾向ではなかろうか。川島武宜は、経済史おける大塚久雄（一九〇七～一九九六）および日本政治思想史の丸山真男（一九一四～一九九六）と並んで、しばしば「近代主義」「啓蒙主義」といわれてきたことは、周知のことである（久野収・鶴見俊輔・藤田省三『戦後日本の思想』〔勁草書房・一九六六〕〔岩波同時代ライブラリー・一九九五〕二一一頁以下）。彼らに共通しているのは、戦前の講座派マルクス主義の影響を受けていたことであろう。そして磯田も沼田も、内田義彦（一九一三～一九八九）「知的青年の諸類型」『日本資本主義の思想像』（岩波書店・一九六七）一〇五頁にいう「市民社会青年」の一人である（また内田自身もそうであろう）といってよいのかもしれない。彼らの共通点は「『講座派』理論の圧倒的影響をうけながら政治的窒息の時代にそれぞれの専門領域で独自な知的活動を開始した者」であったということである。その志向するところは、普遍的な原理をもとに、いかに日本が遅れていることや、その特殊性を明らかにし、これに対する処方箋を示すことであった。したがって、磯田と沼田が――ここでは両人だけが関心対象であるから——その学問的背景に親近性をもつのは当然なのかもしれない。なお、このことについては、都築勉『戦後日本の知識人・丸山真男とその時代』（世織書房・一九九五）一三頁が興味深かった。

また労働法学においては、しばしば「世代論」が語られる（たとえば、蓼沼謙一「戦後労働法学の思い出② 第二世代」季刊労働法一六〇号（一九九二）一一五—一一八頁）。わが国では労働法学が第二次世界大戦・太平洋戦争後に本格的に発展したことを考慮してであろうか、「戦後」という修飾語を付して、大よそ戦前すでに研究者であったか、または、法曹として著名であった者＝「第一世代」（世にいう「戦前派」）、戦後研究者としての歩みをはじめた者＝「第二世代」（一般には「戦中派」）、そしてこれらに続く「第三世代」（世間的には「戦後派」「焼跡闇市派」）などと称される（このような世代区分からすると、戦前に研究者としての生活を歩みはじめ、または始めようとしながらも、磯田と、とくに兵役期間の長かった沼田は「第一世代」と一般にはいわれながらも、言葉の意味にそぐわないようにも思える）。かつて自ら「第三世代」と称する山口浩一郎（一九三六〜）が「戦後労働法学の反省——ある第三世代と方法」日本労働協会雑誌一〇〇号（一九六七）三二頁以下で第二世代の学問観や方法論、労働運動への姿勢を批判した（なお座談会／語り手山口浩一郎　聞き手　諏訪康雄・大内伸哉「山口浩一郎先生に聞く」山口浩一郎教授還暦記念文集『いつも笑みをたたえて』（同刊行会（非公刊）・一九九六）一一六—一一九頁で山口は、当時の心境などを回顧している）。当時、そのような先行世代への批判を提出したことの意義は、あったのであろう（なお蓼沼・前掲「第二世代」一一八頁は、批判対象となった世代に属する者として、反論をのべている）。しかし、それ以降研究者の生年に着目して、時代状況の画期の有無に関係なく、ほぼ十年単位で区切って「第四世代」「第五世代」等と呼ぶことに、はたして、いかほどの意味があるのか疑問である。

五　結びにかえて——理想と現実のはざまで——

磯田の岩波新書『労働法』、とくに、その冒頭二つの章と、その原形である、論文「日本の労働関係の特質」の方法は、ある対象に関する理念型を提示して、それをいわばモノサシにして、それを現実の労使関係にあてがい、それとの異質性やズレの存在や程度を測定するという方法をとるものであった。つまり、その基本的な処理態度は本来の市民法的な原理を想定しつつ、それを規準としながら日本の現状を批判的に考察し、議論していくというものであるように思われる。このような方法および内容をみたとき、同じく実定法＝民法研究者であるとともに、法社会学の専攻者である渡辺洋三（一九二一〜）が、磯田『労働法〔第三版〕』刊行と同じ年である一九五九年、正確にはその八ヵ月後、やはり同じく岩波新書の一冊として公刊した『法というものの考え方』（岩波新書）におけるそれとの類似ないし親近性を思わざるをえない。(53)

同書は、とくにⅡ「市民法の考え方」において、商品交換社会としての近代市民社会における基本的原理＝法的人格の平等性、所有権の絶対性そして契約の自由の三つを示したのちに、それが明治期以後の近代日本の現実社会において、その想定した「あるべき姿」とのあいだで、いかに異質なものであったか、また「ずれ」があったのかということを具体例をもって示している。すなわち、そこでは、1「市民社会」、2「契約は守らなければならない」で、身分的拘束から解放された「人」は市民社会において、自由・平等・独立の市民として社会関係を取り結び、具体的な商品交換が実現されるために所有権の主体性およびそれを媒介とすべき契約の意義をのべたあと、三「日本人の契約観」（二八—三九頁）と四「日本人の所有観」（三九—四九頁）についてのべている。いずれの章も近代市民法に照らして、日本社会の「遅れた」前近代的な側面を指摘するものであった。(54)岩波新書『労働法』は一九六〇年代以降も刊行され続けた。しかしその新たな版が現われることはなかった。著者である磯田は、還暦という年齢に達しても、同書の改訂を意図していたようである。(55)しかし、その後の高度経済成長を通して、労使関係の構造や労使の意識も大きく変貌していった。磯田が行なおうとした啓蒙の対象は容易にそれを乗り越え、磯田の問題意識や法的発想を時代遅れなものとしていった。それゆえに、同書の第一章や第二章に示された基本認識を維持しながら、その後の各章で法解釈の展開を説明することはもはやできず、同書〔第四版〕の刊行は本来的に困難であったのではなかろうか。

渡辺の場合は、その後「論理的には階級関係を含まない市民社会およびそれを基礎とする市民国家の法」である「市民法」を、理念的に想定し、「市民法を出発点とし、それを基礎にするものではあるが、市民法そのものではない」「ブルジョア法」、すなわち歴史的現実的に存在してきた「階級社会としての資本主義社会（ブルジョア社会）およびそれを基礎とする資本主義国家（ブルジョア国家）の法」とを区別することを試み、実現されるべき課題は本来の市民法をいかに現実の日本社会に実現することができるかであると論じている。(56)「市民法」というとき、そこでは市民相互の関係のみならず、国家と市民とのそれについても包摂するものと理解している。そして「現代市民法」に求められているのは、自己の労働に基づく所有秩序に基礎をおくべき「市民法」を復権させることを課題としているとのべている。(56)その適否や妥当性には異論もあるかもしれないが、そのような議論それ自体は渡辺のなかでは、『法というものの考え方』における方法論の〃メタモルフォーゼ〃または〃進化形〃として理解すべきものなのであろう。

そして渡辺の発想は、「見直し論」の一方の雄であるところの西谷敏が論拠の一つとするものであることは、西谷も自認するところである。(57)このようにみたとき、磯田がとった、あるべき法原理を設定し、それとのずれや距離を測るという発想あるいは方法論は、今日も形を変えて存在しているといえようか。

(53) 法社会学を専攻する者として両者は、日本社会の分析については、マルクス主義的な分析道具・概念を用いながらも、実定法解釈については、市民法的な方法をとっているという点で共通している。すなわち、それは認識と実践の峻別するという方法に関連しているのかもしれない。同書は、その後「現代の要請にこたえることができなくなった」（後掲書二三六頁）として『法とは何か』（岩波新書・一九七九）に改められ、さらには、その〔新版〕（同・一九九八）が刊行されるにいたっている。なお近代市民法の「常識」の説明に多くの紙数が費やされていた『法というものの考えかた』は、別の出版社（＝日本評論社）から復刊されている（一九八九）。

(54) 個人的なことながら、私は大学法学部に入学した直後（一九七三年）に、同書を手にした。同書のなかで、小学校教員の座談会（新聞）記事として、都会では、弁当箱も子供個人のものとなっているが、農村では「家」の弁当箱とされているという例をあげ、日本においては近代的財産意識がいまだ根付いていないとの説明（四七頁）を当時、非常に印象深く読み、いまだに同書の書名から連想して思い浮かべることとして、記憶している。

(55)　前掲・座談会「労働法研究の回顧」四二〇頁（磯田）。

(56)　天野和夫ほか〔編〕マルクス主義法学講座⑤『ブルジョア法の基礎理論』（日本評論社・一九八〇）「総論」一三頁以下。なお吉田克巳『現代市民社会と民法』（同・一九九九）一一八頁以下も併せて参照。

(57)　西谷・前掲書二一一―二二頁、一〇二―一〇五頁。

（磯田進教授は奇しくも、私が本稿の執筆をほぼ終えた頃と時を同じくする、二〇〇二年一一月四日逝去されたということを後日知るにいたった。ご冥福をお祈りする。二〇〇三年二月、同一二月補筆）

労働法解釈の方法論について

――「法超越的批判と法内在的批判」方法への批判論を中心的素材として――

辻村昌昭

「⑴自発的な『目的結社』とは対照的に、本人の言明とは無関係に純粋な客観的な要件にもとづいて帰属させられること、⑵意図的・合理的な秩序を欠いていてその点で無定形な諒解ゲマインシャフト関係とは対照的に、そうした人為的な合理的な秩序と強制装置とが存在していて、それもまた行為を規定しているという事実――これらの事態が備わったゲマインシャフトを、われわれは『アンシュタルト』(Anstalt) と呼ぶことにしたい。」「『国家』と呼びならわされている政治ゲマインシャフトの構造形態(は)、『アンシュタルト』と言ってよい。」(M・ウエバー著、海老原明夫=中野敏男訳『理解社会学のカテゴリー』(未來社刊、一九九〇年) 一一〇頁

一　はじめに

戦後の法解釈論争は、来栖教授の「法解釈と法律家」(私法一一号(一九五四(昭和二九)年)) 前後を境に始まったといわれている。他方、戦後日本の改革を近代法確立の中でどのように見るか、つまり、法と現実社会たる市民社会の規範との乖離を如何に見るべきかの方法をめぐる論議である「法社会学論争」は、この法解釈論争よりやや早く、一九四九(昭和二四)年頃からであった。この論争は、マルクス主義法学の議論も絡めてなされた。(1) これら論争の背後には、第二次世界大戦終了後数年を経てから、日本における占領政策の大転換がなされたため、敗戦後の民主化から戦前の価値観への揺り戻し、ならびに米ソ冷戦への転換とたて続く変動のため社会

のあり方をめぐり人々の価値観自体が大きく揺れ動いたことが法の論議にも大きく影響したためと思われる。(2)

ところで、これらの論争の契機とは別に、現在あらためてこれらの論争、とりわけ法の解釈論争の意義を検証する必要がある。その理由は、かつての論議は、資本主義国家群と社会主義国家群との軋轢の中で、日本の近代化の在り方を論じ、そして法規と社会生活の不整合が著しく、法規の射程距離の及ばない実態をいかに考察するかが主要なテーマとならざるを得なかった。その一つが、戦後の法体系は日本社会の近代化を促進せしめるものとしてこれをポジチブに見、これに引き替え現実の実態が著しく旧態依然たる状況である点を問題とした。もう一つは、むしろ近代法の原則理解から、これが必ずしも人々の「真の利益」を代弁し得ない構造にある点からアプローチするものであった。前者は、当然ながら「自由」と「平等」を建前とする民主主義的原理をライトモチーフとしながら立論した。後者は、近代法たる市民法の限界を問題視する点から論を進めるものであった。昭和二四（一九四九）年の労組法改正時において「法内組合要件」の法定化に反対する産別会議を主流とした労組のグループが「法外組合運動」を展開したことなどは、その象徴であった。この考えは、この改正労組法が、一方で労働者の一定の利益を守り、労働組合の活動の余地を保障するが、労使紛争を非政治化してしまうと考えたためであるといえよう。つまり、改正労組法が、労組の活動の自由を他面で抑圧すると考えたために他ならない。(3)

だが、「自由市場の失敗」と「〈社会主義〉の失敗」をも意味した現在においても、これらの論争の問題点は、引き続き問われている。例えば、自らの労働力により自らの生活の糧を得たりすることができず、しかも私的扶養にもすがることができない人の生活救済が目的である生活保護法上の受給要件のテストにつき、スティグマ（恥辱感）すら与えるとされる行政の対応は、社会的な弱者救済に名をかりて、市民のプライバシィに深く法が介入することを問うたりならびに国の政策それ自身を問う国家賠償を求める訴訟や行政への施策自体を問う環境訴訟等の運動がいくつもなされていることにに見られるように、(4)多様な価値意識生活形態の共存が叫ばれている現在、法・規範それ自体の存立、つまり主権国家と実定法のシステム自体が、今あらためて問い直されている。本稿のモチーフは、これらの問題意識をベースにあらためて戦後の労働法の解釈方法論を検討し、そして筆者なりの問題提起をしようとするものである（なお、引用文献中の旧漢字や旧仮名づかいは、原則現行表記とした）。

（1） 杉之原瞬一「法社会学の性格」法律時報（昭和二四年五月号）、同「科学としての法律学」法律時報（昭和二四年六月号）、長谷川正安「マルクス主義法学の近況」法律時報（昭和二五年五月号）、山中康雄「法学の科学性」評論（昭和二三年七月号）、同「法社会学についての一考察」法律時報（昭和二四年五月号）、同「法範疇の発展ということについて」法律時報（昭和二四年九月号）、同「法学の科学としての限界についての一考察」法律時報（昭和二四年一一月号）そして、戒能通孝「法社会学」民科編『科学年鑑』第二集（昭和二三年八月号）等が、堰を切ったように発表され、このテーマを論じた。

（2） 江守五夫・藤田勇編『文献研究・日本の法社会学』（日本評論社、一九六九年）二九七頁参照、沼田稲次郎「労働法における解釈と立法」有泉古希記念『労働法の解釈理論』（有斐閣、一九七六年）五頁参照。

（3）『資料労働運動史』（昭和二四年版・労働省、一九五〇年）二頁参照。

（4） 資力調査（ミーンズテスト）のスティグマについては、さしあたり椋野美智子・田中耕太郎著「はじめての社会保障（第2版）」（有斐閣アルマ、二〇〇三年）六六頁以下および西尾祐吉著「貧困・スティグマ・公的扶助」（相川書房刊一九九四年）等参照。不法行為の除斥期間の解釈をめぐる最近の劉連仁裁判や予防接種禍訴訟等は、ある面では、概念的な法の解釈から見ればきわめて無理な結論を下している。

前者は第二次世界大戦中に、北海道雨竜郡沼田村（当時）幌新の明治鉱業昭和鉱業所に強制連行された中国人及び訴訟承継人である遺族の国家賠償法にもとづく損害賠償請求訴訟である。東京地判平一三・七・一二（判タ一〇六七号一一九頁以下）は、条理論（正義公平の理念論）から除斥期間の適用制限をして遺族の損害賠償請求を認めた。被害者である劉連仁が、北海道の山中で発見されたことをマスコミで知った時（昭和三三〈一九五八〉年）、右炭鉱があった沼田の隣村秩父別（ちっぷべつ）の中学生であった筆者は、戦時中の強制連行の事実が身近にも存在したことに大きな衝撃を受けたのを覚えている。

一　はじめに

二　法の解釈をめぐる従来の議論

1　労働法の解釈の方法を論ずる前に、私法一般、とりわけ民法において如何なる解釈の方法をめぐる論議がなされて来たか、その論争史をスケッチする。というのも以下の民法の解釈論争が、労働法の解釈の方法をめぐる論争に少なからぬ影響を与えたという筆者なりの認識があるからである。

戦後の私法学の領域での法解釈論争は、利益衡量論という前段とも評すべき議論から開始されたといってよい。第二次世界大戦前は、自由法学、利益法学あるいは唯物史観法学の流れの中で、「法解釈」をめぐる議論がなされたことと比すと対照的でさえあった。前述した来栖教授の「法の解釈と法律家」（一九五四年）は、法学的世界観ないし概念法学への批判及び将来的課題として、「社会学的方法による法解釈」（末弘理論）というメトーデの提起であった。「法の解釈の複数の可能性があり、そのうちの一の選択は解釈するものの主観的価値判断によって左右される。」という基本認識のもと、「法の解釈の争いは、何が法であるかの争ではなく、何を法たらしめんとするかの争い、裁判官をして如何なる判決を為さしめんとするかの争い、裁判官をして如何なる法を創造せしめんとするかの争であると考えなければならない。(5)」といみじくも論じたように、この議論の名宛人はあくまでも裁判官であった。したがって、法の存立それ自身を問うものではなかった。その後、この来栖教授の問題提起を受けた解釈の議論の一つは、裁判官の法創造作用に客観性を確保し得るということを方法的に重きを置き、法創造的要素を含んだ法の解釈の客観性を確保し得るという考え方となって現われた。認識者の価値判断とそれを支える実践的立場と客観的立場とは異なることを前提に、「法解釈学」という科学が提唱された。これは他でもなく、渡辺洋三教授が主張した。(6)もう一つは、法的価値判断の前提としての社会学的分析を方法的に自覚して行なう「社会的法律学」という方法をベースに、「立法・裁判の形で表れる法的判断は、単に個人の主観的な意欲や感情に依存するものではなく、原則として当該の社会の中の一定の範囲の人々の利益の上に立つところの社会的な価値の体系を反映するものであり、その限りでの客観性を持つものである」と将来の裁判の予見すらも考慮しつつ、実践行動を意味する立場選択のための素材提供を意味する「実用法学」を提唱した川島武宣教授の理論である。(7) 両説ともに、法曹養成の教育を前提とした理論である点において、同じであったが、前者は、「法解釈」をイデオロギーとし、これをある意味では人間個人の一般的な意識という意味で解している。これには、法内的な規範の論理とは異なる場合も含ましめて考えている。後者も、「法の解釈」を、「実用法学」とは異なる個人の価値の prefer である「立場選択」とする点において、その認識の手法は、主・客の二分論による当時の哲学の基調をなす論拠によったといえよう。(8)

他方で、〝法の解釈の正しさはを客観的に決定することはできない〟〝法の解釈は複数可能であり、ある解釈は、そうした解釈の中からの個人の主観的価値判断による選択である〟という来栖教授のモチーフを徹底化したものが利益衡量論である。この理論は、法規と社会生活の不整合が著しくなり、法規の射程距離の及ばない領域や法規をそのまま適用すれば不当な結論を生ずる領域が多くなった現代社会において、裁判官の判断に具体的・現実性を実現する手法として提唱されたものであるが、高度成長経済の進展により日本の社会が急速な変貌を遂げ始めた六〇年代後半からとくに私法学界で主張され始めたものである。この理論においては、加藤一郎教授の見解と星野英一教授の見解がその代表とされよう。前者の見解は、以下のようにまとめることができよう。紛争の解決のためには、一、法規を度外視して、具体的事実の中から、その事件をどう処理すべきかという結論を探し求める努力をまずなし、二、他の結論の成立の可能性も認めつつ、その実質妥当性を検討し、そして、三、この決め手は、利益衡量による、四、そのための類型化作業が要される、くわえて、五、結論の妥当性の検討、適用範囲の明確化、結論の説得力のために、一〜四の作業プラス法規による形式的理由付けがなされるべきとする。(9) 背景には、概念法学及び自由法学の問題点を意識し、社会の可変性を認識ベースに、事件の予見可能性（川島）へ重心を置くことよりも、「公平な処理のためには、具体的正義、具体的妥当性」を求めんとする問題意識があったことが指摘できよう。その意味で、同教授自身の論稿のモチーフは、法曹養成を名宛人としつつ、前述した渡辺洋三教授の「法社会学と法解釈学」を積極的に評価しながら、法解釈という人間の価値判断作業を科学の領域外とし、解決には決断を伴うものとする点などから見て、利益衡量論という手法を提示しながらも、基本的には「主観説」の系譜に属するものといってよい。つまり、法の解釈には、端的に個人の見解を出すべきということにある。

他方、星野教授の理論は以下のようにまとめ得る。同教授の見解は、「解釈の決め手になるのは、今日においてどのような価値をどのように実現し、どのような利益をどのように保護すべきかという判断であると考えている」という言葉に示されるように、法の解釈を価値判断という点において、「主観説」との違いはない。一、当該規定の適用が問題となっている社会問題を類型化して、類型相互の利益状態相違を明らかにすること、二、複数の解釈とその実質的妥当性の検討、三、適用法規の妥当性、適用範囲の明確化など認識は、加藤教授の利益衡量論の方法と違いが無いようにも思われるが、四、立法趣旨の探求、つまり、当該規定によってどのような価値・利益を実現・保護するのが妥当かを考える（＝立法者・起草者の意図の解明と異なる）際に、この作業を「あくまでも判断であって、認識ではない」とする点において、決定的に異なる。この論旨を、同教授は、「妥当と考える解釈を導くべき法の理解を、法の趣旨・目的というのであって、法の趣旨・目的が客観的に認識されて、これに従った解釈がなされるのではない。」と象徴的に結んでいる。このことは、他ならぬ、法の解釈はイデオロギッシュなもの、解釈の外に「科学としての法律学」「法解釈学」を論理立てる「主観説」と明らかに異なるものである。そして、「従来の日本における民法解釈の特色」を「第一に、あまり条文の文字を尊重しないこと、第二に、立法者または起草者の意思をほとんど考慮しないこと、第三に、……特殊な『理論』に基づいて体系的・演繹的な解釈をすることである。この理論が、ドイツ法学のそれであることは断るまでもあるまい」と述べたあと、以下のように「利益考量論」による民法解釈の手法を論ずる。「まず、一方、文理解釈・論理解釈を行い、他方、立法ないし起草者の意思を探求することが基礎的作業として必要である」「以上の作業は、現在における解釈にとって、必要なことではない。現在どう解するかは、専ら現在における価値判断の問題である。しかし、法律の解釈である以上、独り言ではなく、関係者に対する説得であり、条文との関係を説明する必要がある。このさい、いきなり価値判断のみを述べるのではなく、文理上はこうなるがこれこれ理由でこう解するのがよい、とか、立法のさいはこういう状況を前提とし、このような価値判断のもとに作られたが、状況が変わったり、社会一般の価値判断がこう変わったので、別個に考える必要がある、というように説明するのが説得力があると思われる。」と結論づけることは、明らかに、法規をまず度外視し、具体的事実の中から、その事件をどう処理すべきかという結論を探し求める努力をまずなすことを法解釈の作業において強調する加藤教授と決定的に異なる。したがって、渡辺教授を意識しつつ、「妥当と考える解釈を導くべき法の理解を、法の趣旨・目的と呼ぶのであって、法の趣旨・目的が客観的に認識されて、これに従った解釈がなされるのではない。」と結ぶとき[10]、法の解釈は複数可能であり、ある解釈は、そうした解釈の中から個人の主観的な価値判断による選択である〃という来栖教授の主張とかなり開きがあると見てよい。事実、星野教授は、自らを「客観説」に立つと明言しつつも「客観説」が依る「法解釈に伴う価値判断の客観化の諸条件の論究」に留保を付す。「科学的な歴史の発展法則に関する科学的認識」（渡辺教授）、「近代社会のあり方」（広中、川島、水本教授）及び「社会の事象より規範を導きだす」（来栖教授）ならびに「複数の解釈の可能性」から、価値判断の客観的妥当性を証明することはできないとか、客観的な妥当な価値はないという「主観説」（加藤教授）を批判しつつ、抽象的な価値ではなく、「よく考えれば承認せざるを得ない」「ある程度具体的な価値」である超越的な意味で正しい価値（例：人間の尊厳、平等、精神的自由等）に基づく実践としての法の解釈を論じている。この結論は、主観的な価値判断である法の解釈に「客観性」をいかに確保すべきかという前述の「法解釈学」及び「実用法学」とも異なり、解釈が個人の主観的価値判断による選択であるという点を体系化した利益衡量論の「主観説」とも異なる、ある面では「目的論的解釈」的性格を有す利益衡量論と評し得よう。このためか、同教授は、「価値の序列（ヒエラルヒィ）」に従って、価値判断の原理（信義則、取引の安全、私的自治、私的所有権の原則、契約の自由、過失責任主義等）を一律ではなく、序列化し整理する作業の必要性も説いている。この理論も基本的には、法曹教育を名宛として論じられている点において、その他の論者と変わることはない。ただ、どちらかというと、星野教授の方が「法律家」に権威を必ずしも認めず、法律家の判断も結局素人（一市民、一人間）としての立場においてしか判断し得ないという点を強調した点において、違いがあるともいえる。

これらの論争の問題点は、以下のようにまとめることができよう。第一に、法解釈は、何が法であるかを確定する作業である。言い換えれば、法創造的機能を有する。第二に、法の解釈は、解釈者個人の価値の選択、その限りで主観性を免れない。一つの解釈を優先選択する限りで、紛争両当事者の不均衡を是正しその実質妥当性を求めんがための解釈方法として「利益衡（考）量」論が、主張された。したがって、第三に、法解釈は、複数存立する。にもかかわらず、第四に、解釈の実質妥当性を確保するためあるいは解釈の客観性を確保するために、「法解釈学」・「実用法学」の視点から、立場選択の素材を提供せんとする考え（川島、渡辺教授）と法規に内在する価値序列（ヒエラルヒィ）に基づく解釈作業をなすべきという「利益考量」（星野教授）論がある。とくに、前者は、「認識者の価値判断とそれを支える実践的立場と客観的事実とは異なる（こと）」（渡辺）および立法理由（＝立法に含まれる個々の法的価値判断と価値体系との関係）とその規定に対する研究者自身の主観的な評価との峻別から、客観的な法的価値体系を究明する経験科学と実践行動としての法解釈の違い（川島）を論ずることから、法の解釈の方法をめぐる議論をより錯綜させた。この場合に、「イデオロギーと科学」という論議があわせてなされた。[11] そして第五に、利益衡（考）量論に立つとしても、同質ならともかく異質の利益を如何に衡（考）量するべきか等争点となった。[12]

2　これらの一連の私法領域での法解釈をめぐる議論を検討して見ると、法に対する認識の問題が中心になっている点に気づかざるを得ない。それは、法の本質を踏まえて解釈をなすべきであるという見解と現に定在する法を所与として法解釈をなすべきかという方法の違いに行き着く。前者の場合において、現存する法と異なる社会的意識の担い手を考慮しつつ法の解釈論議をなす。したがって、これら両者の議論は、必ずしも嚙み合わないままなされて来たという側面がない訳ではない。これはとりもなおさず、労働法の法的性格付けをめぐる論議へ究極的には行かざるを得ない。

その代表的な議論を提起した沼田理論をまず検証して見る。「解釈という点に疑問が存せずして、法という点に疑問が存した。」[13]という沼田教授の言葉に示されるように、議論の出発点が、解釈それ自体ではなく、むしろ、法の本質論にあった。この論理は、何を意味するか。沼田教授の法論は、「法超越的批判と法内在的批判」という方法論にあると見てよい。したがって、その論文自体も、「法超越的批判」に力点を置いて書かれた部分と「法内在的批判」にそれを置いたもの、そして場合によってはこれらを統一的に論じたものとがある。

第一の、「法超越的批判」に比重をおいたものとして、〈A〉(1)「権利闘争の理論」（労働法律旬報（昭和四一年一月上旬号・五八三号））および(2)「戦後労働政策と法的イデオロギー批判」（労働法律旬報（昭和四一年八月中旬号・六〇五号））がそうである。第二に、「法内在的批判」に重点をおいて書かれたものとして、〈B〉(1)「就業規則論」（東洋経済新報社、昭和三九年）、(2)「労働協約の締結と運営」（労働法実務大系七、総合労働研究所、一九七〇年）および(3)「労働法論（上）」（法律文化社、一九六〇年）等がそうである。そして、〈C〉両者のテーマを合わせてて論じたものが、(1)戦前、田井俊一のペンネームで書かれた「法解釈の真理性について——解釈法学序説」（前掲（注13）掲載論文、長谷川正安・藤田勇編『文献研究マルクス主義法学〈戦前〉』（日本評論社、一九七二年）三七八頁）、(2)「労働の従属性」（『法律文化』第四巻一一・一二号（法律文化社））および(3)「労働法における法解釈の問題」（「季刊法律学」二〇号（法律文化社、一九五六年））等がそうである。[14]ただ、これらは、この「法超越的批判と法内在的批判」の方法論を統一的に論じている場合が多く、この分類は必ずしも厳密に分け得るものではない。

〈A〉(2)で、同教授は、以下のようにこの方法を論ずる。「労働法制はそれ自体イデオロギー性を担う。」「法的イデオロギーが、超階級的なものでありうるわけがない。」「イデオロギー批判は――イデオロギーを規定する経済的・政治的基盤の階級構造とイデオロギーの営む機能の階級性を分析することによってその虚偽性を虚偽の必然性を暴露する」ことが、「超越的批判」と定義づける。そして、このイデオロギーが、被支配者(この場合、とくに労働者――筆者注)に受け入れられるのは、外的強制によって押しつけられているからではなく、「資本制社会における人間の物化に規定される意識形態を普遍的契機として含みながら、一定の経済的・政治的諸条件の下で具体的内容をもって――支配イデオロギーとして、機能を営む」とする。支配階級は、この物化された社会関係をイデオロギーが反映すればその支配的任務を果したことになるというわけである。したがって、この物化された社会関係を下に構成される批判の主体を主として労働者に求める。つまり、近代法の〈外部〉にもう一つの正義を求める社会的な存在者を見る。他方、「内在的批判」は、支配階級の生み出す様々なイデオロギー相互間の論理的矛盾を批判することを意味する。それ故、〈A〉(1)論文は、〈法外〉的な正義の担い手の労働者の意識(沼田教授は、これを「超法的権利闘争の主体の権利意識」と表現)を論じている。つまり、等価交換によって作り上げられた商品世界の〈物象化〉された意識(法的イデオロギーたる国家意志に結果的に体現される)に代わる意識としての「権利意識」の内容を、イ、自己陣営の意識、ロ、連帯性のモラル、ハ、陣営の組織化および、ニ、国家の階級性の自覚というかたちで具体化する。これは、法規範として具体化されている法的共同体の規範の正義が、必ずしも全ての正義を具現化するものではなく、その基準の限界性を指す意味を有する。

なお、留意すべきは、沼田教授が一連の論文の中で論ずる「イデオロギー＝虚偽意識」は、〈B〉(1)でも、論じているように、全面的虚偽という意味を指すのではなく、また誤った非科学的な意識という意味ではなく、事柄の一面を捉えている現象を指す(一九二頁)。これは、〈C〉(2)で論じられている「労働の従属性」の論理は、労働法の虚偽性の問題であるという点において、あくまでも、法的概念としての「労働の従属性」の議論としてまず論ぜられるべきであると論じている点からもいい得る（四一頁）。

それでは、「法解釈」については、どのように論じているか上述〈A〉～〈C〉の論文中から検証しよう。〈C〉(1)で、以下のようにいう。「法解釈は、実定法の認識であ（る）」「法解釈は、一の価値的行為としてのみ存し得る――如何なる法的確信をとるべきか、即ち、価値ある解釈とは如何、と云う問題である。」（三八二頁）とし、法内在的に社会的実践をなす人が、個々に実現すべき法的価値を明らかに指すことを意味する。しかも、勝手な思い込みによる解釈ではなく「解釈をする場合には、（条文の）枠を越えてはならない」し、解釈における複数をも当然なものとする。(14) なぜなら、価値判断をなす解釈者の法的意識は同じではないからである。これらは、前述した私法領域の基本的な解釈の特徴である第一から第三の特色と同じである。ただ、近代市民法の限界、つまり法内に取り込まれない正義を必ずしも具体化していないために、「解釈することによって実現せられる価値は限界を持つ」とする点に、「法超越的批判」との方法的リンクが存する。これが、まさに沼田法学の解釈論の最大の特色である。(15) 法解釈は、たんなる市民的近代法典からの法規の解釈で「能事畢れり」（〈C〉(1)三九一頁）ではないということにある。したがって、私法の解釈論の特徴で指摘した第四の「法解釈学」・「実用法学」による解釈のための客観的な素材提供は、法解釈の対象ではなく、「法のイデオロギー性批判（法社会学・法哲学）の課題」ということになる（〈C〉(3)三二八頁）。（なお、「法内在的批判」の代表文献としてあげた〈B〉(1)(2)(3)は、解釈の方法論の論理検討対象ではないので、内容自体の検討は、後述）。

以上からも明らかなように、およそ私法学の領域とは異なる経緯から出発されたともいえる沼田法学の法解釈方法論も、第一に、対象としての法が立法主体の一定の価値体系に基づく一定の価値判断であること。第二に、法解釈は、何が法であるかを確定する作業であること。第三に、法の解釈は、個々人の実現すべき法価値を明らかにする作業であるゆえ、当然複数存すること、そして、にもかかわらず、第四に、法の解釈における価値判断は、私法の領域で、加藤教授や星野教授が利益衡（考）量論の手法においてその法律解釈の枠を維持せんがための「形式的理由づけ」・「価値ヒエラルヒィにもとづく目的解釈論」の見られるように、法の「枠」あるいは法的言葉を踏み越えてなされてはならないということにおいて、基本的な立場の違いはないといってよい。したがって、法解釈は、「いい加減なものでよい」とか、同教授の方法が、いたずらに解釈論を軽視することにあり、「法解釈の力量相対化」する点にあったわけでは、決してない。[16] 法超越的イデオロギィ批判と法内在的解釈論との統一による労働法の方法論を提唱した点が、他の私法学者と一線を画したわけである。さすれば、残された解釈の論議において、労働法の解釈作業において前提とされている事実との関係を如何に見るか、そして、そのための方法論議における見解が「法超越的批判」として、解釈主体の位置において、いかに理解せられるべきであるかという点に、この方法の核心が存するともいえよう。[17] この問題は、結局のところ、近代法の本質論の検討抜きには結論づけ得ない問題である。そして、またこれこそが私法領域での法解釈論争の論議と決定的な論議の場の違いとなってあらわれている。

(5) 来栖三郎「法の解釈と法律家」私法第一一号（一九五四年）二〇頁。
(6) 渡辺洋三「社会科学と法の解釈」法哲学年報『法の解釈と運用』（日本法哲学会、一九六七年）。
(7) 川島武宜「科学としての法律学」・長谷川正安編『法学文献選集1法学の方法』所収（学陽書房、一九七二年）五三頁。なお、本論文の一九六四年版は、川島武宜「『科学としての法律学』とその発展」（岩波書店、一九八七年）に所収。
(8) 尾高朝雄「法の解釈」法哲学年報『法の解釈』（日本法哲学会、一九五四年）。
(9) 加藤一郎「法解釈学における論理と利益衡量」（岩法講座第一五巻、一九六六年）、その後『民法における論理と利益衡量』（有斐閣、一九七四年）。
(10) 星野英一「法解釈論序説」法哲学年報『法の解釈と運用』（日本法哲学会、一九六七年）、その後『民法論集・第一巻』（有斐閣、一九七〇年）。
(11) 戦後労働法学の第三世代から先発世代へ鋭い問題を提起をした山口浩一郎「戦後労働法学の反省」日本労働協会

雑誌一〇〇号（一九六七年七月号）三二頁以下は基本的には、この論理のドグマの格闘の末に書かれたものと言えよう。

(12)　なお、利益衡量には、以下の批判がなされたという。イ、市民的利益ではなく、異質的利益の対立の場合、その比較考量は不可能ではないか。ロ、異質の利益の評価は解釈者の価値判断によって異なるから、利益考量論は、権力者の恣意を抑制すべき客観的基準が提起できない。ハ、手放しの裁判官の信頼に成り立っている。ニ、アド・ホックな狭い個々的考量に終わり、ひいては体制追随につながる。ホ、利益・価値を比較し優劣を決めるに必要な判断基準が、利益考量論に欠落している等の批判がなされたという（水本浩「法解釈における利益考量論の意義」法学教室一〇〇号（一九八九年一月号）八六頁以下。

(13)　沼田稲次郎「法解釈の真理性について――解釈法学序説」長谷川正安・藤田勇『文献研究マルクス主義法学〈戦前〉』（日本評論社、一九七二年）三八四頁。なお、田井俊一のペンネームで執筆。

(14)　沼田著作集第二巻（労働旬報社、一九七六年）三一三頁以下参照。

(15)　沼田教授とその労働法学の方法論において、必ずしも、同一ではない有泉教授も、その著『労働争議権の研究』（お茶の水書房、一九五七年）二一七頁以下で、この方法を、「沼田氏にあっては実定法の解釈論は重要な意味を与えられ（ている）」と評価する。

(16)　事実、沼田教授は、組合活動の正当性をめぐる議論中、「組合活動の自由について」討論労働法四八号（一九五六年）および「闘争の権利について」『法解釈の理論・恒藤先生古稀記念』（有斐閣、一九六〇年所収・著作集九巻三一頁以下）等で、現行の法規大系をまったく無視し、就業時間中の組合活動に関する賃金カットが違法であるとか、在籍専従の給与負担を支配介入に当らないとかと論じて、受忍義務論を語っているわけではない。筆者は、これら右論文で展開された労働契約上の義務履行の免責論は、その後公害裁判で展開された不法行為の挙証責任転換論（例・新潟水俣病事件・新潟地判（昭四六・九・二九下民集二二巻九・十号別冊一頁）と比べてみても規範の論理を無視したものとは思えない。まさに、法解釈の手法である。

(17)　横井芳弘「労働法学の方法」『現代労働法講座・第一巻〈労働法の基礎理論〉』（総合労働研究所、一九八一年）

は、同教授の「労働法の解釈」（学会誌・労働法二四号五〇頁以下）と対比し、論文よりさらにこの問題に集中的に考察を加えたものである。

三　法内なるものと法外なるもの

1　法の解釈論を論ずる場合には、どうしても法の本質論ぬきには考察しえない。なぜなら、いかに法の解釈は複数ある、あるいは比較衡（考）量論が論じられたとしても所詮立法者の作成した法の条文そのものからまったく無関係に法解釈を論ずることは観念の世界で可能であっても、実際的には何ら意味を有しないからである。くわえて、国家それ自身、いくつかある解釈の選択肢の中から、法というかたちにせよ、裁判というかたちにせよ一つの選択をなし（有権解釈）、これが結果として国民（市民）の規範行動を大きく羈束せざるを得ないからである。その意味で、まさに「裁判拒絶の禁と三権分立」の狭間の問題である法の解釈は、裏返せば市民法と労働法という複数の法規範構造を現代国家は有しながら、なおかつ単一の法共同体（政治国家）の中で存せざるを得ないことをどう立論するかの問題とならざるを得ない。(18)(19)

2　近代法の特質は、M・ヴェバーの表現を借りれば、「かつて、〈法形成〉の担い手であった他のあらゆる団体が、単一の国家という強制アンシュタルトの中に解消して行き、いまやこのアンシュタルトが、自らの〝正当な〟法の源泉であると主張するに至っているが、この事態は、法が利害関係者の利害とりわけ経済的利害にどのように奉仕するかという定式手続き上のその仕方に特徴を表している」(20)と言える。これは、結果的として以下のような特性を有する。第一に、国家への帰属が本人の態度表明とは、無関係に客観的な要件（出生・居住等）に基づいて決定され、第二に、人為的な秩序と強制装置が存しており、これらが構成員の行為を規定する、そして、第三に、法が成員の決議によるのではなく、国家アンシュタルトそのものが「源泉」であるという結果をもたらす。(21)このことは、いいかえれば、資本家的社会は、政治的にかつ社会的に規定されていた（Inhalt でもあり

Formでもある）身分社会と異なりしかもたんなる恣意的なグループによる暴力の一形態でなく社会の全構成員によって、その正当性が認められた力として、法が自動的に適用されることになるのである。近代の法的共同体は、法的イデオロギーのプリズムを通じ、法律上の自由意思という観念を通じて具体化され一般的・公的な意志として表れざるを得ないこと、近代国家の形式普遍性は、自己の法規範だけを意味し、歴史的な存在性格を有する法[22]が、国家意志として人民の意志の表象として客観性を獲得する瞬間から「現実的行為に先行するところの規範自体」[23]として現象するようになるわけである。この近代法は、個人の好悪とか、それまでの付き合いに関係なく、如何なる人間に対しても、平等＝同一に適用されるのが原則である。交換価値の交換こそ、法が相互に認め合う同一形式なものの実在的基礎をなすのである（近代法の形態性）。これこそが、〈形式的合理的なもしくは計算可能な法〉（M・ヴェバー）と特徴づけられる抽象的な論理操作によって組み立てられる近代法の特質といえよう。規範としての普遍性を有する法は、国家意志としての性格を有するがゆえに、その国家構成員は、この客観的な意思を客観的な存在として、たとえ自らの「行為規範」と異なっている場合でも、自らの意志の内部に自己の行為規範たらしめんとする。ために、法自体がその安定的に妥当せしめんとして「論理的な意味解明による体系化」を要求するのは、必然的である。法それ自身、それが具体化される中で価値付与がなされるわけである。つまり、法として正しい解釈として権力的に特定することを意味する[24]。したがって、近代法をめぐる解釈は、一定の事実と一定の価値判断の対応関係が、国家が正しい解釈を確定する際に、如何なる価値を優先的に選択すべきかという点をめぐって争われる場において不可避的に問題とされざるを得ない。

3　具体的な方法論を論議する前に、さらに貨幣を介在する「あまりにも形式的な合理的な」「第二次的な現実」（第二の自然）たる近代法のイデオロギーに言及せざるを得ない。これは、他ならぬこれは、前述した近代法の形態性とそのイデオロギーを合わせて考察をざるを得ない。そもそも、資本主義社会は、全面的に発達した生産社会であり、生産における人と人との関係は、商品生産関係においては背後に隠れており商品生産者の関係はあるがままのものとしては、諸物の社会関係として、物と物との関係として現われる。法は、この経済的・物質的な関係を媒介する形式的媒介（die formelle Vermittlung）として現象する。経済的な内容（Inhalt）そのものを表現するわけではない。その意味で、とりわけ、労働力の消費過程とその結果たる価値増殖過程すらも貨幣を介する等価の過程として一面的・抽象的に形態化することによりイデオロギー的（虚偽的）なるものである。法は、まさに経済（市民社会）の「形式的媒介（die formelle Vermittlung）」なのである。その意味で、法の実効性は、経済過程の自然律（価値増殖過程のルール）が、生ける法（イデオロギー）を介して、法を支える支配力となり、これに前述した実力的強制力が法の実効性を保障するのである。

なお、イデオロギーとしての法を語る場合の「イデオロギー」は、すでに触れたように全面的な虚偽（真っ赤な嘘）を意味するわけではなく、「自らの発生根拠知らないで一人歩きする意識」という意味である[25]。例えば、「労使（資）協調」的イデオロギーは、現実を全面的に誤って理解しているという意味で使われている訳ではなく、労使（資）の相互依存的な側面を強調し、対立側面を見ないが故に「イデオロギー」なのである。だから、近代法を不変なるものとして自然化する考え、つまりアプリオリなものとして、固定化することへ批判するものが登場するのは、法がイデオロギーとしての性格を有する限り、その保護する利益の射程範囲の限界と絡んである面では当然である。

4　〈形式的合理性もしくは計算可能な法〉（M・ヴェバー）は、その適用を通じて市民社会の実質をなす市民の生活領域との接触を回避し得ない。生活要求は、形式的な価値よりも実質的な価値を求める。法的スクーリン自体の意義に疑念を投げかける種々の集団、とりわけ労使（資）の階級関係という場では、法の虚偽性が顕となりうることが多い。現に存する「法が権利を設定する」（第二の自然）という既成の枠（これは種々の法概念で表現される）を再定義を求める場合もあるし、場合によっては「法外的な」かたちで主張をなす場合も考えられる（前述した、昭和二四年労組法改正時の「法外組合運動」は、その典型である）[26]。これは、近代法への批判のスタンスの違いによる。一般意志たる近代法の〈外部〉にもう一つの正義を求めんとする社会的存在者の実質的主張、つまり近代を支配する〈同一性〉の論理の向こう側に〈法として固定化〉されることのない正義を模索する社会的存在の登場を意味する（法超越的批判）。これは、現実の歪みを解き明かすことにその主張の力点がある。虚偽意識でもって構成された法の内容をなす労働現場の労働者は、等価交換によって作り上げられた商品世界の〈物象化〉をまさに歪みとして問題する場合が多い。一般意志たる法は、「形式法の実質化」によって、これに対応する場合が多い。なぜなら、「法外的」要求を国民全体に服従を求める意志の枠以外に置くことそれ自体、法の自己否定を意味するからである。結果的に、この方策は、近代法の射程範囲の拡大を意味する。これは、以下のように特徴づけられる。第一に、法理論家が当初排除した実質的価値、あるいは行為当事者の意思や信義則等の実質的要素に注目して、これを法の体系の中に組み込まんとする。第二に、法の実務家は、法の欠缺は不可避であるとして裁判の自由裁量の余地を確保せんとする。第三に、専門法学の論理が、利害関係者の期待に添うものでは無いという「裏切られた」感情が、裁判批判すらも惹起する場合が多い。[27]実は、これらのことが、まさに法解釈の方法を検討せざるを得ないことの裏返しの意味をなすわけである。つまり、第一に、法形態が、市民社会内の存在者の法益を如何に反映しているかが、論議されざるを得ない。例えば、市民法上の雇傭契約と労働法上の労働契約とにおいては、労働過程を如何に、そして如何なる程度に保護せんとするかに、法形態における内容表現の相違がある。[28]第二に、該法形式が、経済内容と適合する形で定式化しているか否かの確定する作業が必要とされよう。これは、いったん成立した法が、実体との不適合性を主たる論点として改正論議がなされる場合がそうである。そして、第三に法の欠缺が生じたり、法形式が機能しないという場合に、再度新たな適合的な再構成を解釈をも含めてなさざるを得ない（法創造的機能）。これらは、基本的には、法条文の概念の意義を確定作業を意味するが故に、解釈者の価値判断をともなう認識作業を意味する。その意味で、法規範内部における目的的な（実践的な）活動である（法内在的批判）。にもかかわらず、近代法が虚偽性をともなう限りで、これらの作業を「法

とは、前述したとおりである。

5 以上の点から、解釈について以下の基本原則が導きだされよう。第一に、資本制社会において、労使（資）の対立が基調であるが、ことそれは、法（一般的な国家意志）を前提とした労使（資）対立であること、つまり、法的共同体の中の対立であること。これは、階級実践的をもちだして、「法外的」な立場からの規範による主張は、労働法的な論理とは異なる。第二に、労働法の基礎概念たる「労働の従属性」も、イデオロギー（虚偽意識）により構成されている労働法の問題であるかぎり、「法内在的」なものとして規範の中での概念でしかない。その意味で、「超法規的権利闘争の主体」（前掲「権利闘争の理論」労働法律旬報五八三号）に関わる概念ではない。にもかかわらず、第三に、かかる労働法の存立構造から、解釈者の目的的な（実践的な）働き掛けを意味する法の解釈において、法的共同体の中での妥協点をどこに置くかで、当然対立が生じる。いわゆるプロ・レイバー的解釈とプロ・キャピタル的解釈の対立である。これは、あくまでも「法内的」立場の違い意味し、プロ・レイバー的立場が、「法外的」な規範の立場を意味するものではない。第四に、第一と関係があるが、一般的に「市民法」と「労働法」とが対立的なかたちで捉えられがちであるが、両者ともに法の媒介された形態、つまり市民社会内の労使（資）の対立の部面に対する法の焦点のあて方の違いによる。その意味で、「労働法」も国家という法的共同体の中で各構成員にとっての共通の法的価値であることを意味する。「労働法」それ自身、「法外的」な立場による規範ではありえない。したがって、第五に、労働法の規範基準である労働基本権から、市民法上の基本的価値を有する資本所有権を完全に法的な価値無きものとし得る論理を導きだすことはできえない。それゆえ、第六に、この共通の法的価値が如何なる位置を占めるべきかというためには、当然、事実についてのできるだけ正確な認識が必要とされる。労働法の事実対象である労働過程および付随的過程を、古典的な「市民法」の論理でもって法評価し得ないことはいうまでもない。結局、労働法の解釈においても、法内在的な立場から、ら目的的な認識論的な働き掛け（社会的実践）をなす個々人が、法規範の意味内容を個別的に実現すべき法的価値を明らかにするところに他ならない。その意味で、労働法の解釈においても、他の法と同様に「何が法であるか」「法自ら実現すべき価値原理とは何であるか」を確定する認識作業であることには変わりはない（法創造的機能）(29)。しかし、第七に、「法外的正義」（＝超法規的権利意識）が、問題となる限りで「法内的論理」への組み入れにおいて、解釈論は法曹世界の問題限定されるべきではない。なぜなら、労働法それ自体、「法外正義」を法が如何に取り込むかの歴史であったことが何よりの証左である（形式法の再実質化）。

(18) 横井・前掲注(17)論文一四一頁以下。
(19) 川野豊『労働法原理』（鹿島出版会、昭和五六年）一七五頁以下。
(20) M・ウェバー『法社会学』（世良晃郎志訳、創文社、昭和四九年）一〇八頁。
(21) M・ウェバー『理解社会学のカテゴリー』（海老原明夫・中野敏男訳、未来社、一九九〇年）一一〇頁。
(22) 横井・前掲注(17)論文一五二頁以下。
(23) 川島武宜『法社会学における法の存在構造』（日本評論新社、一九五〇年）一二〇頁。
(24) 川野・前掲論文一八八頁。
(25) テリー・イーグルトン「イデオロギーとは何か」（平凡社、一九九六年）は、イデオロギーという言葉を、六種類くらいに定義されるという。一、文化に近い意味、二、世界観という考えに近い意味、三、社会集団がそれと敵対する社会集団の利益に対応し自らの利益を促進し正当化するため、つまり政治的目的の有益さのためという意味、四、社会権力の活動を統一するの役立つ観念、五、記号化された観念・信念イデオロギー、そして、六、虚偽的な信念、しかも社会全体の物質的構造から生ずるそれを指す（六四頁以下）。したがって、このイデオロギーの多様さのなかで、何が問題とされるイデオロギーであるかをまず何よりも確定する作業が必要である。
(26) 『資料労働運動史』（昭和二四年版・労働省、一九五〇年）二頁。
(27) 前掲M・ウェバー『法社会学』四九二頁以下。

(28) 沼田稲次郎『労働法論序説』(勁草書房、昭和二五年)一六三頁、蓼沼謙一「労働関係と雇傭契約・労働契約(二)」討論労働法三八号七頁。

(29) 横井・前掲注(17)論文一四二頁。

四 法解釈をめぐる論議の交錯

1 私法の領域と労働法の領域での解釈をめぐる論議は、いくつかの点において、共通点を有しながらも法の本質論をめぐる問題が絡んだため肝要な部分において、すれ違いで終わっていたといえよう。しかし、一九六〇年代初め頃から、とくに労働法の解釈の主たる担い手であった、沼田教授の〈法超越的批判と法内在的批判〉という手法に対して批判的見解が論じられはじめた。その一つが、渡辺洋三教授からの「法解釈学」という視点からの、当時の労働法学への批判であり、もう一つのそれは、第三世代とされる労働法内部からの方法的批判であった。これは、どちらも法解釈の論議の部分的な問題を指摘しながらも、結局のところ、当時の労働法の主たる方法論への批判を意味するものであった。世代論や時代的な交錯論を一般的に導入しても論議それ自体の検証に意義あるものとはいえないが、ただ、これらの議論はすぐれて労働法の解釈論の方法につきそれなりに個性的な主張をなしたわけであり、その限りにおいて本稿でも言及せざるを得ない。

2 渡辺教授の法解釈に関する主たる論文は、①「法の解釈に関する若干の論点」(法学志林五二巻三・四号(一九五五年))、②「法社会学と労働法」(野村平爾教授還暦論集〈団結活動の法理〉(日本評論社、一九六二年))、そして③「社会科学と法の解釈」(法哲学年報「法の解釈と運用」日本法哲学会、一九六七年)である。これら三部作と称してよい論稿中、二・「法社会学と労働法」は、同教授自身〝労働法に関する第一号論文と自称〟しているように、批判的にしろ、肯定的にしろ労働法学界に大きな影響を与えたものである。[30] また、③「社会科学と法の解釈」も、私法領域に大きな影響を与えたといってよい。例えば、前述したように加藤教授は〝法解釈は、究極的には解釈者の価値判断によって決められるものであるとしても、その以前に客観的・科学的になすべきこと多いことを、この論文はあらためて取り上げた〟と、きわめて肯定的に評価している点および星野教授が、前述の論文の中で、その「客観説」の論拠づけにおいて消極的ではあるが、明確にこの渡辺教授の論稿を意識しつつ自らの結論まとめている点からも理解し得よう。

これら三部作から渡辺教授の見解は、拙稿のテーマに即して考察するならば以下のようにまとめられよう。(なお①および③論文は、法の解釈論に関する一般論を、そして②論文は、このテーマをこと労働法について論じたものといえよう。また、①論文と③論文との間には、一二年程の時間があり、その論調がまった同じであるか否かにつき検討の余地がない訳ではないが、一応統一的に論じる。)

まず、第一に、法解釈を「客観的法則の科学的認識ではなく、特定の価値判断という一つの実践的主張である。だから、法解釈の争いは、イデオロギー上の争いであって、決して科学上の争いではない」「イデオロギーが、複数である限り、法解釈が複数に成立する」(①論文、一一六頁)。第二に、「法社会学」は、法現象の法則的解明をなす、経験科学であるが、法解釈は、すぐれてイデオロギー領域に属する人間の活動である(①論文、一一七頁)、そして、第三に、「法解釈学」は、「裁判官や行政官の行動が恣意的にならないようにこれを拘束する客観的基準を定立とところに存在理由がある」(③論文、六三頁)が、その特色として指摘できよう。これらの特色づけは、他ならぬ渡辺教授の方法の基本認識を示すものである。つまり、〝法解釈にあたって、その特定の立場にもとづいて特定の価値判断を、「正しい」と意識し、且つ選択する場合、この「正しさ」の根拠を科学的に判定することは可能であろうか〟(①論文・一一六頁)ということが同教授の一貫したモチーフに他ならないのである。同教授の結論は、もとより「客観的認識は可能である」という点にある。

これを論拠づけるべく以下のようにいう。法の趣旨や目的を客観的に認識するためには、a、主観的な意義ではなく、「客観的制度」としての制度の目的が対象とされるべきである、b、法には、支配者の意図のみならず被支配者の利益も反映して場合がある（法の二面性）、c、したがって、立法者の意図や立法趣旨は、必ずしも該法制度の歴史的趣旨を客観的に反映するとは限らない、むしろずれが生ずることが多い、d、結局、「法解釈の基準となる法の趣旨や目的の分析とは、立法者の価値判断や立法理由書をそのまま借用してきたり、その中から解釈者個人の価値判断（により）引き出したりすることではない」「法規の目的や趣旨を、その社会的条件との関連で認識することは、法規の適用の限界性（を）提起する」、つまり、「一定の社会的条件の下でのみ具体的意味を有する（法規の目的や趣旨）」「異なった性質を有する社会関係に対しては解釈の基準たりえない」（傍点筆者、①論文一二二頁以下）と結論する。総じて、同教授の解釈方法は、「対象が人間の認識活動の一である解釈作業（方法）を規定づける」というかたちで特徴づけ得る。

この基本に立って、同教授は、民法の規定をその対象認識から適用を使い分ける（例、前近代的な関係や労使（資）関係には、民法の原理は適用外とする）（①論文、一二九頁以下）。この方法は、「事実関係の分析」にも適用される。当然、この場合においても、「事実そのものを客観的に確定すること（には）価値判断の介入を許さない」（傍点ママ、①論文一三四頁）とする。法の解釈を「実践的主張」（①論文・一四三頁）と定義しながらも、科学的判断に裏付けられた解釈の必要性を強調した。この方法は、③・論文「社会科学と法の解釈」では、①・論文では、概念上提起されていない法解釈のための客観的基準を定立する方法論としての「法解釈学」を提唱した。このような方法論から、最終的には、概念法学的解釈論、立法目的を強調する目的解釈論および価値判断を強調する利益衡量論等は、権力者の恣意を抑制し得ない解釈の方法であるとする。

このような、渡辺教授の方法への疑問の第一は、法解釈のさいに正しい事実の認識が必要であるということについては異論がないが、法条文を解釈するさいに幾つか複数の解釈の選択肢を提起し得ても、認識者の価値判断（決定）づけにまで決して至るものではない。(31) 第二に、経済学の考察対象ならともかく、すぐれて一の価値選択を国家がなした法の解釈論において、対象により「物の見方」の方法までが定まるといえるか疑問である。第三に、法の解釈という人間の目的的（実践的）な活動が、科学とは言えない恣意的なその意味で〝イデオロギッシュ〟なものという評価が前提となっている。これは、同教授の②・論文「法社会学と労働法」にも一貫して流れている考え方である。労働法（当時）＝「実用法学」（厳密には、〝社会学的法解釈学〟という表現）が、イ、あるべき労働者像に依拠して現実の労働者を見ていない、ロ、生ける法（権利意識の）研究不足、ロ、団結の必然性ではなく、分裂の必然性を研究することの不足、あるいはニ、法の下部構造に規定された法の二面性の研究不足等の主張等から見て、社会科学的に見て必ずしも正しい認識に裏付けられての解釈をしていないとの批判からも明らかである。しかし、解釈を同教授の定義する〝イデオロギー〟と認識するならばそれは、当時の労働法学の主要な方法である〈法超越的批判と法内在的批判〉でなされた「イデオロギー」とは、その意味自体からも的を得ないものである。(32) ただ、渡辺教授のこれらの三部作論文は、「法の解釈」の問題を、基本は、法曹養成の問題としつつ、民法の解釈論が労働法の解釈の方法論と交錯しながら、科学としての法律学、比較衡量論あるいは法社会学等の論議へ種々の影響を与えたことはいい得る。それは、以下の第三世代の論議を検討すると明らかである。

3　若干のタイムラグがあるが、戦後の第三世代と称する労働法学者からの批判が、六〇年代後半からなされ始めた。その初期的な論稿は、山口浩一郎助教授（当時）の「戦後労働法学の反省——ある第三世代の方法」（日本労働協会雑誌一〇〇号（一九六七年））である。「助教授」の肩書きでの主張でありその意味で旧世代たる「戦後労働法第一または第二世代」への後発世代からのポレミークな主張である。ともに、前述の渡辺教授の戦後労働法の方法への批判を右論文中において批判的にせよ、好意的にせよ言及している点かみて、問題提起的な意欲が随所に見られる。

同論文は、まず渡辺教授の前述の②論文「法社会学と労働法」の問題提起の大きさを自らも認めつつ、包括的な「大理論」であり、これは従来の労働法学の方法論との違いは無いとする。この立場から「労働法学」は(a)研究史のフォロウが十分でない、(b)前提の方法理論が世界観の絵画的説明の「大理論」であり技術論を欠いている、そして(c)従来の研究成果を再検討することが遅れている、中でも比較法の課題と認識が十分でないと評した。この認識をベースに幾つかの興味ある主張がなされた。ただ、その主張はきわめて傾聴にあたいすると思われるものが多いにもかかわらず、「戦後の第一世代および第二世代」へのポレミークにこの論文のモチーフがあったと筆者は考える。まず、(a)で、「学説史」ではなく、しかも「学説弁当」ではない「学史」として「研究史」を扱うべしとする。とくに従来の研究の「どのような状況」「どのような知的関心による規定」「知的手続」「展開」、そして「問題が学問研究が解決すべきものであったか否か」の解明をなすべしとする。そして、「従属労働」という労働法の基本タームにつき、津曲教授が法取引を物権関係と債権関係とに分ける従来の方法に代わり、「人間の法律関係を労働関係に還元」し、そこから「民・商法の基底としての労働法」(＝労働法の体系的規範原理)[33]を提唱したことを高く評価しながら、逆に、沼田教授のそれが、非規範的な、むしろパッショナブルなものとして語られていると断ずる。(b)では、「大理論」を一つの理論仮説とみなし、それを検証可能な方法で処理し得るようないくつかの「作業仮説」で具体化し、そのレベルで問題を扱うべく提唱している。そのために、問題状況の確認(研究の出発点)→問題の解明(一、問題の構成要素の分析→収集された事実の観察によるある仮説の形成→仮説から演繹的に結論を引き出し、それを事実によってチェックする)という四段階、問題解明の次元では三段階の作業の必要性を論ずる。つまり、研究とは「問題状況」の認識から始まる段階的な(progressive)な作業である認識が前提となっている。沼田労働法論を指すと思われる「大理論」を中世スコラ神学にたとえ、対比的に実証主義のベーコンや近世啓蒙哲学のデカルト等を高く評価している。上述の「段階作業方法論」の前提には、「大理論」がイ、他の方法論を評価しない一元主義であること、そして、ロ、イデオロギーと科学が未分化となっているという方法論に関する基本認識がある。そして、(c)では、とくに「比較法の方法」の意義が強調されている。とくに「機能比較法」の方法の意義を強調されている。この方法の課題は、イ、法的技術であり、ロ、社会目的という価値（ないし機能）の側面の二つに分かれるとしこのための方法として、社会的・法的類型化の作業の必要性を説く。中でも、わが国の労働法のそれは、「極限型」と称してよいとし、しかも一国のみの比較法研究によってきたがために、その不足領域を歴史観で補っていたという。最後に、プロレイバーとかプロキャピタルということもjargon（わけの解らない）と評している。「基底還元主義」であると唯物史観が評されていたこと、イデオロギーと科学が対比して考察されていること、「学史」の研究では、パッショナブル部分と「学問研究」の領域を区別すべきとし、そして、比較法における類型化論などは、明らかに戦後労働法学の方法論の代表をなしていた「沼田法学」を意識した、文字どうり「ポレミーク」論文であった。その意味で、戦後最初の「労働法の見直し論文」と評してよい。これらの論点全てに答える能力を筆者は持ち合わせていない。しかし、批判の論点が誤解に起因する部分が無きにしもあらずとなると、むしろこの論文は、「ポレミーク論文」ではなく、新たに「労働法方法論を提起した論文」と見るべきであろう。まず、第一に、従属労働論に関し、津曲教授が「規範的に」把握したのに反し、沼田教授が「反規範的な」理解をしたという指摘をされている点である。沼田教授の「従属労働論」は、基本的に規範（法）論として論ぜられているわけであり、山口論文が指摘されている部分は、まさに、労使（資）関係を基盤とする労働者の〈法外的〉な規範（超法的な権利感情）を語る際に論じられて然るべきの箇所である。むしろ、商品交換を媒介にして「身分的関係」が構成されるという「従属労働関係」から法論抜きに無媒介に従属労働を考察したのが津曲教授である[34]。そして、第二に、沼田理論におけるイデオロギー論に関する認識の問題である。これは、前述の渡辺教授の理解についても指摘した点であるが、イデオロギーを「誤った見解」とし、「科学」を「正しい見解」という理論で立論していると見てよい。すでに論じたように、沼田教授は、近代法の形態性による法の本質理解から、法の規範的な立法理由と立法者の立法理由の齟齬を問題にするのが「イデオロギー（虚偽意識）批判」であって、歪曲やそれ自体に決して「非科学性」という意義を持たない。もとより、法の解釈と同様、立法された法自体を「一面的なもの」と評するかについて認識する主体（含・国）が複数存在する。これは、実定法の価値体系を正しく把握する「法解釈すること」とは、もとより異なって使われているのである。

労働法学およびその解釈が正確な事実認識によるべきであり、科学としての学問をイデオロギシュな価値判断により歪曲されてはならないという、ある面では「社会科学としての法律学」[35]をいかに確立すべきかというこれら渡辺・山口論文の企図は理解し得ないわけではない。渡辺教授の「対象が人間の認識活動の一つである解釈作業（方法）を規定づける」および山口先生の「大理論」➡「作業仮説（段階的作業）➡法的技術の解明のための政策論（経営・国家政策論）や制定法等（現状分析）の解明等」[36]は、〈法超越的批判と法内在的批判〉という労働法学の方法論を、イデオロギー過剰と評して批判する視点は、批判に急なあまり沼田教授のイデオロギーを世界観的なしかも政治目的的な意味で理解されている。[37]

ところで、同じ第三世代からの発言としては、「プロレイバー的解釈・プロキャピタル的解釈」という使い分け自体を山口論文と同様に消極的に評しながら、法解釈そのものを正面から論じた下井助教授（当時）の座談会発言、「労働法学の理論的課題」一九七〇年」（ジュリスト四四一号）の方にも留意すべきであろう。[38]

この座談会における発言は、以下のように集約される。第一に、法の解釈は「あくまでも判断であって、認識ではない。」「経験科学によって正しい認識が確定されるという見解は採用しない」。第二に、法的判断においては、「結果の妥当性」を問題とすべきであって、「理論構成」の問題は、それとの関係で問われるべきである。法的構成のイデオロギー性は、視角を明確にして問題とすべきである。第三に、法解釈は、価値判断を含むものである。したがって、「複数の解釈の可能性」を認めることになる。第四に、法の解釈が、個々人の価値判断であるならば、解釈者は、「価値判断の客観的な妥当性」を根拠づけるべく努力をなすべきである。第五に、学際研究および憲法規定については、解釈理論として使う場合は、媒体理論を取り入れるべきである。第六に、予見としての法律学的な法社会学的な作業の必要性は認める。第七に、法というものが社会関係として調整機能には限界があることを指摘しつつ、「ある既成の価値観（による）制約」があることから、その「自己限定性」を認識すべきである。第八に、法解釈は国家が行なう法の解釈適用（有権解釈）を分析・批判し、あるべき普遍的な妥当性を国家が行なうべく働き掛けるという意味で理解されるべきであり、場が異なる経営もしくは労働側に正当性の論理を提供することの意義ではない。したがって、プロレイバーやプロキャピタルという解釈の分類手法には賛成し得ない。結論的に、民法の星野理論に自らの理論ベースをおいている旨を述べておられる。比較衡量によりながらも、法の解釈の自己限定性を語る点、あるいは解釈を価値判断であると論ずるなど興味ある点を論じておられる。直接に、戦後の労働法の解釈の方法論をめぐる批判の論理を展開したわけではない。しかも、経験科学により正しい認識が確定されるという見解を否定する点は、山口見解とも異なる。「解釈の自己限定性」が実際何を語るかは必ずしも明らかではないが、現行法規定がある価値観により意味付与が国家によりなされており、これから抜け落ちた諸利益の担い手が存する点を一応認識されておられるようである。とはいえ、本論文により戦後の民法学者からの解釈論の展開に対して労働法側からの一つの回答がなされたといってよい。ただ、現行法規定が国家によるある価値観の意味付与、つまり、現実社会（＝市民社会）への国家意志の実践的価値判断がなされており、これから抜け落ちた諸利益の担い手のなす〈法外的正義の主張〉＝法超越的批判の意義を強調する沼田教授の方法論と下井説が必ずしも同一ではない。その意味では、法内在的批判の中での解釈論の方法の主張と思われる。(39) しかし「法に既成の価値観の制約」、つまり何が法であるかを決める力を持っている者の意志の解明ぬきに、法適用の場での解釈に自己限定すると機能主義的なものになるのでは。そして、普遍妥当な解釈に成功したとしてもそれが有権解釈として採用されるとも限らないのではなかろうか。これをまた検証すべき論点でもあろう。

（30）蓼沼謙一「〈労働法社会学〉の課題と方法」、横井芳弘「労働法の解釈」（ともに学会誌・労働法二四号）、山口浩一郎「戦後労働法学の反省」日本労働協会雑誌一〇〇号三二頁以下など。

(31) 注(30)横井論文および同注(17)「労働法学の方法」現代労働法講座第一巻『労働法の基礎理論』(総合労働研究所、一九八一年)一三四頁以下参照。

(32) 注(30)蓼沼および横井論文参照。

(33) 津曲藏之丞『労働法原理』(改造社、昭和七年)四頁。

(34) 筆者は、かつてこの津曲理論について「労働法基礎理論序説(二)」(北見大学論集一〇号)(一九八四年三月)で考察したことがある。この論文は、中央大学の修士論文にその後の研究成果を加え、明治大学の博士過程に在籍中の一九七七年に執筆したものであるが諸般の事情により発表が遅れた。右論稿で当然この山口論文について何らかの言及をなすべきであったが、筆者の不勉強故に当時フォロウしていなかった。

(35) 当時、法学の内部のみならず、経済学者からもこの種の議論の提言がなされた。例えば、「法律学への疑問」法律時報二七巻四号、宇野弘藏、鵜飼信成および有泉亨教授の東大社研スタッフによる鼎談参照。

(36) 宇野弘藏『経済学方法論』(著作集第九巻)(岩波書店、一九七四年)。なお、東大出版会刊行の経済学大系・第一巻『経済学方法論』の発行は、一九六二年である。同「経済政策論」(弘文堂、一九五四年)一七頁以下も参照。

(37) 注(25)で取り上げたテリ・イーグルトンの「イデオロギーとは何か」のイデオロギーの分類を参照。

(38) ジュリスト四四一号(一九七〇年一月)は、「労働法学の理論的課題」は、この座談会の他に九項目についての論考が寄稿されその後の労働法学に影響を与えたと思われるものが少なからずある。沼田教授も「戦後労働法学の足跡と課題」というテーマで特別に寄稿されている。基本はスケッチの域を越えるものではないが、「法超越的批判と法内在的批判」という方法的な類例である。

(39) 山口・下井教授は、その後保原教授を加えた『労働法再入門』(有斐閣、一九七七年)で通称「再入門派」といわれることになったが、当該論考と同書がいかなる関係にあるかについては、後日検討をしたい。なお尾高朝雄「法学の方法」(「法哲学講座第一巻」有斐閣、一九五八年)一四五頁以下参照。

五　法解釈をめぐる論議の諸問題

1　以上のように民法の解釈と労働法の解釈をめぐる論議の交錯を追ったわけであるが、問題点が多岐にわたりこれらの問題にすべて答え得ることは至難の業である。しかし、以下の点につき論じておく必要があるように思われる。第一に、法の解釈をめぐる議論において、どうしても避けて通ることができない問題として、法の本質論およびこれに付随するイデオロギー論がある。そして、第二に、プロキャピタル的解釈およびプロレーバー的解釈ならびに複数解釈の問題が、解釈の正当性論と絡めて、同じく避けて通ることができない。この二つの問題は、別個に分けて論じられ得ない面もある。

すでに述べように、近代法の諸現象を考察することは、一言でいえば、「法が権利を設定する」、つまり「法而前なる権利概念は、認められない」(40)という論理をいかに考察するかの問題に行き着く。第一次的に、「法」しかも国家アンシュタルトの下に、分立化（経済と行政と法という各々の領域に専門化）されるかたちの実定法秩序の下で、人々のコミュニケーションがいかにコントロールされているかを、どのように認識すべきかが問われる。これは、裏を返せば、法発見や法創造を法でもってコントロールされ得るかという問題でもある。これは、立法や法改正、法的紛争処理さらにはその過程でなされる法定義化や法文の解釈が含まれる。もっと具体的に論ずるならば、虚偽意識でもって構成された共同規範（労働現場では、就業規則がその代表である）を第一次的に論拠として構成される法規範により、結果として自己の利益が侵害された社会的集団（例：労働者集団）が、場合によっては「超法規的な権利意識」をも主張する内容を、いかに法的に評価するかにある。これは、場合によっては実定法とは異なる法領域（例：生ける法意識）で分析され、これをコントロールせんとする場合もある（「法社会学」）。いわば、〈法外的正義〉の主張とその〈法内在化〉の問題である。

この〈法外的正義〉の主張は、国家法という規範の論理に則てなされない場合も多く、もとより〈形式的・合理的な規範〉とは異なる主張をなすことが多い。a、立法意思の否定を意味する法外的な主張をなす場合がその典型である。[41] b、現にある当該法的規定が意味する内容の変更を求める場合がある。そして、c、当該規定の変更を求める場合もある。[42] 後の二者は、いわゆる合法的な法制定あるいは法改正がそうである。aは、一般的に、非合法な運動となる場合である。したがって、その主張は、プロパガンダを兼ねた運動とならざるを得ず、いきおいその主張が批判に急なあまり世界観の主張や歪曲をも意味する場合がないわけではない。意識形態たるイデオロギーは、社会的現実の「自然化」をともないがちであるため、これを批判する場合にはこれらa、bおよびcが截然と区別されないで主張されることがないわけではない。これをとらえて法イデオロギー一般を指し、労働法の解釈論議として無意味さを論難するのは、正鵠を得ていない。ある特定のイデオロギー意識のパラダイムだけを取り出して、それによって多様なイデオロギー形式を批判するのは当を得ない。イデオロギー自身いくつかの言葉により構成されるかぎりその内の一般的言辞でもって構成されている場合の効果と法的に特有な技術概念で構成されている場合の効果（法効果）とは、区別されて然るべきである[43]「科学とイデオロギーの峻別」「価値と事実の峻別」等の議論は、その認識の対象の錯誤からの結論である。ましてや、〈法超越的批判と法内在的批判〉の方法自体の無意味さをも意味するものではない。なぜなら、この主張自体、〈法超越的批判〉を意味するものでしかないからである。bおよびcは、まさに法政策および法解釈の問題となる。市民的な法学的世界観に代わる新たな社会意識の生成を摘み取るべく作業に行き着く。cは、文理解釈あるいは論理解釈その他の解釈による法条文の意味確定作業がまずなされることになる（法の創造、法の発見）。

しかし、法の解釈にあたりこようなイデオロギーの意義の確定をなさずになされた場合が存したともいえないわけではない。それは、イデオロギーの意味化の作業がなされない傾向にあったとは言えないわけでもない。前述の下井発言が、「法解釈の自己限定性」をこの意味を込めての発言ということであればうなづけるが、その点の真意は座談会の発言からは必ずしも明確に読み切れない。例えば、〝いわゆる「受忍義務論」を絶叫するばかり〟と揶揄された組合活動理の正当性をめぐる法概念が、批判者の指摘するように上述のa、bおよびcが明確に整理されないまま「一人歩き」をしてしまった現象を指すのであればうなづけないわけではない[45]。このことと〈法超越的批判と法内在的批判〉の方法の見直し論議への飛躍は、必ずしも人をして納得させるものでない。

2　次に、法の解釈の正当性をめぐる議論につき若干述べる。法の解釈につき複数の解釈が存することが個人の実践的に形成される主観的な価値判断によりなされるかぎり当然である。価値判断の主体たる解釈者の法規範的立場が一様でないかぎり、その多様性は不可避である。プロレイバー的解釈とプロキャピタル的解釈という解釈をめぐる対立は、法内的な法の規範的な立場の対立を意味するかぎりにおいて当然ありえる。その意味では、法の解釈の正しさは相対的なものでしかない[46]。しかし、留意すべきは、国家が法政策や裁判で、この複数の解釈の中から一つを選択すること（有権的解釈）と、この選択への是非をめぐる論議が混同されてはならない。後者は、法規範的な判断（法内在的な立場）で法解釈をなす場合においても、解釈者の虚偽意識（イデオロギー）的な認識の拘束の度合いの違いが、法の中に〈法外的な正義〉をいかに取り込むかによって差異となってあらわれざるを得ない。この際に、単なる法概念についての確定論議のみならず、労働法の場合には国家の公共政策の一環としての労働政策等の問題が論議の俎上に上らざるを得ない。あるいは、法秩序を越えて国家アンシュタルトを相対化する試み（前述の昭和二四年の「法外組合運動」はその典型）すらも考慮してなさざるを得ない場合もある。その限りで、法の解釈の主体は、法曹現場の者には限定され得ない構造を有するものといえよう。これは、法解釈の宿命ともいえる。その限りで、利益衡量論は、解釈者の価値判断を法条文と概念的意義の確定よりも先行されるという意味で評価すべきものである。

にもかかわらず、前者の場合には、普遍的妥当性を有する解釈の問題、いわゆる「正当な解釈」についての議論は避けて通れない。〈法超越的批判と法内在的批判〉という労働法の解釈の方法が、法の解釈作業を弱めたという批判がいわゆる先に紹介した「再入門派」といわれる以後の世代、例えば毛塚教授からもなされ、この考えが常識といわれるものとさえなっている。[47] しかし、そのように断定的に結論を下し得るかは多くの検討が必要とされよう。この発言自体、〈法超越的批判と法内在的批判〉という労働法の認識方法が沼田教授の方法を指すかは明示をしてないので必ずしも断定はできない。しかし、その文脈から見るかぎり、いわゆる戦後の労働法学のプロレイバー派の解釈をさすものと思われる。その意味では、山口教授の見解と相通ずるものがある。しかし、これにはにわかに賛同できない。まず第一に、二の2でも当の沼田教授の解釈論文として〈B〉(1)「就業規則論」と(2)「労働協約の締結と運用」をあげたが、これらは〈法超越的批判と法内在的批判〉の具体化作業のあらわれである見てよい。とくに、前者は、似而非共同体としての工場内の社会規範である就業規則がいかに、法規範説に立ちながら契約説の法理を批判した解釈の論文であり、後者の場合も社会規範としての協約論に立脚しながら形式的な法条文の解釈だけに依存しない論理を主張したものといえる。国家法上の形式要件を欠く協約の規範的効力論等はその典型であろう。[48] あるいはまた〈B〉(3)「労働法論」(上)が、時外労働義務につきその後の明治乳業事件・東京地判（昭四四・五・三一労民集二〇巻三号四七七頁）の論理のベースになったと思われる「個別的同意説」を昭和三五年の時点で論じている〈三七八頁以下〉さらには、集団法理現象それ自体が、法律行為や不法行為の法理の一般的な法評価により仕切れない面があるからこそ、解雇の法理、職場闘争、特殊的な争議戦術（車両確保戦術、キィ・車検証確保戦術等）の正当性をめぐる議論、あるいはユニオン・ショップ約款等の議論がまさになされてきたのではなかろうか。つまり、「法外的正義」の要求を「法内在的正義」内にいかに組み入れるか、入れた場合にも「諸法の論理的関連性」の存否の検証（＝「法内在的批判」）がまさになされてきたといえる。[49] これらの議論は、「企業別組合」の法評価の議論とあいまってそれこそ特殊日本の労働法論議と絡んでそれなりの解釈の構想を実り豊かにしてきたものといえる。

第二に、批判者の言の中でもっとも述べて欲しかったのは、そもそも〈法超越的批判と法内在的批判〉という方法それ自体の説明である。前述したように「イデオロギー」という文言一つとっても批判者の認識と沼田教授自体の認識が異なるわけであるから、批判と批判される側との対話自体が成立していないことになる。たしかに、前述したように「法外的正義」の主張を、法規範的な法内在的な主張と混同して語られたり、山口論文が指摘したように〝対話の精神の喪失状況〟や〝懐疑の精神の欠如〟がとりわけプロレイバーに与する者に向けられたということは、そのような学会内の多数派状況が存在したことを窺わせる事実を推察でき得ないわけではない。法の解釈論議が民法の場合と比較すると労働運動というすぐれて実践的課題が常に付きまとわざるをえないという違いが労働法の場合に顕著であったことが大きく影響したとも思われる。毛塚教授の場合には学会誌の巻頭言という紙数上の限界もあったと思われるが、この批判者の指摘がもし正しいとするならば、批判の的は、〈法超越的批判と法内在的批判〉の方法に問題があったのでなく、批判をされる側のこの方法への不十分な理解と法内在的な批判を基盤とする法律要件等の意義及びその効果の確定に関わる作業努力の不足によるべきであるといえよう。(50) そして、この種の批判が登場して来る最大の問題はこの方法論の主張した沼田教授自身「人間の尊厳(human dignity)」(著作集第九巻『著者解説』(労働旬報社、一九七六年))、「社会保障の思想」(『社会法理論の総括』(勁草書房、一九七五年)三四〇頁)という新たな解釈理念を提起したり、あるいは「国家からの自由としての基本的人権」(著作集第九巻、三七七頁)というように、法観念の概念化の一具体的結果である「人権」が、何故国家から自由たりえるのかという、ある面では「法超越的批判と法内在的批判」の方法論からみてかなり異質と思われる議論を晩年に提起していることにもよるというべきであろう。(51) これは、渡辺洋三教授が主張した「法の二面性」を法への基本認識が元来異なるにもかかわらず、採用したことを意味した。

しかし、〈法超越的批判と法内在的批判〉の方法論においても、普遍的妥当性を有する解釈の問題、つまり「正当な解釈」の議論は避けて通れない問題であることは、あらためてここで強調するまでもない。解釈が個々人の主観的な実践的な価値判断であり、価値判断から自由な解釈はありえないわけであるので、実定法の解釈の正当性の是非は、結局のところ限られた時間と限界の中での各解釈論の論議という「訴訟」の場での結論により実際的な解決をせざる得ないことになる。[52] 批判法学がこの結論を認めなかったわけではない。かつて、プロレイバー的解釈とプロキャピタル的解釈という分け方を「jarogon」と批判し、「法超越的批判と法内在的批判」という方法論に疑念を投げ掛けた山口教授が、最近、法政策的議論があまりにも人間行動を単純化し、合理主義的な前提に立脚しすぎている問題点を、いわゆる三段階方法論（「原理論」「段階論」および「政策論」）によりながら批判をされ、あわせて法解釈論の課題を「法的保護」と「法的構成」とに分け、とくに前者の意義を強調されている。さらに、条文解釈に柔軟さを求め、判例の統一性へのこだわることの問題を強調されている。[53] あまりにも形式的な合理的な法形成を批判し、「法外正義」と「法内正義」の軋轢を「法超越的批判と法内在的批判」の統一的な手法で労働法の解釈をせんとした沼田教授から見て、この山口教授の見解はまさに「歴史的皮肉」の何物でもないと彼岸から考えておられるのではなかろうか。なぜなら、規範の論理を否定していないにもかかわらず条文解釈において柔軟さを求めたがために、規範論を無視していると批判されたのは当の「法超越的批判と法内在的批判」の労働法解釈方法論であったからである。法解釈を含めた労働法学全般にわたる方法的対話の意味がまさに検証される時期である。

(40) 蓼沼謙一「争議歴史及び性格」『労働法講座』第三巻（有斐閣、昭和三二年）。
(41) 田井俊一（沼田稲次郎）「法解釈の真理について」前掲注(13)掲載論文三九五頁参照。
(42) 横井・前掲注(17)前掲「労働法学の方法」論文一五三頁以下参照。
(43) 注(25)引用書・テリー・イーグルトン「イデオロギーとは何か」一三五頁以下参照。
(44) 山口浩一郎「国鉄札幌駅事件最高裁判例解説組合活動としてのビラ貼りと施設管理権」法曹時報第三二巻第七号一頁以下参照。
(45) 動労甲府支部事件・東京地判昭和五〇年七月一五日（労民集二六巻四号）の事案は、管理局の中枢機能へのビラ貼付や枚数、態様からみて使用者の業務運営に著しい支障を与えた違法なものであるにもかかわらず、正当性なものと擁護した判例批評（例、竹下英男「ビラ貼りの法的評価と損害賠償」ジュリスト五九五号四一頁）が、その代表例である。所有権法秩序の条文解釈を柔軟にしても本件事案を正当なビラ貼りとの法的評価をするには無理がある。
(46) 注(19)引用、川野・前掲書一八八頁。
(47) 毛塚勝利・学会誌二〇〇号巻頭言。
(48) 沼田稲次郎「労働協約の締結と運用」『労働法実務大系七』(総合労働研究所、一九七〇年)一二二頁参照。
(49) 川崎忠文「〈労働法の解釈〉について」法学新報第一〇一巻第九・十号〈横井先生退職記念号〉一頁以下。
(50) 労働法学会で法解釈方法論について発言をされておられる方は、この三〇年間をみてもきわめて限られている。一九六七年七月になされた山口教授の「日本労働協会雑誌一〇〇号」の論文についても直接言及して論じたものはまずない。問題提起としての意義を論じたものもない。民法の解釈方法論の賑わいと比較して対照的でさえある。かわりに、「労働法の見直し論」が都立大学名誉教授である籾井先生より繰り返しなされているのが象徴的でさえある。この「見直し論」についても後日機会をあらためて論じてみたい。
(51) この点を筆者は、かつて「労働法基礎理論序説(完)」(「北見大学論集第一六号」一九八六年一一月)で指摘した。しかし、あまり反響がなかった。その後、毛塚教授がこの転換を「沼田法学(の)自己崩壊」(日本労働研究雑誌四五四号〈一九九八年四月号〉と評したのは、至言である。「人間の尊厳」論を団結法理の再構成を企図するものとして近藤昭雄『労働法I』(中大出版部、二〇〇二年)。しかし、沼田理論とはその位置のおき方が異なる。
(52) 平井宣雄「〈法の解釈〉論覚書」加藤一郎編『民法学の歴史と課題』(有斐閣、一九八二年)、同「戦後日本における法解釈論の再検討(一~九)」ジュリスト九二一号~九二八号(一九八八年九月一日号~一九八九年三月一日号)、その後『法律学基礎論覚書』(有斐閣、一九八九年)。
(53) 山口浩一郎「労働法研究の現在」日本労働研究雑誌四九九号(二〇〇二年一月号)。なお、山口先生の理論ベースに宇野経済学方法論がある旨を指摘したものとして諏訪康雄「労働をめぐる『法と経済学』」日本労働研究雑誌五〇〇号(二〇〇二年二・三月号)一五頁以下参照。

追記　本稿執筆前北大労働判例研究会で発表の機会を得た。研究会諸兄姉より貴重な助言をいただいた。記して感謝を申し上げる。

(二〇〇三年一月一二日了)

雇傭・請負・委任と労働契約

鎌田耕一

一　雇傭と労働契約に関する従来の学説

1　問題の所在

労働契約は契約類型ないし概念として雇傭（雇用契約）とは区別されるべきものであるか否か。もし区別されるものとすればその標識は何か。そして、労働契約は労働法の適用対象画定にいかなる役割を果たすか。これがここでの問題である。

横井芳弘はかって上記のように問題提起し、この問題に対する二つの見解を簡潔に要約した。「すなわち、一つは、両者を類型的ないし概念的に峻別する見解であり（峻別説）、もう一つは、労働契約を雇用契約の内容的に修正されたものとしてはとらえつつも、本質的には両者は同一のものとみる見解である（同一説）。」[1]

雇傭と労働契約に関する問題は、ドイツ労働法学の影響を受けて、労働法の適用対象の問題と関連して論じられてきた。労働法が独自の法領域を形成するものであるかぎり、それは独自の対象をもつこと、そしてこの独自対象として把握されるものがいわゆる「従属労働」であり、これが、民法上の委任・請負はもちろん、雇傭とも区別されるものであると理解されてきたからである（峻別説）。

一九七〇年代に入り、これに対する批判（同一説）が登場し基本的な学説分布が形成されることになる。

(1)　峻別説（労働契約独自性説）

これまでのところ、雇傭と労働契約との峻別を詳細を展開している代表的な学説は片岡曻である[2]（もちろん、峻別説の細部は論者により異なることはいうまでもないが）。

片岡は、「労働契約概念は、民法的雇傭契約における自由の原理が、労働者の団結の法認を通じて労働者の生存権の確保という観点から修正を余儀なくされ、かつそれによって浸透をうけるところに成り立つ[3]」という考えを理論的出発点としてきた。

「労働の従属性は、労働者による生存権的規範意識を既存法秩序が媒介的に摂取することを通じ、かかる事態の修正を企図するところに認められる概念、つまり生存権原理に基づいて提起せられる概念にほかならない[4]」。そして、こうした「労働の従属性」こそが労働法を独自の法領域たらしめている。

片岡によれば、労働契約は「当事者の一方が自己の労働力の処分権を相手方に継続して委ね、かつ相手方の指揮のもとに従属的労働に服し、相手方がこれに対し賃金その他の報酬を支払う形式[5]」である。使用者の指揮命令の下で従属労働に服するという点で、労働契約は民法上の雇傭と区別される。雇傭とは、自由の基本原理の下で締結・形成された「労務対報酬の交換を目的とする双務有償契約」だからである。したがって、片岡によれば、雇傭と労働契約は、その規整原理の違い、すなわち、自由の原理対生存権原理という違い、および契約目的の違い、すなわち、労務対報酬の単純な交換または労働の従属性の基礎づけという違いによって峻別できる。

では、労働契約は労働法の適用対象の画定にどのような意義を有するのであろうか。労働法の適用対象画定との関連でみたこの説の特徴は、労働法ないしは労働契約の独自性をもたらす従属労働の概念がそのまま適用対象画定の法技術的概念となっているところにある。労働の従属性は、労働法を民法などの他の法領域から区別する規制理念を基礎づけるとともに、労働法が適用される就業関係の概念的区分ないしは契約の類型的差異をもたらすのである。

(2) 同一説

戦後まもなく、労働法における労働契約の意義を否定する吾妻（光俊）説や労働の従属性の独自的意義を否定する石井（照久）説が提唱されたが、峻別説に対する本格的批判は一九七〇年代に現れることになる。

これらの批判学説の内容は多岐にわたるが基本的に雇傭と労働契約を同一とみることから同一説と呼ばれる。同一説の代表的提唱者は下井隆史、秋田成就であった。

まず、下井の出発点は、峻別説が生存権理念の実現という原理で把握された労働の従属性をもって峻別の標識とするのに対し、「法が契約類型構成の上である契機をとらえていたかどうかということと、その契機をどのように評価しそしてどのような規制原理をもってのぞんだかということとは、密接に関連していても論理的には別のことがらである(6)」と認識する点にある。

下井は、片岡が労働の従属性を人的従属性と経済的従属性の複合と解するのに対して、これを批判し、適用対象画定の法技術的概念として意味を有するのは人的従属性の概念だけであり、そして、人的従属性とは「結局のところ使用者指揮命令下の労働ということ以外の何ものでもない(7)」という。

そして、片岡がその類型的差異について雇傭には従属性の契機が欠落していると主張する点につき、下井は、「しかしこれは、雇傭と請負あるいは委任との区別に関する古くからの一般的理解に反する(8)」と述べて、雇傭の特質は使用者の指揮命令に服するという点にあり、したがって雇傭と労働契約の間にはなんら契約類型的な差異を見いだしがたいとする。

同じく同一説に立つ秋田は次のようにいう。

秋田は、下井と同じく、規制原理と類型的異同を区別する視点を立てるべきであるとしたうえで、雇傭と労働契約を峻別することの法的意味、必要性を問う。

秋田は、まず、雇傭と労働契約の峻別の必要性につき、確かに労基法が「同居の親族労働や家事使用人」を適用外としていることから、雇傭をすべて労働契約と同義とするわけにはいかないが、「このような僅かな例外を除けば、民法上の『雇傭』はすべて労基法の適用を受ける労働契約であり、労基法成立前のいわば歴史的範疇に属する民法上の『雇傭』契約をもって現行の実定法上『労働契約』と読み替えることから生ずる不都合はほとんどない[9]」という。

そして、秋田は、「従属性という法的概念は、その概念を使用する目的に応じて立てることとし、例えば、これを労働契約と他の労務型契約との区分の基準として考えようという場合には、当該当事者が、他人(使用者)の指揮・命令の下で拘束を受けて就労する状態から生起しうる労働法上の要保護性という立法目的に則して考察するという態度をとればそれで足りるのではないか」といい、「そしてこのように考えると、結局、この意味における従属性という概念は、すでに民法制定当時、『雇傭』において、委任および請負と区分する基準として用いられており、特にこれを『労働契約』を構成する唯一の法的モメントと考える必然性はないように思える[10]」というのである。

2　本稿の視点

労働法の適用対象画定との関連において雇傭と労働契約を問題とする立場は、論者によって多少異なるけれども、基本的に上記の二つの立場に収斂される。そして、両説の対立は、雇傭と労働契約の契約類型的差異を認めるか否かに起因している。

しかし、雇傭と労働契約の違いを契約類型的差異に求めることに問題がないであろうか。労務供給を目的とした合意を民法上の雇傭として性質決定することと、労働法の適用対象である労働契約として性質決定することには、契約類型化ないしは契約の性質決定という用語をもって表現しているが、全く異なった作業ではないだろうか。

両説の対立は民法と労働法の境界付けの仕方に関わっており、契約類型的差異の前に、二つの法域における契約類型ないしは類型化（性質決定）そのものの意義が問われるべきである。

雇傭とは、民法が多様な労務供給のなかから特定の特質をもつ契約を典型契約として抽出し、類型化したものである。典型契約ないし契約類型の意義について学説に争いがあるが、[11]多数説は、典型契約の意義を、当事者の意図が不明確なときにこれを整序し当事者の意思または合理的に推測できる当事者意思に従って適切な法を適用するための索引的役割を果たすことにあるとしている。だから、ある労務供給契約を無理に雇傭、請負、委任のいずれに割り振ることは慎まなければならないし、また、ある労務供給契約を雇傭・請負・委任のいずれかに組み入れたとしても、規範適用にあたっては一律に組み入れられた契約規範が適用されると考えるべきではなく、当該規範のもつ射程と当事者意図を斟酌して適用されるべき規範を決定しなければならない。[12]

これに対して、後に詳しく述べるように、判例・通説は労働契約の性質決定について次のような理論を展開している。[13]すなわち、労務供給を目的とした合意は、その契約形式のいかんにかかわらず、「使用従属関係」の存否により客観的に判断されるべきである。ここでは、ある合意が労働契約であるかどうかの判断にあたって当事者意思は重要ではない。労働者を不当な労働条件から保護するために、特定の契約に労働法の保護が与えられるべきであるという視点から決せられる。[13a]

このように考えると、雇傭と労働契約の違いを検討するにあたって二つの課題（視点）を区別して論じる必要がある。すなわち、立法者はいかなる類型的特質に着目して雇傭・請負・委任の類型を構成したか、そして、この典型契約が契約自由のもとでいかなる役割を果たすかという課題（視点）と、次に、労働契約の特徴は何か、そして、労働契約が労働法の適用においていかなる役割をはたすかという課題（視点）がそれである。

さて、本稿は、まず、雇傭・請負・委任の類型的差異とそれぞれの規範適用における意義を検討し（二）、次に、労働契約の概念（三）、労働法の適用における労働契約の意義（四）について順を追って検討し、最後に私見(五)を述べることとしたい。なお、本稿で引用する民法条文は、二〇〇四年改正(現代用語化)前のものである。

(1) 横井芳弘「労働法における従属労働の概念——雇用契約と労働契約」別冊ジュリスト『労働法の争点』(一九九〇)三頁。
(2) 片岡曻『団結と労働契約の研究』(一九六九、ただし初版は一九五九)および「労働契約論の課題」『現代労働法の展開』所収。
(3) 片岡・前掲注(2)二一三頁。
(4) 片岡・前掲注(2)二二〇頁。
(5) 片岡・前掲注(2)二二五頁。
(6) 下井隆史『労働契約の法理』(一九八五)二五三頁。ただし、初出は一九七一年。
(7) 下井・前掲注(6)三三頁。
(8) 下井・前掲注(6)三三頁。
(9) 秋田成就「労働契約論」『労働法の基本問題 下巻』五〇三頁。
(10) 秋田・前掲注(9)五〇五頁。
(11) かっては典型契約への懐疑論が強かったが、近年、典型契約もしくは契約類型の再評価がなされている。これをめぐる学説の動向については、潮見佳男『契約各論Ⅰ』(二〇〇二)三—一六頁。大村敦志『基本民法Ⅱ 債権各論』(二〇〇三)「民法学習で大切なこと」②Ⅳ—Ⅵ。鎌田耕一「契約の性質決定と法形式強制」流通経済大学法学部開校記念論文集(二〇〇二)七〇—七二頁。
(12) 我妻栄『民法講義Ⅴ 債権各論 上』(一九五四)四七—四八頁、来栖三郎『契約法』(一九七四)七三七頁。
(13) 契約の性質決定という作業に、当事者意思の確定・補充という目的と「法形式強制」の二つのプロセスが混在していることについて、鎌田・前掲注(11)七一—七二頁参照。
(13a) 村中孝史は民法上の典型契約としての雇傭と労働契約の意義(適切な規範発見)の違いを次のように述べる。

「雇用契約の場合には、あくまで、当事者の不明瞭・不完全な意思の補充を行うことが目的であるから、前述したように、純粋形とでも言うべきものを示しておけば足りる。そこから少しはずれた個別契約については、はずれた部分を考慮してそれに適切な規範を見いだせばよいし、そうすべきである。これに対し、労働契約の場合には、労働者を不当な労働条件から保護することが課題であり、労働契約に該当するということは、そのような保護が与えられることを意味する。したがって、労働契約に該当するか否かは、このような保護が与えられるべきか否か、という視点から決せられることになる。そして、この判断は中間的な答えが許される性質のものではなく、保護範囲に該当するか否かは明確に決められる必要があると考えられてきた。」村中孝史「労働契約概念について」『京都大学法学部創立百周年記念論文集第三巻』（一九九九）四九八頁。

二　雇傭・請負・委任

1　雇傭・請負・委任の概念

(1)　現在の通説（民法学説）

民法は労務供給契約として雇傭・請負・委任・寄託の四種を典型契約としている。特殊な契約である寄託を除くと、労務供給契約を形式上三分割しているようにみえる。それぞれどういう関係にあるのかがここでの問題である。

民法六二三条は雇傭を「当事者ノ一方カ相手方ニ対シテ労務ニ服スルコトヲ約シ相手方カ之ニ其報酬ヲ与フルコトヲ約スルニ因リテ其効力ヲ生ス」というように定義している。

民法学の通説によれば[14]、民法六二三条がいう「労務ニ服スル」とは、「労務自体の給付を目的とする結果として使用者に労務についての指揮命令権を生じ、その意味において従属関係を生ずること」を意味する[15]。

そこで、雇傭・請負・委任の区分について、民法学の通説は以下のようにその類型的差異を説く。

「委任の目的は事務の委託にあり、事務の委託とは受任者をしてその裁量に依り事務を処理させることをいう。——従って受任者は委任者に対して自己の『裁量』で事務を処理するという意味での独立性を持つ。この点において労務者が使用者の指揮の下に労務に服することを要する雇傭と区別される。」「請負は労務の結果たる仕事の完成を目的とし、仕事が完成しない限り仕事の完成のために労務に服したことは請負人として負担した債務を履行したことにならないので、仕事を完成させることができないのが請負人の責めに帰すべからざる事由による場合であっても、報酬を請求することができない。——これに反し、委任にあっては他人の事務を処理する活動をすること自体を目的とし、受任者は善良なる管理者の注意を以て事務の処理に当たらなければならないが、仕事の完成を請負うわけではないから、事務の処理に当たった以上、事務の処理が完成しなくても、それが受任者の責めに帰すべからざる事由によるときは、受任者として負担した債務を履行したものと認められ、損害賠償責任を負わないばかりか、報酬を請求できる。」[16]

すなわち、雇傭は、労務に服すること、すなわち労務それ自体の給付を目的とし、かつそこでの労務給付は使用者の指揮命令のもとに行われるのに対して、請負は、労務の成果の給付（仕事の完成）を目的とするもので、そこでは成果に必要な労務は請負人の独立性（自主性）のもとに実現され、さらに、委任は、労務それ自体の給付を目的とするが、労務供給者たる受任者は、自己の裁量で所定の事務を処理するという意味で独立性を有する、と。[17]

ここでは雇傭、請負、委任の三種の契約類型を区分するためには二つの基準が用いられている。第一の基準は契約の目的が労務の成果かそれとも労務そのものかである。これによれば、請負は労務の成果を目的とするが、雇傭、委任は労務そのものを目的とする。第二の基準は、労務給付において、労務供給者が労務受領者に従属しているかあるいは独立しているかというものである。これによれば、請負、委任において労務供給者は労務受領者から独立しているが、雇傭において労務供給者は従属している。[18]

しかし、民法典の立法経緯およびその後の学説の展開をみると、こうした見解は民法制定からかなり後になって形成されたものであることがわかる。

⑵ 民法起草者の意図と戦前の学説

現行民法典は、ボアソナード起草の旧民法を改正したものであり、各条の意義も旧民法との関連で理解する必要がある。

一八九五年（明治二八年）の「法典調査会議事速記録」をみると、起草者（穂積陳重）が「労務ニ服スル」という表現を雇傭の定義に用いたのは、第一に、労務の内容につきボアソナード起草の旧民法が医師・弁護士・教師といった高等な労務を雇傭の対象から除外していたことを改めて、「高等ノ労務トカ劣等ノ労務トカ云フヨウナ区別ヲシナイ」ですべての労務を雇傭の対象とすること、[19]第二に、労務の結果に重きをおく請負と区別するためにその労務自身が即ちその契約の目的であるということを明らかにするためであった。[20]医師・弁護士・教師などの高級な労務においては往々にして指揮命令の有無が明確ではないが、梅謙次郎は、これは雇傭の概念にかかわる問題ではなく、労務の態様に関する事実問題であるとしている。[21]要するに雇傭とは労務そのものと報酬との交換を約する契約であり、労務の態様、とくに、使用者に服することを本質的要素とするわけではなかった。

このように雇傭を広く定義すると委任との区分が問題となるが、委任の起草者（富井政章）は委任と「雇傭トノ分界カはっきり立タナイト思ヒマス」と率直に問題点を指摘し、雇傭との分界をはっきりさせるために、「思ヒ切ツテ――委任ト云フモノハ法律行為ヲ為スヲ目的トスルモノニ限ル」[22]ことにしたと説明している。これを受けて、民法六四三条は「委任ハ当事者ノ一方カ法律行為ヲ為スコトヲ相手方ニ委託シ相手方カ之ニ承諾スルニ因リテ其効力ヲ生ス」というように委任を定義した。

ところが、富井は後になって、委任の目的を法律行為の委託に限定すると実際上の不都合が生ずると感じ、「法律行為ト狭クセズニ初メノ条ヲ或ル事務ヲ処理スルト云フヤウニ少シ廣クシマシタ」[23]。その結果、現行民法六五六条の準委任の規定（「本節ノ規定ハ法律行為ニ非サル事務ノ委託ニ之ヲ準用ス」）が追加されることになる。

請負については、民法六三二条は、「当事者ノ一方カ或仕事ヲ完成スルコトヲ約シ相手方カ其仕事ノ結果ニ対シテ報酬ヲ与フルコトヲ約スルニ因リテ其効力ヲ生ス」と定義している。

起草者（穂積）によれば、請負はまず仕事完成を目的とすること、そしてこれにとどまらず、仕事完成に対して報酬を与えるという点に特徴がある。すなわち、「其報酬ハ雇傭ノ如ク労力自身ニ対シテ払フノデハナクシテ仕事ノ結果ニ対シテ之ヲ払フノデアリマス(24)」。

こうした経緯に照らすと、民法起草者は、雇傭を労務そのものと報酬の交換契約としたのに対し、請負を仕事完成とこれに対して報酬を支払う契約として類型的に区別した。ところが、雇傭に高級労務の提供も含めた結果、委任との区分に苦労し、いったん委任の目的を法律行為の委託に限定したが、その後、実際上の便宜を考慮して、法律行為に非ざる事務処理を準委任として追加し、委任の規定をすべて準用することにしたことになる。

ところが、そうなると、再び、雇傭と委任の区分があいまいとなり、学説はこれを類型的（概念的）にどう把握するかという課題に直面することになる。

この課題に対し、戦前の学説はドイツの学説を参照しながらさまざまな解決を試みたが(25)、鳩山秀夫、末弘厳太郎らの所説を経て一定の共通理解に達した。本稿の目的に限ってこれを紹介すると以下の通りである。

鳩山は、雇傭、請負、委任及び準委任は共に広義における労務供給契約に属するが、請負は「仕事の完成」を目的とし、委任及び準委任は「事務の処理」を目的として労務それ自体を目的としないのに対して、雇傭は労務の供給それ自身を契約の内容とし、それゆえ雇傭を狭義の労務供給契約ということができるとしている(26)。

鳩山によれば、雇傭・請負・委任（準委任を含む、以下では単に委任という）は広義の労務供給契約であるとしながら、労務そのものを目的としている契約は雇傭だけである。すなわち、委任は他人の事務を処理することである。そして、事務を処理するという意味は、「多少自己ノ意見ニ依リテ事務ヲ処分管理スルヲ」いう。すなわち、「委任ノ目的ハ委任者ノ決定スル所ナルモ其目的ヲ達スルガ為メニ事務ヲ処理スルニ付テハ受任者自ラ多少ノ決定権ヲ有スベキモノナリ」というように、ある程度の裁量を受任者に許すものが委任である。事務処理をするためには労務を供給することが必要であるが、労務供給は事務処理の手段にすぎない。この点に、雇傭との違いが存在する。(27)

また、事務処理という観念は一定の目的と結合し、この点で請負と類似しているけれども、委任においては目的を達せんとする方向において事務を処理すること自体を内容とし、仕事完成を内容としていない点で、請負と異なっている。(28)

委任においては、受任者が事務の処理に当たって多少の決定権ないし裁量を有し、委任が委任者と受任者との間の「信任関係」に基礎をおく所以がここにある。(29)

しかし、こういったからといって、鳩山は雇傭の特質を指揮命令服従性に求めてはいない。むしろ、「雇傭ニ於テ労務者ハ使用者ノ指揮ヲ受ケ、請負ニ於テ請負人ハ注文者ノ指揮ヲ受ケザルコト多シ。然レドモ之唯常態タルニ止マリ之ヲ以テ両者区別ノ標準トスルハ誤レリ」(30)として、雇傭は必ずしも使用者の指揮を本質的要素としていないことを明言している。

さて、雇傭と請負の区分につき、鳩山は、請負では危険（リスク）を請負人が引き受け、雇傭にあって危険（リスク）を使用者が引き受ける点に本質的差異をみる。つまり、労務者が労務を供給するときは、雇傭の場合、これによって所期の結果を生じなくても使用者は報酬を支払う義務があり、請負にあっては、注文者は請負人に対し報酬を支払う義務がない。雇傭と請負との違いはこの危険負担（リスクの引受）の差異にある。(31)

末弘厳太郎もまた、雇傭でいう「労務ニ服スル」とは「使用者ノ為メニ労力其モノヲ供給スルコトヲ云フ」(32)とし、労務供給の態様については「労務者ハ契約ノ主旨、取引ノ慣習及誠実ノ要求スル所ニ従テ労務ヲ供給スルノ義務ヲ負フ」(33)というのみであって、使用者の指揮命令を類型的特質にあげていない。

委任は事務処理の委託を目的とするが、委託とは「常ニ必ズ受任者ヲ信任シテ事務ノ処理ヲ移シ之ニ多少ノ独立ナル裁量範囲ヲ与フルモノ」として、鳩山と同様、委任にあっては受任者が事務の処理に当たって独立の裁量を有することを本質的要素とする。(34)

委任の特質を受任者の独立的裁量にあるとすれば、ここに雇傭との違いがあるようにみえる。しかし、末弘は、委任の特質は委任者と受任者の信任関係にあり、ある程度の裁量もこの信任関係から派生するのであって、裁量の有無を区別の標識とすることはできないという。(35) このことは、委任が沿革的に無償を原則とし、また民法は有償委任を排除していないが、無償委任と有償委任との間になんら差異を設けていないことにも示されている。

さて、鳩山と末弘の所説をみると、委任は当事者間の信任関係に基づき委任者の事務を処理し、一定の目的の遂行を内容とする点で、労務そのものの供給を目的とする雇傭と区別される。受任者は事務の処理にあたって多少の決定権ないし裁量を有することもこの信任関係から派生する。しかし、この「独立性」をもって雇傭との違いを特徴づけているかというとそうではなく、雇傭において使用者の指揮命令に服するかどうかは当該契約の主旨、取引慣習に従って決まるのであって、使用者の指揮命令に服することをもって本質的要素としているわけではない。したがって、「労務ニ服スル」という意味も労務そのものの供給を目的とするという意味にとどまる。委任は原則として無償契約であると位置づけられたことから、労務と報酬との対価的関係は正面から議論されていない。

これに対して、雇傭と請負との区分は、まず、その目的が労務そのものか労務の成果かに関わっている。しかし、これにとどまらず、雇傭と請負は、その報酬請求権の発生に違いがある。すなわち、雇傭にあっては、労務そのものの提供があれば労務者に報酬債権が発生するのに対して、請負では仕事が完成せざる限り報酬債権は成立しない。換言すれば、雇傭にあっては仕事完成のリスクを使用者が負担するのに対し、請負では請負人が負担する。

すでにみたように、雇傭、請負、委任の区分に関するこうした理解は民法起草者の意図を忠実に反映したものであり、また当時の学者の多くに共通するものであった。[36]もっとも、工場労働の普及やドイツ労働法学の学説の影響を受けて、昭和一〇年代以降、雇傭の特質を使用者の指揮命令にみる学説が提唱されるようになった[37]が、これは現代労務契約の特質を述べたものであって、民法上の雇傭の類型的特質を明示したものではない。

(3)　戦後の学説

一九四七年に労働基準法（以下、労基法という）が制定されそこに労働契約という用語が登場すると、民法学説および労働法学説は、労基法の労働契約と雇傭との関係を明らかにするという課題に直面する。

労基法制定後の法状況をふまえて、一九五三年、山中康雄は、雇傭・請負・委任の類型的差異を検討し、雇傭の本質を「労働力の処分権の時間をかぎっての売買」ととらえた。すなわち、「第一は、特定の目的のための労働を売る契約としての、委任であり、第二は、労働力の処分権を時間をかぎって売る契約としての雇傭であり、第三は、注文されたとおりの労働の成果の売買としての請負である。」

そして、山中は委任との対比で雇傭の特質を以下のようにいう。「労働の売買である委任においては、その労働をするために、労働力をいかに処置し機能せしめるかの支配権は、直接には、労働を売った者にある。これにたいし労働力の売買である雇傭においては、労働力をいかに処置し機能せしめるかの支配権は、右の労働力を買った使用者にある。ここに雇傭契約における人格的従属性とよばれている社会現象のよって生ずる根拠がある。」[38]ここにおいて、使用者の指揮命令に服することが、雇傭の類型的特質とされたのであった。

雇傭を「労働力の処分権の時間をかぎっての売買」ととらえることは、労働者そのものを使用者の支配権の下におくことを意味しない。蓼沼謙一が指摘するように、それは、法律上は、労働者の人格そのものと区別されたその労働力を使用者の処分に委ねること、使用者の指揮命令のままに労働することを意味するのであった。[39]

その後、これと同様の理解を我妻栄がとり、雇傭・請負・委任および労働契約の差異に関する現在の支配説が形成された。

我妻によれば、雇傭は労務ないし労働それ自体を利用することを目的とし、委任のように一定の事務の処理を任されるのではない。したがって、「労務者の労働を適宜に配置・按排し一定の目的を達成させることは、その労働を利用する者（使用者）の権限とされ、そこに使用者の指揮命令の権限が生ずる。そしてこの点が雇傭の重要な特色となる。」(40)

さらに、我妻は、戦前・戦後における労働諸立法の展開を詳しく跡づけて、かかる立法が「雇傭契約の内容決定の自由に対する制限である」(41)ことは明らかであるとしたうえで、雇傭と労働契約を同一であるとした。すなわち、「以上述べたような新たな原理によって規律される労務供給契約は、一般に労働契約と呼ばれる。そして、その特質は、労務者の従属性にあるとされる。そのこと自体は正しい。然し、ドイツ学者が雇傭契約を二種に分け、一つは、高級ないし自由労務を目的とし、従って労務者が自主性を失わないもの、他に下級ないし不自由労務を目的とし、従って労務者は使用者の企業機構の中に入りこまれて自主性を失うもの、とし、後者だけが労働契約であり、新たな労働法原理によって規律されるのはこの種の雇傭に限ることを強調するのは、ドイツ民法の雇傭と委任の規定の関係からくるように思われる。すなわち、ドイツ民法は、委任を無償に限る。その結果、わが民法で有償委任とされるもの、例えば医師に治療を委任し、弁護士に訴訟事件を委任し、会社の重役にその職務を委任する契約は、有償である限り、すべて雇傭である。従って、これを除外するために、雇傭のうちの労務者の従属性ということを強調する必要を感ずるのであろう。ところが、わが民法では、右の諸例のみならず、ドイツ民法学者が自主性を失わない雇傭とするものは、すべて（有償）委任とみてよい。従って、民法が雇用とするものはすべて新たな労働法原理によって規律されるべきものであって、その意味では、すべてこれを労働契約と考えてよいと思う。」(42)

このような我妻説は、すでに述べた戦前の支配的学説といくつかの点で大きな差異をもっている。

まず、雇傭を使用者の指揮命令権をもって特徴付け、他方で、委任を独立した労務供給を目的とする契約として雇傭と対置した。(43) ドイツ法との対比で有償・準委任を委任の重要な類型とすることにより、立法者および戦前の学説が定立した委任理解との間に乖離が生じ、とりわけ、有償・準委任が雇傭と対比されることによって、委任の基本的要素である当事者間の「信任関係」（これこそが受任者の裁量を派生させる基盤であった）が背景に退くことになる。(44) 要するに、我妻にあっては、雇傭の目的を従属的労務の提供と捉えたために、これまで雇傭の範疇に含まれていた「高級労務」は委任の下に組み入れられることになった。

次に、人格的従属性という点で雇傭と労働契約を類型的に同一とした。すなわち、我妻は、労基法九条にいう「使用される」というのは民法に定める「労務ニ服スル」と同義であり、(45) それは「労務自体の給付を目的とする結果として使用者に労務についての指揮命令権を生じ、その意味において従属関係を生ずること」を示すものだと説くのであった。

これを受けて、我妻は、工場法から労働基準法へ発展した労働法を民法体系に整合的に組み入れるのであった。かくして、労務供給契約は雇傭・請負・有償準委任の三分類に編成し直され、労働契約は雇傭の下に組み入れられ、その結果、労働法（労働契約に係わる規制）は民法体系に接続し、労基法は民法の特別法として位置づけられることになる。

2　雇傭・請負・委任の法適用

(1)　契約の性質決定と法適用

民法典が典型契約を定めた意義はどこにあるか。この問題をめぐってながく民法学説は議論を続けてきた。(46)

債権法は契約自由の原則が支配する。したがって、当事者は公序良俗に反しない範囲で任意に契約内容を自由に形成することができる。しかし、法典が想像できる限りの契約をすべてあげてこれに規定を設けることはたんに煩雑となるばかりではなくそもそも不可能といわなければならない。

そこで、諸外国の民法はその国の一般取引の状況に鑑みて最も重要にして頻繁に行われる数種の契約を選択してこれに関する規定を設けた。(47) これがいわゆる典型契約である。わが国の民法もまた、贈与から始まり売買、賃貸借、消費貸借、雇傭、請負、委任、組合といった一三種の典型契約を規定している。典型契約に関する民法典の規定はおおむね任意規定である。

民法が典型契約を設けた理由は以下のように解されている。契約自由の原則の下では当事者が必要な点について常に明瞭に決定するとは限らないし、争いになったときすべて裁判官に一任してよいともいえない。しかし、すべての契約を予め規定することは不可能である。そこで、民法典は一定の契約について規定し、当事者の意思が不明瞭で争いが生じたとき、裁判官が裁判するに当たって依るべき規準を定めた。(48)

典型契約の意義については現在の多数学説は消極的である。多数学説によれば、民法典は典型契約を列挙し、一つ一つにその概念を定め、続いてそこから生ずる権利義務を規定しているので、特定の典型契約に該当すれば、その典型契約に関する規定がすべて適用されるようにみえるがそうするべきではない。

民法典の典型契約は特定の典型契約のなかでも最も標準的なものを模範として規定しているので、その模範と違った状況があればこれを適用すべきではない。(49) 要するに、具体的事案の処理に当たって、重要なことは典型契約のいずれに該当するかではなく、当該事案がどのような利害関係を有するか正確に認識し、そのうえで、問題となる規定が、どのような事実に着眼し、どのような目的で作られたのかを究明し、事案に適した規定を適用することである。(50)

(2) 雇傭・請負・委任における法適用

上記の理論は、雇傭・請負・委任にも同様にあてはまる。

我妻説の出現により、雇傭・請負・委任の三分類説はほぼ確立し、その後、民法学説はこれを繰り返すだけであった。その結果、他人の特殊な経験・知識・才能を利用する労務供給契約はおしなべて委任契約とされた。すなわち、労務供給者が比較的独立して事務を処理する事例、例えば、医師、弁護士、税理士、保険の外務員、芸能実演家などの労務供給契約は有償委任とされる。

しかし、税理士、保険の外務員、芸能実演家らの契約が有償委任とされたことはそのまま委任契約の規定の適用を意味したかというとそうではなかった。

民法六五一条一項は委任の解約告知について「委任ハ各当事者ニ於テ何時ニテモ之ヲ解除スルコトヲ得」と規定し、同条二項は、当事者の告知が相手方にとって不利益な時期になされたときに限り損害賠償を請求できると規定している。

この規定は委任が当事者の信任関係に基づくことによるのであるが、委任が有償であると無償であるとを問わず適用され、有償委任でも委任者はいつでも解除しうると解されてきた。(51)

そこで、上記のような有償で労務を供給する者であっても、準委任とされれば、委任者はいかなる時でもいかなる理由によっても即時に解約をなしうることになり、しかも、受任者は委任者による解約がとくに不利益な時期になされたことを立証しない限り損害賠償も請求できないことになる。

これは雇傭・請負における解約規定に比し労務供給者にとって著しく不利な規定といわざるをえない。(52)

判例は早くから民法六五一条の適用範囲を制限する傾向を示していた。大審院・大正四年五月一二日判決（民録二一集八七頁）はまず、委任者が委任を解除しないという特約の効力について、債権担保の目的をもってなされた債権取立委任につき、受任者が事務処理に付き正当の利害を有する場合、委任者の解除権放棄の特約を有効とした。

さらに、この立場を一歩進めて、大審院・大正九年四月二四日判決（民録二六輯五六二頁）は、民法六五一条一項はすべての委任に適用されるのではなく、委任事務の処理が委任者のためのみならず受任者の利益をも目的とするときは、たとえ不解除特約がなくても委任者は理由なく即時に解除をなしえないとした。その後、最高裁は六五一条の適用範囲を再び拡大する方向に向かったが[53][54]、六五一条の適用範囲を制限する態度は維持されている。

こうした判例を受けて、学説もまた民法六五一条の規定の適用に当たって慎重な態度をとった。たとえば、我妻は「委任契約が雇傭契約的色彩を帯びる場合には、委任者の告知権の放棄は受任者の身分保障の意味をもつから、事務の性質に反しない限り告知権の放棄は適法である」といい、さらに、「委任事務の処理が委任者の利益であると同時に受任者の利益でもある場合には、委任者の告知権の放棄は適法であるのみならず、一般には、告知権の放棄があると推定すべきである[55]」というのである。

委任事務の処理が受任者の利益でもある場合とは有償委任をも含むのであるから、学説は、さらに、委任が有償であるときは民法六五一条の適用を排除すべきだと考えるようになった。有償委任に対する六五一条の適用排除を最も明確に立論したのは広中俊雄であった。広中説は、有償委任には雇傭型と請負型があり、そこでは六五一条に代えて雇傭または請負の解除規定を類推適用すべきだとしたのである[56]。

以上のような学説の流れを眺めると、学説は、一方では雇傭を委任と区別し、医師、弁護士、保険外務員や芸能実演家のようなグレーゾーンにある就業者をおしなべて有償委任として位置づけながら、他方で、これらに民法六五一条を適用することを回避し、雇傭ないし請負の規定を類推適用したといえよう。

同様なことは雇傭と請負との関係にも現れる。

すでにみたように、請負とは当事者の一方が仕事の完成を約し相手方がその仕事の結果に対して報酬を支払うことを約する契約である[57]。

仕事を完成するとは、自ら労務を組織し、独立して労務の結果を作出することを意味し、したがって、作出にあたって請負人は注文者の指図の他に指揮命令を受けないし、また、完成のために他人（下請負人や労働者）を用いることも自由である。

さらに、注文者は仕事の結果に対して報酬を支払うのであるから、仕事が完成せず、中途で終わってしまえばその理由の如何を問わず、請負人は報酬の一部を請求することができないだけではなく、出費を償還することもできないのを原則とする。(58)

かくして、請負とは、予め定めた報酬の枠内で仕事を完成することを約するもので、仕事完成前に何らかの事情で当初約した報酬では仕事を完成できなくなったとしても、請負人は自らの出費において仕事を完成しなければならない。すなわち、請負人はすべての危険を負担するのを原則とする。(59)

これらの点において、請負が雇傭と異なることはいうまでもない。

しかし、ここで描かれた請負の概念は取引社会の実際とは必ずしも一致しない。

川島・渡辺が土建請負論において論じたように、上記の典型的な請負（これを川島は「定額請負」と呼ぶ）は日本の慣行のなかで大きく変質させられているのであった。(60)

普通に請負と呼ばれるものは、必ずしも定額請負を指すのではなく、そこには、さまざまなヴァリエーションが存在する。概念上は注文者が請負人に対して指揮命令することはできず、ただ、指図を与える権限を有するだけであるが、実際には注文者の指図は請負人にとって往々にして無視できない命令である。他方で、天災などによって仕事完成のために追加的支出を必要とする事態においては、実際には、注文者は往々にして報酬の増額を認めるのであった。

学説は、こうした実態を直視し、その実質をみて妥当な規範を適用すべきことを説いている。たとえば、「下請負と称しても、有力な下請負業者に施工させる場合もあれば、きわめて弱体な下請負業者に施工させる場合もあって、その契約関係も純然たる請負と認められるものから、実質的には雇傭的色彩の強いものまで、種々な態様がある」。(61)

請負に対する雇傭ルールの類推適用は、下請負関係において下請負人の労働者が第三者に加えた損害について、元請負人に対する民法七一五条の使用者責任を認めるとした事例および下請負人ないし下請負人の労働者に対する元請負人の安全配慮義務を認めた事例にみることができる。

(3) 民法典の典型契約と労働契約

こうみると、労務供給契約を雇傭・請負・委任のいずれかに類型的に区分しても、実際の法適用にあたってはあまり大きな意味はない(62)。契約類型のせんさくは、裁判官が妥当な解決を図るための発見的(索引的)役割をもつにすぎないといいうるのである。

しかし、ある労務供給契約を労働契約に該当するかどうかせんさくすることは、上記の民法上の典型契約のあてはめとは全く異なる意義を有する。なぜならば、ここでは労働法という強行法規の適用が問題となっており、しかも、労基法一三条によれば、もしある契約が労働契約だとされたならば、当事者の意思にかかわらず労働契約の規範(そこには労基法上の強行規定のみならず、解雇権濫用の法理などの労働契約上の準則も含まれる)が強制されるからである(63)。

裁判例は、労働契約の性質決定について以下のような理論を展開している。

労働契約の有無は、当該労務供給契約の一方当事者が労働者であるか否かによって決まる。労働法上の労働者とは労基法九条にいう労働者であり、これは使用者との使用従属関係の下に労務を提供し、その対価として使用者から賃金の支払を受ける者をいうと解されるから、「労働者」に当たるか否かは、雇用、請負といった法形式のいかんにかかわらず、その実態が使用従属関係の下における労務の提供と評価するにふさわしいものであるかどうかによって判断すべきものである(64)。

さて、この理論は労働者性を争うこの種の事件ではよく見られる。それは労働行政の実務において労働者性を判断する基準とほぼ同一である。労働行政における労働者性の判断基準を提示しているのは、一九八五年(昭和六〇年）の労働基準法研究会報告書であるが、それは以下のようにいう。

「労働者性の判断に当たっては、雇用契約、請負契約といった形式的な契約形式のいかんにかかわらず、実質的な使用従属性を労務提供の形態や報酬の労務対償性及びこれに関連する諸要素をも勘案して総合的に判断する必要がある。」

そして、多くの裁判例は、使用従属関係の存否を判断するにあたっては、指揮監督関係及び報酬の労務対償性を基準とし、さらに、指揮監督関係については具体的に、①仕事の依頼、業務従事の指示等に対する諾否の自由の有無、②業務遂行上の指揮監督の有無、③勤務場所、勤務時間の拘束性の有無、④労務提供の代替性の有無などの諸要素を検討し、これに加えて、⑤報酬の労務対償性の有無、⑥機械、器具の負担関係、報酬の額など、⑦専属性、⑧就業規則、服務規律の適用の有無、⑨その他、給与所得として源泉徴収しているか、労働保険・社会保険が適用されているか、退職金制度、福利厚生制度に組み込まれているかなどの諸点も検討して、これらを総合的に考量して決定されるべきだとしている。

労働者性または労働契約の有無の判断に当たって、裁判所、行政実務により共通して用いられているこの理論の特徴は以下のように整理できる。

第一の特徴は、当該事案で争われている争点（たとえば、労災保険給付の受給資格や解約または解雇の効力）に対する特定の規範の適用如何（労災保険法の適用または解雇権濫用法理の適用）を解決するために、問題となる規範の適用の如何そのものを問題とせずに（すなわち、労災保険法がいかなる範囲の就業者に適用されるべきかを問わずに）、一律に労基法上の労働者に該当するかどうか、あるいは労働契約が存在するかどうか、すなわち、当該法律関係を発生させた契約の法的性質ないしは契約類型のあてはめの問題として処理している点にある。(66)

第二の特徴は、契約の性質決定に当たって、当事者がその契約をどのように名付けたかまたはいかなる契約形式を選択したかは重要ではなく、当該法律関係の実態に照らして「使用従属関係」の存否が客観的に判断されるべきだとしている点にある。

こうした理論が、契約自由の原則ないし当事者意思との関連でいかなる意義を有するのかこれまで十分に議論されてこなかった。

この理論をあくまでも当事者意思の解釈の延長線上で捉えることもあり得ないわけではないが、労働法規範が強行的直律的効力を有すること（労基法一三条）を直視すれば、ここでは、当事者合意をその意思に反して法定契約へと組み入れること、ドイツ法学でいわゆる「法形式強制」と捉えるべきであろう。すなわち、労働契約の性質決定とは、ある目的を達成するために当事者が選択した法形式または契約類型に代わって、その契約を当該目的のために法律が予め用意した法形式または契約類型に組み入れること、換言すれば、当事者意思に基づかない法定契約へのあてはめに他ならない。(67)

(14) ここで民法学説における通説としては、我妻説、来栖説、幾代説、広中説などを指している。民法学説のなかで、いわゆる峻別説を唱える学説は、末弘説など戦前に形成された学説を除いて見当たらない。これに対して、本稿で紹介したように、労働法学説では、峻別説は現在でも多数説を形成している。したがって、本稿では、学説を紹介する際、民法学説または労働法学説を区別している。

(15) 我妻栄『民法講義V 債権各論中巻二』（一九六二）五四一頁は「民法が雇傭の定義的な規定で『労務ニ服スル』といっているのは、そのこと――労務自体の給付を目的とする結果として使用者に労務についての指揮命令権を生じ、その意味において従属関係を生ずること――を示す趣旨であろう。」有泉亨「労働契約の性質」『現代労働法講座一〇巻 労働契約・就業規則』（一九八二）四頁は、「『労務に服する』とは使用者の指揮に従って働くというほどの意味であろう」という。『新版注釈民法⑯債権⑺』（一九八九）一四頁（幾代）は、「雇傭は、労務じたいを契約の目的とするものであり（請負との差異）、かつ、その労務の給付は相手方（使用者）の指揮命令のもとになされるべきものとされている（委任との差異――『労務ニ服スル』という表現は、このような感じを出す言葉として選ばれたものであろう）。」としている。

(16)　来栖・前掲注(12)五〇五―五〇六頁。

(17)　新版注釈民法・前掲注(15)二頁（幾代)。

(18)　新版注釈民法・前掲注(15)二頁（幾代)。

(19)　『法典調査会　民法議事速記録四』（日本近代立法資料叢書）四五八頁。「此処デ労務ト申シマスルハ固ヨリ言フマデモナク各種ノ労務ヲ含ム積リデアリマス」。旧民法財産取得編「第二六〇条ニ『使用人、番頭、手代、職工、其他ノ雇傭人』云々トアリマス夫レカラ仕舞ヒノ第二六六条ニ於テ『医師、弁護士及ヒ学術教師ハ雇傭人ト為ラス』トアリマス民法上ノ義務モナイコトニ為ツテ居リマシテ説明ヲ見ルト云フト自然法ノ自然義務ガアルト云フコトガ書イテアリマス如斯区別ヲスルノハ其昔ヲ考ヘテ見ルト抑モ労役ヲ以テ報酬ニ充テルト云フコトハ大変賎シイ者ノスルコトデアルト云フコトニシテアリマシタ感情的歴史上ノ感情ニ出タモノト思ヒマス既成法典抔モ之ヲ労務ノ中ニ入レテハ斯ウ云フ人々ノ品位ニ関スルト云フコトガ書イテアリマス夫故ニ労役ト云フモノハ賎シムベキモノデアルト云フ考ヘカラ矢張リ如斯別ケタモノデアラウト思ヒマス本案ハ前ノ如キ理由ガアリマスカラ単ニ之ヲ『労務』ト書キマシタ」四五九頁。

(20)　『法典調査会　民法議事速記録四』（日本近代立法資料叢書）四五八頁。「『雇傭』ト『請負』トノ範囲ガ甚ダ分リ悪クイモノデアリマス夫レデドレ丈ケガ此本節ニ当ル所ノ規定カドレ丈ケガ次ノ節ノ請負ニ当ル所カ明ニ其範囲ヲ示サナケレバナラヌ夫故ニ第一ニ『労務ニ服スルコトヲ約シ』ト云フコトヲ此処ヘ明ニ掲ゲマシテ雇傭ト云フモノハ其労務自身ガ即チ其契約ノ目的デアルト云フコトヲ此処ニ云フテ置キマシテ次ノ請負ノ方ニ為リマシテハ其労力ノ結果ノ方ニ重モニ重モキヲ措クコトニシマシタ」。

(21)　梅謙次郎『民法要義　債権編』（復刻版）六八四頁。

(22)　『法典調査会　民法議事速記録四』（日本近代立法資料草書）五八四頁。

(23)　「ドウモ其後段々考ヘテ見マスト法律行為デナイコトニモ委任ノ規定カ一般ニ当嵌マラナケレバナラヌ法律行為デナイ委任デモ一方ノ意思デ解釈スルコトカ出来ル或ハ報酬ノナイモノト推定ストカ云フコトカ嵌マツテ宜ヒト思ツタドウカサウ云フコトニナラヌモノカト始終考ヘテ居ツタソレテ先ツ私ノ意見ハ法律行為ト狭クセズニ初メノ条ヲ或

ル事務ヲ処理スルト云フヤウニ少シ廣クシマシタドウセ法律行為トシマシタ所カ場合ニ依テハ弁護士トカ何ントカ云フモノニ付テハ雇傭ト委任トニツノ性質ヲ持ツテ居ルモノデアリマスカラ雇傭ト委任トノ分界ハハッキリ立タナイカラサウシタ方カ都合カ好カロウト思ツテ居ツタ併シ詰マリ主眼トスル所ハ法律行為ヲ目的トシナイ委任ニ付テモ当嵌マルカ主デアルサウ云フ場合ハドウシタラ宜ヒカト云フコトハ分カラヌソレデ原則トシテハ雇傭トノ分界ヲ立テル為メニ法律行為トシテ置ヒテサウシテ此規定ヲ置ケバ私ノ気使ウ所ノ心配ハナクナルト思フテ此条ヲ入レマシタ」。『法典調査会民法整理会議事録速記録』四巻一一五―一一六丁（明治二八年一二月三〇日、第一二回整理会議事＝廣中俊雄編著『民法修正案（前三編）の理由書』七三五―六頁）

(24)『法典調査会　民法議事速記録四』（日本近代立法資料草書）五二七頁。

(25) 民法制定後早い段階で、雇傭との対比で委任および準委任の意義を詳細に研究した本格的研究としては、岩田新「委任及準委任ノ観念ヲ論ス」法学協会雑誌三五巻（一九一七）三五四頁以下、九四六頁以下、一一六八頁以下、一三三一頁以下、一七一八頁以下、一八七四頁以下。吾孫子勝『委任契約論』（一九一七）。

(26) 鳩山秀夫『債権各論　増訂版』（一九二四）五二四―五二五頁。

(27) 鳩山・前掲注(26)六〇八頁。

(28) 鳩山・前掲注(26)六〇八―六〇九頁。

(29) 鳩山・前掲注(26)六〇八頁。

(30) 鳩山・前掲注(26)五二五頁。

(31) 鳩山・前掲注(26)五二五頁。

(32) 末弘厳太郎『債権各論』（一九一八）六五七頁。

(33) 末弘・前掲注(32)六七五頁。

(34) 末弘・前掲注(32)七五三頁。

(35)「委任は信頼・依頼・尊敬・好意等を内容とする精神的因子を中核とする契約である」から、これを抜かすと雇傭との区別を明らかにすることができない。「学者は一般に雇傭は単なる労働力供給の契約であるのに対して、委任は事務の処理を委託する契約であるといって、一応形式的に両者の区別を立てているけれども、雇傭の場合でも実際上被用者に相当ひろい裁量を許して適宜事務を処理せしむる場合が少なくないことを考えると、かくのごとき有形的標準のみをもってとうてい十分に両者を区別することはできない。」末弘厳太郎「委任雑考」『民法雑記集』六二頁。

(36) 例えば、岡村玄治『債権法各論』（一九二九）三九一頁「其労務の内容及び服務の方法は契約の定むる所に従う。」「服務の方法に付ては下級的労務（例えば一般の筋肉労働の労務）は慣習上使用者の指揮に従うを要するを普通とす。然れども高級的労務（例えば医師弁護士等の職務上の労務）は然らず、――」とか、末川博『債権各論　第二部』（一九四一）二四三頁「労務者がいかなる労務にいかに服すべきかというようなことは、当事者間の契約によって定まること勿論である。雇傭にあっては労務そのものを目的として使用者は労務を自分の利益の為めに利用し得るのであるから、労務者は使用者の指揮に従ってその命ずる労務に服することを要するのが普通であり、また、就業規則や取引上の慣習に従ってその命ずる労務に服するわけである。」

(37) 昭和一〇年代に入って少数であるが、使用者の指揮命令権を標準として雇傭と委任を区別する学説も存在した。石田文治郎は「雇傭契約から使用者に指揮命令権の発生する所に現代労務契約の特質があり、又請負並びに委任との区別の一標準がある」としている。石田文治郎『債権各論講義』（一九三七）一二二頁。しかし、これは必ずしも雇傭と委任の概念的区分を述べたのではなく、現代的労務契約としての雇傭と委任との類型的差異を述べたものである。その背景には、ドイツ法学から移入された労働契約論が伏在していると思われる。

(38) 山中康雄「労働契約の本質」季刊労働法七号（一九五三）二四―二六頁。

(39) 蓼沼謙一「労働関係と雇傭契約・労働契約」(二) 討論労働法五頁。

(40) 我妻・前掲注(15)五三二頁。

(41) 我妻・前掲注(15)五三六頁。

(42) 我妻・前掲注(15)五三八頁以下。

(43) 我妻・前掲注(15)六五六頁、六七一頁。

(44) 我妻もまた委任は当事者間の信頼を基礎とする（前掲注(15)六八九頁）ことを明言する。したがって、雇傭の場合のように受任者の地位を保障する必要もないので、なんら特別の理由無く任意に委任関係を終了できるとしている。しかしながら、委任契約のなかに「雇傭契約的色彩を帯びる場合」をあげ、さらに、契約関係の一部として事務が委託されている場合をあげ、これらの場合には、民法六五一条の適用を制限しようとしている。

(45) 我妻・前掲注(15)五四一頁。我妻によれば、委任は「一定の事務を処理するための統一的な労務を目的とすることを特徴と」し、このため「受任者は、ある程度の自由裁量の権限を有し、委任者の指図だけに頼ることなく、委された事務を、その目的に従って、最も合理的に処理する権利・義務を有する」。

(46) 典型契約に関する民法典の規定の意義について、来栖・前掲注(12)七三六―七五六頁は、ドイツ法、フランス法の議論をふまえて包括的に論じている。来栖は典型契約論に対し消極的な立場を代表する学説であるが、潮見・前掲注(11)三―一六頁は、典型契約論の最近の再評価の動向について詳しく紹介している。

(47) 末弘・前掲注(32)二八一頁以下。

(48) 来栖・前掲注(12)七三七頁

(49) 来栖・前掲注(12)七三八頁。

(50) 広中俊雄『債権各論』第六版（一九九四）三二九頁。

(51) 来栖・前掲注(12)五四六頁。

(52) 民法六二七条・六二八条は、期間の定めのない雇傭にあっては解約は自由だが、その効力は二週間後に発生し、期間を定めた雇傭にあっては「やむことを得ざる」事由があるときに限って即時解約できると規定している。また、民法六四一条によれば、注文者は請負人が仕事を完成しない間は、損害を賠償して解除することができる。

(53) 最判昭和五六・一・一九民集三五巻一号一頁。受任者が保管していた保証金を受任者のために融通する利益の享受を目的とした無償の不動産管理委託契約に関する事案。受任者の利益をも目的とする委任契約であっても、その契約において委任者が解除権自体を放棄したものとは解せられない事情がある場合、やむを得ない事由がなくても六五一条一項に則り委任者は解除できると判示した。浅生重機「本判決評釈」法曹時報三六巻九号一六一頁参照。

(54) 満了前の解除の効力と残期間の委託料分にあたる損害賠償請求を争った事案で、ある判決（東京高判昭和六三・

五・三一）は期間の定めがあることは受任者の利益のために本契約が締結されたことを意味せず、さらに、委任者がいつでも解除できるということが委任の本質であることから、解除が制限される場合は期間の定めによって解除権を放棄したと認められる事情、すなわち、右契約期間満了まで契約を継続させる意思を有していたと認めるべき客観的・合理的理由のある場合に限られるとした。それどころか、この判決は、六五一条二項にいう損害賠償は、相手方が不利な時期に解除を行ったことを要件とし、右不利な時期とは「事務処理自体との関連において不利な時期」をいうとして、委任者による中途解約に対する損害賠償請求を否定するのであった。

(55)　我妻・前掲注(15)六九三頁。

(56)　広中俊雄「委任と『解除』」『契約法大系Ⅳ　雇傭・請負・委任』（一九六三）二八〇頁以下。民法六五一条の成立史と判例・学説の包括的研究として、岡孝「民法六五一条（委任の解除）」広中俊雄・星野英一編『民法典の百年(3)個別的観察2　債権編』（一九九八）四三九頁以下参照。

(57)　末弘・前掲注(32)六八八頁以下。

(58)　我妻・前掲注(15)六〇一頁。

(59)　川島「建設請負契約における危険負担」『契約法大系Ⅳ　雇傭・請負・委任』（一九六三）一五三頁。

(60)　川島・渡辺『土建請負契約論』（一九五〇）九九頁以下。

(61)　来栖・前掲注(12)四九八頁。

(62)　来栖・前掲注(12)七四三頁。「要するに、或る具体的な契約の取り扱いに際しては、その契約がどの典型契約に該当するかとか、そもそもどれかの典型契約に該当するかそれともどの典型契約にも該当しないで無名契約に属するかとかをせんさくすることはあまり意味がない。」

(63)　鎌田・前掲注(11)六九頁以下。

(64)　労働省労働基準局編『労働基準法の問題点と対策の方向　労働基準法研究会報告』（一九八六）五四頁以下。

(65)　労働省労働基準局・前掲注(64)五四頁以下。これは、それまでの裁判例をふまえて一般的な判断枠組みを提示し、これ以降、裁判例は基本的にこれに従っているといわれる。その判断枠組みとは以下のようなものである。

（A）「労働者」性の有無は、雇用契約、請負契約といった契約形式のいかんにかかわらず、労務提供の実態に照らして実質的に「使用従属関係」の有無を基準として判断する。

（B）使用従属関係の有無の判断にあたっては、具体的には、(1)「指揮監督下の労働」と(2)「報酬の労働対償性」を基準として判断し、さらに、(1)を判断する要素として、①仕事の依頼、業務従事の指示等に対する諾否の自由の有無、②業務遂行上の指揮監督の有無、③勤務場所、勤務時間の拘束性の有無、④労務提供の代替性の有無を考量し、これに加え、(3)労働者性の判断を補強する要素として、⑤事業者性の有無（具体的には、機械、器具の負担関係、報酬の額など）、⑥専属性、⑦その他（採用、委託などの際の選考過程が正規従業員のそれと同様であるか、給与所得として源泉徴収しているか、労働保険が適用されているか、服務規律が適用されているか、退職金制度、福利厚生が適用されているかなど）の諸点を総合的に考量する。

この枠組みは、労働者性の判断が二者択一的判断であること、言い換えれば、労働者と自営業者の間に中間概念を入れないこと、当事者の選択した契約形式ではなくその履行の実態に基づいて実質的に判断すること、具体的判断要素として、業務遂行上の指揮監督の有無、時間的場所的の拘束性の二要件を重視しながら、その他の要素も加味して総合的に勘案する（多重要素の判断）という点に特徴を有している。

(66)　この特徴をやや詳しく述べれば以下の通りである。裁判例は労災保険法、賃金支払確保法などの一定の法律については、とくに適用対象となる労働者の定義をおいていないために、その立法趣旨などから、これらの法律でいう労働者とは労働基準法上の労働者と同義であるとしている。次に、労基法上の労働者とは何かというと、これは労基法九条に定義があるが、使用従属関係と賃金の労務対償性の二つの基準を用いるが、労基法一三条によれば、労基法の適用がある法律関係は労働契約であるとされることから、結局、労基法上の労働者とは原則として労働契約の一方当事者とされることになる。したがって、支配的見解によれば、労働契約とは使用従属関係の下で労務提供の義務を負う契約ということになるが、労働契約独自説に立てば、労働契約は契約形式が請負、委任であっても労基法の規範が適用される労務供給契約と定義され、労働契約・雇用契約同一性に立てば、労働契約と請負、委任は異なることになる。

（67）　法形式強制の概念については、鎌田・前掲注（11）九二―九九頁参照。

三　労働契約

1　労働契約と労働基準法

民法上の「雇傭」とは別に「労働契約」という言葉が実定法上の用語として登場するのは、戦後の労働立法においてであるが、労働契約を雇傭とは区別された独自の概念として理論構成する試みは戦前からなされていた。（68）末弘厳太郎は戦前の労働関係の実態をふまえて労働契約の概念化を試みた。（69）

末弘によれば、労働契約とは「一定企業に於ける労働者の地位の取得」に向けられた「一種の身分契約であり、「労務及び報酬に関する債権債務を発生せしめることが直接の目的」である雇傭とこの点で区別される。労働契約が「身分契約」である結果として、それは「債務的契約に関する民法諸規定の適用を受け」ず、したがって、「婚姻、養子縁組等の諸身分契約に関して民法の定むる所を参酌しつつ本契約の特質と適合する特別の法規範を創成して法律的取扱いを為さねばならない」。（70）

末弘が、労働契約の本質を「身分法的契約」たることに求め、民法の雇傭の諸規定はこの本質に矛盾しない限度で補充的に適用されるにすぎないとするのに対し、孫田秀春、津曲蔵之丞は労働関係の人法的性質を強調しつつも、債務法的要素の複合ととらえた。（71）

孫田は、労働関係の特徴を、従事すべき労働が「自己決定のものではなくして他人決定のもの」であることから他の者の意思に服従しその者の隷属的部分となる点、すなわち、「従属的関係において職として為される所の有償的なる労働」（後の学説でいうところの従属労働）に認める。（72）そして、この労働関係は「其の労働が、被用者の唯一の生活資源であって其の意思の如何に拘わらず雇主との隷属関係に於いて器械的に提供せられ、謂はば身分其のものの提供とも為っている点において、一般雇傭関係とも本質的に相違」している。（73）

一九四七年に制定された労働基準法はその第二章において労働契約に関する諸規定を定めたが、労働契約の定義をおかなかったので、雇傭と労働契約の関係について疑問が生ずることになった。

労基法立法時の担当課長であった寺本廣作の『労働基準法解説』は、労働契約の意味については、「企業内に於ける地位、身分の取得を目的とする」とする説、あるいは「労働者が社会立法の保護の下で為す契約」という説、さらには民法の雇傭契約の一節を外してそれに替わる基本的な事項を労働契約の章に規定すべきだとする意見があったことに触れているが、このいずれの説を採用したのか明記していない。

労基法制定のうえで大きな役割をはたした末弘は戦後においても労働契約について以前と同様に、労働契約を「身分契約」とする立場をとっていた。

かれによれば、労働契約は、①労働契約の内容は当事者の意思とは関係なく就業規則などにより一方的に決定されること、②労働関係に入れば合意がなくても成立しうること、③契約の無効・取消の場合も効力は妨げられないこと、④解雇が規制されるべきであるという点で雇傭法理と異なる原理をもっている。(74)

そして、これら労働契約に対する保護規範が生ずる根拠を末弘は労働契約の「附従性」に求めた。すなわち、使用者が契約内容を一方的に決定すること、そして、一方的に決定された契約内容が労働者の労働条件の劣悪化をもたらすことに労働法がよって立つ所以がある。末弘は、労働契約の附従性の背後に、労働以外に売るものがなく、かつ労働は売り惜しみをすることができないという労働者の経済的状況をみるのであった。(75)

このように戦前における労働契約論はドイツの従属労働論の影響の下で労働契約を「労働の従属性」や「人法的関係」により特徴づけた。

ところが、戦後には、人格的従属性は既に雇傭の概念のなかに含まれていて、この点で雇傭と労働契約とは異ならないとする学説が展開された。

山中康雄は雇傭を「労働力の処分権の時間をかぎった売買」と定義し、人格的従属性という点で労働契約と異ならないとした。

しかし、山中は、雇傭と労働契約を契約類型的に同一だとしながら、労働契約の意義が憲法二五条の生存権理念の実現にある点で両者の違いを説くのであった。すなわち、「労働基準法上の労働契約が、民法上の雇傭契約と、本質的に異ならしめられている一点は、私は、憲法二五条一項の『すべて国民は健康で文化的な最低限度の生活を営む権利を有する』ということを、労働契約の主要内容をなす労働条件の決定において具体的に実現しようとした点にあると考える。」(76)

かくして、労働契約の概念については、これを従属労働において雇傭と区分する学説と、雇傭と同一でありただそれがよってたつ理念が異なるとする学説が戦後ともに成立したのであった。われわれはここに峻別説と同一説の源流をみるのである。

2　従属労働の概念と労働者の要保護性

雇傭と労働契約の区分の標識としてあげる労働の従属性をいかなる意味で把握するかについて、統一的理解が存在していたわけではない。

ドイツ労働法学には、経済的従属説、他人決定労働説、人格的従属説、組織的従属説などの諸説が入り乱れていた。しかし、今日のドイツ労働法学は、従属労働を主として人格的従属性の意味において理解するのが通説となっている。これに対して、社会経済的意味の経済的従属性は、家内労働者または被用者類似の者の定義に活かされているにとどまる。

わが国における従属労働の概念的把握は、ドイツの学説展開とは異なり、人的従属性を中心にこれに経済的従属性を結びつけて理解するのが多数説となっており、ここにドイツ法学との違いがみられる。(77)

すなわち、労働者が経済的弱者であり無資力ないし無産者であることは、またその契約が附従契約であることによりますます人的従属の度合いを強化するという点において、人的従属性と経済的従属性は「密接不可分の関係にある。」と説かれるのである。[78]

経済的従属性が何を意味するか論者によってやや異なっているが、一般に「労働力の売買にあたっての当事者の経済的な力関係のかなりの相違、またはいわゆる交渉力の不対等によって、使用者側の提示した条件をうのみにせざるをえない状態」を指す。[79]

わが国の多数学説が従属労働の概念を人的従属性と経済的従属性の複合と捉えた理由は、経済的従属性に労働者の要保護性を求めた点にある。「形式的には契約当事者として対等の地位に立つものと考えられるにもかかわらず、実質的には経済的弱者であり、相手方による労働条件の一方的決定を甘受せざるを得ない状態にあるが故に、労働者としての保護を受ける必要が生ずるのである」。[80]

ところが、経済的従属性が事実レベルとして問題とされるのはともかく、法的レベルにおいてどう構成されるか、必ずしも明確な説明が用意されていたわけではなかった。

そこで、従属性の概念を人（格）的従属性に限定して解し、労働契約をあくまでもその類型的特質から定義する学説が展開されることになる。これは山中説、我妻説に端を発し、同一説に流れ込む。

例えば、下井は次のようにいう。理論法学の視角から労働法の適用対象である諸関係を定義するために、「経済的従属性」を用いることを必ずしも否定しないが、実用法学の立場から、労基法の適用対象を画定するための技術概念として用いる場合には、人的従属性のみが用いられるべきである。なぜなら、経済的従属性を欠いているとしても、労働力を他人に売却してその他人の指揮命令下に労働に服する状態に入ったがゆえに労働法の制度や理論の保護を当然受けるべき人々が存在するからである。[81]

秋田によれば、峻別説が労働の従属性を人的従属性、組織的従属性、階級的（経済的）従属性と展開することに対して、「本質論として実態的にまたは社会学的に捉えるかぎり一つの必然性をもっており、正当というべきであろう」としながらも、「従属性という用語を厳密に、法的意味において使用する場合に、そこに本質論に及ぶ広範な社会的概念を導入することには問題がある。すなわち、従属性概念を階級というような限定の難しい領域にまで拡張するとなると、それはおよそ労働する者のすべてを対象として包摂することになり、ある労働者を他の一群のそれから識別する基準としての意味がほとんど失われてしまう」結果、「認定という法的作業を著しく困難とする」(82)。

労働法の独自性を主張し、労働者の要保護性を経済的実態に照らして捉えようとすれば経済的従属性をなんらかの形で問題とせざるをえない。しかし、労働法の適用対象画定の道具としてこれを用いる場合、従属性についてのたんなる事実的説明をするだけでは「法的な有効性はほとんど期待しがたい」(83)。労働の従属性を法的に問題とする限り、「国家ないし政策主体の――実定法体系に表明された――価値評価を問題とせざるをえない」からである(84)。

秋田がいうように、従属性の概念規定は、「当該労働者が、他人（使用者）の指揮・命令の下で拘束を受けて就労する状態から生起しうる労働法上の要保護性という立法目的に則して考察する」(85)必要がある。

労働法の適用対象画定における技術概念として経済的従属性の概念を用いる場合、下井・秋田が加えた批判は正当といわざるをえない。経済的従属性によっては、請負・委任その他の労務供給契約との類型的差異を説明できないからである(86)。

のみならず、労働法の適用範囲と一致しない。ある就業者が経済的に従属していないとしても、使用者の指揮命令に服している限り労基法上の労働時間規制が適用されるべきであり、逆に、いかに経済的に従属し窮迫しているとしても独立して事業を経営する個人事業主には労働法上の保護は与えられないからである。こう考えると、経済的従属性は労働法の適用対象画定の道具として独自の意義をもたないというべきである。

しかし、西谷敏がいうように、国の内外を問わず労働法は、使用者による労働条件の一方的決定への規制の体系であった。「対等であるべき契約当事者間において、使用者が事実上、基本的契約条件の単独決定権を掌握するという事態は、決定への労働者の関与が——自己決定理念にもとづいて高く評価されるべきであるにかかわらず——事実上否定される点においても、またその結果労働条件が無限に低下する可能性があるという点においても、法が決して容認しうるものではない[87]」からである。

この意味で、使用者による労働条件の一方的決定（経済的従属性）は労働法出現の契機をなしており、したがって、労働法の独自的意義を捉えるうえでこの意義を否定することは許されない[88]。いいうることは、経済的従属性と概念は労働法の適用対象画定にあたって独自の意義をもたないということだけである。

3　従属労働論に対する懐疑ないし否定

従属労働論を批判した学説が提起したのは、労働の従属性を内容的にいかなる意味に捉えるかという点ではなく、その法的意味、言い換えれば、労働法の適用対象画定の道具として従属労働をどう概念的にとらえればよいかということであった。こうした視点からは、従属労働の中核である人的従属性もまたその法的意味の検討が避けられない。すなわち、人的従属性が労働者の保護の必要性を法的に正当化するかが問題となる。労働者の保護の必要性はその経済的状態（劣悪な労働環境、低賃金などの不利な労働条件）から生まれるものであるが、人的従属性（使用者の指揮命令に対する服従や他人決定）はその経済的状態と直結しない。そこで、下井のように、契約の類型的区分（人的従属性）と労働法適用とを分離する学説が生ずることになる。かれによれば、従属性は現実には「きわめて多種多様に、つまり指揮命令の服従がその強弱・深浅・大小においてさまざまに存在していることはまったく明白[89]」であり、これを使用従属関係があるか否かで一刀両断的に決定することには無理がある。また、労働契約においてもこれを指揮命令に服してという標識から判断するとしても、労務遂行において何らかの指示への服従という意味でとらえれば現実には、請負、委任であっても見られるところであり、それは従属性の程度という相対的なものに帰着することになろう。[90]

こうした理解から、下井は、労働法の適用対象を「人的従属性」メルクマールをもって一刀両断的に画定することは不可能なのではないか、可能なのは、「従属性」の存在が認められることは労働法の適用対象たる可能性一般を示すものとみて、その上にたって「当該のケースで適用の可否が問われている制度・理論の目的・趣旨を考察しつつ、個々の制度・理論ごとに結論をだしていくというやりかたであろう。[91]」と主張するわけである。

したがって、労働法の適用対象画定にあたって従属性の有無を事実的に確定することは無意味であり、むしろ、重要なことは個々の法制度の趣旨・目的を正確にとらえることである。

とすれば、適用対象の判断基準は適用の可否が問題となる法制度の目的・趣旨に依存し、適用対象画定の問題は、端的にいえば適用される労働法規範の保護範囲の問題、すなわち、当該法制度がいかなる範囲の就業者を保護範囲に組み入れるべきかという法的評価の問題に他ならないことになろう。

そもそも労働法の適用対象画定の技術概念として人的従属性の概念を必要とするものなのかがここで問題となる。「すくなくとも労働法の対象確定もしくは概念決定にあたって、『労働の従属性』＝『従属労働』という概念をもちだすことには消極的である。[92]」という見解が生まれる理由もここにある。

いわゆる従属労働論が、労働の従属性をもって労働法の独自的対象として確定し、それゆえまたそれをもって労働法の概念決定を行おうとするものでありながら、すでに労働の従属性そのものを把握するにあたって、労働法的な価値評価――たとえば生存権という法的理念、労働関係の当事者がたんなる抽象的人格者ではなく、労使というより具体的な人間像などを価値基準とするもの――を入れているにもかかわらず、さらにこうして把握された労働の従属性をもって、労働法の対象として確定し、労働法の概念決定を行うことは「論理的矛盾をおかしている[93]」といえないか。

横井は以上のように問いかけ、「従属労働論によって理解された労働の従属性の独自性は、対象のもつ独自性ではなくして、まさに労働法そのもののもつ独自性である。とすれば、従属労働論にいう労働の従属性が、労働法の対象確定もしくは概念決定にあたって有効性をもたないのは当然」だとする。

西谷が、労働の従属性概念は、「いかなる範囲の者に対して典型的労働者と同様の保護を及ぼすべきであるか、という目的論的観点から決せられるべき(94)」というのもこうした趣旨と解することができる。

雇傭と労働契約に関する同一説は、雇傭と労働契約は契約類型的特質において同一であること、しかし、雇傭と労働契約は労働法独自の価値評価により分かたれることを明らかにした。そして、この価値評価にあたって人的従属性は必ずしも十分な標識たりえないのであった。

結局、峻別説・同一説のいずれの立場であっても、労働法の適用対象を画定するのは、人的従属性ないし経済的従属性といった労働関係の事実的（経済学的・社会学的）特質ではなくて、労働法の価値評価そのものにある。

こう考えると、労働の独自性を労働の従属性に求め、これによってその対象を雇傭・請負・委任を区別することにはなんらの成果も期待できないことになろう。

(68) 石田眞「労働契約論」『戦後労働法学説史』（一九九六）六一六頁。
(69) 末弘「労働契約」『法律学辞典』第四巻（一九三六）二七七七頁以下。
(70) 石田・前掲注(68)六一七頁。
(71) 蓼沼・前掲注(39)二頁。
(72) 孫田秀春『労働法総論』（一九二四）四四―四六頁。
(73) 孫田・前掲注(72)五三頁。
(74) 末弘『労働法のはなし』（一九四八）四七頁以下。
(75) 労働者はたとえ「契約の条件が気に入らなくとも、全く売らざるが為に蒙る全損失に比すれば多少の損失尚これを忍ばざるべからずと考えて其労働を売らねばならぬ。」末弘『労働法研究』（一九二六）三一頁。
(76) 山中・前掲注(38)三九頁。

(77) 横井「労働の従属性と労働法の概念」『演習労働法』一七頁。
(78) 片岡は労働の従属性の概念について人的従属性と経済的従属性の両者があるとし、ドイツではこのうち人（格）的従属性のみを労働契約のメルクマールとすることに反対し、以下のように主張する。「右の人的従属性は、労働関係における労働遂行の側面にあらわれるものであるが、かような従属性は、必ずしも近代法上の労働関係についてのみみられる特質とはいいがたい。」「近代的労働関係における人的従属性の特質は、それが契約を通じて労働力の処分権が労働者から使用者に譲渡される過程を介してのみ生ずる点にある。この意味において、労働関係の他の一面である労働力処分権の譲渡――継続的な――の関係に認められる従属性、すなわち経済的従属性もまた、人的従属性と並んで、むしろそれと不可分のものとして、十分に評価されねばならない。」片岡・前掲注(2)一五八頁、二二〇頁。
(79) 蓼沼謙一「労働の従属性」『現代労働法講座』第一巻（一九八一）九四頁。
(80) 片岡・前掲注(2)一五八頁。
(81) 下井・前掲注(6)五七頁。
(82) 秋田・前掲注(9)五〇五頁。
(83) 横井・前掲注(77)一九頁。
(84) 横井・前掲注(77)六頁。
(85) 秋田・前掲注(9)五〇五頁。
(86) 本多淳亮『労働契約・就業規則論』（一九八一）一一頁。
(87) 西谷敏「二一世紀の労働と法」『講座二一世紀の労働法』第一巻（二〇〇〇）一七―一八頁。
(88) 蓼沼・前掲注(79)九六頁。
(89) 下井・前掲注(9)五四頁。
(90) 新版注釈民法・前掲注(15)四頁以下（幾代）。
(91) 下井・前掲注(9)五六頁。
(92) 横井・前掲注(77)二一頁。

(93) 横井・前掲注(77)二一頁。
(94) 西谷敏「労働基準法上の労働者と使用者」『シンポジューム　労働者保護法』(一九八四)八頁。

四　労働法の適用と労働契約

1　労働契約と労働者

労働法の適用にあたって労働契約はどのような役割をはたすのか。労基法の適用対象画定のために労働契約が不可欠の技術概念であるかどうか。これがここでの問題である。

この問題に対し、以前から、労基法の適用対象を画定する技術概念として労働者をあげるのみで、とくに労働契約の有無を重視しない見解があった。むろん、かかる見解も労働契約の意義を否定するのではないけれど、労働法の適用対象画定の技術概念としての労働契約に独自の意義・役割を見いださず、労働契約の性質論と適用対象画定の作業を相対的に分離する。

当事者が雇傭、請負、委任などの契約形式を用いた場合、個別実定労働法の適用対象画定と契約形式とを相対的に分離する方法は古くから知られている。(95)

ある就業者が労基法の適用対象に該当するかどうかは、当該就業者が労基法九条にいう労働者に該当するか否かに依存する。そして、「労働契約法理の適用をうける『労働者』は労基法上の労働者と原則として同一と考え」(96)るから、労働契約は「労働基準法が適用される労務供給契約」を意味するにすぎず、労基法の適用対象を画定する技術的意義は薄い。

この説はこれまで峻別説のなかに位置づけられていたが、(97)その主旨は、労働法の適用対象の画定にあたって労働契約の有無を問うよりは、端的に労基法などの実定労働法の法条の適用の可否を問題とするという点にあると思われるので、むしろ「法条適用説」と呼んだ方が適切であろう。

この説の代表的論者は有泉亨と思われる。有泉亨『労働基準法』によれば、労基法の「取締法としての名宛人は主として事業主たる使用者であり、保護の対象はそこで使用される労働者である。また私法上規制される労働関係の当事者はこれまた使用者と労働者である。労基法はこの両概念を定義しているが、労基法の適用も主としてこの両者の範囲に限られる」[98]。その結果、労基法の適用対象は端点に労基法に定める労働者・使用者であることになる。

そこで、労働者とは労基法九条によれば、「職業の種類を問わず、労働基準法の適用をうける事業に使用される者で、賃金を支払われる者をいう」と定義され、「事業に使用される者」とは、「多かれ少なかれ使用者の指揮命令に従って労務に服することである。仕事の完成を目的とする請負、事務処理の委託を中心とする委任とは理論上区別されるが、現実の社会関係においては、これらの契約も、指揮命令と服従の要素を加えて『使用される者』に該当する場合が少なくない。従って契約の名称にこだわらずにその実質について判断することが必要である」[99]。したがって、この説によれば、労基法の適用対象は雇傭、請負、委任などの契約形式いかんにかかわらず、使用者・労働者の関係たる「使用従属関係」によって画定されることになる。

そこでこの使用従属関係と労働契約とがどういう関連をもつのかが問題となる。有泉によれば、使用従属関係は使用者の指揮命令と労働者の服従によって展開され、労働契約はこの関係の中に「労働者を組み入れるもの」[100]である（ただし、労働契約の役割は地位設定にとどまるのではなく、労働関係の内容を修正・展開する際にも機能する）。してみると、労働法の適用問題に限ると、この見解によれば、労働契約の役割はたんに使用者・労働者の関係を基礎付けるうえで機能するにすぎず、労基法の適用の有無は労働者性に依存するのだから、その技術意義を失うことになるのである。

有泉は労働契約を雇傭との関連でどのように理解していたか。

有泉もまた我妻と同様に戦前・戦後にわたる労働法の展開をふまえて雇傭と労働契約を実質的に同一と解して

いる。[101] しかし、前述したように、労基法の適用は使用従属関係の有無にかかわり、使用従属関係の判断は「契約の名称にこだわらずその実質について判断することが必要」[102]なのである。したがって、この説によれば、労働契約の契約類型的性質と労働法の適用対象画定における役割は全く別物だということになる。

同様な見解は菅野和夫『労働契約第五版補正版』にも見られる。

菅野は次のようにいう。「ある者が他人のために労働して報酬を得る関係（労働関係）については、民法では、使用者の指揮命令下の労務に服する場合については『雇傭』という契約形態が、そして仕事の完成や事務の遂行を一任される場合については『請負』・『有償委任』という契約形態が設けられた。これらのうち、『雇傭』が通常の労働関係の契約形態であった。民法の『雇傭』に関する規定の特色は、労働関係の当事者に平等な権利義務を与えている点にあったが、実際には、使用者の強大な権力の下での支配・従属の労働関係が多く行われてきた。そこで、戦後、労働基準法は、労働関係において労働者を使用者から保護するために多数の契約上の原則・基準を設定し、それらの法規制が及ぶ労働関係を表現するために『労働契約』という契約概念を設定した。」こうして労働契約は「労働基準法が適用される労務供給契約[103]」と定義されることになる。

労働契約は民法上の雇傭に該当する場合が大多数であるが、それとは必ずしも一致せず、「民法上の請負または委任の形式をとった労務供給契約でもありうるし、また民法上の雇傭、請負または委任の契約形式をとっていない（非典型の）労務供給契約でもありうる。[104]」

そしてこの説においても、労働契約が存するか否かは、結局、ある就業者が労基法の適用対象である労働者に該当するかどうかに依存し、労基法の適用対象を画定する概念として労働契約は後景に退くことになる。

この説は上記のように労基法の適用対象として労基法九条に定める労働者の概念を用いることから、この説のもう一つの特徴が浮かび上がる。

有泉によれば、適用される実定法の趣旨・目的に従ってその適用対象が画定されているわけであるから、労働者の概念は個々の実定法に従って様々であり得る、言い換えれば労働者の概念は「それぞれの法の目的――それぞれの効果をにらみ合わせて」相対的に決せられねばならない[105]（これは「相対的労働者概念説」とよばれる。）。してみると、この見解によれば、労働法規の適用対象を画定することは、当該法規の趣旨・目的に従って適用範囲を画定することにほかならず、ある就業者が労働法規により保護される意義も当該法規の保護の理念から説明され、労働の従属性に基づいた労働契約の存在により説明されるわけではない。

以上のようにこの見解は労働契約を「労働基準法の適用される労務供給契約」と定義するが、しかし、これは労働契約が労基法の適用対象である労働者・使用者の範囲をもって労働契約を定義するにとどまり、なぜ労働契約に基礎づけられた労働関係が保護・規制されるのかという法原理を明らかにしているわけではない。

2　労働法の適用と労働契約の意義

上記のような相対的労働者概念説ないし法条適用説を採用すると、そもそも、労基法の適用にあたって労働契約の存在が要件として必要なのであろうかという問いに逢着する。

中山和久は、個別実定法規である労働基準法の法条が適用されるために、その関係が労働契約関係である必要性は必ずしもないという。

中山は、①集団的労使関係は必ずしも労働契約の存在を前提にして適用されるものではないこと、②労災補償をはじめ、労基法の適用については必ずしも労働契約の存在は条件とならないこと、③賃金の請求にとっては労働の存在が重要であって、必ずしも労働契約の存在は条件とならないこと、そして④労働者派遣法の成立によって「労働契約関係の当事者ではない派遣先企業が、労働条件の主要部分の一つである労働時間について労基法の規定の適用において、使用者の立場におかれる」ということになり、それは「従来の労働契約の枠組みを外れる」としている。

そこで、「労基法は、労働契約関係にある労使に適用になるのではなくて、労働者にたいして適用される勤労条件に関する基準（憲法二七条二項）を定める法律である。そこから出発すれば、労働契約が成立しているかどうかではなくて、当該労働者の当該問題について、労働法上、如何なる保護が与えられるか、という方向で論理は展開されることになる(106)」。

言い換えれば、労基法の適用対象である労働者が労働契約の当事者と同一である必要は必ずしもない。さまざまな実定労働法規がいかなる就業者に適用されるかは、当該の実定法の趣旨・目的に従って独自に解釈されれば十分であって、さらに、適用をうける法律関係が労働契約により基礎づけられるべきか否かは別の事柄である。

このように労基法の適用対象を画定するにあたって、契約の存立そのものを必要としないという説を、中山は「事実的労働関係説」とよんでいる。

法条適用説は、当事者間に存立している契約をいかなる契約形式で呼ぶかは労働法の適用において問わないというだけであって、契約の存否そのものを問題としないというのではなかった。したがって、「事実的労働関係説」は労基法の適用について新たな学説を提唱したものといえる(107)。

学説の多くは「事実的労働関係説」に否定的である(108)。その理由は以下の通りである。

まず、中山自身がその欠陥に言及している。「事実的労働関係説」はドイツの古い・すでに克服された「編入説」に発展する可能性があること、第二に、「契約がなくても賃金を支払えということはできても、従業員たる地位を継続して保障せよという請求は契約概念を入れないとできない」という。

また、峻別説の立場から、萬井隆令は次のようにいう。「事実的労働関係説」はこれまで、既往の労働にかかわる問題についての労働者保護法の適用に限定して立論されていたのであるが、この説は、「将来に亘る法的効果を持つことにおいて構築された理論」である点で、これを「労働者の契約の自由（契約しない自由）を侵害するという点で不当である(109)」。

「事実的労働関係説」に対するこのような批判は正当である。労働契約の内容が現在労基法、労組法によって決定的に制約され、労基法の適用対象が労働者概念によって画定されたとしても、労働契約の意義はなお失われていないと思うからである。

秋田はその根拠として、①集団的労使関係法が立法としてそれ自体、完結的なものではなく、むしろ、個々の労働契約の存在を前提としてその修正という法体制をとっていること、②労基法のような保護法が労働条件の最低基準を法定するだけで、その他は契約自由の原則に則っていること、③現状では、団体法と保護法の組み合わせを通じての契約法原理に代わる新たな制度的発想が熟していないこと、④団結法、保護法を通じて紛争の法的解決が主として個々の労働契約の解釈を通じてなされるという訴訟制度のしくみになっていることをあげている。(110)

秋田があげた根拠は説得的である。

確かに、労基法上の使用者・労働者関係は労基法が独自に確定する。そのことは、労基法一〇条が「事業主のために行為するすべての者」を「使用者」としていることからも窺われる。しかし、労基法上の義務は労働契約による当事者のリスク配分をまったく無視することはできない。労基法は、契約当事者のリスク配分を前提にして労基法の最低基準を下回る限りで介入する。

のみならず、労基法は、その一三条において、労働者保護の措置を労働契約を介して実行せしめることを表明している。すなわち、労基法の最低基準は、それが外部から労働契約の内容を規律するのか（いわゆる「外部規律説」）、あるいは契約内容そのものに転化するのか（いわゆる「化体説」）は議論の余地があるとしても、(111)契約の外部から直接に法定義務を課しているのではなく、当事者が締結した契約を労働契約に組み入れるという方法で労働者保護を図っているのである。

秋田が指摘するように、労働法をめぐる法的紛争が個々の労働契約の解釈を通じてなされることの意味はまさにここにある。

(95) 例えば、岡実『工場法論』(一九一三)二二五頁は、工場法の適用対象である「職工」について、「雇傭契約の有無に関らず労役に対する報酬の種類とその支払方法の如何を問わず又定傭なると臨時雇なるとを論ぜず、工場の目的とする作業及其の附属作業に従事せしむるの目的を以て工場に使用する者を職工とする」と定義している。また、社会局労働部『労働者災害扶助法令及労働者災害扶助責任保険法令　説明』(一九三一)五頁は、労働者災害扶助責任保険法の適用対象である労働者を「使用される」者と定義し、「『使用』するとは必ずしも現実に労働をなさしめることを意味するのではなく、事業主と労働者との間に使用関係が存在することを以て足るのであって、又法律上の雇傭関係の有無に関係しないのである。」と説明している。

(96) 菅野和夫『労働法　第5版』八九頁。

(97) 下井・前掲注(9)三二頁はこの説を以下のように特徴づけている。「第二の学説は、労働法の『総論』においても労働法適用対象画定の問題に関しても労働契約概念論にはあまり大きな位置をあたえず、労働契約と雇傭・請負・委任の関係についてもそれほど論じない。しかし、労働法上の『労働者』とは『使用従属関係』のなかにある者と解し、この関係を労働契約とよぶ。そして、この関係は雇傭のみではなく請負や委任のなかにも含まれると言う。」

(98) 有泉亨『労働基準法』(一九六三)四五頁。

(99) 有泉・前掲注(98)四六頁。

(100) 有泉・前掲注(98)八七―八八頁。

(101) 有泉・前掲注(15)八頁。「人を雇って使用する契約のほとんどがこの実定労働法の体系の下で締結されることになった。そこに労働契約という契約類型が誕生し、雇傭契約は原則として労働契約となった」。

(102) 有泉・前掲注(98)四六頁。「このような見地からすると、土建や林業関係における請負には使用従属関係の認められるものが多く、保険会社などの外務員の場合にも出社の義務づけ、毎日の勤務状況の報告、契約地域の指定、固定給的なものの支給などの諸条件によって使用従属関係の成立が認められるものがある。」

(103) 菅野和夫『労働契約第5版補正版』七〇頁。

(104)　菅野・前掲注(103)七一頁。
(105)　有泉亨「労働者概念の相対性」中央労働時報四七六号一〇頁。
(106)　中山和久「労働者・使用者概念と労働契約」『労働契約の研究』（一九八六）四七頁。
(107)　労働契約の存否を労基法の適用と別の事柄とした点はこの説の功績である。この説によれば、労基法上の労働者・使用者は労働契約の当事者と一致しない。このことは労基法自体も容認している。労基法一〇条は、使用者を損益の負担者としての「事業主又は事業の経営者」に限定せず、「その他その事業の労働者に関する事項について、事業主のために行為をするすべての者」と定義している。事業主のために労務に従事する者が労働契約上の使用者ではないことは明らかである。さらに、労基法八七条は、「事業が数次の請負によって行われる場合においては、災害補償については、その元請負人を使用者とみなす。」と規定している。もとより、元請負人と下請労働者との間には直接の契約関係は存在しない。労働契約からみれば、下請労働者の労働コストはすべて使用者たる下請負人が負担するはずである。しかし、「下請負人は多くの場合資力薄弱で保障義務を履行し得ない場合が多いので」災害補償については元請負人を使用者とみなすことにしたのであった。これにとどまらず、労基法は付加金の規定にみるように、民事邸効力を有する義務を使用者に課している。労基法は、労基法上の義務を労働契約の当事者の権利義務としてではなく、労基法上の義務の名宛人に対して私法上の義務を直接課していると解することができる。すなわち、労基法上の義務は必ずしも労働契約上の義務と同一である必要がない。
(108)　萬井隆令『労働契約締結の法理』（一九九七）五五頁。
(109)　萬井・前掲注(108)五五頁。
(110)　秋田・前掲注（9）五二三頁。
(111)　中窪裕也「労働契約の意義と構造」『講座二一世紀の労働法』第四巻（二〇〇〇）九頁

五　雇傭・請負・委任と労働契約――むすびにかえて

雇傭・請負・委任及び労働契約はいかなる対象をもつか、また、それぞれの規範適用にあたって契約の性質決定はいかなる役割を果たしているかについて、これまでの議論をふまえて、私見を述べたいと思う。

1　雇傭・請負・委任

民法学説は、有償労務供給契約を雇傭・請負・有償委任（有償準委任）の三つに分類し、雇傭と労働契約は使用者の指揮命令に服する（「労務ニ服スル」）点で同一と解した。これに対して、末弘説及び労働法学の多数説は雇傭と労働契約を峻別する。この点について、私は峻別説に与したい。

民法起草者によれば、雇傭は、医師、弁護士、教師などの高級労務（その多くは労務提供につき相当の裁量を有する）を含む労務一般を目的としており、「労務に服する」という文言は、請負が労力の結果を目的としていることに対し、労務そのものを提供することを言い表しているのであって、使用者の指揮命令に服することをいうのではない。末弘説、鳩山説に代表される戦前の学説もまた使用者の指揮命令権を雇傭の本質的要素とはしていなかった。

したがって、民法典起草者の意図にしたがえば、雇傭は従属的労務のみならず独立的労務を含む労務一般の提供とその報酬を約する契約として捉えられるべきである。

民法学説および労働法学の同一説は、民法典制定後、雇傭は実質的に労働契約とその対象を同じくすると主張する。確かに、民法典制定当時に存在した職人、奉公などの労働形態は工場労働の台頭により減少し、長く使用者の指揮監督の下で労務を提供する労働形態が典型的な労働形態であった。しかし、一九七〇年代以降、ホワイトカラー業務の増加、賃金支払における成果主義、裁量労働制の導入に伴い労働形態のあり方が変化している。

企業は外部労働力の導入を積極的にはかり、労務遂行において相当程度の裁量を有する契約労働（業務委託、個人請負）が拡大している。その結果、現代では、指揮拘束性が弱い労働形態が広く存在しており、労働契約とは異なる雇傭が再び拡大していると思われる。

民法学説および労働法学における同一説は、使用者が労働者の労務を得て一定の目的を達成するためには、労働を適宜に配置・按排するための権限、すなわち、指揮命令権が概念上不可欠であるという。

イギリスのコリンズ（Hugh Collins）によれば、労務の利用者（ユーザー）が労働力を受領するとき二つの方法が考えられる。①労働力の消費により所期の成果を達成するかどうかのリスクを労働力の買主（ユーザー）に負担させる取り決めと、そうではなく、②労働力の提供者（就業者）がそのリスクを引き受ける取り決めである。上記①をコリンズは「時間サービス契約」（time service contract）、上記②を「業務達成契約」（performance contract）と呼んでいる。(112)

こうした区分が必要となるのは、労働力の価値と労働の成果（結果）との間に乖離がある、言い換えれば、労働力に対していかなる報酬を支払うべきか不確定だからである。(113)労務供給契約における中心的な話題は、この不確定性のリスクを当事者のいずれが負担するかという点にある。

そして、民法典起草者が雇傭と請負の類型化にあたって重視したことはまさにこうした「リスク（危険）負担」であった。民法典起草者が雇傭・請負の相違をその目的から区別したのは、すなわち、雇傭の目的を「労力自身」としたのに対し請負の目的を「労力の結果」としたのは、雇用にあっては労力自身に対して報酬が支払われるのに対し、請負にあっては、仕事の結果、瑕疵なく製造されたもの（物）に対して報酬が支払われると考えたからである。(114)

最近の民法学説においても、請負の特質を「危険負担」にみる有力な学説が存在することはすでにみたところである。(115)

では、時間サービス契約において、使用者の指揮命令権は不可欠であろうか。

コリンズによれば、時間サービス契約が常に使用者の指揮命令権を伴い、業務達成契約においてこれを伴わないとはいえない。ユーザーが管理（指揮命令）を重視するかどうかは、管理に要する制度維持コストと、業務達成モデルにおいて必要となる職務特定・成果評価コストの比較考量によって決まるからである。すなわち、時間サービス契約と業務達成契約の区分は、指揮命令の有無とは直接に関連するわけではない。

実際、商品の販売、事務処理サービスなどの業務はその報酬が時間単位で算定されるとしても、必ずしも使用者の指揮に服してなされるわけではない（たとえば、「裁量労働」をみよ）。[116] 他方で、ソフトウエア開発の請負において業務内容が特定されていてもユーザーの指揮を必然的に伴う場合も存在する。なぜなら、ユーザー企業で使用するソフトウエアの作成には当然にユーザーの詳細な指揮が不可欠だからである。

雇傭とは、①労務そのものの提供を目的とし、労務の種類を問わないこと、②労務そのものに対して報酬が支払われること、③原則として就業者自身が労務を遂行すること（民法六二五条の一身専属性）の三点を本質的要素とする契約である。すなわち、雇傭とは、労務者が自ら労務を供給し、これに対し使用者が報酬を支払う契約であるといえる。

結局、有償の労務供給契約は基本類型として雇傭と請負の二つに区分される。それでは、委任にはどのような位置が与えられるべきだろうか。

歴史的に見て、委任の特徴が無償性にあったことはよく知られている。「ローマ法において、委任が無償であった反面、有償の労務供給は今日の雇傭ないし請負にあたる賃約（location conduction）によっておこなわれたのであった。[117]」ローマ法後期において、委任のうちに報酬請求権を認める場合が承認されたけれども、それは委任本来の訴権により担保されることはなかった。委任は弁護士、医師、教師などの「自由人に値する」労務提供（operae liberals）を目的とした。そして、この思想は旧民法財産取得編二六六条一項（医師、弁護士などを雇傭人から排除した規定）にも連なっている。

しかし、現行民法典は、こうした高級労務をもすべて雇傭の目的とした。ここにおいて、委任は雇傭と区別する要を失い、民法起草者（富井）がその区分のために苦心したことは既に見た。委任をどう定義するかについて諸外国の立法はさまざまであった。

さて、民法学説は、委任を「一定の事務の統一的処理」として定義し、事務の統一的処理にあたって受任者には一定の裁量が不可欠であり、したがって、委任は「独立的労務」を目的としここに類型的特徴があると解釈されるに至った。なぜなら、民法学説は他方で、雇傭を従属的労働を目的とした契約と定義したからである。

委任において受任者が自己の裁量によって事務を処理することは広く認められるところであるが、しかし、これが労働契約における「従属性」との対比でいう「独立性」を意味するか疑問である。

労働契約における従属性と対比した場合、独立性とは、労務提供者が自己の危険負担と計算のもとに業務に従事することを意味する。換言すれば、ここでいう独立性とは経済的独立性ないしは「事業者性」に他ならない[118]。労基法九条はその適用対象である労働者を使用者に「使用される者」と定義し、裁判例・学説は、「使用される者」とは使用従属関係にある者と捉えている。その趣旨は、単に使用者の指揮に拘束されることを指すのではなく、経済的従属性をも指すものであり、その業務を遂行するコストやリスクを引き受けていないことが重要である。事業リスクを自ら引き受ける者に対し労働法的保護は不要だからである。

さて、「独立性」を以上のように解したとき、委任が受任者の「独立性」を特徴とするといいうるか疑問である[119]。民法学説がいう受任者の独立性とは、業務遂行にあたって相当程度の裁量を有することをいうが、こうした意味での独立性は、その程度の強弱はあるとしても、雇傭または労働契約においても認められるところである。

では、委任をいかなる特徴を持つ契約類型としてとらえるべきか。この問いに答えるうえで、末弘厳太郎の説が参考となる。

末弘によれば、この問題を考える手引として留意すべきは、民法六四八条一項（受任者は特約あるにあらざれば委任者に対して報酬を請求することを得ず）、民法六四四条（受任者は委任の本旨に従い善良なる管理者の注意を以て委任事務を処理する義務を負う）、民法六五一条（委任は各当事者において何時にても之を解除することを得）の規定である。

「これらの規定は互いに相連関するものであって、委任が委任者に対する『信頼』なる精神的因子を中核とする契約なることを示すものである。[120]」換言すれば、「委任は信頼・依頼・尊敬・好意等を内容とする精神的因子を中核とする契約である」。これを抜かすと委任の本質は理解できない。学者は一般に雇傭は単なる労働力供給の契約であるのに反し、委任は事務の処理を委託する契約であるというが、「雇傭の場合でも実際上被用者に相当ひろい裁量を許して適宜事務を処理せしめる場合が少なくないことを考えると、かくの如き有形的標準のみをもってしてはとうてい十分に両者を区別することはできない。[121]」

委任者の信任は有償契約における相互の利害関係から派生するものではなく、委任者と受任者の精神的紐帯を基礎とするものである。こうした精神的紐帯こそが受任者の裁量を委任者の利益と結合せしめる基盤である。[122]

以上のように考えると、受任者の独立性なるものは、事業者的独立性、すなわち、事業者が自らの企業的計算に基づき自らの危険負担の下に業務を統括的に処理しうるという意味での独立性とは性格を異にする。それは委託者との信頼関係から派生する広い裁量性である。

通説・判例は、使用者の指揮命令が乏しい労務供給契約をおしなべて委任（準委任）の下に組み入れる傾向にある。とくに、労働法規範の適用の有無を争う事案において、問題となる労務供給契約の労働契約性を否定することの反作用として、これを委任とする事例が見受けられる。たとえば、コンピュータ技術者によるソフトウェア開発や傭車運転手の運送業務などは準委任とされているが、これらは明らかに単なる労務提供であり、そこに委任者との精神的紐帯は認められない。その他の準委任の事例において委任とはかけ離れた実態のものがある。[123]

これらは従属労働性が希薄であり労働法の適用がなされないという理由から労働契約性を否定されているにすぎず、自己の労務と報酬の対価的交換という性格が中心におかれるべきである。

要するに、通説・判例の上記の立場は、使用者の指揮命令が乏しい契約を委任もしくは雇傭＝労働契約かという二者択一を強いる点で実態から乖離し、当事者の利益調整に不適切な枠組みを提供していると評することができる。むしろ、雇傭はその対象に非従属的労務を含む契約として、現代的意義が再確認されるべきであろう。

2　労働契約

労働契約の概念をどう把握するかは今日でも困難な課題である。[124]

これまでの労働契約の概念は多様な問題と関連して論じられてきた。労働契約は、日本的雇用関係の下で当事者がいかなる権利義務をもつのか解釈するためのツールであったり、[125]あるいは、労働者の自己決定権を展開するうえで基盤となる概念であったり、[126]労働者・使用者間に発生する紛争を損害賠償、解約などの伝統的救済手段で処理するための受け皿であったりなど、[127]労働契約概念に多様な課題が担わされているからである。

しかし、これらは労働契約の性質論というより、当事者の権利義務をめぐる解釈論であったり、就業規則の法的性質論であった。労働条件の多くが労働協約・就業規則によって決定されるため、労働契約が労働条件に及ぼす影響はかなり限定されたものであった。

これに対して、労働関係の設定、企業組織への参入という面では労働契約は依然として大きな役割を果たしている。関係設定における労働契約の役割は、就業形態が多様化し、労働契約以外の就業契約が拡大する中で新たな視点から検討されなければならない。

労働契約論の新たな課題とは、当事者が労働契約を選択した意思の法的意義を解明することにある。この課題を検討するためには、当事者が労働契約という契約形式を選択する場合、いかなる契約的要素を本質的な要素

(essentialia negotii) としているのかを問わなければならない。

多数学説は、労働契約の本質的な要素 (essentialia negotii) を労務指揮権に求め、労働契約を「労働者が使用者の労務指揮権下で従属労働を提供」する契約と定義してきた。[128]

土田道夫はその理由として、労働契約が「労働それ自体の利用を目的とする契約」であり、「そこで労働契約においては、事業（経営）目的のために自己の計算によって事業を遂行し、また事業遂行に伴う危険や責任を負担するのは、労働を利用する側（使用者）であって、労働を提供する側（労働者）ではない」ことから、「使用者は労働者の労働を適宜利用・配置する権限を労務指揮権として取得し、労働契約の範囲内で労務給付の内容（労働の種類・場所・時間・方法・態様）を決定することができる。[129]」という。

そして、多数学説は、雇傭と労働契約は同一の契約類型と捉えたうえで、労働契約の特質を請負、委任との類型的差異に求めるのである。

使用者の労務指揮権または指揮命令権の下での労務提供という特質は、ドイツ労働法学の強い影響の下で、日本の労働法学においても、労働契約の定義として長く用いられてきた。そして、事業（経営）目的のために自己の計算によって事業を遂行し、また事業遂行に伴う危険や責任を負担するのは、労働を利用する側（使用者）であって、労働を提供する側（労働者）ではないという土田の指摘は説得的である。

しかし、すでに述べたように、労働それ自体の利用を目的とすることは、必ずしも使用者の労務指揮権（労働の種類・場所・時間・方法・態様の決定権）を帰結させるものではない。就業者が業務を遂行するにあたって、使用者の指揮命令を必要とする場合もあれば、必要としない場合もある。それは、債務の履行の態様の問題である。むしろ、労働契約の特質は、このような債務履行の態様ではなく、労働者保護の規範適用にあると考えるべきである。労基法が労働契約という用語を、民法の雇傭とは別に導入した意図もそこにある。

この意味では、労働契約は、労働法によって保護されるべき労働者を一方当事者とする契約であると一応は定義できる。そして、労働契約は、労働法の適用される範囲を確定する概念として客観的に性質決定されるものである。

しかし、契約は、当事者の申込と承諾、換言すれば、特定の目的の実現を意欲する当事者の合意によって基礎付けられる。当事者の意思表示がないところに契約は存在しない。労働契約もまた一つの契約である以上、当事者が契約を通じて何を意欲しているかは重要な問題である。労働契約の性質決定にあたって、当事者が契約形式の一つを選択してどのような目的の実現を意図したかということを顧慮せずにはいられないからである。[130]

そこで、労働契約の性質決定の問題と当事者意思の顧慮の要請が相互にどのような関係に立つか検討しなければならない。

確かに、労働契約は労働法の適用される労務供給契約であり、労働法の適用が客観的に決定される限りで、当事者意思はここでは重要な役割を果たさない。しかし、当該合意が客観的にいかなる契約として性質決定されるかということと、特定の目的を達成するために当事者がいくつかの契約形式から一つを選択したこととは、法的には別な事柄である。

労働契約が保護規範によって支えられた法律関係を設定する契約であるという特質こそが、当事者が労働契約を選択する場合の本質的要素であるということができる。

当事者が労働契約という契約形式を選択する場合、就業者が意図していることは、「労働者として労務を供給すること」である。それは逆の面からいえば、労働契約とは、自己の危険負担と責任において労働に従事することを望まない者が選択する契約形式であるといえる。自己の危険負担と責任において労働に従事する者を「事業者」[131]とすれば、労働契約は「事業者としての契約」と対置される。まさに、就業者が労働者として就業するか、事業者として就業するかが、契約形式を選択する要となる。

「労働者として労務を供給する」ことの意味は本質的に労働者という概念によって規定される。ところが、労働者性は当事者の意思を顧慮せずに客観的に判断される。ここから、当事者の意図と法的性質の乖離が生ずる。当事者は労働者として就業することを約したつもりであるが、それは事業者であると評価されるかもしれない。問題は、当事者が労働者又は事業者として就業することを約したにもかかわらず、裁判所によってその意図が否定された場合、これとは異なる当事者の意思はどのような法的意義をもつのかである。

もし、ある契約が労働契約であるか否かは、当事者が選択した契約形式のいかんにかかわらず客観的に判断すべきであり、その結果、当事者が法律の用意した法形式とは異なる形式を選択した場合、法秩序が当該合意を法律が認めた法形式（契約形式）に組み入れるとすれば、二重の意味での当事者意思に対する無顧慮が存在する。一つは、当事者が当該契約形式を選択したときの意思が顧慮されないということと、第二に、当事者に対して意図せざる法的効果が強制されるという意味の当事者意思の無顧慮である。

このような当事者意思の無顧慮は、それが労働者に対する保護必要性から要請されたものだとしても、私的自治の原則または契約自由の原則（契約形式選択の自由）に著しく反するものであり、正当化することはできない。

労基法その他の法規がその適用対象を客観的に確定することは、当該法規の保護範囲をどのような人に及ぼすかという法的評価の問題である。ここでは、確かに、当事者意思は重要ではない。しかし、当事者の合意をいかなる契約形式の下に組み入れるかは、法的に別な事柄である。当事者が「労働者として労務を供給する」ことを約することは、当該就業者が労基法などの法規が適用される労働者であることを前提としない。なぜなら、たとえ当該就業者が厳密な意味で労働者ではなくても、労働契約上の権利を取得し義務を負うことと何ら矛盾しないからである。

したがって、労働法の適用範囲の問題と、労働契約の性質決定は密接に関連しているが、相互に区別しなければならないことになる。

3　雇傭の再定義

上述した観点から、民法上の雇傭は労働契約と同視されるべきではなく、固有の対象をもつ契約だとみるべきである。

雇傭は自ら労務を提供しこれに対し報酬を約する双務契約である。雇傭は請負と並ぶ有償労務提供契約の基本形式であり、雇傭は労務そのものを労務者自ら提供し、労務が成果に結実するか否かのリスクを労務受領者が負担する契約である。こうしたリスク（危険）負担の所在こそが雇傭と請負を分かつ要点である。

では、労働契約ではない雇傭の対象とはいかなるものがあるか。

確かに、現代においても、労務そのものを目的とする契約の多くは労働契約である。しかし、傭車運転手、委託就業者、芸能実演家、在宅ワーカーなどの自営の形態（請負・委託などの労働契約以外の形式で）で自ら労務を提供する就業者（委託就業者）が増加しつつある。

こうした就業者は、自ら労務を提供し、これに対して報酬を受け取る点で雇傭に属するけれども、使用者との使用従属性は希薄であるために労働者とは認められない。のみならず、これらの就業者は請負・委託の形式の下に出来高や一定の単位毎の報酬がさだめられているけれども、仕事の一部だけを受託し、報酬は定期に支払われ、委託された業務の成果の出来映えと報酬支払は直接に関連していない。

さらに、これらの就業者は、弁護士、医者などの専門的有資格者とは異なり、業務遂行にあたって必要な特別な資格や技能をもたず、自己の裁量で業務を処理する権限も与えられていない。

一方、これら委託就業者はすでに述べたように準委任の対象ではない。かれらは、委任者と濃密な信任関係に入らず、委任者のために事務を統一的に遂行するわけではない。かれらは、委託者が切り出した一部の業務を委託者の指示をうけながら遂行し、これに対し報酬を受け取る。そのため、こうした委託就業者は雇傭契約の固有の対象ということができる。

請負、準委任、労働契約とは異なる雇傭に固有の規範とは何か。これについては、別に詳しく論ずるが、ここでは、検討課題のみをあげる。

被用者（労働契約の当事者である労働者を区別してこの用語を用いる）は、債務の本旨に従って労働に従事する義務を負う。いかなる態様で履行すべきかについては契約の趣旨・目的により決める。使用者の指揮命令の下で使用者が労働の内容、手順、時間などを詳しく指定し被用者がこれに服する場合と、契約締結に際して当事者が被用者のなすべき一定の業務を特定し、それにいたる手順などを指示しない場合のいずれをも包含する。被用者が使用者の指揮命令に服する限りで、雇傭は労働契約と評価される可能性がある。

被用者が債務の本旨に従った履行をなさざるとき、使用者は労務者に対しいかなる請求をなすことができるか（労務者の損害賠償責任）、または、使用者は労務者に対して報酬を支払う義務を負うか（危険負担）。使用者は労務者をいつ解約告知しうるか。これが雇傭に固有の法的問題である。

被用者が債務の本旨に従った履行をなさざる場合とはいかなる場合を指すか。伝統的な履行不能、履行遅滞、不完全履行の三態様に従って考えると、労働に従事する義務の履行不能とは何を指すかが問題となる。

すでに労働者の損害賠償責任の制限については、民法七一五条による使用者責任の関連で議論されてきた。すなわち、労働者が第三者に加えた損害について使用者が損害賠償責任を負担したときの使用者の労働者に対する求償の範囲が問題とされる。これについて、すでに一九七六年の茨城石炭商事事件最高裁判決（昭和五一年七月八日民集三〇巻七号六八九頁）が労働者の責任制限の法理を展開している。

近年、民法七一五条以外の事例、すなわち、労働者が直接使用者に対し債務不履行責任を負い、これの責任制限が問題となる事例が増加しつつある。(132) これまで、学説はこの問題に十分対処してこなかったが、労働者が業務に伴い発生させた損害について通常の意味の債務不履行責任を課すのが妥当か、大きな課題というべきである。

危険負担について、民法は「雇傭」のところで何も規定していない。民法典草案には、被用者が病気などの一時的に休職した場合の報酬負担に関する規定が含まれていたが、これは審議の結果削除された。

学説・判例は、民法五三六条一項に従い、被用者が労務に服さざるとき（不就労）使用者は報酬を支払う義務がないとしている（ノーワーク・ノーペイの原則）。

しかし、雇傭にあっては、使用者の責めに帰すべき事由によって就労できなかった場合、裁判例・学説は、民法五三六条二項に従って、労働者は報酬請求権を失わないとしてきた。ところが、労基法二六条は、使用者の責めに帰すべき事由による休業について賃金の六〇％の休業手当を支給することを定めている。さて、民法五三六条二項と労基法二六条の違いはどこにあるか。また本稿のように、雇傭と労働契約を分離する立場に立った場合、労基法二六条の適用がなされるべきなのかどうかが問題となろう。

期間の定めのない雇傭においては、当事者はいつにても解約の申し入れをなすことができる。解約申し入れ後二週間を経過するによって契約は終了する。この場合、被用者の側における解約権放棄の特約は封建的身分関係をもたらすおそれがあり公序良俗に反し、その期間の如何を問わず無効と解するべきである。これに対して、使用者の側における解約権放棄の特約は有効である。

五年を超える期間の定めがある場合または当事者の一方もしくは第三者の終身間継続すべきときは、当事者の一方は五年を経過した後何時にても解約をなすことができる。

さて、雇傭期間を定めたとき、当事者は期間の満了があるまで告知をなすことができるのだろうか。業務委託が準委任と解されるときは、民法六五一条により、委任者はいつでも中途解約することができた。民法六二七条は、やむを得ざる場合の即時解約について規定しているが、これは、中途解約を原則としてなしえないことを示したものと解するべきだろうか。

最後に、労働契約の解雇の効果の問題がある。判例・学説は、社会通念上相当と是認できる理由がない解雇は無効であるとしている。いわゆる解雇権濫用の法理である。雇傭において、この法理は同様に適用されるべきか。

以上の問題について、雇傭の固有の法理を模索しつつ今後検討を加えたい。

(112) Hugh Collins, Independent Contractors and the Challenge of Vertical Disintegration to Employment Protection Laws, Oxford Journal of Legal Studies, Vol.10, 1990, P.362.

(113) 労働力と報酬との間の不確実性を説いたのは、サイモンである。かれは、労働力商品の市場評価における不確実性を指摘し、労働力そのものの取引と達成された業務の二種類の労働力交換が成立する経済的必然性を明らかにした。Herbert Simon, The Formal Theory of the Employment Relationship, in; Models of Bound Rationaly, 1982, p11-23.

(114) 『法典調査会　民法議事速記録四』五二七頁。

(115) 川島・前掲注(59)。

(116) 裁量労働制とは、仕事の具体的な進め方を労働者に委ね、労働時間の算出が難しいときには、その業務に従事した労働者があらかじめ労使間で定めた時間を働いたものと見なすという制度である。ここでは、大まかな目標が決められればこれを達成するための方法は概ね労働者が決定する。

(117) 広中俊雄『契約法の理論と解釈　広中俊雄著作集二』(一九九二)一九九頁。

(118) 独立性の意味をたんに使用者の指揮命令との関連で定義する見解は少なくない。しかし、独立性を規範適用との関連でみるとき、労働法規範の趣旨・目的から検討する必要がある。

(119) かかる意味で、受任者が独立しているかどうかは疑問である。確かに、企業がユーザーの委託を受けて業として事務処理を行うことはよく見られるところである。しかし、ここで実際に事務処理に従事するのは受託企業の労働者であり、当該労働者は委託者であるユーザーの直接の信任を得て業務に従事するわけではない。

(120) 末弘厳太郎「委任雑考」『民法雑記帳　下』六一頁。

(121) 末弘・前掲注(120)六二頁。

(122) 学校の経営者が校長の職務を委託した契約につき委任だとした裁判例(大審院昭和一四年四月一二日判決民集一八巻三九七頁)は委任と雇傭の区分に関するリーディングケースとされている。この事案では、原審が当該契約を雇傭だとした点について、上告人はこれを無名契約だとした。上告理由によれば、受託者である校長は浜松市において私立商業学校を設立し畢生の事業として予て抱懐していた教育上の主張定見を以て実業教育に従事しようと欲し独力を以て経営しようとしたが、途中から五人の共同経営となり、さらに学校経営者の懇望により単独経営に変更させられたのだから、通常の雇傭とは異なると主張していることから、本判決は、こうした事情を認定して（判文上これを明確に認定していないが）委任と判断したように思われる。

(123) その一例を大阪中央郵便局事件・大阪高裁平成三年九月一七日（労民集四二巻五号六九六頁）にみることができる。これは、郵便局長との委託契約に基づいて郵便職員の身だしなみの世話や職場の整理整頓等を処理する「職場ヘルパー」として郵便局に一一年三か月勤務してきた者が雇止めされ、その効力が争われた事案であるが、本判決は、「職場ヘルパー」としての労務の提供は郵便局長の指揮命令に服してなされる従属労働ではなく、「準委任契約」であるとして請求を棄却した。問題は「職場ヘルパー」の実態であるが、本判決は、郵便局長が委託業務の遂行につき「個々の具体的な指示や命令を職場ヘルパーに対しほとんどしたことはなかった」こと、「職場ヘルパーから提出される職場ヘルパー日誌等により、控訴人ら職場ヘルパーの作業等の概要を知ることができたが、右作業等の結果について評価あるいは評定をし、職場ヘルパーに注意や指導を加えるということはなかった」ことから本件委託契約を「準委任」としているが、執務時間の始業終業時刻が定められ、遅刻したときには注意を受けていること、出勤簿に押印していたことがあること、研修に他の職員とともに参加していることなどをみると、これを労働契約とすることにためらいがあるとしても、委任とみることに疑問がある。

(124) 労働契約の法的性質及び意義に関する近年の業績は枚挙にいとまがないほどであるが、とくに、和田肇『労働契約の法理』（一九九〇）、土田道夫『労務指揮権の現代的展開』（一九九九）、萬井隆令『労働契約締結の法理』（一九九七）、村中孝史・前掲注(13 a)、中窪・前掲注(111) に示唆を受けた。

(125) 土田道夫は、労働契約を、日本的雇用慣行の実態的機能を投影した解釈方法を可能とするツールとして捉える。土田道夫「日本的雇用慣行と労働契約」日本労働法学会誌七三号（一九八九）四四頁によれば、労働契約論は「日本的雇用慣行の下での労働関係の実態・制度・当事者の意識を、労働協約・就業規則を含めた労働契約の解釈という伝統的手法を通して同契約の権利義務内容を反映させ、あるいはこれを労働契約の一般的内容として構成するものであった」。「かかる解釈方法を通して、労働契約論は、冒頭に述べた日本的雇用慣行の二つの実態的機能――雇用安定化機能、使用者の裁量権限容認機能――を労働契約内容に直截に投影させ、解雇権の制限等を通して労働者の労働契約上の地位設定の法的保護を重視する反面、契約内容（当事者の権利義務）の決定に関して、使用者の一方的決定権の行使を広く容認する独特の理論を形成してきた。」労働契約の機能をこのように捉えながら、土田は、労働者・使用者の間の権利義務を実質的対等の理念に従って解釈すべきだとする。

(126) 西谷敏『規制が支える自己決定』（二〇〇四）三六四～五頁以下は、労働者の自己決定を重視し、労働契約は労働関係設定の基礎として不可欠であるだけではなく、以下の点で労働条件決定についても重要な意義を有するという。すなわち、「第一に、労働条件が事実上労働協約や就業規則によって決定される場合であっても、法的には、協約や就業規則の内容が一旦労働契約の内容となる(eingehen)ことによって、労働者と使用者の権利・義務が形成されると解すべきである（いわゆる化体説）。」「第二に、現在でも、労働条件が労働契約によって具体的に決定される場合が少なくない。まず、労働条件のなかには、労働者の職務内容や勤務場所のように、そもそも集団的・画一的決定になじまないものがある。」「第三に、労働条件の個別化の進行とともに、労働契約で決定される労働条件の範囲は必然的に拡大する。それに対して、労働協約や就業規則においては、労働条件を最終的に決定するというよりも、制度の枠組や手続を定めるにとどまる条項が増加するであろう。」

(127) 労働契約を労働関係の紛争処理の基盤としてとらえる学説としては秋田成就の学説がある。

(128) 土田道夫『労務指揮権の現代的展開』二七一頁。中窪・前掲注(111)一二頁は、「使用者の指揮命令は労働契約にとって本質的な要素である。」という。ただしは、中窪は労務指揮権と指揮命令権の違いを述べる。

(129) 土田・前掲注(128)二七五頁。

(130) 法形式の特定・性質決定と当事者意思の関係について、ドイツ法学が長く議論を重ねてきた。とくにリープ(Manfred Lieb, Die Ehegattenmitarbeit im Spannungsfeld zwischen rechtsgeschäft, Bereicherungsausgleich und gesetzlichem Güterstand, 1970) はこの問題を深く研究した。そこで、以下ではリープの所説を紹介する。リープは以下のようにいう。詳細は、鎌田・前掲注(11)(二)流経法学三巻一号(二〇〇三)一一八頁以下参照。

判例・支配的学説が、法形式の特定にあたって当事者意思は無関係であるとするのに対して、効果意思と法形式を結合する「法拘束的意思」(Rechtsbindungswille)という概念を導入する。これは当事者がある法律行為を意図する場合に、当該法律行為を成立せしめる法律行為の要素essentiala negotiiの観念を指す。リープはこれをAndreas von Thurの以下の言葉で表現している。「法律行為の成立のために必要なことは、当事者により最小限の法的効果が設定されることである。それは法律行為の類型がしたがって任意法規の介入が生じるような法的効果である。こうした不可欠で種類を決定する意思表示の構成要素を人はessentiala negotii(法律行為の要素)と呼ぶ。Essentiala negotii(法律行為の要素)が合意されるとき、任意法により、法律が法律行為の類型として相当とみなすそれ以外の法的効果が発生する。」(Andreas v. Tuhr, Die allgemeine Teil des deutschen buergerlichen Rechts, 1914, 2.Bd., Haefte, S.194f.)リープによれば、意図された法的規整の「不可欠で種類を決定する」(unentbehrlichen und artbestimmenden)メルクマールが形成意思によって包摂されなければならないという。すなわち、当事者の効果意思はEssentiala negotiiを含み、これと異なる法的効果(法秩序が押しつけた法形式に伴う法的効果)は当事者の意思によって拒否される。

(131) 労働者概念における事業者概念の意義について、鎌田耕一「労働基準法上の労働者概念について」法学新報一一一巻七・八号(二〇〇五)四七頁以下参照。

(132) 林和彦「労働者の損害賠償責任」別冊ジュリスト『労働法の争点[第三版]』(二〇〇四)一五二頁。角田邦重「労働者に対する損害賠償請求」『講座二一世紀の労働法』第四巻(二〇〇〇)九二頁以下。道幸哲也「労働過程におけるミスを理由とする使用者からの損害賠償法理」労働判例八二七号(二〇〇二)六頁。ドイツにおける議論を紹介するものとして辻村昌昭「労働過程で生じた損害と責任制限法理の新展開」法学新版一〇四巻八・九号(一九九八)九七頁以下。

(本稿は、平成一六年度科学研究費補助を受けた研究成果の一部である。)

営業譲渡と労働契約の承継
――会社分割制度との関連において――

梅田武敏

一　はじめに

不況は会社組織の再編を促し所謂リストラをもたらす。商法改正により新設された会社分割制度は、会社組織のリストラをより容易・簡便に実現することを主要な目的として創設された制度で、そこで予定されている典型的なものは不採算部門の切離しとして顕現する合理化である。(1)合理化を合理化の側面からだけ一面的にのみ捉える限り、当該行為は特段に問題とされるべきものではなく、それ自体としては何ら問題を含む行為ではない。しかし、会社分割制度によって行われる合理化としての会社組織の切離しは、別な側面から捉えると組織の分割・再編であるから、そこでの合理化には会社組織の分割・再編の他に、当該組織にかかわる労働契約を如何に処理すべきかの問題が内在している。即ち、会社組織が分割された場合、分割される部分に所属する労働者の労働契約が分割先に承継されるのか否か、承継されるとすればどのような法理に基づき承継されるのか、如何なる範囲の労働契約が承継されるのか、その際の労働条件は従前のそれと異なるのか否か等々の問題の存在である。これら諸問題は労働者に多大な影響を与えるもので、会社組織のリストラにおける最大の問題はむしろ会社分割に伴う労働契約の承継をめぐる諸関係であるといっても過言ではなく、リストラを単に合理化の側面からのみ組織乃至財産的観点において考察するのでは不十分である。合理化は特段に問題とされるべき側面を持たざるを得ない。

無論、会社分割に伴う労働契約承継問題の処理に関しては「会社の分割に伴う労働契約の承継等に関する法律」（以下、単に労働契約承継法という）が改正商法による会社分割規定の創設に時期を合わせて制定されたし、労働契約の承継問題はもっぱら労働法学に属する問題であるところから、基本的にそれは労働契約承継法や労働法学に固有の問題として、且つ、一応会社分割制度とは区別して検討され考察されるべきものであろう。とはいえ、本稿が対象とする問題はそのように単純に割切ることのできないものであり、商法に創設された会社分割制度と労働契約承継法両者の交錯において考察することを要する問題である。

改正商法により会社分割規定が同法三七三条以下に新設されるまでわが法制度に会社分割制度は存在せず、それは営業譲渡の方法により行われた。このため営業譲渡は、財産関係の移転に関する問題、会社分割に伴う労働契約承継の問題、といった質的に異なる問題をその内部に抱えざるを得なかった。だが、営業譲渡は商法学の領域に属し専らそこで取扱われてきたこと、商法学における営業譲渡の中心的問題は所謂財産関係であることから、営業譲渡に伴う労働契約承継問題は重要な問題であるにも拘わらず十分に考察されてこなかったといってよい。労働契約承継法制定以降にあっても、会社分割に伴う労働契約の承継問題をめぐるこうした商法学での議論の事情は変化しているわけではない。

周知のように、改正商法は「営業の全部又は一部」を「分割」し「承継」させる行為を会社分割と定める。「営業の分割とその承継」とは、会社組織を分け、分けた部分＝分割した部分を他の会社へ移転させることなので、この行為が会社分割として規定されたわけである。とはいえ、会社分割制度の内容がこれで明確になったわけではない。「営業」「分割」「承継」等の概念が具体化されていないからである。営業或いは営業譲渡及びこれをめぐる法的問題はこれまで商法学において論じられてきており、この他に法的概念としての営業乃至営業譲渡概念が存在するわけではない。したがって、差当り会社分割が「営業の全部又は一部」を分割し、これを「承継」させる制度であるという場合の、「営業」・「承継」概念も、従来商法学が営業譲渡に関して用いてきたそれと異別に解すべき理由は存在せず、会社分割制度と営業譲渡両者において使用されているこれらの概念は同一のものと理解されるべきであろう。それ故、『会社分割として規定される営業の分割とその承継』とは、形態的には会社分割ではあっても内容的には所謂営業譲渡行為であり、会社分割の実体は「営業を分割し移転する行為」、或いは、「営業の譲渡とその譲受け行為」と捉えることができる。又、会社分割制度が新設されるまで会社組織の分割は営業譲渡の方法によって行われてきたことを踏まえると、特殊な事情の無い限り「会社分割＝営業譲渡」として考えるべきであろう。営業譲渡は、譲渡人には会社組織としての営業を分割譲渡する側面、譲受人には分割部分の譲受といった側面をもって現象し、この事態は即自的には創設された会社分割規定に基づく会社分割行為と全く同一だからである。換言すれば、営業の譲渡とその譲受の関係は、別な観点から捉えると会社分割であり、会社分割を異なる視点で捉えると営業の譲渡とその譲受の関係として考えることが可能だということである。このように営業譲渡と会社分割制度との関係を捉えると、会社分割制度での各種概念が明確になるとともに会社分割制度の内容も明確になり、そこにおける労働契約承継の問題を考察することができることになる。しかし、実際には会社分割制度による会社分割行為は営業譲渡と法的に同一のものとしては主張されておらず、「営業譲渡類似の行為」が会社分割行為とされている。

そこで先ず、そもそも「営業譲渡類似の行為」とは如何なる行為を意味するのか、「営業譲渡」と「営業譲渡類似の行為」両者はどのように異なるのか、会社分割＝営業譲渡ではなく、会社分割＝「営業譲渡類似の行為」として主張される必要性はどこにあるのか、その根拠は何かを捉え、会社分割制度での「営業譲渡類似」行為の意義を明らかにすることが要請される。そして、「営業譲渡類似」行為での「営業」概念と労働契約が如何なる関係に立つのか、営業譲渡類似行為によって分割される当該分割部分を分割先が「承継」する関係において、分割会社とその労働者間の労働契約が分割先の会社へ移転するのか否かを考察・検討する必要がある。会社分割と労働契約承継問題に関する中心的課題はこれらの諸点にあるからである。

本稿は会社分割制度の構造を踏まえ、会社分割の内実たる「営業譲渡類似行為」と労働契約承継問題を、「営業譲渡」に焦点を合わせて検討することを目的とするものである。換言すれば、会社分割に伴う労働契約の移転問題を、商法が定める会社分割制度及び差当たりその実体を形成すると考えられる営業譲渡の側面から検討することである。尚、ここに労働契約とは従属労働者に関するそれであることはいうまでもない。

（1）原田晃司「会社分割法制の創設について（上）」商事法務一五六三号四頁によれば、会社分割制度の目的は「金融機関をはじめとする企業が、その経営の効率性を高め、企業統治の実効性を確保するために、柔軟に組織の再編ができるようにする」ことにあるとされ、会社分割制度に託されたリストラの内容があからさまに述べられている。

二　会社分割制度と営業譲渡

(1)　会社分割は会社組織の全部又は一部を分割＝分けることであり、これには新設分割と吸収分割の二つの制度がある。[2] 商法三七三条は「会社ハ其ノ営業ノ全部又ハ一部ヲ設立スル会社ニ承継セシムル為新設分割ヲ為スコトヲ得」と規定する。新設分割とは、A社の営業の全部又は一部を分割し、分割部分を新しく設立するB社に承継させることである。これは先ずB社を設立し、その後にA社の分割部分をB社に承継させることではなく、A社の分割部分をもってB社を設立する行為を意味するものである。従来の商法上の制度でいえば、A社が分割する部分をもってB社を設立する行為が新設分割とされているのである。新設分割を事実に即して厳密にいえば、A会社の財産をもってB会社を設立する行為そのものであって、そこに承継に該当する法的関係は一切存しない。にも拘わらずこれがB会社の設立行為ではなくA会社の分割として規定されたのは、当該行為を分割会社であるA社側から見ると、形態的にA社の組織を分割する行為と表現することができること、分割部分に関係する労働契約を処理するには、B会社の設立行為ではなくA会社の分割として捉える方が都合がよいとの判断によるものと思われる。新設分割において何を如何に分割するかといった分割部分の中身は、A社がB社を設立する際に作成する分割計画書へ分割内容を記載することによって決せられる。即ち、A会社がその意思のみで作成する分割計画書が新設分割における分割内容を決定するのである。

他方、商法三七四条ノ一六は「会社ハ其ノ一方ノ営業ノ全部又ハ一部ヲ他方ニ承継セシムル為吸収分割ヲ為スコトヲ得」と定める。吸収分割とは、X社を分割し分割部分を既存のY社へ承継させることである。分割部分の中身は、会社分割に関しX・Y間で締結する契約を書面化したものである分割契約書への記載によって決定される。

いずれの分割の場合でも、分割計画書又は分割契約書（以下、分割計画書等という）への記載が会社分割の具体的内容を決するのであり、会社分割手続の中心をなすのは分割計画書等への記載であると表現してもよいであろう。両規定をまとめて簡単に表すと、会社分割＝営業の全部又は一部の分割⇩新設乃至既存の会社へ分割部分を承継させることである。この段階では、形式、内容、いずれの観点からしても、営業譲渡と会社分割を同一と考えることができ両者間に差異は存せず、敢えて両者を区別すべき理由も必要性もないと考えられる。存在する唯一の差異は、会社分割という目的を営業譲渡の方法で実現するか、会社分割の方法で実現するか、といった方法の差だけである。目的を含めて、会社分割という行為、即ち、会社組織を分ける行為といった観点で考察する限り両者は同じである。

ところで、会社分割は営業譲渡ではなく「営業譲渡類似の行為」であるとの主張につき注意を要するのは、その主張が①会社分割は「会社の営業の全部又は一部」を分割する制度であり②分割部分を新設乃至既存の会社に「承継」させる制度であること、の二点から構成されていることである。前者を根拠にして、会社分割とは「営業と評価できるもの」を分割する制度であり、単に一定の権利、物、財産を分割するだけでは会社分割に該当しないと解されているからである。又、後者からは、会社分割は組織上の行為であって、分割部分である営業の全部又は一部が、譲渡→譲受けの関係として譲渡会社から譲受会社へ移転する取引行為とは異なり、分割会社から新設乃至既存の会社へ包括承継される関係であるとする、「承継」＝「包括承継」の解釈論が展開されているからである。①②に関するこうした理解に基づけば、会社分割はこれまでの営業譲渡と類似しつつも法的性質を異にする行為であることになり、実際そのように主張されてもいる。だが、営業組織の分割と移転という会社分割の実体に着目すると、会社分割は営業の譲渡とその譲受けの関係、即ち、法的性質をも含めて従来の制度にいう営業譲渡に限りなく類似していることは否定できない。加えるに、営業譲渡の方法でも会社分割はできるが、裁判所が選任する検査役による検査等手続的な煩雑さが営業譲渡にはあるのでこれを回避し、より簡便な方法で会社分割を可能にしたのが会社分割制度創設の趣旨と主張されていることを併せ考えると、会社分割として現象するものの実体は営業譲渡であると解し、両者は法的に同じであるとすることもできなくはない。無論、会社分割規定に即して具体的に考察した場合、主張されている如く、会社分割制度を、営業譲渡に伴う手続的煩雑さを解消するために創設された制度として捉えることは必ずしも妥当とはいい難く、会社分割に伴う労働契約の承継問題を明らかにするには、営業譲渡行為と会社分割行為のより詳細な比較検討が必要であることはいうまでもない。更にいえば、会社分割制度が主張されている如く単に営業譲渡に関する手続的煩雑さを解消するためだけのものであるなら、それは営業譲渡に関する法改正によって達成でき、会社分割といったような複雑な制度をわざわざ創設する必要はないと考えられる。とすれば、新設された会社分割制度にはそれなりの固有な目的があることになろう。

会社分割における第一の検討課題は、「営業」と評価できるものが分割され包括承継される事態＝会社分割は、所謂営業譲渡において営業が譲渡されそれが譲受けられる関係と同一の事態と考えてよいか、或いは、全く別のものと考えるべきかである。これは会社分割と営業譲渡は異なる制度であると主張される根拠についての問題である。

第二の検討課題は、会社分割に伴って従来の労働契約が如何に処理されるかである。会社分割と労働契約承継問題にこれを引きつけていえば次のようなことである。分割会社の「営業」を新設又は既存の会社へ承継させることが会社分割だから、分割されるところの「営業」、即ち、分割・承継の対象となる「営業」に、当該営業に属する労働契約が「当然に」含まれるのであるなら、分割される「営業」に属する労働契約も「営業」と共に譲受会社へ移転することになる。その結果、分割部分の「営業」に所属する労働者は譲受会社へ「当然に」移籍させられる。反対に、分割部分である「営業」に労働契約が含まれないのであれば、会社分割が行われても労働契約は従前のままであり、その変更等は独立した別個の問題として会社分割制度とは切離して考察しなければならないことになる。

以上二つの検討課題は、各自別々に存在するわけではなく相互に密接不可分に関連している。したがって、これらを考察することは、会社分割制度での分割対象である「営業」概念とその構成内容を明らかにすることであり、会社分割制度と営業譲渡を全体的に総体として比較検討することであり、会社分割に伴う労働契約承継問題を営業譲渡との関係において解明することを目的にした本稿の課題を考察することでもある。

(2)　「営業と評価できるもの」を分割し承継させることが会社分割であった。そしてこの場合の「営業」とは如何なるものをいうのかについては、単に一定の権利、物、財産を移転するだけでは「営業」に該当しないとされている。例えば、工場の機械一台を分割するのはそれが分割会社にとって重要な機械であったとしても会社分割に該当せず、単に中古の機械を新設乃至既存の会社へ移転するだけのことにすぎないということである。会社分割制度の内容をなす「営業」概念に関するこうした見解は、後述するようにこれまで商法学において営業譲渡等に関連して主張されてきた営業概念そのものである。商法学は単に一定の権利、物、財産をもって営業譲渡にいう「営業」とは解してこなかったのである。会社分割制度での営業概念と従来の営業概念はこの限りにおいて同一の意味内容を有するものとして理解され使用されていることになる。そこで、機械一台ではなく二台なら営業に該当するのか、それとも三台でなければ営業とはいえないのか、或いは、機械の他に必要なものがあるのか否かといったことが問題となってくる。営業概念の具体的態様の明確化をこのように問題とするのは、「営業」が労働契約を含む概念だとすると、会社分割には労働契約の移転問題が内在的な問題であることになり特段の考察を必要とするが、含まないものであれば会社分割に伴う労働契約移転問題の一切は、労働法学がこれまでに形成してきた労働者の移籍に関する従来の法理に委ねられ、会社分割制度と関連させて特段に検討する必要はないからである。本稿のテーマと関連させていえば、会社分割は「営業」と評価できるものを分割する行為であるとされるその「営業」であるためには、労働契約がそこに不可欠な要素として含まれる必要があるのか否かである。同じことだが、会社分割の実体である営業組織の分割という場合の「営業」概念には労働契約の存在が不可欠で、これを欠く「営業」を考えることはできないのか、労働契約を欠いた会社分割は存在し得ないのかである。

営業乃至営業譲渡につき検討を行いその概念と理論を構築してきたのは専ら商法学であった。とすれば、会社分割において問題となる「営業」概念も差当たり商法学上のそれとして措定しこれを手がかりに検討を進める他はない。実際、前述したように、改正商法が定める会社分割規定に関する「営業」概念をめぐる商法学での議論は、従来商法学が営業譲渡において問題としてきた「営業」概念の延長線上のそれとして行われており、これとは別に営業概念が主張されているわけではない。労働契約承継法に関する労働法学における「営業」の議論も、商法学の「営業」概念を前提にしたり援用することよって行われており、これと離れて「営業」の議論が行われているわけではない。即ち、労働法学において、会社分割＝「営業の全部又は一部の分割」がなされた場合に、分割された営業に労働契約が含まれるか否かが論じられるとき、そこでの営業概念は商法学上の営業概念が観念されているのである。(3) 商法学・労働法学いずれも、営業譲渡での営業概念と会社分割制度での営業概念を同一に解していることをこの事態は意味している。にも拘わらず、労働法学においては、営業譲渡の方法で会社分割を行う場合と会社分割制度によって会社分割を行う場合とでは労働契約の承継関係に関し異なる結果が生じると主張されている。このことを別な観点からいえば次のようなことである。

営業を分割しそれを承継させることが会社分割であるから、即自的には会社分割は営業組織の分割をもたらす営業譲渡と変わるところはなく、会社分割での営業概念と営業譲渡での営業概念も「同一に観念」されているので、会社分割は内容的に営業譲渡と捉えることができるはずである。だが、両制度がもたらす結果としての会社分割のそれぞれは異なると主張されている。とすれば、商法学も労働法学も営業譲渡にいう営業概念と会社分割制度にいう営業概念を同一のものとして観念してはいるが、そうした観念の内容が異なるものをもって形成されているのではないかという疑念がそこに存在する。営業概念は同一だが、概念を構成する内容が両制度にあってはそれぞれ異なるのではないかという奇妙な現象である。仮にそうだとすると、「営業概念」の理解の仕方それ自体に問題が潜んでいると考えなければなるまい。そうでなければ異なる結論が発生する根拠を明確に提示することはできない。そして実はこの結果としてもたらされる「異なる事態」が会社分割制度をめぐる労働契約承継問題を左右することに連動しているのである。会社分割に伴う労働契約承継問題を解明するには、これまで商法学が「営業」概念を如何なるものとして論じ捉えてきたかを明らかにすること、労働法学が会社分割制度において主張する「営業」概念をこの商法学のそれとの関係において明らかにすること、そして、商法学・労働法学での営業概念と会社分割制度の単位として主張されている「営業」概念との関係を比較検討することが要請される。というのは、営業譲渡における「営業」概念、労働契約承継法に関して労働法学が主張する「営業」概念、会社分割制度の単位たる「営業」概念、都合三つの営業概念が会社分割制度をめぐって存在しており、これまでの主張による限りこれらは総て同じであることになるが、三者は本当に同一なのか、仮に同一だとすれば営業譲渡と会社分割の両者において異なる結果が何故に発生するのか、労働契約がそこにどう関係するかといった、「営業」概念の内容構成を検討しなければ問題は明らかにならない構造がそこに存在するからである。

商法学上「営業」概念は二種類存在する。一般に営業とは、営利の意思をもって一定の行為を継続反復する行為概念を指す。他方、営業譲渡という場合の「営業」概念はこれとは異なり、財産関係を意味する特殊な概念である。会社分割の対象となる「営業」、即ち、会社分割は「営業と評価できるもの」を分割する制度であるという場合の「営業」概念は後者のそれに該当するものであり、これを客観的意義における営業ともいう。商法学においては客観的意義における営業概念を、積極財産、消極財産、事実関係を含んだものであると解することにつき争いは存しない。又、営業譲渡は譲渡人と譲受人間で一個の債権契約（取引行為）として行われ、この譲渡契約に基づき各種財産を譲渡人から譲受人へ個別的に移転することが必要であるとする点についても争いはない。しかし、営業譲渡の法的性質が問題とされるとき、学説・判例は見解を異にし、学説間にも対立があり一様ではない(4)。

多数説は「営業目的のために組織化され有機的一体として機能する財産の移転」を営業譲渡としている。有機的に一体となった営業財産の譲渡を営業譲渡と解していると言い換えてもよい。だから、多数説は、営業譲渡にいう「営業」とは「営業目的のために有機的に一体化された財産」を営業と捉えていることになる。単に一定の権利、物、財産だけでは営業たり得ず、これらが営業目的のために有機的に一体化されていることが必要で、これを譲渡するのが営業譲渡であると解されている。

判例は「営業目的のために組織化された有機的に機能する財産の全部又は一部を譲渡し、且つ、譲受人に譲渡人が行っていた営業を承継させ、譲渡人が商法二五条に定める競業避止義務を負う結果を伴うもの」を営業譲渡と解している（最判昭四〇・九・二二民集一九巻六号一六〇〇頁）。第一に営業目的のために組織化された有機的に機能する財産、第二に譲受人による譲渡人の営業活動の承継、第三に譲渡人の競業避止義務の三点を営業譲渡の成立要件とするのが判例である。したがって、判例にいう営業譲渡の「営業」とは、「営業目的のために組織化された有機的に機能する財産」であることになる。

このように見てくると、営業譲渡の法的性質に関し多数説と判例は異なる立場に立脚するが、譲渡対象である「営業」概念については同様に解しており両者間に差異は存しないと考えられる。とすれば、会社分割は「営業」と評価できるものを分割し承継させる制度であるという場合の「営業」を、商法学で考察され検討されてきた「営業」概念として理解するべきことからすると、多数説・判例による限り、会社分割とは「営業目的のために有機的に一体化された財産」、或いは、「有機的に一体化された営業財産」の全部又は一部を分割し承継させる制度であることになる。単に特定の権利、物、財産を分割するだけでは会社分割たり得ないとはこの事態を表現しているのである。換言すれば、特定の権利、物、財産等を分割するだけでは会社分割に該当せず、有機的に一体化した財産＝「営業」を単位として分割することによって初めて会社分割たり得ることになる。ところが、「有機的に一体化された営業財産」とは具体的に如何なるものをいうのかは必ずしも明確ではないが、会社分割に即していえば、分割部分を承継する会社が、当該承継部分だけをもって承継した営業を開始できるような財産の集合体をもって有機的に一体化された営業財産と判断することになろう。そこには積極財産、消極財産、得意先や暖簾等の事実関係が含まれることになる。但し、会社分割の単位たる営業概念が商法学でのそれである限り、労働契約と営業概念の関係は全く別個に考えるべきで、労働契約が営業概念＝「有機的に一体化された営業財産」に当然含まれることにはならない点については留意を要する。(5)

営業譲渡に関するこれまでの多数説・判例による限り、「有機的に一体化された営業財産」を営業譲渡にいう営業、したがってまた、会社分割制度において分割単位となる営業と解さざるを得ないが、この判断基準をもって具体的なものを明らかにすることは必ずしも容易でない。例えば、債権一〇〇万円、車数台、機械一台を分割した場合、これだけでは「有機的に一体化された営業財産」＝「営業」か否かは明らかにならない。又、造船部門全体を譲渡する場合には、造船技術であるノウハウが附随していなければ造船部門は単に中古の造船設備の集合体にすぎず有機的一体として機能することはできない。よって、この場合にはノウハウを含むことになろうが、ノウハウを含むことと労働契約を含むこととは同じではない。食品部門ではどうか、生産部門と販売部門では違いがあるのか否か等々、営業概念＝有機的一体として機能する財産の判定は困難を伴う。ましてや「有機的に一体化された営業財産」であるためには労働契約を不可欠の要素とするか否かの解明は相当に困難である。無論、商法学においても営業譲渡の財産関係の側面のみならず、労働契約と営業との関係如何が検討されてきており放置されてきたのではないが、譲渡対象の営業に属する労働契約は原則として当然に譲渡人から譲受人へ承継されるが、労働者は解約権を有すると解する説と、労働契約は承継されないと解する説とが対立したまま存在してきており、両者の溝は埋められてこなかった(6)。

営業譲渡に際しての労働契約承継に関する争いにつきこれまで多くの判決が出されており事態の重要性を示している。だが、判例のこの点に関する判断基準は明確ではない。黙示の合意論や法人格否認の法理等を用いてケース・バイ・ケースにより、営業に労働契約が含まれると判断したり含まれないと判断したりで、事案解決の妥当性は別として、一貫した判断枠組みは提示されてきていないのである。これは営業譲渡の「営業」概念が具体的には明確になり難く、営業概念自体がそもそも労働契約を含むと解すべきか否かの解決につき機能し得ないことを裏付けている。営業譲渡での「営業」概念、故にまた、従来から存在してきた営業概念は具体的機能において明確性を欠き、就中、労働契約との関連においては機能し得ないのであるから、創設された会社分割制度での分割単位である「営業」概念も労働契約の承継に関しては同様な不明確性を共有することになる構造がそこにある。

商法学上の営業概念に関する以上のことを再度整理すれば、営業とは有機的に一体化した営業財産であり、これを譲渡する行為が営業譲渡で、譲渡人と譲受人間の債権契約として行われるものであること、営業財産の移転は特定承継としての移転であること。但し、「有機的に一体化した営業財産」なる基準に基づく具体的なものの判断は容易でなく、特に、そこに労働契約が如何に関係するかの点については極めて不明確であること、となる。とはいえ、このことは営業譲渡の際の労働契約の承継問題につき商法学におけるこれまでの考察が杜撰であったことを意味するものでは決してない。そうではなく、商法学上の営業概念が労働契約を含むか否か、そして、営業譲渡において労働契約がどのように承継されるのか否かの解決を商法学に求めることそれ自体の問題である。

原理的にいえば、商法は企業関係を規律する法なので、企業関係としての権利・義務関係に関係しない労働者たる従属労働者、換言すれば、使用者から権限を委譲されて行為をすることのない労働者につき規律すべき要請は商法上存在せず、営業譲渡を考察・検討する場合もそれに変わるところはない。商法は専ら所謂財産関係を対象とし、労働者が問題となる場合でも、ここに労働者とは支配人、番頭・手代として規定される商業使用人である。ところが、会社分割において営業組織と共に承継されるか否かを検討されなければならない労働契約は、従属労働者にかかわるそれであって商業使用人のそれではない。このこと故に、営業組織の分割たる営業譲渡において、当該「営業」に従属労働者の労働契約が含まれるか含まれないかは商法上明確にされてこなかったのであり、明確にし得ない法構造がそこに存在するのである。商法上の営業概念は従属労働者の労働契約を当然に含むことにはならないし、当然に含まないことにもならない。それは、個別具体的な事案の内容と締結された営業譲渡契約の解釈によって決せられることにならざるを得ないのである(7)。

会社分割規定における「営業」概念は、分割制度にかかわって特殊・固有に「営業」概念が形成されているわけではないので、その「営業」概念は従来の営業譲渡での営業概念と異なるものではなく両者は同一の概念として理解すべきものであることは否定できず、そこに疑念は毛頭存在しない。会社分割規定に関しこれと異なる主張が見当たらないのはその証左である。しかし、こうした理解に立つ以上、会社分割の対象となる営業の全部又は一部に労働契約がどのように関係するのか、或いは、しないのかは一切不明のままであることになる。営業概念＝「有機的に一体化された営業財産」の具体的形態での把握に関する商法学での議論はこのようなものである。そこで問題は、営業概念が労働契約との関係で有効に機能し得ないものであるとすれば、会社分割制度において、分割・承継の対象となる営業に属する労働契約の帰趨は、如何なる法理に基づきどのように処理されるのかである。当然のことながら、新設された会社分割規定はこれにつき定めていないため、従来の商法学上の営業概念による解明も期待できないとすれば、次には会社分割に関してこれを規定する労働契約承継法にそれを求めざるを得ないことになろう。

ただ、会社分割制度に関し、会社分割制度は営業を分割・承継させる制度であり、且つ、そこでの承継は『包括承継』であるから、営業概念は労働契約を当然に含んだものであるとの主張が存在する。[8] ところが、会社分割に伴う「包括承継」概念は商法学でのそれと労働法学でのそれと二種類主張されている。そして、商法学においてのそれは、権利義務の承継が当然に生じるという意味で使用されているにすぎない。即ち、会社分割において営業を分割すると、「営業概念を構成する各種の権利義務」＝「有機的に一体となった財産」＝「営業」が個別の移転行為を要せず法律上当然に移転する事態を「包括承継」とする主張である。[9] かかる主張の当否は別として、仮に妥当であったとしても、商法学において主張されている包括承継概念による限り、包括承継だから労働契約も「当然に」営業概念に含まれ承継されることにはならない。営業概念の内容構成とその承継関係は別個のものだからである。

(3) 労働契約承継法の考察に入る前に、別な角度から営業譲渡に関して更に検討を要する部分がある。再々指摘してきたように、会社分割は「営業」と評価できるものを分割し承継させる制度であった。そして、そこでの営業概念は商法学が営業譲渡においていうところの営業概念と同一であるとしてこれまでの考察を行ってきた。ところで、商法によって規制される営業譲渡は、営業の全部譲渡か重要な一部の譲渡で「営業譲渡」総てが規制の対象とされているわけではない（商法二四五条一項一号）。これに該当しない軽微なとでもいうべき営業譲渡は法的規制から自由であり、当事者の意思に委ねられている。商法上規律の対象となる営業譲渡とは、全部又は重要な一部を譲渡する事態のこと、軽微な営業譲渡を排除した概念、ということができる。他方、会社分割は営業譲渡の方法によっても可能であるが、それには裁判所の選任する検査役の検査等手続的煩雑さがあるのでこれを回避し会社組織のリストラをより簡便にできるようにするのが会社分割制度新設の趣旨とされている。とすると、営業譲渡の方法による会社分割の場合に必要とされる手続的煩雑さを回避し、且つ、営業譲渡の方法による会社分割と同様な結果を享受すべく会社分割制度に基づき会社分割を行う必要があるのは、営業の全部又は重要な一部に該当する「営業」を分割する場合であることになる。より具体的にいえば、営業の全部又は重要な一部に該当する「営業」を営業譲渡の方法により分割し所謂会社分割の結果を享受する場合には、株主総会の特別決議、個々の財産についての移転手続、第三者による債務の弁済があるときは当事者間での合意、債権譲渡があるときは債務者への通知又はその承諾等各種手続を履践しなくてはならない。会社分割制度によって会社分割を行う場合は、分割対象が営業の全部又は重要な一部に該当する場合であっても営業譲渡の場合に要したこれら各種の手続を回避することができる。会社分割制度は営業譲渡を簡便化するための制度とはこのことを指している。しかし、会社分割制度といえども分割行為の総てを当事者の自由意思によって行うことを認める制度ではなくそこには一定の法的規制が存在する。したがって、営業譲渡の方法ではなくて会社分割制度の方法に基づき会社分割を行う場合でもそれなりの時間と費用を要するから、会社分割制度が新設された以降も、営業の全部又は重要な一部に該当しない軽微な「営業」を分割する場合（＝軽微な営業譲渡＝軽微な会社分割）は従来の営業譲渡による方法が合理的であり、これを分割するにつき会社分割制度を利用することは想像し難い。軽微な営業譲渡に該当する営業を会社分割のそれとして行う場合は、会社分割制度によらず従来からの営業譲渡の方法で行えば法的規制を受けずに自由に行うことができるからである。ところが新設された会社分割制度は営業の全部又は重要な一部を分割する場合にだけ適用されるとの限定を設けていない。営業の全部又は「一部」を分割する場合も会社分割制度を利用できる仕組みになっており、営業の全部又は「重要な一部」との限定はなされていない（商法三七三条、商法三七四条ノ一六）。換言すれば、軽微な営業譲渡に該当する営業を会社分割として分割する場合も、従来の営業譲渡の方法によらず、会社分割制度の方法により行うことが予定されているのである。

会社分割規定での「営業」概念は商法学上のそれと同じであると解すべきものであるが、商法が規制する営業譲渡は、全部譲渡か重要な一部譲渡を行う場合に限定されているのに、会社分割は軽微な営業をも含めたあらゆる営業を分割するための制度で、ここに両者の「営業」概念の違いを見ることができる。内容的にいえば、有機的に一体化された営業財産＝営業を分割する制度が会社分割であり、有機的に一体化された営業財産＝営業のうち、全部又は重要な一部を譲渡する場合が商法上問題となる（規制される）営業譲渡である。営業譲渡での「営業」の内容は、営業の全部又は重要な一部によって形成されており軽微な営業を含んでいないが、会社分割制度での「営業」は軽微な営業をも含むものから形成されている。無論、両者の「営業」概念自体は、有機的に一体化された営業財産として同じく解すべきこと自体は変わらないので、そこに存在するのは、軽微な営業を含めた営業総てを対象としているか＝会社分割制度、営業の全部又は重要な一部だけを対象とするか＝営業譲渡、といった広・狭の差である。だが、この広・狭の差を単純に考えると問題を見誤ることになろう。法的規制なくして自由に行える軽微な営業譲渡に該当する営業の分割を、それなりの時間と費用をかけより煩雑にして一定の法的規制を受けながら会社分割制度により分割するのは不合理であるから、法的規制から自由に行える手段・方法があるにも拘わらず、これをより複雑にし費用と時間をかけて行うだけの理由[10]がそこに存在するのは必然である。実はこの問題は、営業と労働契約の「関係問題」であって、「営業」概念自体の問題ではない。ここまでの考察結果に基づきとりあえず確認を要するのは、営業譲渡における営業概念と会社分割制度での営業概念自体に質的差異はないとの点である。

次に、検討されるべきもう一つの問題は「承継」問題である。営業譲渡による会社分割では分割対象である営業が、譲渡人から譲受人へ特定承継として移転するが、会社分割制度による分割の場合は、分割部分が新設乃至既存の会社へ「包括承継」されると主張されている。主張にかかる「包括承継」論の根拠は必ずしも明確とはいい難く相当に疑問であるがその意図は、分割部分たる営業、移転させられる営業、承継の対象となる営業、いずれも同じことであるが、分割対象である「営業」の構成内容総てを、当事者の意思を問うことなく「当然に」分割会社から新設乃至既存の会社へ移転させるところにある。包括承継とは、一方から他方へ一切のものが当事者の意思に関係なく移転する事態を表す法的概念なので、分割された営業が包括承継させられるとは、会社分割制度においては、分割対象となった営業の構成内容一切総てが会社分割の効力が発生した時点で分割元の会社から分割先の会社へ直ちに移転することを意味する。

営業譲渡の方法による会社分割において必要とされる煩雑な手続を回避しより容易・簡便に会社分割を行う制度が会社分割制度の趣旨であるにも拘わらず、そうした会社分割制度を利用する必要性がないと思われる軽微な営業を分割する場合をも含めているのが会社分割制度であることは前述した。会社分割制度に関し労働法学で主張されている営業の包括承継論とこのことを合体させて検討すれば、会社分割制度が狙いとする隠れたる目的（本来の目的）が浮かび上がってくる。だが、いまここではそこのことを問題にはしない。問題とされるべきことは、主張されている包括承継が会社分割制度での「営業」概念の内容構成と不可分に結合することが必然かどうかである。仮に必然だとすれば、営業譲渡でのそれは、「営業」が「特定承継」されるという事態において明確なように、営業と承継関係は別個のものであるのに対し、会社分割制度での営業概念は、「営業とその包括承継」というように包括承継関係を自らのうちに含んだ概念乃至包括承継と不可分的に一体化された営業概念が会社分割制度での営業概念となり両者の営業概念は法的性質を異にすることになるからである。

「営業」とは有機的に一体化された営業財産のことであった。無論、明確さを欠き「営業」概念具体化の作業が要請される部分もあるが、それは営業の構成内容に関する問題、営業概念自体の問題であって、営業が如何に移転するのか、特定承継として移転するのか、包括承継として移転するのかとは異なる別次元の問題で両者は連動していない。比喩的にいえば、営業譲渡での譲渡の法的性質に該当するのが会社分割制度での承継の問題であり、このことと営業概念を如何に法的に考え構成するかは異なるということである。後述するように会社分割手続に即して検討すればこのことは一層明瞭となる。要するに「営業」とは「有機的に一体化された営業財産」と定義されるべきものであり、それ以上でもなければそれ以下でもない。実際これと異なる主張はこれまで存在しない。特定承継であるにしろ、包括承継であるにしろ、営業概念に変化はない。主張されている包括承継論もこの点については同様に解している。したがって、会社分割制度における営業概念は、営業譲渡における営業概念と質的に同じであると解することができるのである。だが、こうした営業概念が会社分割に伴う労働契約の承継に関して用いられるときには、「営業」は労働契約を含んでいるものとして主張されるのである。即ち、会社分割制度それ自体が論じられる場合は「営業」は必ずしも労働契約を含むものとして観念されることはないが、そこに労働契約が関係してくるときには、会社分割制度の下での承継関係は「包括承継」であるから「営業」は「当然」に労働契約を含むと主張されるのである。

(2) 新設された会社分割制度の概要については差当たり、原田晃司「会社分割制度の創設について（上）（中）（下）」商事法務一五六三号四頁以下、一五六五号四頁以下、一五六六号四頁以下、同「会社分割と商法改正」別冊商事法務二三六号八頁以下参照。

(3) この点については後に詳しく検討するが、労働契約承継法に関する労働法学の主張では行論のように解されており、これ以外の主張は現在のところ見当たらない。労働契約承継法に批判的な論者にあってもこのことは同じである。

(4) 商法学での、営業概念、営業譲渡の法的性質等所謂営業をめぐる議論については、服部栄三『商法総則〔第二版〕』（青林書院新社、一九七五年）三九九頁以下、山下眞弘「会社営業譲渡の法理」（信山社出版、一九九七年）二一一頁以下。

(5) 商法学において、「営業」概念に労働契約が含まれるとの主張を会社分割制度に即して行うのは、前田庸「商法の一部を改正する法律案要綱の解説」商事法務一五五三号九頁である。しかし、このような考え方は商法学にあっては特異である。

(6) 営業譲渡において、譲渡人とその労働者の労働契約が譲受人へ移転するか否かについては厳しい対立が解消されないままにきている。商法と労働法両者が交錯するところでの各種諸問題がその原因をなしているからだと思われる。

と同時に、この問題は、営業概念及び営業譲渡の法的性質に関する争いが関係したり、労働契約を他の財産関係から区別し特殊に取扱うべき要請が商法上には存在しないこととも関係し複雑である。原則として承継されるが労働者には解約権があるとする学説は、大隅健一郎『商法総則』（有斐閣、一九五七年）三二四頁、西原寛一『会社の解散と不当労働行為』『石井・有泉編労働法体系四巻』（有斐閣、一九六三年）八一頁。承継されないとする学説は、石井照久『労働法の研究II』（有信堂、一九六七年）一八七頁以下。しかし、いずれにしても営業譲渡の場合、労働者の意思を全く考慮することなく、労働契約が譲渡会社から譲受会社へ移転するとの主張は商法学上存在しない。したがって、譲受会社が労働契約を承継するには、擬制的とはいえ労働者の同意ある場合か、労働協約等によるそれなりの定めがある場合に限られることになる。この意味において「当然に承継される」ことは有り得ない。尚、山下眞弘『営業譲渡・譲受の理論と実務』（信山社、二〇〇一年）二一三頁以下、片木晴彦「基本講座商法総則・商行為法」（新世社、二〇〇一年）五一頁以下。参照。判例は結論の妥当性はともあれ、統一的な基準に基づき判断しているとは到底思えない。

（7）　このことは、商法の解釈にあっては従属労働者の権利擁護を無視して行うべきとか、行ってもよいとの結論を導くものではない。反対に、商法＝企業法であるからこそ従属労働者の権利擁護を意識した解釈が必要であるとの商法の指導原理を確認させるものである。詳しくは、拙著『商法総則・商行為法』（信山社、二〇〇二年）三五頁以下。

（8）　例えば、岡崎淳一「会社の分割に伴う労働契約の承継等に関する法律――その成立の経緯と論点――」別冊商事法務二三六号七七頁。この主張につき注意を要するのは、包括承継だから労働契約が含まれるとし、労働契約が「営業」に含まれることの根拠を包括承継という形式に求めている点である。だが、営業概念が労働契約を含むか否かの問題は、包括承継とは無関係のはずである。労働契約を含むか否かの判断が先ずあって、その結論が承継論へと引き継がれるのがそこでの論理構造だからである。

（9）　原田晃司「会社分割と商法改正――その成立の経緯と論点――」別冊商事法二三六号二五頁。

（10）　「理由」について結論のみを示しておけば、労働者の意思を問うことなく、使用者の一方的判断に基づき労働契約の承継を可能にすることであり、これは会社分割制度の目的それ自体でもある。

三 会社分割制度と労働契約の承継

(1) 会社分割は「営業」と評価できるものを分割しこれを承継させることであった。例えば、鉄工、食品、運輸の三部門から成立つA社が鉄工部門を分割した場合、鉄工部門は新設乃至既存の会社へ承継される、といったようなことがその具体的イメージである。分割された営業である鉄工部門に従事していた労働者は、A社に鉄工部門が存在しなくなることから、A社に残留するのかそれとも分割された営業（鉄工部門）と共に分割先へ移籍させられることになるのかその処遇が問題となり、労働契約承継法はこれに関して定めている。

改正商法の規定する会社分割制度の原理によれば、会社分割において分割部分の中身を決するのは分割計画書等への記載であるから、労働契約も会社分割の内容を決定する分割計画書（新設分割の場合）又は分割契約書（吸収分割の場合）に記載されることによって、当該営業を承継する新設乃至既存の会社へ移転＝承継されることになる。労働契約の承継において重要なのは、財産関係の分割・承継が行われる場合と同様、労働契約が営業に関係するかどうかではなく、分割計画書等へ承継されるべき労働契約が記載されたかどうかである。労働者の意思を問うことなく分割計画書等に記載されることにより分割・承継の対象とされた営業に伴って労働契約も移転する、これが商法の定める会社分割規定による労働契約の承継についての基本的仕組みである。単純にいえば、分割計画書等への労働契約の記載の有無によってその承継が決せられることとである。先の鉄工部門の分割を例に新設分割についていえば、分割対象となる鉄工部門が有機的に一体化した営業財産（＝「営業」）と評価できる限りにおいて分割することができ、その際何をどのように分割するかはA社が分割計画書にそれを記載さえすれば自由に決定することができる。財産関係のみならず労働契約の範囲、労働者選定の具体化もこれによって行われる。この結果、分割計画書に記載された労働契約にかかわる労働者は「当然に」新設会社へ移籍させられ、分割計画書に労働契約を記載されない労働者はA社に「当然に」残留することになる。移籍又は残留いずれを決定する場合も「決定」行為は労働者の意思とは無関係に行われ、分割計画書への記載の有無が総てを決定する。「当然に」とは労働者の意思如何に拘わらず、会社の行う分割行為＝分割計画書への記載によって労働者の移籍が決定されることで、分割会社の意思のみに基づいてそれが行われることを意味する。吸収分割の場合も事態は全く同様で、異なるのは分割計画書（新設分割の場合）が分割契約書へと名称を変更する点だけである。吸収分割では「分割部分とその承継内容」、「会社分割の対象内容」を如何に構成するかは、分割会社と承継会社である既存の会社間での契約により決定されるので、[11]分割計画書が分割契約書へと変わるのである。分割会社から既存の会社へ労働契約関係を含めて何をどう移転＝承継させるかの一切はこの分割契約書への記載によって決定される。労働契約の承継＝労働者の移籍を使用者の意思のみで決めるこうした原理が商法の会社分割規定であり、この原理は労働契約承継法にも貫徹されている。

無論、分割計画書又は分割契約書に自己の労働契約が記載されないことにより、「主として従事していた営業」が承継先へ移転するのにこの営業と切離され分割会社に残留させられる労働者の存在、或いは、「主として従事していた営業」が分割されないのに自己の労働契約が分割計画書等へ記載された結果分割先へ移籍させられる労働者の存在も予想される。労働契約承継法はかかる場合にそなえ、当該労働者に異議申立権を認めており、労働者は異議申立てをするだけで、「主として従事していた営業」に伴い分割先である承継会社へ移籍したり分割元の会社に残留したりすることができるが、申立をしなければ記載どおりに処理される。商法の定める会社分割制度による労働契約承継の基本原理を修正するこうした修正原理を労働契約承継法が定めているのである。即ち、商法の規定する会社分割制度の、分割計画書等への記載により総ての承継関係を決する基本原理は、労働契約の承継関係にも貫徹されているから、労働契約の承継関係もこの商法の基本原理に従って行われる。ただ、会社分割規定による労働契約の承継は主観的に決定されることから、労働者に不利益な事態の発生（労働者と当該労働者の仕事との切離し）が考えられるので、労働契約承継法はそうした会社分割制度の基本原理の修正原理を定めるのである。「主として従事していた営業」といった判定基準は労働契約承継法が定める修正原理との関係においてだけ機能する基準である。しかし、こうした異議申立に媒介された修正手段があるとはいえ、労働者の残留又は移籍に関する基本原理は、あくまでも分割計画書又は分割契約書へ記載されたかされないかでそれを決することである。労働契約の承継関係を含め総て一切は、分割計画書等への記載によって決せられるのが基本原理で、営業が譲渡されるか否か、労働者が当該営業に主として従事していたか否かは直接的には無関係である。だからこそ、分割計画書等へ労働契約が記載されない事態の発生も予想され、労働者の権利侵害を救済する異議申立制度が認められているのである。但し、会社分割規定及びこれと連動する労働契約承継法全体をトータル的に考察したとき、かかる異議申立制度により労働者の権利が保護されるのかは相当に疑問である。例えば、分割計画書等へ記載された労働契約にかかわる労働者が移籍を望まない場合でも、労働契約承継法の定める修正原理に該当しない限り当該労働者に異議申立権はなく移籍が強制されるか退職かといったことにならざるを得ず、これが労働者保護とされているものの実体だからである。

会社分割の際の労働契約承継に関して中心的な役割を果たすのは、営業の承継問題等ではなく、使用者が如何なる労働契約を分割計画書等へ記載するかといった労働契約の承継をも対象とした会社分割制度を貫く基本原理と、そこから生じる不都合の修正原理たる、一定の労働者が分割されるところの当該営業に主として従事していたかしていないかの判定である。労働契約承継の法的構造において労働者の分割先への移籍を決する仕組みの核となるものの実体は、分割・承継させる営業には当該営業にかかわる労働契約が不可欠であるとする構成と、その構成要素としての労働契約に如何なる労働契約を充てるかであり、これは会社分割により会社外へ放出することになる営業にどの範囲の労働契約を結合させるかにつながって行く仕組みでもある。労働契約の承継は客観的に決定されるのではない。従来の営業譲渡においては全部譲渡が行われると譲渡会社は消滅するが、この営業譲渡での全部譲渡に対応する会社分割制度での全部分割が行われても営業譲渡の場合とは異なり分割会社は消滅しないから、分割会社には主観的決定に基づいた一定の労働者が残留することになるし、一部分割の場合は当然の理として労働者の残留と移籍という区別が分割計画書等への記載という会社の主観によって決定されざるを得ず、全部分割・一部分割いずれの場合でも分割内容の「決定」は主観的である。営業と評価できるものを分割するのが会社分割であるといってみたところで、こうした主観的決定の仕組みが客観的なものへと変化するわけではなく、営業概念それ自体が客観的に一定の範囲を確定する機能を果すわけでもない。かくして、労働契約の分割元会社から分割先会社への承継システムは、新設分割の場合でいえば、それは単なる分割会社の主観的行為であり、労働者の意思の介在を排除した分割会社の一方的判断によって承継が行われるシステムということができる。吸収分割の場合でも分割会社と承継会社の両者間で締結される契約に基づいた分割契約書によって労働契約を含めた総ての移転が決定され、そこに客観的な基準を見出すことはできない。

使用者の思う通りに労働契約の所属の処理がなされるこうした構造は、分割・承継される「営業」に伴う承継とはいえ、悪い言葉でいえば使用者の恣意的処理を単純に法認しただけのものといっても過言ではない。本稿の目的との関連でいえば、分割元の会社から分割先の会社へと労働契約が承継されるのは、使用者がそのように欲したからそのように承継されるのであり、これを法認するのが労働契約の承継に関する基本原理であると表現する以外に表現する術がないといってもよいであろう。会社分割制度の下に合理化という名称において顕現する労働契約の分割・承継を実現する会社分割制度の実体は以上の如きものである。無論だからこそ、労働契約承継法は改正商法の会社分割規定がもたらすであろう労働者の権利侵害を救済するための修正原理を定めているのであると主張されているが、問題はそれほど単純ではない。

(2)　会社分割制度により新設分割が行われる場合、分割対象、故にまた、承継対象の中身は分割会社が分割計画書に記載することによって決定される。吸収分割の場合の分割・承継対象の中身も、分割会社と承継会社間を媒介する契約を明示した分割契約書への記載によって決定される。分割計画書と分割契約書の違いはあるにせよ分割・承継関係を当事会社の意思だけに基づき行う構造について両者間に本質的な差異は存在しない。労働契約をも含めて分割計画書等への記載が一切を決する仕組みが改正商法の定める会社分割制度であり、この仕組みは労働契約承継法にも貫徹されているのである。このことは既に明らかにしたとおりである。こうした会社分割制度による会社分割と、営業譲渡を手段として行われる会社分割とはどのように異なるのであろうか。結論からいえば差異は存しないと考えるべきである。だが、労働契約承継法において主張されている「営業の包括承継論」によればそこには決定的な差異が存在する。

〔A・B二つの営業部門を有する甲会社が「営業譲渡」の方法によりA部門を分割する場合、分割内容＝営業譲渡の内容は当事者の契約によって決せられるから、A部門が譲渡されてもその労働契約関係は譲渡されない事態が考えられる。つまり、営業譲渡にあっては譲渡契約の内容のあれこれにつき自由な選択が行われるため、営業は譲渡されても労働契約の全部又は一部が譲渡されないこともあり得る。こうした営業譲渡の方法によって会社分割が行われた場合、A部門の労働者は甲会社に残留し譲渡されたA部門＝自己が従事していた仕事と切離されるといった不利益を被る虞が予想されるので、当該労働者の雇用や労働条件の維持を図る必要がある。「当該労働者の雇用や労働条件の維持」を図る妥当な方策は、労働者がそれまで従事していた仕事に伴って譲渡先へ移転することを確保することである。したがって、会社分割制度の方法によって甲会社のA部門を分割する場合は、営業譲渡の場合とは異なり、当事者の意思とは無関係に営業組織たるA部門の一切が（労働契約を含めて）分割会社から分割先へ移転するとの法的構成が要請される。このため会社分割は営業の全部又は一部を分割する行為ではあるが、分割部分は分割先へ包括承継され労働契約も「当然に」承継される〕。

以上が労働契約承継法に関して主張されている「営業の包括承継論」の概略である。有機的に一体化された財産を営業と捉え、これにかかわる労働契約は「当然に」この「営業」の構成内容をなすと解することを前提に、「営業」が分割・承継されると当該営業にかかわる労働契約も「当然」に分割先へ移転する＝承継されるとの主張である。「当然に」とは、当事者の意思に関係なく、労働者の意思がどうであれ、ということである。具体的にいえば、「営業」が分割・承継されると、その他に特段の行為を要することなく当該営業に伴う労働契約も分割・承継されることである。そこでは営業と労働契約を不可分なものとして捉えること、換言すれば、営業概念は労働契約を含んでいるとする理論的前提が存在する。(12)

この主張の本稿に直接関連する問題の部分は営業概念の捉え方である。営業の包括承継論の主張は、会社分割制度における営業概念を当該営業にかかわる労働契約を含めて観念しているのに対し、商法学における営業譲渡での営業概念は労働契約を含まないものとして観念されてきているからである。即ち、営業譲渡にあっては、「営業」概念は労働契約を当然に含むものではないから、労働契約を除外した営業譲渡が考えられ、営業は譲渡されるが労働契約は譲渡されず労働者がその従事してきた労働と切離される不利益を被る事態が発生する虞がある。会社分割制度では営業は労働契約を必ず含んでおり、そしてそれが、包括承継されるから、労働契約は営業が分割されることに伴って承継先へ「当然に」承継され＝移転され、営業譲渡におけるような労働者が被る不利益な事態の発生を防止できると主張されるところが問題の部分である。だが、営業の包括承継論も、営業譲渡における営業概念と会社分割制度における営業概念は同一のものとして観念していることは既に指摘したし、営業譲渡における営業概念は労働契約を当然に含むものではないことも指摘してきた。実際、労働契約を除外した営業譲渡契約が有効に行われており、商法学上営業譲渡におけるは「営業」概念は本来的にそうしたものである。「営業の包括承継論」がこの商法学における営業譲渡での営業概念をそのようなものとして理解していることについては問題はない。再度いえば、営業の包括承継論においても、営業譲渡での営業概念と会社分割制度での営業概念は同一であり、この営業概念は労働契約を当然に含むものではないと解しているということである。しかし、「営業の包括承継論」は、そうした商法学上の営業概念を会社分割制度の下で労働契約承継問題を論ずるときには、営業概念は労働契約を含んでいるとし営業概念を変化させているのである。「営業の包括承継論」が有する問題とはこのことである。労働契約は分割計画書等へ記載されることによって分割・承継の対象となるのが会社分割制度の原理であるにも拘わらず、そうした記載がなくとも労働契約は分割・承継されるところの「営業」に含まれていて、それが承継されて行くとの主張であるが、何故にこうした主張が可能なのかその根拠を理解することは必ずしも容易ではない。尤も、営業の包括承継論はこうした主張を行っておらず、労働契約といえども分割計画書等へ記載されなければ包括承継されないと解しているとの反論が予想されるし、実際そのように主張されてもいる。つまり、営業概念は必ずしも労働契約を含むものではないとの主張である。仮にそうだとすると、労働契約の承継は、それが分割計画書等へ記載されたことにより承継されるのであり、「営業」が包括承継されることに伴って承継されるのではないことになる。分割計画書等への記載により承継されるとは、「記載なければ承継なし」であるから、労働契約は「営業」の承継とは関連しておらず、記載と関連させられていることになる。この記載によって総てを決する事態は、労働契約の承継関係が分割会社乃至分割会社と承継会社間の自由意思で決せられることを意味し、「営業」が承継されることに伴って当事者の意思とは無関係に当然に労働契約が分割元の会社から分割先の承継会社へ承継される事態とは異なる事態である。「営業」が包括承継されることにより労働契約も移転する＝承継されるとする論理を踏まえ本質的に考察すれば、営業の包括承継論の主張は本稿が整理したように場面によって営業概念を使い分け矛盾を抱えているといわざるを得ないのである。

営業の包括承継論の内容をより厳密にいえばこうである。先ず「営業譲渡における営業概念は必ずしも労働契約を含むとは限らず、労働契約を除外した営業譲渡も有得る。商法の定める会社分割規定によって分割され承継の対象とされる営業概念もこれと同一であるから、会社分割によって営業と労働契約の切離しが行われる場合もある。そこで労働契約承継法は、労働者保護の観点からこうした切離しに対応する異議申立権を労働者に付与したのである」と主張する。ここでの営業概念は商法学上にいうそれと同一のものとして理解されている。次に、このような理解にも拘わらず、労働契約承継法との関係において営業概念を論じるときには「労働契約は営業と不可分に一体として存在し、そうした営業が分割され承継されるのであるから、労働契約も営業に伴って当然に承継先に承継される」とする。ここでの営業概念は、商法学上のそれとは異なっており、労働契約を含んだものとして理解され主張されている。労働契約は特段の行為を要することなく営業に伴って当然に承継されるとはこの事態を表現している。したがって、営業の包括承継論は、場合によって営業概念を使い分けているのである。(13)問題点をより単純・明確にすれば、次の通りである。即ち、営業の包括承継論は、「営業」概念は必ず労働契約を含むとは限らないとの理解を出発点としている。そしてこの営業概念は、営業譲渡において用いられている営業概念であるとともに、会社分割制度において用いられているところの営業概念でもあり、両者の営業概念は同一のものであるとしている。だが、会社分割制度における営業概念は労働契約を当然に含んだものであると解すべきであると。別な表現でいえば、営業の包括承継論は、「営業」概念は一つしかないとの前提に立脚しつつも、営業譲渡や会社分割に関する商法の規定との関連においてそれを用いるときと、会社分割制度の下での労働契約の承継に関してそれを用いる場合とでは異なった用い方をしているということである。

ところで、会社分割制度に関しては以上の如き営業の包括承継論とは別に、商法学でも包括承継論が主張されている。つまり、会社分割制度をめぐって主張されている包括承継論には、商法学でのそれと労働契約承継法において主張されている労働法学でのそれとの二つが存在している。商法学において主張されている包括承継論は次のようなものである。会社分割制度により「営業の全部又は一部」を分割する場合、分割部分の中身=分割単位たる営業の構成内容は分割計画書等への記載によって決定される。分割・承継の単位たる「有機的に一体化された財産=営業」の内容がこの記載によって決定されることと言い換えてもよい。こうして決定された分割対象である営業はその構成内容として各種権利義務を含むことになるが、商法学のいう包括承継とは営業を構成するこれら決定されたところの各種権利義務が個別の移転行為を要することなく当然に移転する事態を指す概念として使用されている。有機的に一体化された財産が、営業を分割した時点=会社分割の効力が発生した時点で直ちに法律上当然に一体として、分割会社から承継会社へと承継される事態を包括承継と表現しているのである。無論、これは従来の包括承継概念とは全く異なるもので包括承継とすべきことではないと思われるがこの点はともあれ、わが法制度は集合物概念を認めていないことから、会社分割が行われても有機的に一体化された財産を「一体化」において移転することはできず、個々の権利義務については個別の移転行為を要する。そこで会社分割の場合「有機的に一体化された財産」を個別に移転するのではなく「一体化」において移転・承継させようとするのが商法学において主張されている包括承継論である。分割計画書等へ記載したものを一体として移転・承継させる必要性から主張されている法的構成といってもよいであろう。労働契約も分割計画書等へ記載されればその限りにおいて有機的に一体化された財産＝営業の構成内容を形成することになるから包括承継の対象となり、労働契約であることを理由に包括承継の対象から除外されることはない。財産関係、労働契約、いずれに関しても、問題は記載されたかされないかであり記載が否定されているのではなく、記載されなければ分割対象ではなく包括承継もされず、記載されれば分割対象となり包括承継されることになる。これが会社分割制度の原理である。かかる包括承継によって生じる事態を「主として従事していた営業」概念に基づき労働契約承継法がどのように修正するかの修正原理は別問題であることはいうまでもない。要は分割計画書等への記載と記載されたものが包括承継されることとは別ものだということであり、商法学の包括承継概念において主張されていることは、後者の部分にかかわることで、会社分割制度の原理とは直接的に関連するものではない。それは「営業」論ではなく、文字通り「承継」論なのである。

労働契約承継法において主張されている営業の包括承継論は商法学でのそれとは異なり、前述したように会社分割制度で営業を分割し承継する場合の承継は「包括承継」であるから当該営業にかかわる労働契約も「当然に」承継されるとの主張であると捉えることができる。営業概念は労働契約を含んで成立っており、そうした営業が分割対象となり包括承継されるとの主張である。換言すれば、営業概念は「労働契約」を含むものでこれが

「包括承継」されるとし、本来別ものであるところの、営業、労働契約、包括承継の三者が三位一体的に連動させられている。しかし、この主張といえども労働契約承継法に会社分割規定の原理が貫徹され、会社分割制度での分割部分の中身は分割計画書等への記載によって決定されることを否定しているわけではない。「包括承継」だから分割される営業に労働契約が含まれるのではなく、労働契約が分割計画書等へ記載されたから記載された当該労働契約が分割される営業の構成内容になる、といった会社分割制度の構造を主張の前提においているのである。とすれば、営業が労働契約を含むか否かは分割計画書等への記載によって決せられ、この事態と記載されたものが包括承継されることとは別もので、営業が包括承継されるからといって分割計画書等の記載とは無関係にそこに当然に労働契約が含まれることにはならないはずである。承継の前提となる分割計画書等へ労働契約の記載がなければ包括であろうが特定であろうが承継関係は生じないからである。ところが、営業の包括承継論は、商法の定める会社分規定においては営業概念は労働契約を当然に含むものではないとしながらも、他方労働契約承継法に関連して営業概念を論じるときには、これが当然に含まれると主張するのである。この意味において労働契約承継法での営業の包括承継論は現象論的であり矛盾的といわねばならないが、その論理構造の本質は次のように捉えられるべきものであろう。

会社分割制度においては一定範囲の営業を分割計画書等へ記載し、この記載に当該営業に主として従事してきた労働者の労働契約が含まれる場合は、その労働契約は分割計画書等へ記載されたことを根拠として当然に分割会社から承継会社へ移転する。故に、分割計画書等へ一定範囲の営業が記載されても当該営業にかかわる労働契約がそこに記載されていなければ、その営業に主として従事してきた労働者であっても承継会社へ移転することができず、主として従事してきた営業とその労働者の切離しが行われたりもする。会社分割制度全体の原理がこれであり労働契約承継法にもこの原理が貫徹されていることは再度ここに確認しておくことが必要である。分割される営業に労働契約が含まれるか否かは記載内容如何にかかっており、営業自体がこれを当然に含むものではない点についての確認である。

そこで、労働契約承継法は労働者とその労働（営業）との切離しの発生に備え、これら切離されるところの労働者が異議申立をすることにより、主として従事してきた営業に伴って承継会社へ移転することができる旨を定め、労働者の権利救済を図っているのである。だが、異議申立をすることにより承継会社へ移転することができるのは単に異議申立をしたからではない。本来そうした労働者はその労働と一体であり当該労働者の労働契約は分割計画書等へ記載された営業に含まれており、分割計画書等に記載されるべきであった、にも拘わらず記載されず、その結果、主として従事してきた営業とその労働者との切離しが行われたから異議申立によりこの切離しを否定すること、即ち、分割される営業に伴って当然に承継会社へ移転することができることになる、と考えることが必要である。異議申立権の根拠には「本来的に労働契約はそれがかかわる営業に含まれる」との理解が前提として措定されているのである。単に異議申立をすればよいというものではない。実際、主として従事してきた営業とその労働者との切離しが行われていない場合には異議申立制度は機能することはない。とすれば、分割計画書等へ労働契約が記載されている場合でも、記載されたことを理由として承継の対象とされるのではなく、記載とは無関係に労働者が主として従事してきた営業が記載され移転するから、労働者はその営業に伴って承継会社へ移転すると解すべきことが基本である。労働契約が移転するかどうかは分割計画書等への記載の有無とは別に、分割される営業には本来的に当該労働契約が不可分に含まれると解することがあって、そして、この営業が移転するのでそれに伴い労働契約も移転すると解すべきことにならざるを得ない。そうでない限り異議申立権の存在根拠を明示することができないからである。特にこのように解さなければ、主として従事する営業が分割・承継の対象になっていないのに、その労働者が分割計画書等へ記載され承継会社へ移転するとされた場合の当該労働者の、移転拒否及び分割会社への残留といった異議申立に関する説明ができなくなってくる。主として従事してきた営業とその労働契約は不可分であるところ、営業が移転しないのにその労働契約を移転するのは、こうした不可分性を否定し労働者に不利益を与える事態なので、この否定された事態を再否定するために異議申立が認められるべきとするのがそこでの論理だからである。したがって、労働契約承継法の観点からすれば、営業概念は当然にそこに労働契約を含む概念となり、労働契約は分割計画書等への記載によって移転するのではなく、その属する営業と共に移転するのであり、労働契約の分割計画書等への記載は営業が移転することに伴う当然の事態を記載したまでということになろう。自己の労働契約が分割計画書等へ記載されても、当該記載が労働者の主として従事する営業と労働者を切離すことになる場合は、この記載を否定する修正原理の存在がこの理を明らかにしている。労働契約は営業と結合させられているのである。そしてこれは総ての権利義務の移転を分割計画書等への記載によって決する会社分割制度を貫く商法的原理とは異なるものである。労働契約承継法に関して労働法学において主張されている営業の包括承継論をその本質において考察すれば以上のように考える他はない。この営業の包括承継論は、会社分割制度での「営業概念」を、会社分割制度の次元において捉える場合と、労働契約承継法の次元で捉える場合とでは異なる内容をもって理解し捉えていると先に指摘したのはこのような事態を指してのことである。

しかるに、営業の包括承継論者は、労働契約が分割計画書等に記載された場合は、労働契約が「記載」されたのであるから当然に移転するとして商法が規定する会社分割制度の原理を主張し、その際、労働契約承継法においてこうした事態を修正する異議申立権が存在することとの構造的関連を考慮することをしていない。即ち、労働契約は分割計画書等へ記載されたから分割先へと移転するとしつつも、他方で、「営業は労働契約を含んだものとして存在し、この事態は分割計画書等への記載とは無関係なことであり、だから労働契約が分割計画書等へ記載されることによって労働者が自己の労働と切離される場合には異議を申立てることができる」とし、会社分割の場合と労働契約承継法の場合とでは異なる主張を行っているということである。又、この包括承継論は「商法学では会社分割制度において分割・承継される営業概念は労働契約を含んだものと解されている」との理解に立脚し、且つ、この商法学での営業概念を前提にしたり援用することにより、会社分割制度での営業概念は当然に労働契約を含んでおりそれが包括承継されると主張するが、商法学においてはそうした主張は殆ど行われていない。[14] かくして、労働契約承継法での包括承継論は特別な目的の下に主張されている特殊な主張と考えざるを得ないが、これをより明確にするには別の観点からの検討が必要である（この点は後述）。但し、営業の包括承継論をその本質において捉えるときには、労働契約承継法にも会社分割制度の原理が貫徹されていることとの関係でその主張に矛盾が生じることは留意されるべきことである。

労働契約承継法における営業の包括承継論が抱える問題は述べてきたことにつきるわけではなく検討されるべき多くの問題がそこに存在するが、特に指摘されるべきことは、分割された営業に伴って当該営業にかかわる労働者が分割先へ移転することが労働者の保護になるとする点である。確かに、抽象的・一般的には労働者が主として従事していた営業と切離されることは労働者にとって不利益をもたらすといえるであろう。しかし、会社分割制度は会社のリストラを目的とするものであり、行われるであろうと予想される会社分割の典型は不採算部門の切離しとして行われる会社組織の分割である。こうした目的をもって行われる会社分割制度において、分割される営業に伴って、分割会社から分割先の会社へ移籍させることが何故労働者の保護になるのか説得的とはいえないであろう。就中、先に若干触れたように、分割・承継される営業に主として従事している労働者が、自己の労働と切離されることにはなるが分割に伴う移転を望まない場合でも、当該営業が分割計画書等へ記載されればその意思は問題とされず「当然に」[15] 移転させられ当該移転を拒否することができないと主張するのは強制を意味することになり大きな問題である。

(3) 会社分割制度にかかわる労働契約の承継に関する商法及び労働契約承継法の規定を見てきたが、両法律において労働契約が如何なる法理に基づき承継されるかは必ずしも明確ではないといえるであろう。唯一明らかなのは、労働契約も財産関係と同様に、分割計画書等へ記載されることにより承継の対象となるといった会社分割規定の構造とその原理である。分割計画書等への記載により分割・承継の対象を決する原理を採用しているのが会社分割制度であることからすれば、労働契約が分割計画書等へ記載されることにより分割・承継されるのは当然のことで（故に原理的には記載されなければ分割・承継の対象にはならない）この事態は法理というべきものではあるまい。問題はこうした事態を法理論的に捉えると如何なるものとして措定することが可能かということと、そうしたことを踏まえて、会社分割制度の方法によって労働契約を分割・承継させる場合と、営業譲渡の方法により労働契約を分割・承継させる場合との法的性質の異同である。

会社分割制度での分割計画書等への記載は、記載という形式に拘束されるとはいえ、記載内容の決定は記載者の自由意思に委ねられており、対象が労働契約であることを理由にこれを特別に取扱うべきとの規制は存しない。新設分割の場合は分割会社の意思に基づき、吸収分割の場合は分割会社と承継会社の意思に基づき労働契約を含めた一切の分割・承継が決定され、記載につき記載されるところの当該労働者の意思が反映されることはなく、分割・承継の決定につき当事会社の意思以外の意思は考慮の外である。吸収分割の場合に即していえば、それは当事会社間での諾成契約に従って労働契約の分割・承継が行われ、これは営業譲渡が諾成契約によって媒介され行われる事態と同じである。吸収分割の内容を定めるのが「分割計画書」ではなく「分割契約書」とされているのもそのためである。会社分割規定に関する商法等の一部を改正する法律附則五条一項は、会社分割に際して労働契約を承継させる場合は、分割会社に労働者との協議を義務づけているが、これとても事実上はともあれ法的には労働契約の承継関係に労働者の意思を介在させる制度ではありえない。

他方、営業譲渡は譲渡人と譲受人双方の存在を必要とするから、そこに新設分割の如き事態は考えられず営業譲渡の方法による会社分割と創設された会社分割制度の方法による会社分割とを比較することが可能なのは吸収分割の場合に限られる。営業譲渡については株主総会の特別決議を要する等の規制は存在するが、営業譲渡契約の内容決定は契約当事者の自由意思に委ねられており、そこに労働契約が含まれる場合でもこれを理由とする特殊な規制は存在しない。営業譲渡において行われる各種権利義務の譲渡人から譲受人への分割・承継関係は当事者の自由意思によって決せられる。したがって、会社分割と営業譲渡にあっては、あらゆる権利義務に関する分割・承継関係は分割会社乃至当事会社の自由意思に媒介されることになり労働契約の移転といえども例外ではないから、会社分割と営業譲渡間に差異は存しないといえる。ただ、労働契約については会社分割のときも営業譲渡のときも民法六二五条一項との関係で複雑な問題が発生するが、民法六二五条一項は労働契約が移転する総ての場合に関する規制であり、会社分割、或いは、営業譲渡、どちらかの場面においてのみ民法六二五条一項の適用問題が生じるのではなく双方の場合にそれが問題となるのである。会社分割によって労働契約が分割・承継される場合、営業譲渡によって労働契約が分割・承継される場合、いずれも民法六二五条一項の規制対象であるから、この点においても営業譲渡と会社分割制度両者間に差異は存しない。無論、前述した労働契約承継法に関して主張されている「営業の包括承継論」によれば、この民法六二五条一項適用の有無が営業譲渡と会社分割制度の法的性質を異にさせる最大の点なのだが、既に指摘したようにその主張には相当に問題があるといわねばならない。

確認されるべきは、会社分割、営業譲渡いずれの場合でも営業の分割・承継は当事会社の自由意思で行われ、当該営業の内容に労働契約を含めるか否かも当事会社の自由意思によって行われるということである。労働契約の分割・承継に限定していえば、民法六二五条一項適用の問題があるにせよ、その分割・承継は、会社分割制度でいえば分割会社の意思又は分割会社と承継会社間の合意により行われるのであるから、会社分割制度と営業譲渡との間に労働契約の分割・承継に関する法的性質に差異を見出すことは困難である。このように見てくると、会社分割制度によって会社組織を分割・承継する場合と、営業譲渡によって会社組織を分割・承継する場合と、法的に異なって考えるべき理由も必要性もそこには存在せず、労働契約が当該分割に含まれる場合であっても事態は変わらないと思われるのである。にも拘わらず営業の包括承継論は、両者間には決定的な差異が存すると主張する。そこで次にこの点に関する「営業の包括承継論」の主張を検討することが必要になってくる。

(11)　吸収分割の場合でも、会社分割は契約行為として行われるのではなく組織的行為と主張されているが、何故に組織的行為であるのか論証は一切ない。吸収分割は分割会社と既存の承継会社間での「分割契約書」によって行われるのであるから、契約行為と考えるべきとするのが本稿の立場である。

(12)　労働契約承継法に関連して主張されている営業の包括承継論は、商法が規定する会社分割制度に基づく承継関係は包括承継であり、会社分割制度での営業概念は本来的に労働契約を含んでいるとし、その根拠を商法学での営業概念に求めている。しかし、既にこれまでの行論において述べてきたように、商法学では、会社分割制度での営業概念も営業譲渡にいう営業概念と同じであり営業概念一般と異なるものとは解していない。したがって、営業の包括論には、会社分割制度での承継関係は何故に包括承継であるのか、包括承継であれば如何なる理由によって労働契約を含むことになるのか、そして、その根拠を商法学での営業概念に求めることがどうして可能であるのかの論証が要請される。

(13)　営業と労働契約は「労働契約の承継関係においては制度的に連動させられている」ということを前提にしなければ、労働契約承継法に関連して主張されている営業の包括承継論は成立し得ないと思われる。

(14)　これまで、労働契約、就中従属労働者のそれが営業概念に「当然に」含まれるとの主張を行う商法学説は存在していないといってもよいであろう。会社合併等或いはその他一定の条件を伴うときには、そうした主張も存在するが、その場合でも労働者には解約権を認めており、移籍を強制する結果となるような「当然」の承継を主張する説は存在してこなかった。商法学に対する誤解があるように思えてならない。

(15)　荒木尚志「合併・営業譲渡・会社分割と労働関係――労働契約承継法の成立経緯と内容」ジュリスト一一八二号二〇頁は、「産業界からの強い不満」に応えるものとして会社分割制度及び労働契約承継法の創設を位置付けている。労働法学が産業界からの強い不満を考える必要性があるかどうかは相当に疑わしいが、仮に応える必要性があるとしても、それを労働法学が労働者の権利擁護とは異なる方向において殊更に考えることまでは必要でないと思われる、とするのが本稿の立場である。観点は異なるが労働契約承継法につき行論と同様な批判を行うのは、本久洋一「会社分割と労働関係」労働法律旬報一四七八号二一頁以下。

尚、厚生労働省は平成一六年三月より、リストラという名目において労働者の合理化を行う産業界の動向を、労働者保護の方向性において強く指導することを明らかにした。これは所謂労働者派遣法にかかわることではあるが、最近の企業行動が行き過ぎであることを明らかにするものとして注目すべきことであり、会社分割制度においても参考にすべきことがらであろう。

四　会社分割と営業の包括承継論

(1)　営業の包括承継論は、会社分割制度は「営業の全部又は一部」を分割し承継させる制度で、ここでの承継は「包括承継」であると解する。営業譲渡による会社分割では、営業が「特定承継」として譲渡人から譲受人へと移転することに対する「包括承継」である。会社分割制度も営業譲渡も「営業」の分割という面では同じ機能を果たすが、分割部分の承継関係において異なる法的性質を有するとの主張である。従来から使用されてきた法的用語としての包括承継概念は、被承継者が消滅することを前提に、承継関係に立つ者の意思とは無関係に総てのものが被承継者から承継者へと移転することを指す概念である。例えば相続の場合でいえば、相続人は相続開始の時点で被相続人の有した権利義務の一切を包括的に承継し、承継については相続人の意思はもとより被相続人と権利義務の関係にあった者の意思をも問う必要はなく、且つ、これら被相続人と権利義務関係にあった者は相続人との関係においても被相続人が相手である場合と同様に同一の権利義務の関係に立つ。これが包括承継であり、一定事実の発生だけをもって総ての財産関係が関係者の意思とは無関係に承継者へ移転することとの内容である。この事態が屢々「当然に承継される」とか「地位を承継する」との表現をもって表されるのもそのためである。営業の包括承継論が主張するように、会社分割制度により分割されたものが包括承継されるのが会社分割であり、そこでの包括承継概念が従来の包括承継概念と同一であるなら、分割会社は会社分割の時点で消滅し、分割会社の権利義務の一切は従前のままに新設乃至既存の会社に包括承継されるはずである。(16)

しかし、会社分割制度では分割会社は消滅することなく存続するし、分割会社の総ての権利義務も承継会社へ移転せず分割計画書等へ記載された限りにおいてのみ移転し、その移転も従前のそれとして移転するのではなく変更されて移転する場合もあり、会社分割制度での承継関係は包括承継とすべき事態とは全くかけ離れている。再々触れてきたように、会社分割制度における分割・承継関係は、分割計画書等へ記載されたものだけが分割・承継の対象とされることが基本原理であるから、分割・承継の対象決定は当事者の自由な意思に委ねられており、包括承継が当事者の意思に無関係に総ての権利義務の移転を発生させることと根本的に相容れない関係にある。会社分割制度は当事者の意思により分割計画書等に記載されたものだけを分割・承継の対象とするもので、従来の概念による限りこの分割・承継関係は特定承継そのものといってよい。これまで営業譲渡による会社分割と会社分割制度による会社分割の間には法的性質について差異はないと論じてきたのもこの点を明らかにするためであった。無論、営業の包括承継論にもかかる事態は認識されており、会社分割における包括承継は従来のそれとは異なり、包括＝全部ではなく一部分＝分割計画書等へ記載されたものだけが承継されるといった「部分的包括承継」であるとし、包括承継概念の変更を主張している[17]。だが、部分的包括承継として主張されている内容は、分割計画書等へ記載された範囲内にあるものが記載の限りにおいて分割会社から承継会社へ承継される事態を部分的包括承継と称しているにすぎない。つまり、分割計画書等へ記載されたものが記載のとおりに分割・承継の対象となる会社分割制度の原理を包括承継として主張しているのである。記載された限りでの承継とは記載なければ承継もされないことの裏返しであり、しかもその記載事項は当事者の意思に基づき主観的に決定されるから、そこに部分的とはいえ包括承継とすべき事態は存在せず特定承継と解すべきで、このように解したとしても特段に問題が発生するとは考え難い。営業の包括承継論はこの事態を認識しつつも、敢えて包括承継を主張しているように思われる。そもそも「部分的」包括承継なる概念は形容矛盾であるし、全部分割の場合には承継されるものは部分的ではないだろうから如何なる承継概念をもって説明するのか、分割が部分的でも当該部分の承継が所謂意味での包括承継であるなら分割された部分的なそれは従前のまま当事者の意思に関係なく承継されるはずだが承継される各種権利義務に関しては変更があったり、労働者の異議申立により労働契約の承継につき修正を加えることができるのは何故か、又、既に指摘したように、新設分割の場合には分割の時点で存在するのは分割会社のみで、分割対象を承継する承継会社はまだ設立されていないのにこれを何故に、包括承継と称することができるのか、問題は複雑である。

会社分割制度の構造から見ても法理論的観点からしても、会社分割制度によって分割されたものは労働契約を含む場合であっても特定承継として承継されると解すべきであり、包括承継とすべき理由や必要性は毛頭存しない。にも拘わらず、営業の包括承継論は従来の法概念を変更してまで包括承継に拘っている。これまでに指摘してきた各種諸問題は、営業の包括承継論が部分的包括承継概念をもって会社分割制度での承継関係を構成する「拘り」によって発生させられたところのものであるといえるであろう。営業の包括承継論が複雑で解決困難な問題を発生させてまで「部分的包括承継」を主張する目的は、労働契約の分割・承継と民法六二五条一項との関係にあると考えられる。論理的にいえば次のようなことである。特定承継においては当事者の個別的同意があってはじめて権利義務の移転・承継の効果が発生するが、包括承継の場合はこうした同意がなくとも当然に承継の効果が生ずる。民法六二五条一項が定める、使用者がその労働契約を第三者に譲渡するには労働者の同意を要するとの規定は、特定承継に関する規定であり包括承継には適用されない。新設又は吸収分割による会社分割に基づく分割部分の承継関係は包括承継であるから労働契約が分割され承継される場合でも＝労働者を移籍させることになる場合でも、それは営業が包括承継されることに伴う承継であるため、移籍につき労働者の同意は不要で当然に承継されると。即ち、会社分割においては労働者の意思を問うことなく会社の意思のみで一方的に労働者を分割先の会社へ移籍させることが可能である、との論理が包括承継論を媒介に展開されている。営業の包括承継論主張の主眼はこの一点にあると思われる。

会社分割は『労働者を含めた』会社組織のリストラであり、分割会社が自己の不採算部門を分割しそれを承継会社に承継させるといったことがその典型的な例である。こうした会社分割は新設された会社分割制度によらずとも既存の制度である営業譲渡の方法によって行うことも可能である。だが、営業譲渡に基づく承継関係は特定承継であることから、会社分割が労働契約を含むときには民法六二五条一項により労働者の承継会社への移籍についてその同意を得ることが必要で、これがリストラを行う際の障害となってくる。そこで、労働者の同意を要することなく会社分割を行えるようにとの要請が生じ[18]、営業譲渡制度が存在しそれによって会社組織の分割が可能であるにも拘わらず会社分割制度が新設された。会社分割制度が会社組織のリストラをより容易・簡便に行うための制度とされているのはこのことを指している。したがって、会社分割制度での分割・承継関係はそれが労働契約を含む場合には「先ず包括承継ありき」でなければならないのである。労働者の移籍につき民法六二五条一項の適用を排除することを目的に、法概念の変更をもたらすような部分的包括承継概念を主張する本来の目的がここに存在している。

(2)　営業の包括承継論は「承継される営業に主として従事する労働者が分割計画書へ記載された場合は、包括承継の原則通りに、承継会社に当然に承継される」ことを出発点にその主張を展開している。分割対象が分割計画書等へ記載されることにより承継会社へ承継されるのは会社分割規定の原理に基づく帰結そのもので、記載により承継が行われ記載なければ承継されないのは営業の包括承継論主張のとおりで、これは労働契約に限らず商法の定める会社分割規定においては総ての分割対象につきいえることである。問題は、会社分割規定と労働契約承継法との関係を踏まえて考察してもかかる事態に変更はないのかということと、承継される営業に主として従事する労働者の労働契約が分割計画書等へ記載されると何故に「包括承継の原則」どおり労働者の意思を問うことなく当該労働者の労働契約を分割先が承継すると解することができるのか、その根拠は何であるのかである。営業の包括承継論はこの点を明らかにしているとはいい難いが、敢えていえば労働契約承継法三条にその根拠が求められていると考えることができる。同条は、承継される営業に主として従事する「……労働者が分割会社との間で締結している労働契約であって、分割計画書等に設立会社等が承継する旨の記載があるものは……設立会社等に承継される」と規定しているので、労働契約は包括承継されると解することができるとの主張であると言い換えてもよい。しかし、既に検討してきたように、会社分割制度において分割することができるのは「営業」を単位とする一定範囲の財産関係であり、労働契約のみを分割対象にすることは不可能で、仮にそれだけが分割計画書等へ記載されてもそれは「営業」たり得ず、会社分割制度に基づく分割対象には該当しない。これは商法学上自明のことである。労働契約は記載されたから包括承継されるのではなく、分割される営業と一体であり、その一体である営業と共に記載されたから分割対象となり承継されるのである。正確には、分割・承継される営業に主として従事する労働者の労働契約は、当該営業が分割計画書等へ記載されることに伴って承継されるとすべきもので、単に記載されたから承継されるのではない。労働契約承継法での労働契約承継の要件は、「営業」と評価できるものを分割計画書等へ記載すること、この「営業」に主として従事してきた労働者の労働契約が当該営業と共に分割計画書等へ記載されることである。労働契約の承継に関する基本原理は、会社分割制度の商法的原理と同様当該労働契約が分割計画書等へ記載されたことによって承継されると単純に解してはならない。整理して再度いえば、分割計画書等への営業の記載、当該営業にかかわる労働契約の記載、記載された労働契約が当該営業に主として従事してきた労働者のそれであることにより承継される。中核に存在するのは主として従事してきた営業及びこれにかかわる労働契約である。分割計画書等へ記載された労働者でも、自己が主として従事してきた営業と切離される形態において記載された場合には異議申立を行い承継会社への移籍を拒否できるのもこのためであり、労働契約の承継関係は、自己が主として従事してきた営業の記載に連動しており単なる記載に連動して承継されるのではない。この意味において、営業の包括承継論が主張する労働契約の承継に関する原理は、商法上でのそれと労働契約承継法上でのそれとでは異なっており、後者にあっては会社分割の単位となる

「営業」概念が労働契約を含むものとして措定されていることになる。この点は次に詳しく検討するが、問題はこうした会社分割制度及び労働契約承継法両者の構造全体において労働契約の承継を考察してみても、会社分割制度の下での労働契約の承継が包括承継であるとの根拠を明らかにすることはできないということである。結局、労働契約が「包括承継」されることの根拠となるものは、包括承継とすれば会社分割に伴う労働者の承継会社への移籍につき民法六二五条一項の適用を排除することが可能であるとの意図に支えられて解釈された、労働契約承継法三条の「承継」なる文言だけということにならざるを得ない。

ところで、営業の包括承継論の労働契約承継に関する主張が客観性を得るためには、「営業」概念が労働契約を含んだ概念であることを必要とする。既に見てきたように、労働者が主として従事してきた営業が分割されないのに、当該営業に主として従事してきた労働者の労働契約が分割計画書等に記載され移籍の対象となったとき、当該労働者は異議申立を行い分割会社に残留することができる。労働者が異議申立を媒介に分割会社に残留することができるのは、労働者が主として従事してきた営業が分割対象になってはいないのに、当該営業に主として従事してきた労働者の労働契約が分割計画書等に記載され分割・承継されると、労働者が主として従事してきた営業と切離されることになるからであり、この他に理由はない。とすれば、「営業」とこの営業に主として従事してきた労働者の労働契約は本来不可分であり統一されたものとして存在し、「営業」概念は労働契約を含むものとして捉えられていることになる。不可分であるべきものが切離され不可分性が否定されるから異議申立の対象となり得るのであって、反対に、主として従事してきた営業が分割され承継されるときは不可分であるべきものが不可分なままなので、この場合労働者は承継会社へ移籍させられ分割会社に残留する旨の異議申立をすることはできない。会社分割制度での営業概念は当該営業に主として従事してきた労働者の労働契約を含んでいるから、その営業が分割計画書等へ記載され承継される場合はそれに伴って当該営業に主として従事してきた労働者の労働契約も承継会社へ「当然に」承継されることになる。勿論、会社分割制度の原理自体からいえば、営業が分割計画書等へ記載されなければそもそも当該営業にかかわる労働契約も承継の対象にはならないが、労働契約承継法の観点からいえば、それは単に「営業」が記載されなかったことを原因とするのではなく、「労働者が主として従事してきた営業」が分割計画書等へ記載されず当該労働者の労働契約が分割の対象となっていないからである。分割会社に営業一と営業二があり、分割の対象が営業一で分割計画書等へそれが記載されたとする。営業二に主として従事してきた労働者は、営業一が分割計画書等へ記載され、且つ、自己の労働契約がこの営業一と共に記載されても、異議を申立てることにより分割会社に残留することができ、承継会社へ移籍することはない。営業二とそれに主として従事してきた労働者の労働契約は一体として存在すべきだからである。営業が記載されれば移籍するのではなく、主として従事してきた営業の記載の有無と労働者の移籍が結合されているのである。このように労働契約承継法での営業概念を、会社分割規定の修正原理として顕現する異議申立との関係で考察すれば、コロラリーとしてそこでの営業概念は労働契約を含むことにならざるを得ないのである。営業の包括承継論による限りこのことは絶対的であろう。即ち、会社分割制度と労働契約承継法両者をトータル的に考察すれば、前者での営業概念は労働契約を含むものではないが後者のそれは労働契約を当然に含んだもので、それぞれの営業概念は異質であることになる。だが、ここで再度改めていえば営業の包括承継論においても、『商法の会社分割規定が労働契約承継法にも貫徹されていることを承認し、会社分割制度での営業概念と労働契約承継法での営業概念は同一であると観念していた』はずである。とすれば、労働契約承継法を含めた会社分割制度全体においてこの事態を営業の包括承継論はどのように説明しているのであろうか。

(改正商法の定める会社分割制度に基づき営業の分割・承継が行われた場合、その承継は包括承継であるため、会社分割に伴う労働契約の承継において労働者は不利益を被る事態の発生が予想される。労働契約承継法の基本的性格は、商法の規定する会社分割制度がもたらすであろう労働者に不利益を及ぼす事態の解消にある。予想される労働者の被る不利益とは、労働契約が他の権利義務関係と同様に分割計画書等に記載された場合、記載されたものは包括承継されるから、労働者の同意を問題とすることなく当然に承継会社に承継されることになり、主として従事してきた営業と労働者の切離が生じる、といったことである。具体的にいえば、会社分割制度の原理によると、分割計画書等へ記載された事項は労働契約を含めて記載という事実によって包括承継の対象とされるが、営業が記載されても当該営業に主として従事してきた労働者の労働契約が記載されなかったり、主として従事してきた営業が記載されていないのに当該営業に主として従事してきた労働者の労働契約が記載された場合である。労働者が主として従事してきた営業と切離されるこれらの事態は労働者にとって不利益な事態であるが、商法の規定する会社分割規定の原則は包括承継であるため、労働者の意思を問うことなく記載事項はそのまま承継されることになり問題が生じる。そこで、こうした主として従事してきた営業と労働者の切離しを生じさせる承継関係を排除し労働者を不利益から救済するのが労働契約承継法である」。営業の包括承継論の主張を要約すれば以上のようになる。

営業の包括承継論の主張において先ず確認されるべきは、労働契約承継法にも原則として商法の会社分割規定の原理が適用されることを肯定していることである。労働契約であっても、「分割計画書等へ記載されると記載に従って包括承継される」との主張部分においてこのことは明らかである。分割・承継関係の総ては分割計画書等への記載により決する会社分割制度の構造的原理に関する承認である。ということは、分割の対象たり得るのは、営業と評価できるものを分割した場合に限定されこれ以外のものが分割されても会社分割たり得ず、会社分割に際しての労働契約の帰趨も営業を単位として処理することが承認されているということである。無論、労働契約のみが記載されてもそれだけでは営業たり得ずそこに承継関係が生じることはない点についても承認されているといえる。又、会社分割制度での営業概念は必ずしも労働契約を含むとは限らないこと、換言すれば、商法の会社分割規定での営業概念は労働契約を含むものとしては存在していないことを承認しているということである。営業が分割・承継されてもそれに伴う労働契約が分割・承継されない場合のあること⇩労働者が不利益を被る場合が生じる虞があること、と主張する部分にこのことがあらわれている。仮に商法の会社分割規定での営業概念が労働契約を含んでいるとするなら、分割計画書等に営業が記載されるとそこには当該営業に主として従事する労働者の労働契約が必ず含まれているから、当該営業に主として従事しない労働者の労働契約（従として従事する労働者の労働契約）が記載されるとか、有機的に一体化された財産関係としての営業は記載されたが労働契約は記載されない等のことは有得ず、異議申立の対象となるような労働者が被る不利益な事態は会社分割制度からは生じないといえるからである。営業が当然に労働契約を含むとは、営業が必ず当該営業に主として従事する労働者の労働契約と共に分割計画書等へ記載されその他の記載は有得ないことを意味し、異議申立により修正を要する如き事態の発生を考えることはできない。営業が当該営業に主として従事する労働者の労働契約を含まないからこそ、分割計画書等への記載において、財産関係のみを記載し労働契約の記載を欠くとか、或いは、当該営業に主として従事しない労働者の労働契約を記載するといったことが考えられ異議申立による修正が要請されるのである。次に確認されるべきは、労働契約承継法における営業概念は会社分割制度での営業概念とは異なり、分割単位とされる営業には当該営業に主として従事してきた労働者の労働契約が含まれ、営業は労働契約と一体であるべきと解していることである。この点については論じてきたとおりで、異議申立制度の理論的根拠を形成するところのものである。

ところが、こうした会社分割制度と労働契約承継法とが交錯するところに問題が存在している。既に指摘したように営業の包括承継論は、営業に主として従事してきた労働者の労働契約が、当該営業と共に会社分割計画書等へ記載された場合は、包括承継の原則どおりに承継会社へ「当然に」承継され、当該労働者は移籍につき異議申立をすることができないとしている。この主張内容は労働契約承継法三条の規定そのもので、何ら問題はないように思われるが、何故に「当然」なのかは大きな問題である。営業の包括承継論はこれについて以下のように説明する。〔会社分割制度により営業が分割されると、労働契約を含めて当該営業にかかわる総てのものが包括承継されるので、ここでの労働契約が分割される営業に主として従事する労働者のそれであるときは、この労働者に関する労働条件等を含めた一切のものが包括承継され、当該労働者の雇用や労働条件の維持を図る必要は特段にない。この場合の労働者には移籍につき異議申立が認められないのはこのためであると)。即ち、分割される営業に主として従事する労働者を当該営業と共に分割会社から承継会社へ承継＝移籍させるには、分割計画書等へその労働契約を記載することを要するものの、記載さえすれば記載された労働契約にかかわる労働者の労働条件等一切は包括承継される、換言すれば、これらの労働者に関する分割会社での従前の労働条件等はそのまま承継会社へ包括承継＝包括移転させられるから、当該労働者に対する特別な救済措置は不要との主張である。移籍させる労働者の労働契約が分割計画書等へ記載されるだけで、当該労働者に関する一切の権利義務関係が包括承継の原則どおり包括承継されるということである。「営業に主として従事してきた労働者の労働契約が、当該営業と共に分割計画書等へ記載された場合には、包括承継の原則どおりに承継会社へ当然に承継される」というのはこのことを表している。[19] しかし、この論理は会社分割規定での営業概念は、本来的に労働契約関係を含むものであると解することによってのみ成立し得るものであることを認識する必要がある。「営業」概念は本来的に労働契約を含んでいるから、この労働契約が分割計画書等へ記載されると当該労働契約にかかわる労働者の雇用や労働条件等に関する一切のものが包括承継されるのである。反対に含まないのであれば、分割される営業に主として従事してきた労働者の労働契約がその営業と共に分割計画書等へ記載されたとしても、それは単に分割元の会社から分割先である承継会社へ労働契約が承継されること＝記載された労働契約にかかわる労働者が移籍させられることだけを意味し、分割会社における当該労働者の労働条件等が従前のままに承継会社へ承継されることにはならないしその保証もない。決定されている承継関係は労働契約の承継＝労働者の移籍のみで、その労働条件等は移籍とは関連しておらず別問題で、会社分割に伴って、或は、分割に伴う移籍後直ちにそれらが不利益に変更される事態もあり得ることになる。したがって、これらの労働者にも従前の労働条件の維持を図る手立ての必要があり、差当たりのそれは会社分割により生じる労働条件の不利益変更の拒否を目的とした分割会社に残留することができる旨の異議申立権の付与として構成されるべきものであろう。労働契約承継法が、営業と共に当該営業に主として従事する労働者の労働契約が分割計画書等へ記載された場合に、当該労働者に異議申立権を付与していないのは、これらの労働者の労働契約及びそれに附随する労働条件等一切が包括承継されるからであり、且つ、そうした労働契約関係を含めた営業概念が会社分割制度での営業概念であると解しているからである。労働契約承継法での営業の包括承継論は、論理的には会社分割制度での営業概念につきそれが労働契約を含むものであると解することによってのみ成立つと指摘したのはこの事態を意味しているのである。会社分割の際に被る労働者の不利益解消のためとはいえ、営業の包括承継論は会社分割規定における営業概念の内容を商法に関連させて用いる場合と、労働契約承継法に関連させて用いる場合とで使い分け矛盾を抱えているといわざるを得ない。

営業の包括承継論につき更に問題とすべきことは、その主張にかかわる営業概念を商法学での営業概念をもって代替していることである。即ち、「営業という場合所謂財産関係だけでなく当該営業に従事する労働者をも含めて営業が成立し労働者を除外した営業は考えることはできない。このため会社分割制度により営業の包括承継が行われると、当該営業にかかわる労働者の労働契約も包括承継であることによって当然に承継会社へ承継される。この会社分割制度での営業概念は商法学での営業概念である」と主張している点である。商法学での営業概念の援用乃至商法学での営業概念を前提にした営業の包括承継論の主張である。[20] かかる営業の包括承継の主張から如何なる問題が生じるかは既に詳しく検討してきたので繰返すことはしない。又、商法学においては、新設された会社分割制度における「営業概念」と営業譲渡において使用されてきた「営業概念」とを異別に解すべき理由も必要性もなく両者は同一であると捉えていることも既に明らかにしてきたが、この部分については若干敷衍しておくことにする。商法学での営業概念は、有機的に一体化された財産、或いは、有機的一体として機能する財産のことで、会社分割制度での営業概念もこれと同様に解されている。そして営業が分割されると、分割されたところの営業は包括承継されるとの主張も行っている（この商法学での包括承継論が妥当か否かはここでは問題ではないし、そもそも労働契約承継法で主張される営業の包括承継論と商法学において主張されている包括承継論は同一ではない）。営業の包括承継論は、商法学において主張されるこの営業概念を援用乃至前提にして、会社分割規定は分割した営業を包括承継させる制度であるから、労働契約も当然に包括承継されるとする。だが、商法学上営業概念が労働契約を含むか否かは必ずしも明確ではないし、営業譲渡では労働契約を除外した譲渡契約も有効に成立するから、会社分割制度における営業概念が必ず労働契約を含むことにはならないのである。商法学において営業とは「有機的一体として機能する財産」であるとしてその概念につき考察検討を行ってきたのは、一定範囲の財産が一体化することによって生み出す「組織的価値」を法的に捉えようとする苦労の結果であり、労働契約や労働者を有機的一体化の一要素とすることを検討してきたのではない。商法学においては、労働契約と一体となった営業を考えることはできない。労働契約承継法に関し、営業は労働契約を含むとか、労働契約を除外した営業概念は有得ない等、労働契約が営業と一体となって承継されることの根拠を商法学上の営業概念に求めることはできない。

労働契約承継法に関しての営業の包括承継論が、会社分割の単位である営業概念に労働契約が当然に含まれるとの理解に固執するのであれば、それはもはや商法学での営業概念とは異なる営業概念であり、労働契約承継法での営業概念は当該法律に特有に主張される営業概念ということにならざるを得ない。と同時に、労働契約承継法との関連において、商法の定める会社分割制度における営業概念が労働契約を当然に含むものと解するためには、ノウハウ、得意先関係、暖簾等と同様に労働契約を捉え、それを営業と不可分な一体＝有機的一体として機能する財産であると捉えない限り右の営業概念は成立し得ない。しかし、これは商法学での営業概念とは異なる。商法は従属労働者を規律の対象としていないことから、従属労働者を企業関係の不可分的構成要素とすることはできないし、労働契約関係を単純に財産関係と捉えることも妥当ではない。商法学上営業概念は二種類存在するが、営業の包括承継論が主張する営業概念はこのいずれにも該当しない。繰返していえば、労働契約、就中、従属労働者の労働契約を財産関係と不可分な一体と考える営業概念は商法学での営業概念たり得ない。商法学での営業概念を援用乃至前提にして、営業には労働契約が含まれると主張することには理論的に無理がある。仮令、それが会社分割制度での営業の包括承継にかかわるものであったとしても。営業概念は労働契約を含んだものであるとして解釈するのであれば、商法学での営業概念とは切離して、労働契約承継法での営業概念は労働契約を含んだそれであると解すればよく、商法の会社分割規定や商法学での営業概念を根拠にすることは毛頭必要なく、かえって混乱を招く虞がある。とすれば、改正商法の会社分割規定による「営業」の包括承継と、労働契約承継法に関して主張されている「営業」の包括承継とは概念が異なることになり、営業の包括承継論の主張する、会社分割制度は「営業の包括承継」制度であるから、会社分割により財産関係が包括承継されることに伴い労働者及び当該労働者の労働条件等も労働者の意思を問うことなく承継会社へ当然に移転するとの商法上の会社分割規定に基づく理論的前提も崩れ、労働契約移転について民法六二五条一項の適用の有無が改めて問題となってこざるを得ないであろう。

(3) 会社分割制度に基づき営業の分割がなされた場合、その承継関係は包括承継であるため、分割会社から承継会社への労働契約の承継＝労働者の移籍には民法六二五条一項の適用はないと主張されている。[21] この主張に関しては、営業概念は本来的に労働契約を含むと解していること、会社分割制度での承継関係は所謂会社債権者の保護手続等が完備されているので包括承継と解すべき特段の理由はないと思われるにも拘わらず、これを包括承継と解している等の問題があるがこれらについては既に検討してきたところである。そこで以下においては、会社分割に伴う労働契約の承継には民法六二五条一項の適用が排除されるか否かの問題だけに焦点を絞って考察することにする。営業概念は労働契約を含むものである、会社分割制度での承継関係は包括承継であるとの仮定に立って、民法六二五条一項の適用問題を考えるということである。

労働法学におけるこれまでの学説は、包括承継の場合労働契約は被承継会社から承継会社へ当然に承継されると主張してきた。「当然に」とは、発生した包括承継の事実のみで承継関係が生じ、その他のことは一切不要で、労働契約の承継を当事者の意思によって排除し得ないことを内容とする絶対的承継である。学説がこれまで包括承継を、労働契約の承継につきあれこれの選択が可能である特定承継と区別し異なる取扱をしてきたのは、そこにいう包括承継が会社分割制度に関して主張されているような営業の包括承継論によるそれではなく従来の包括承継概念であることを踏まえる必要がある。合併のときのように包括承継が生じる場合は、被承継会社が消滅することによって労働者は従前の職場を失うことから、そうした労働者の救済を目的に、労働契約は承継会社へ当然に承継されると主張されてきたのである。労働法学の目的が従属労働者の権利擁護にあることからすれば、その理論構成はともあれ、労働者の失業を回避することを目的としてこのような結論を導く解釈論的意図は是認されるべきものであろう。したがって、包括承継の場合には民法六二五条一項の適用はないと主張してきたこれまでの学説による法的構成の主眼は、包括承継への民法六二五条一項の適用を排除し労働者の意思を問うことなく当該労働者を承継会社へ移籍させることに存するのではなく、その反対の側面に主張の意義が存在していたと解することができる。即ち、包括承継の場合は、被承継会社が消滅しているので承継会社において労働契約の承継を除外して財産関係のみを承継することは許されない、労働契約は承継会社の意思及び当該労働者の意思がどうであれ承継会社に自動的・絶対的に承継される、労働契約の承継を承継会社の意思で排除することはできない、と解することである。つまり、「包括承継の場合に民法六二五条一項の適用はない」との主張の趣旨は、包括承継の場合、承継会社は「労働契約の承継を除外した承継をすることができない」というところに有る。結論は従来の包括承継概念に関する限り妥当と思われる。古くには営業譲渡のような特定承継の場合でもかかる主張が行われていた歴史的経緯からしても包括承継をめぐるこうした事情は明らかであろう[22]。労働法学では如何に労働者を保護するかの観点から労働契約の承継問題が検討されてきたことを捉えることが重要で、包括承継だから労働契約が当然に移転するとされているのではない。被承継会社が消滅する場合が包括承継であるから、労働者救済のため労働契約は承継会社へ絶対的に承継される＝承継会社はこれを拒否できないと構成されていたと解すべきである。「当然承継」の根拠は、労働者の失業の防止であって包括承継という形式ではない。問題の焦点は、労働契約を承継させるかどうかであり、当該承継関係が民法六二五項一項の適用を受ける承継関係であるか否かに存するのではない。このように解すべきことからすると、その意図は明らかなるも、従来の労働法学においては、包括承継の場合の労働契約の承継に関する法理論は必ずしも充分に検討されたものとはいい難く、包括承継の場合に民法六二五条一項の適用はないとする主張の妥当性には疑わしいところがあるように思われる。

労働契約承継法につき、会社分割の際の労働契約は包括承継の対象であるから、民法六二五条一項の適用はないとする主張も、主張の根拠に労働者の保護を掲げており、その限りでは形式的には従来の労働法学説が構築してきた理論と同様な主張が行われており、意図に関する限り即自的には問題はないように見える。しかし、会社分割制度に関する労働契約承継法において主張されている労働者の保護とは、会社分割によって被るであろう労働者の不利益を救済することであるとされつつも、それは労働者が主として従事してきた営業と切離される場合であり、例えば、主として従事してきた営業が承継会社へ承継されるのにその労働者が分割会社へ残留させられるとか、主として従事してきた営業が分割されないのにその労働者だけが承継先へ移籍させられる場合である。それ故こうした場合、当該労働者の労働契約は当該営業に伴って承継先へ承継されるとしなければならない、或いは、労働者は当該営業と共に分割会社へ残留できるとしなければならないというものである。だが、果たしてこれが労働者の権利擁護といえるのかは相当に疑問である。会社分割たる営業の分割は、会社組織のリストラを目的として行われるもので単に分割されるのではないからである。具体的にいえば、不採算部門である営業が分割されることに従い当該営業に伴う労働契約も共に分割され承継されるのがその典型である。このようにリストラの対象として分割される営業に伴って分割先へ移転させることが何故に労働者の保護になるのか説得的ではない。むしろ、分割会社へ残留することを認める方が労働者の保護となるのではあるまいか。つまり、労働契約承継法において予定されているように、主として従事する営業と共に分割先の会社へ移転するのではなく、主として従事してきた営業と切離されることにはなるが、分割会社に残留することを認める方が労働者の保護になる場合も存在するであろうと思われるのである。勿論、特殊なケースとして分割会社に不採算部門を残し、他は承継会社へ承継させるといった反対の場合も理論的には考えられ、この場合は労働者が主として従事する営業が分割されないのに当該営業に主として従事してきた労働者の労働契約が分割会社へ分割されることに従うのが労働者の保護であるとになる。会社分割の目的がリストラであることを踏まえると、本稿のように考えるのが労働者の保護であろう。(23)

更に問題なのは、労働者が主として従事してきた営業が分割され承継される場合、当該労働者は当該営業と共に分割先へ移籍させられこれについて異議申立は認められていないことである。会社分割制度での承継関係は包括承継だから民法六二五条一項の適用が排除され、承継関係につき労働者の同意を問題とすることは不要であるとするのがその根拠とされている。労働契約承継法に関し、これらの労働者は「分割計画書等に記載され承継対象とされている場合は、包括承継の原則通りに、設立会社等に当然に承継される」とされ、そこには「民法六二五条一項の類推適用はない」と主張されている。(24) 商法の規定する会社分割制度の原理が労働契約承継法にも貫徹されている結果、分割計画書等へ記載された労働者は承継会社へ移籍せざるを得ないが、その移籍を拒否することはできないとの主張である。この主張によれば、労働者が主として従事してきた営業が分割される場合、当該労働者の労働契約が分割計画書等へ記載されている限り、その労働者は承継会社への移籍を「強制」されることになるといってもよい。だが、包括承継であれば何故にかかる強制が可能となるのか、そして強制することが何故に労働者の保護となるのかは理解し難い。仮に論者が、分割計画書等へ記載されることにより労働者が承継先へ移籍させられることを「強制」ではないとするなら、当該労働者の労働契約が分割計画書等に記載されていようがいまいが、自己の労働契約の承継関係を労働者自身がその自由な意思で左右することを認めなくてはならず、これを認めるということは、自らの労働契約について当該労働者の意思を問題とし労働契約の承継関係に関する労働者の自己決定権を尊重することであるから、そこには民法六二五条一項の適用が肯定されざるを得ないであろう。しかし、包括承継という「形式」を根拠とした適用排除の主張であるから、労働者の自己の労働契約に関する自由な意思決定を否定していることは明らかで、労働者の移籍は強制されていると解ざるを得ないのである。従来の労働法学説は、労働契約の承継においては財産的価値よりも人間たる労働者の保護を最優先の価値として考え処理してきており、単純に包括承継であるから労働契約は労働者の同意なくして承継会社へ移転するとは主張していない。包括承継は被承継会社が消滅する場合のことであるといった一定の条件の下において、労働契約は当然に承継会社へ承継されると主張している点を押さえることを要する。会社分割制度での承継関係は包括承継であるとされているものの、分割が行われても分割会社は消滅せず依然として残存し続けるから、ここでの包括承継は従来の包括承継概念とは異なる包括承継概念でこの点について異論は存在しない。とすれば、労働契約の承継において最も労働者の保護となり得るのは、従来通り分割会社へ残留するか、リストラを目的に分割される営業に従って承継会社へ移籍するか、それとも退職するかの選択を労働者自身に任せることであると思われる。労働契約は当然に承継されるとしてリストラ先への移籍を強制せずとも労働者の意思に従いその所属を決定することがより労働者の利益保護であるはずである。法理論的に見てもこのように解釈することは極自然で当たり前のことと思われる。このように見てくると、如何なる観点においても労働者の移籍を強制することが労働者の保護となると解することはできないと考える。

ところで、会社分割制度での包括承継が仮に従来の包括承継概念であったとしても、そこには民法六二五条一項の適用があると考えるのが本稿の立場である。従来、包括承継の場合民法六二五条一項の適用は排除され、労働契約は当然に承継されると主張されてきた。しかし、既に指摘したように、こうした包括承継のとき民法六二五条一項の適用が排除されるとの主張の趣旨は労働者保護であった。即ち、包括承継の場合被承継会社は消滅するから、特段の要件を必要とすることなく承継会社は必ず被承継会社がその労働者との間で締結していた労働契約を承継しなければならないとの主張であって、労働者を強制的に承継会社へ移籍させることまでをも主張しているのではない。労働者の自己の労働に対する決定の自由を担保した上での処理であると考えることができる。包括承継の場合に限らず、労働者が当該承継関係を拒否して退職する自由は如何なる場合といえども残されており、これを否定する労働法学説がこれまで存在しないのはその証左である[25]。仮にこれが否定されているなら、労働者は合併等の場合において、民法六二五条一項の適用が否定されていることからの結果として、承継会社への移籍を絶対的に強制されることになるが、そうした主張はこれまで行われてきていない。労働者には移籍の強制を拒否する権利、仕事を選ぶ権利、労働選択の自由は存するのである。ということは、この場合労働者の仕事を選択する自由は、営業が包括承継されることを原因とする承継関係よりも優先されており、そこに労働者の自己の労働に対する自由の価値的優位が存在する。これは労働者が自らの労働を選択する権利、自己の労働契約を同意なくして譲渡されない権利の担保が行われていることであり、民法六二五条一項の適用が排除されているのではなく適用されていることを明らかにする事態でもあると解する。会社分割制度について、会社分割制度は包括承継だから労働契約は当然に承継されるとする「営業の包括承継論」の主張においてもこのことは変わらないはずである。もしそうでないとすると、会社分割制度の下で分割が行われると、労働者は退職することも許されず移籍を強制されることになるが、営業の包括承継論もそこまでは主張していないと考えられるからである[26]。又、従来、包括承継の場合に労働契約は当然に承継されるとの主張は従前の会社が消滅することを条件として伴っていたから「当然に」との法的構成がなされ、民法六二五条一項の適用排除が主張されてきたのであって、主張の中心は、包括承継＝当然承継にあるのではなく、従前の消滅＝包括承継＝当然承継にあり、労働契約承継法につき主張されている内容とは異なる内容をもってその主張が行われてきたことは既に指摘した。会社分割制度では分割会社は消滅することはないから、こうした包継の場合には民法六二五条一項適用排除の条件は欠けていると考える。したがって、あくまでも民法六二五条一項の適用排除を主張するのであれば、被承継会社が消滅しないような包括承継であっても労働契約は「当然に」承継されるとする根拠の論証が必要と思われるところ、その論証はどこにも見出すことはできない。包括承継の形式だけを理由に、民法六二五条一項の適用を排除することはできないものと考える。ましてや移籍の強制などできるはずもないし、そもそも強制はいかなる場合であれ許されることではあるまい。

(16) 会社分割制度の新設分割には、分社型分割と分割型分割とがあるが、いずれも正確にいえば、営業の包括承継に該当するものではない。包括承継は、被承継会社と承継会社両者の存在を前提にするからである。新設分割は、「承継させる」と表現されるところの財産等をもって会社を設立する行為であって、会社分割が終了することにより承継会社が設立されるのであり、それまで承継会社は存在せず、被承継―承継関係は事実問題として発生することはない。にも拘わらず、新設分割行により包括承継が行われるとするのは、会社分割によって発生する各種財産等の移転、そして労働契約の移転を民法六二五条一項の排除の上に、且つ、会社の利益の裡において行うための方策であると考える。

(17) 部分的包括承継概念については、原田・前掲別冊商事法務二三六号二四頁、落合誠一「会社分割に関する商法上の論点」別冊商事法務二三六号三八頁、荒木・前掲ジュリスト二〇頁。但し、それぞれの主張する部分的包括承継概念は必ずしも同一とはいえず、法的性質は各自異質であるように思われる。

(18) 荒木・前掲ジュリスト二〇頁での会社分割制度及び労働契約承継法の位置付けは、行論でのことを比較的ソフトに表現したものであると考えられる。

(19) 一切の権利義務が承継されるとされているが、承継された労働条件は何時まで維持されるのかは不明であるし、福利厚生関係については必ずしも承継されるとは思われない。福利厚生関係については、森誠吾「企業組織の再編と

労働契約承継法」季刊労働法一九七号八頁。

(20)　岡崎・前掲別冊商事法務二三六号七八頁。

(21)　原田・前掲商事法務一五六五号九頁、荒木・前掲ジュリスト二一頁。

(22)　例えば、労働協約に関する主張ではあるが、吾妻光俊『新訂労働法』(青林書院新社、一九五六年)三二一頁。

(23)　労働契約承継の如き処理も労働者の保護ではあるだろうが、会社分割においては多様な側面においてそれは検討されるべきで、より労働者保護の方法が有得るとし、且つ、リストラとの関係を踏まえると、労働契約承継法での労働者保護は保護たりえないとの批判をするのは、本久・前掲労働法律旬報一四七八号一六頁。

(24)　荒木・前掲ジュリスト二一頁。

(25)　和田肇「営業譲渡・分割・合併と労働法」八八頁(『企業組織の再編に伴う労働者保護法制に関する調査研究報告書』所収)はこの点を指摘している。尤も、かかる指摘は従前から行われており、最近の主張ではない。例えば、宮島尚史「企業合併における労働法上の諸問題」日本労働法学会誌二九号(一九六七年)三二頁。ただ、この見解は、包括承継の場合は民法六二五条一項ではなく六二七条一項の問題と解すればよいとの主張と思われる。しかし、民法六二七条一項は使用者の変更を予定していない点で六二五条一項とは適用場面を異にする条文である。所謂包括承継の場合は、あくまでも六二五条一項に基づく移転の拒否であって退職ではない。退職ではないが、従前の使用者＝会社が消滅していることの関係で移転の拒否が現実には退職として顕現するだけのことであり、退職という結果は同じでも、両者は立脚する法的根拠を異にしていると解すべきであろう。したがって、創設された会社分割制度での場合は、従前の会社は消滅していないから、それは文字どおり移転の拒否として、即ち、民法六二五条一項適用の場面として考えることが要請されるのである。尚、本久・前掲労働法律旬報一四七八号二一頁は、労働の一身専属的性質からこの問題に接近し本稿と同様な立場を主張している。

因みに、ドイツ民法六一三条aは、事業所が譲渡されるような場合の労働契約関係について、労働契約は承継先へ移転すると規定し(新営業主は現存する労働関係へ参加する)、そして、労働者はその移転につき異議申立権を有するとするのが連邦労働裁判所の判例である。労働者保護の観点からすればこうした構成を採用すべきであろう。

(26) 労働契約承継法にかかわって民法六二五条一項の適用はないとする論者はこの点についてその主張を明確にしていないため、正確なところは不明である。

五　むすびにかえて

労働法学の目的が従属労働者の権利擁護であるとすれば、労働契約承継法に関しては、分割・承継される営業が労働契約を含むか否か、会社分割が営業の包括承継か否かの議論は重要な論点ではないであろう。会社分割制度に関する商法の規定によりかかって、労働者を他の会社へ強制的に移籍させる結果を招くような主張をすることよりも、会社分割規定に基づく労働者の移籍が、従来労働法学が構築してきた転籍に関する理論に基づき是認される事態かどうかの検証が先ずもって行われるべきことであろう。従来の法理による処理と比べて、会社分割制度及びこれを受けた労働契約承継法によるそれの方が労働者の保護において後退しているのであれば、従来の法理によって会社分割制度がもたらすところを修正すべきと考えるからであるし、労働契約の関係を所謂財産関係と同様に取扱うことを否定し労働者の人間的価値を尊重するところに社会法としての労働法の基礎があると考えるからである。

商法は企業法であるとするのが通説的見解であり、本稿も同様な理解に立脚する。しかし、企業法であったとしても、否、企業法であるからこそ、商法においては企業利益を優先的に実現するような解釈が要請されるわけではなくその逆である。我々が日常経験する多くの商法的法事実の典型は、商人を売主とし非商人を買主とする売買契約を中心とした諸関係である。原則的にいえば、一方的商行為といわれるこれらの法的関係は総て商法が適用される諸関係である。民法が適用される非商人と非商人間の売買関係は例外的に行われるにすぎない。だからこそ商人・非商人間で行われる各種の行為を非商人の利益を優先することにおいて解釈すべきことが要請されると考える。これを商法は企業法であるとの理由において商人の利益を擁護するよう解釈するとすれば、我々の経験する殆どの商法的関係は商人の利益のために解釈されてしまうことになってしまうからである。近代社会の理念にも拘わらず、現実の社会関係において、人間関係の全くの平等はこれまでの社会に実現したことはない。商人は非商人との契約関係において常に優位な立場に立つとともに、商人の行為、或いは、企業関係は営利を目的とするのに対し、非商人の行為は生活維持が目的であるから、企業の利益と生活者の利益を比較衡量し、営利の目的は生活維持の目的に劣後するとの確立された一般原則を確認するものとして商法の指導理念である企業関係の規律が存在するものと考える。即ち、商法は商人の行う営利行為を規律し、そして商人が営利を追求することは当然に認められるべきでものであるが、営利行為追求のあり方は、商人・非商人間にあっては、非商人の利益を優位におく原理を内在させたものとして、商法の指導原理が存在するということである。会社分割制度についての本稿の考察と検討は、商法の指導理念を以上のように解することを基礎として行ったものである。

従業員代表制と労働組合
――その歴史と課題――

新谷眞人

一　問題の所在

1　従業員代表制立法化論の登場とその背景

(1)　一九八七年の労基法改正おいて、変形労働時間、事業場外労働、裁量労働の規定が改正され、また、フレックスタイム制が導入された。そのさい、当該事業場における過半数代表者と使用者との労使協定の締結が、これらの労働時間弾力化の要件とされた。従来は、三六協定の締結、就業規則の作成・変更のさいの意見陳述など、例外的・限定的に認められていた過半数代表の機能と役割が、一九八七年改正によって一気に拡大されたといってよい。この改正を契機として、過半数代表制の見直しと、従業員代表制の立法化を求める論稿が次つぎと発表された(1)。

また、一九九八年の労基法改正で、新たに企画業務型裁量労働制が導入され、新しいタイプの労使委員会による決議が必要とされた（三八条の四）。その後、新労使委員会の役割と機能をめぐって、従業員代表制の議論が活発に行われ、現在に至っている(2)。

(2)　一方、従業員代表制をめぐる社会的経済的背景として、一九八〇年代から九〇年代を通じて、労使関係の変容と労働組合の地位の相対的低下を指摘することができる。すなわち、①労働組合の組織率の低下、②パート、派遣労働者の増大に伴う雇用形態の多様化、③能力主義、成果主義による賃金・労働条件の個別化、④個別紛争の増加と労働組合による労働条件規制の機能の低下、⑤労働組合に対する社会的信頼性が、徐々にうすれてきていることなどが、従業員代表制をめぐる議論の背景にある。

2　従業員代表制立法化をめぐる論争状況

従業員代表制の立法化をめぐっては、積極説と消極説が対立している。(3) いまのところ、積極説が多数説と思われるが、それほどかみあった議論がなされているわけではなく、また、それぞれのなかでもニュアンスのちがいがみられる。

積極説は、従来の過半数代表制を基盤としている点で共通する。ただそれをどのように整備拡充すべきか、また法体系上どのように位置づけるかの点でちがいがある。たとえば、従業員代表を集団的労働法のなかでとらえる立場と、(4) 憲法二七条の労働保護法体系の制度として、限定的に位置づける見解がある。(5)

消極説は、従業員代表を立法で強制することは、憲法二八条の団結権保障に抵触するとするもの、(6) 従業員代表の法定化は、二一世紀版「産業報国会」となる可能性があり、御用組合的な組織となりかねないのであって、基本的に問題があるとするものなどがある。(7)

私見は、中間説であり、従業員代表組織は組合活動と密接な関係があり、労働者の集団的な経営参加の一形態ととらえられるものであるから、憲法二八条に基づく集団的労働法の体系に位置づけられるべきであると考える。(8)

3　本稿の目的

本稿は、過半数代表制をめぐる現行労基法の解釈をめざすものでもなければ、従業員代表制の立法化の是非を論じようとするものでもない。近時の議論は、従業員代表に関する歴史的な把握の視点が欠けていると思われる。そこで、戦前、戦後のわが国の従業員代表と、ワイマール期までのドイツの経験をふり返ることによって、従業員代表の意義を考察してみたい。いわば、従業員代表の基礎理論的なアプローチを試みる。これにより、おのずから、従業員代表と労働組合との関係をどうとらえるかも明らかになるであろう。

（1）　小嶌典明「労使自治とその法理」労協三三三号一三頁（一九八七）、西谷敏「過半数代表と労働者代表員会」労協三五六号二頁（一九八九）、毛塚勝利「わが国における従業員代表法制の課題――過半数労働者代表制度の法的整備のための検討課題」学会誌七九号一二九頁（一九九二）籾井常喜「労働者保護法と『労働者代表制』――その立法論的検討」外尾古稀二七頁（有斐閣、一九九四）、光岡正博『経営参加権の研究・新訂版』（法律文化社、一九九二）坂本重雄『団体交渉権論』（日本評論社、一九九四）など。一九九三年ころまでの学説の動向については、藤川久昭「文献研究・労働法学における従業員代表制論」季労一六九号一七三頁（一九九三）。なお、本稿で「従業員代表」とは、工場、事業所レベルで労働者集団から選出された労働者組織であって、労働組合とは異なる立場から、経営事項や労働条件に関して意見を表明したり労使協定の当事者となったりするもの（労基法上の過半数代表を含む）という意味で用いる。歴史的には、労働者委員会、工場委員会、経営協議会などと称されてきたものである。

（2）　毛塚「『労使委員会』の可能性と企業別組合の新たな役割」労研四八五号一三頁（二〇〇〇）、小嶌「従業員代表制」講座二一世紀の労働法八巻五〇頁（有斐閣、二〇〇〇）、労働問題リサーチセンター『企業内労働者代表の課題と展望――従業員代表法制の比較法的検討』労働問題リサーチセンター（二〇〇一）、毛塚勝利・中村圭介「従業員代表制は立法化すべきか？」労研四八九号二頁（二〇〇一）、大内伸哉「労働者代表に関する立法政策上の課題」学会誌九七号二一九頁（二〇〇一）、同「従業員代表組織の法制化は妥当であるか」連合総研レポート一六二号一一頁（二〇〇一）、野川忍「日本における従業員代表法制の課題――労働者代表機関としての従業員代表と労働組合」同一五頁、道幸哲也『不当労働行為法理の基本構造』一六三頁（北海道大学図書刊行会、二〇〇二）、守島基博・野川忍「対談・労働者代表機関の役割」季労二〇〇号一七七頁（二〇〇二）、シンポジウム「労働法における労使自治の機能と限界」学会誌一〇〇号一九頁（二〇〇二）、藤内和公「従業員代表立法構想」岡山大学法学会雑誌五三巻一号一頁

(二〇〇三)、特集「労働者代表システムの今日的課題」労研五二七号一頁(二〇〇四)、濱口桂一郎「過半数代表制の課題」季労二〇七号二〇八頁(二〇〇四)、西谷『規制が支える自己決定―労働法的規制システムの再構築』三三九頁(二〇〇四)。これら以前の一九九〇年代の文献については、拙稿「労働者代表制と労使委員会」季労一八九号二七頁(一九九九)参照。

(3) 積極説は、西谷、毛塚、籾井、小嶌、野川の前掲諸論稿のほか、鼎談「労働法における労働者像と労働組合の役割」法セミ二五六号六八頁(二〇〇二)における土田道夫、和田肇発言。消極説は、中村、大内、道幸の前掲諸論稿のほか、菅野和夫『新・雇用社会の法(補訂版)』三一〇頁(有斐閣、二〇〇四)。

(4) 従業員代表が労働組合の活動を補完する機能をもつことを重視する、西谷、毛塚の前掲論稿。

(5) 籾井・前掲四九頁。

(6) 大内・前掲学会誌九七号二二四頁。

(7) 道幸・前掲書一七四頁。

(8) 片岡曻『現代労働法の展開』一四六頁(岩波書店、一九八三)、沼田稲次郎「労働権保障法の体系的展望――労働基準法の horizon を越えて」沼田著作集七巻一八〇頁(労働旬報社、一九七六)。

二 わが国における従業員代表の形成過程

1 戦前の工場委員会

(1) わが国における従業員代表制の萌芽は、一八九六年に鐘淵紡績株式会社に設置された職工懲罰委員会等にみることができる。(9) その後、従業員代表は、一九一八年の第一次世界大戦終了までは、まったく普及していない。しかし、第一次世界大戦は、わが国に近代的大工場と大量の男性労働者を生みだし、ロシア革命(一九一七年)や米騒動(一九一八年)などの世相を背景として、労働組合の結成と労働争議の増加をもたらした。その後は、従業員代表も徐々に広がりをみせるのである。

(2)　一九一九年以降の従業員代表は、二つの潮流がみられる。一つは、政府および使用者団体の主導による「上からの労働委員会」設置の動きであり、もう一つは、工場ソヴィエト＝赤色労働組合主義の系譜をくんだ「下からの自主的工場委員会」の登場である。

前者からみていこう。一九一九年一二月五日、内務省は「労働委員会法案」[10]を発表した。これは全文四二カ条からなる詳細なもので、構成は、労働者選出委員と企業指名委員の各同数とすること、権能は、労働条件等の調査・審議、紛争の調停とすることなどが定められていた。この法案は、立法化されるには至らなかったが、労働委員会構想は、労働争議の解決に苦慮していた使用者団体の受け入れるところとなり「懇談会」「茶話会」「総代会」などさまざまな呼称のもとに、主要企業に設置されていった。

その集大成が、一九二一年一〇月一二日に発表された、協調会「労働委員会法制定ニ関スル建議」であり、その中で示された「労働委員会法案」である。[11]これによれば、労働委員会の目的は、労使の相互の理解および信頼に基づき雇用関係を調整し、労働者の境遇の改善および産業の発達を図ることにある。その権能は、使用者の提案に対し、審議し意見を開陳することである。

政府、使用者団体の主導でつくられた労働委員会は、たんに労使の意思の疎通を目的とした、使用者の慈恵的懇談会ないし諮問機関にすぎないものであった。また、労働委員会は、労働組合を基盤とするものではなく、むしろ職場からの労働組合（横断的組合）の排除をねらっていた。[12]付議事項についても、生産計画等のいわゆる経済的事項には一切触れさせていない。そのため、せっかく労働委員会を設置しても、労働者委員が愛想をつかして辞任してしまうという事態もみられた。[13]ここに至って、労働委員会は、労使双方からの期待を裏切るかたちとなり、一九二三年ころには、ほとんど忘れられた存在となった。

(3)　一方、第一次大戦後の一九二〇年、わが国は恐慌にみまわれ、銀行の破綻、工場閉鎖、大量失業を生み出した。労働運動は防衛的な性格を強め、サンディカリズムの思想と結びついて、労働陣営にとって、横断的労働組合を前提とした団結承認、団体交渉権の確立および工場委員会の設置要求が主要な課題となった。ここにおいて、労働組合、しかも横断的労働組合に根をおろした「下からの自主的工場委員会」の動きが発生したのである。労働委員会ないし工場委員会は、前述のように、一時退潮を余儀なくされるが、一九二五年五月二五日に日本労働組合評議会が発足し、その指導のもとにふたたび労働運動の舞台に登場することになる。

自主的工場委員会とは、一つの工場を単位として、労働組合の工場分会ないし支部組織が中核となって、その工場の全従業員を包含した組織体である。このなかから代表委員会が選出され、これが工場委員会全体を管理する。つまり、工場委員会は、前衛的な労働組合の存在を前提とした大衆組織である。[14] その活動は、労働組合のように「闘争的事務」だけを扱うものではなく、ひろく工場内の技術的管理、すなわち経営状況の調査、労働条件に関する協議等を含んでいた。[15] また、工場委員会は、一工場の組織にとどまらず、地域的に工場代表者会議を組織し、これを再編成して産業別組合を結成するという展望をもつものであった。

自主的工場委員会の運動は、一定の成果をあげたが、政府・資本の激しい弾圧に直面し、しだいに凋落していった。評議会は、一九二八年四月一〇日、治安警察法により解散させられた。

しかしながら、一九二七年の金融恐慌から一九二九年の世界大恐慌へと続く経済情勢を背景として、労働争議数は増加し、かつ長期化した。これに対処するため、一九二九年二月一三日、一部国会議員により「産業委員会法案」が第五六帝国議会に提出された。一九二三年ころにいったん消滅した「上からの労働委員会」が、ふたたび登場したのである。しかもこれは、その趣旨と内容において、協調会の前記「建議」とほぼ同じものであった。つまり、労使協調の思想のもとに、団体交渉による労働協約を排除し、工場委員会をして労働組合の代替機関とすることを意図していたのである。ところが、使用者団体は、法律をもって工場委員会の設置を強制すべきではないとの理由で、この法案に反対した。法案は、前記内務省法案と同様、またも不成立に終わった。これをもって、戦前期の工場委員会の歴史は幕を閉じた。

なお、この間、一九二八年一二月二五、評議会の加盟組合を再結集して、日本労働組合全国協議会（全協）が発足した。全協は、当初から綱領の中で自主的工場委員会および工場代表者会議の組織化を掲げていたが、激しい弾圧を受け、みるべき成果をあげることはできなかった。

(4)　一般的にいえば、戦前の従業員代表は、使用者側のイニシアティブで設置されるもので、諮問機関、懇談会、報告会の域を出ないものであった。[16]ファシズム体制下における産業報国会の時代にあっても、経営懇談会、工場協議会等の設置が重視されてはいた。[17]しかし、その目的は、職場からの労働組合の排除であり、主たる機能は労使紛争の未然防止に限定されたものであった。それらは、労資一体、事業一家、職域奉公という産業報国イデオロギーに支配された組織であって、[18]とうてい自立した従業員代表とは評価しえないものであった。しかし、戦前の自主的工場委員会にみられる左派労働組合運動は、第二次大戦の終戦直後に、ほぼ完全な姿で復活をとげることになる。この意味で、戦前、戦後のわが国労働運動は、連続したものととらえることができる。[19]

2　戦後経営協議会とその解体

(1)　戦後わが国の民主化の動きは、労働運動の領域においては、経営参加の要求となってあらわれた。敗戦により生産意欲を喪失した使用者にかわり、インフレと賃金低下に抗して、労働者は、企業別に労働組合を結成し、争議行為として生産管理を行い、争議終結後の恒常的な機関として経営協議会の設置を要求することが定式化した（一九四五年末から一九四六年前半の第一次読売争議、京成電鉄争議、日本鋼管鶴見製鉄所争議、炭鉱争議など）。[20]当時の労働組合運動を指導したのが、総同盟（日本労働組合総同盟、一九四六年八月一日結成）と産別会議（全日本産業別労働組合会議、一九四六年八月一九日結成）である。

(2)　総同盟および産別会議は、それぞれ労働協約基準案のなかで経営協議会に関する条項を規定した。[21]まず、総同盟は、その結成準備段階において「協約基本案」を発表し（一九四六年二月一九日）、労務委員会と生産委員会の設置を提唱した。さらに、総同盟発足後の中央委員会で、より詳細な「労働協約要綱案」を採択した（同年一二月一四日）。これによると、経営協議会を労使間における唯一の協議決定機関とすること、協議決定事項は労働協約とすること、経営協議会に労務・生産等の専門委員会を設けるようにすることなどが規定されていた。

次に、産別会議の「団体協約基準案」（一九四六年一一月一日）では、賃金、労働時間、解雇、組合活動などに関する基準を規定したうえで、この団体協約に反しない範囲において経営協議会を設けると定めた。これは、後述のドイツ経営協議会法（一九二〇年）のように、労働組合優位の原則を宣言したものとして注目される。また、決定事項は、労使双方が承認した場合にかぎり労働協約と同じ効力を有するものとされた。というのは、ただちに労働協約と同じ効力を認めると「組合の自主性民主性をそこなう」ことになり「幹部の妥協に導きやすい」からであるとされる（基準案に付された「意見」）。

(3)　総同盟と産別会議の経営協議会に関する考え方をくらべてみると、どちらも経営の民主化を目的とする点では同じである。しかし、総同盟案では、経営協議会は団体交渉と一体化しており、広範な協議決定権限が与えられているのに対し、産別会議案では、協約優位の原則により、経営協議会は労働協約の制約を受ける点で相違がみられる。これは、生産管理に対する両団体の方針のちがいからくるものである。[22] 総同盟は、生産管理の実施よりも、経営協議会を通じた広範な経営参加を獲得することに重点をおいていた。これに対し、産別会議は、労働組合による生産管理を重視し、むしろ、経営協議会に執着すると、かえって労働組合の弱体化を招くおそれがあるとの警戒心をいだいていた。産別会議の運動方針は、日本共産党の指導のもとに、後述のドイツ革命におけるレーテ思想に基づいて、社会主義革命を展望するものであった。いずれにしても、労働組合主導の経営協議会運動は、生産管理と不可分のものと考えられていたのであり、総同盟であれ産別会議のものであれ「下からの経営協議会運動」がここに復活したとみることができる。

(4)　生産管理は、政府による「四相声明」(一九四六年二月一日) および「社会秩序保持に関する政府声明」(同年六月一三日) により、正当な争議行為とは認めがたいものとされた。一方、経営協議会は、生産管理の代替機関として望ましいものとみなされ、前記政府声明の同日に発表された「経営協議会に関する書記官長談」において、むしろ積極的にその設置が推奨されていく。(23)

注目すべきは、一九四六年前半、政府により経営協議会法の立法化の動きがみられたことである。同年二月、商工省と厚生省が協議しながら「工場委員会制度要綱」の草案を作成した。これは、産業平和・労使協調を基本理念とするものであり、公表はされなかったものの、各企業および労働組合に影響を与えたといわれている。(24) 商工省は、政府の生産管理否認の姿勢をみて、いよいよ経営協議会制度の立法化の態度を固め、五月二九日「経営協議会設置要綱(案)」を作成した。これは、生産増強のために経営の民主化を図ることを目的とし、労働協議会と生産協議会を設け、調停制度も用意するというもので、後述のワイマール憲法一六五条およびドイツ経営協議会法の影響を受けたことがうかがえる。(25) しかし、この要綱案は、閣議にまでかけられたが、けっきょく公表されずに終わった。

(5)　これにかわり、政府の諮問を受けて発表されたのが、中労委の「経営協議会指針」である (同年七月一七日)。その内容を要約しておこう。

i　経営協議会の本質は経営参加にあり、労働協約によって設けられる常設の協議機関であること。

ii　委員構成、対象事項等は労使自治にゆだねられていること (労働者側委員は組合員であることが前提)。

iii　決議は労働協約と同一の効力があること。(26)

このように、指針のいう経営協議会は、労働組合の存在を前提としており、そこでの協議および決議は、団体交渉および労働協約と重複するものであった。つまり、経営協議会は団体交渉機関としての性格もつものであり、指針は、団体交渉の日本的あり方を示したといえよう。(27)

一九四八年四月、日経連が発足し、経営権の確立の名のもとに、下からの経営協議会運動への対決姿勢が明らかにされた。日経連の方針は、中労委指針でさえも否定するものであった。翌一九四九年の日経連「労働協約基準案」および労働省通牒「労働組合の組織と運営に関する協力と勧告の実施について」（七月六日）のなかで、経営協議会の解体・分割がうたわれ（交渉委員会、苦情処理委員会、生産委員会に分割）、これまでの「下からの経営協議会運動」は、ここについに圧殺される。[28]

(9) 以下の戦前期に関する記述は、木元進一郎『労働組合の「経営参加」新訂版』一四三～二六五頁（森山書店、一九八一）に負うところが大きい。
(10) 沼田稲次郎編『資料労働法』二五頁（労働旬報社、一九七九）、木元・前掲書一四八頁。
(11) 木元・前掲書一七七頁。
(12) 沼田「労働法（法体制再編期）」鵜飼信成ほか編『日本近代法発達史5――資本主義と法の発展』二八九頁注(21)（勁草書房、一九五八）。
(13) 住友四社の事例。木元・前掲書一八七頁。
(14) 藤田若雄「終戦時の左派労働組合主義」藤田著作集第二巻一五二頁（三一書房、一九八二）
(15) 渡辺政之輔『新装版・左翼労働組合の組織と政策』五一頁以下（而立書房、一九九〇）。
(16) 吾妻光俊「経営協議会の法律問題」東京大学労働法研究会『労働法研究第一輯』七頁（国立書院、一九四八）、石井照久『団体交渉・労使協議制』一八八頁（総合労働研究所、一九七二）。
(17) 角田邦重「ファシズム体制下の労働法思想――戦前労働法思想の一断面」沼田還暦上巻五一九頁以下（総合労働研究所、一九七四）。
(18) 産業報国イデオロギーについては、沼田『労働基本権論』五頁以下（勁草書房、一九六九）。
(19) 藤田・前掲一四九頁。
(20) 生産管理の法理については、沼田「生産管理論」著作集四巻所収（労働旬報社、一九七六）、同「生産管理」総合判例研究叢書・労働法(2)一二〇頁（有斐閣、一九五八）、佐川一信「戦後労働法学の出発と生産管理論――戦後労働

法理論の思想史的位置を検討するための基礎的論理」沼田還暦上巻五三〇頁（総合労働研究所、一九七四）、蓼沼謙一「生産管理の正当・不当（一）（二）」法セミ二九九号四〇頁、三〇〇号六二頁（一九八〇）、籾井常喜「戦後労働法制・労働法学の形成と生産管理論」労旬一三六三号二〇頁（一九九五）。

(21) 労働省編『資料労働運動史昭和二〇〜二一年』七七頁、七八頁、三三一頁（一九五一）。

(22) ものがたり戦後労働運動史刊行委員会編『ものがたり戦後労働運動史Ⅰ』一〇一頁以下（第一書林、一九九七）。経営協議会の位置づけのちがいは、経済復興会議（総同盟）、産業復興会議（産別会議）の路線のちがいとなってあらわれる（藤田「戦後労働政策の特質と経営協議会」藤田著作集第四巻一二七頁）。

(23) 遠藤公嗣『日本占領と労使関係政策の成立』一四〇頁、一六八頁（東京大学出版、一九八九）。

(24) 中島正道「戦後激動期の『下からの経営協議会』思想——イデオロギーと労働組合に関する一考察」清水慎三編著『戦後労働組合運動史論』一六一頁注(13)（日本評論社、一九八二）。

(25) 中島・前掲一三九頁。

(26) 以上、労働省編・前掲書八〇四頁。なお、すでに旧労組法で、労働協約の事業場および地域の一般的拘束力が規定されているが（二三、二四条）、経営協議会の決議が当然にこれらの効力をもつことになるのかどうかは明らかではない。

(27) 遠藤・前掲書一八三頁、一八八頁。

(28) 中島・前掲一五六頁。

三　ドイツにおける経営協議会の発展

ここで目を転じて、ドイツにおける経営協議会の発展過程をみておこう。ドイツは、すでに一九世紀半ばから工場委員会の構想が生まれ、ナチス時代の中断はあるものの、現代まで脈々と経営協議会が存続しており、その歴史からは学ぶべきものが多いと思われる。(29)本稿では、紙幅の関係と筆者の能力の限界から、ワイマール期のドイツに焦点をあてて記述する。

1　第一次世界大戦まで（一八四八―一九一八）

(1)　ドイツにおける従業員代表制の萌芽は、一八四八年の三月革命後のフランクフルト国民議会における営業条例草案をめぐる議論に見いだすことができる。この草案には、主流案と少数案とがあり、とりわけ注目されるのは後者である。そこでは、すべての工場につき、労働者、職長および工場所有者の三者からなる工場委員会Fabrikausschuss の設置が義務づけられていた。また、地区ごとの工場協議会が規定されていた。工場委員会ないし工場協議会の権限は、労使紛争の調停、工場規則の作成と監視、労働時間や解雇の規制等であり、今日からみても強大なものであったといえよう。

この工場委員会は、三者構成である点で今日の経営協議会とは異なっているものの、その先駆的形態とみてよいであろう。しかし、営業条例草案は、手工業者および工場労働者の台頭におそれをなしたブルジョアジーによって棚上げされ、そのままほうむり去られてしまう。三月革命の前衛はつねに労働者階級であったが、国民議会で議論を重ねていくうちに、事態は、一八四八年一二月ころにはもう反革命に転じていたのである。(30)

(2)　従業員代表制が法律によって規定されたのは、一八九一年六月一日の労働者保護法においてである。ドイツ資本主義の発展を背景に、社会主義者鎮圧法下（一八七八―一八九〇）であるにもかかわらず、労働者政党および労働組合は勢力を伸張しつづけた。皇帝ヴィルヘルムII世は、社会主義・無政府主義の予防と産業平和の維持を意図して、一八九〇年二月の勅令において、経営における常設の労働者委員会 Arbeiterausschuß の法制化を求めた。これが結実したのが、労働者保護法である。

ここでいう労働者委員会とは、労働者だけで構成され（ただし半数は使用者が指名）、強制ではなく任意に設置されるものであった。このとき同時に、従業員二〇人以上の工場に就業規則の作成が義務づけられたのであるが、労働者委員会の権限は、使用者の作成する就業規則に対して、意見を述べることができるというものにすぎなかった。この立法化の過程で、当時の最大勢力であるドイツ社会民主党ＳＰＤが、労働者委員会構想に対し、断固反対の態度を示していたことは注目に値しよう。その論拠は、労働者委員会は、階級対立を隠蔽する緩和剤にすぎず、また、労働者大衆の団結を分断するものである、というのである。[31]

労働者委員会は、労使双方が設置に不熱心であり、空虚で形式的な存在でしかなかった。[32] しかし、この立法において、労使関係における家長主義 Herr-im-Hause を見直すべきであるという国家意思が、はじめて明らかにされたことは疑いないところであろう。

(3) つづいて「社会政策立法の著しい停滞」[33] のあと、第一次世界大戦中の一九一六年一二月五日に祖国補助勤務法が施行され、従業員五〇人以上のすべての経営に常設の労働者委員会を設置することが義務づけられるに至った（一一条）。その権限も、経営制度全般および賃金その他の労働条件に関する提案・苦情・希望の表明など、一八九一年のときよりも強化・拡大され（一二条）、労使の意見が対立した場合には、戦時局代表を議長とする調停委員会にかけることとされた。

同法のねらいは、もとより戦争遂行のための産業平和と労働力の確保という点にあった。労働者政党および労働組合は、いわゆる城内平和を掲げて、積極的に戦争に協力していくのである。なお、この間、城内平和政策に反対して、ＳＰＤ内にスパルタクス団が結成され（一九一六年一月）、また、同党左派は、独立社会民主党ＵＳＰＤを結成した（一九一七年四月）。ところで、この時期の労働者委員会を、戦時に特殊なものとして、前後の時期と断続してとらえるのは妥当ではないであろう。それは、ヴィルヘルムII世による二月勅令以来の「社会的平和制度」の実現であり、労働者委員会制度のいちおうの完成であった。[34] 現に、戦後一九一九年に自由労働組合は、同法の労働政策を高く評価しているところである。[35]

2　一一月革命とレーテ運動

(1) 一九一八年一一月三日、キールでの水兵の反乱に端を発して、ドイツ全土に労兵レーテが結成されていった。レーテとは「評議会」「協議会」の意であり、一九一七年のロシア革命におけるソヴィエトに類似した自主的闘争組織である。レーテは、既成の政党や労働組合とは異なる組織であって、工場、経営、地域を単位として、労働者、兵士、農民らが母体となって委員を選出するものである。レーテ代表として選出されたのは、SPD、USPD、スパルタクス団などの党員、自由労働組合などの活動家および革命的オプロイテらであった。[36]

ところで、レーテは、このとき突然現れたものではない。それは、一九一七年四月のライプチヒやベルリンにおけるストライキのさいに、いわばストライキ委員会としてすでに結成されていた。一九一八年夏ころには、レーテといえば革命と同義語となり、一般にも国家機構の改革を意味する用語として定着していた。[37]

(2) 一一月九日、ヴィルヘルムII世が退位し、帝政はほろんだ。翌一〇日、SPDとUSPDの六人からなる臨時政府が誕生したが、[38]この直後から、政府、労働組合およびレーテの三者間の勢力関係に規定されて、革命はきわめて複雑な展開を示すことになる。

革命当初は「いっさいの権力をレーテへ」をスローガンに、ベルリンレーテ執行委員会が、最高の政治的主権をもつものとして、臨時政府をコントロールする地位にあった。しかし、一一月一五日の中央労働共同体協定(一一月協定)を契機に、旧体制の枠内での改革を意図する臨時政府および労働組合と、ソヴィエト型社会主義国家をめざすレーテとの間に深刻な対立が生じていく。

一一月協定は、ドイツ使用者団体と労働組合諸団体とが締結したもので、労働組合を対等の交渉相手として承認すること、労働条件は労働協約で定めること、従業員代表として労働者委員会を設け、労働協約の遵守状況を監視すること、八時間労働制などが規定された。[39]これにより、労働組合の発言力が増大する一方、臨時政府によるレーテの無力化がいっそうおしすすめられていった。

(3) 臨時政府は、中央労働共同体協定を受けて、一二月二三日「労働協約、労働者・職員委員会および労働紛争調停に関する命令」を発した。ここにいう労働者委員会とは、二〇人以上の経営に強制設置され、その権限は、使用者と共同して労働協約の履行を監視すること、労働協約の定めがない場合は、労働組合と協調して賃金その他の労働条件の規定に関与できることとされるものであった。労働者委員会の構成および選挙方法については、前記一九一六年の祖国補助勤務法および同法施行規則を準用するものとされた。これは、一言でいえば、経営レーテを祖国補助勤務法の労働者委員会まで押しもどそうとするものであったといえよう。(40) こうして、経営内での権力奪取をめざす経営レーテ運動は、大きく後退することになる。

3　ワイマール憲法と経営協議会法

(1)　レーテ運動は、臨時政府および自由労働組合によるレーテに対する敵視的態度により、そのまま解体・消滅の道を歩んだわけではない。急速に増大した非熟練労働者を中心に、労働組合への不信が高まり、レーテの発展を望む声が依然として強かった。その象徴的出来事が、一九一九年一月のスパルタクス団によるいわゆる一月蜂起であり、ベルリンにおける三月蜂起と戒厳令布告（三月三日）であり、ブレーメン（二月一〇日）やミュンヘン（四月七日）におけるレーテ共和国の樹立であった。しかし、これらのレーテ勢力による抵抗も、ことごとく政府軍によって鎮圧される。

(2)　一月蜂起の敗北と一月一九日の国民議会選挙の実施を転回点として、レーテ運動は、政治的性格を失い、経済的分野での活動に重点を移していった。二月に発足したワイーマール連合政府（SPD、中央党、民主党DDP）は、依然として続くレーテ側の抵抗を無視することができず、三月蜂起のさなかの五日、経営レーテを容認することを内容とするワイマール声明を発表した。そこでは、経営レーテを憲法で保障すること、経営レーテは一般的労働関係に同権的に関与する権限をもつこと、すべての部門で労働共同体を設置すること、地域・中央労働会議所を設けることなどがうたわれていた。(41) この政府声明は、後のワイマール憲法一六五条および経営協議会法の制定の出発点となるものであった。

(3) 八月一一日、国民議会はワイマール憲法を制定した。その一六五条では、経営レベル、地方レベルおよび全国レベルで労働者協議会 Arbeiterräte を組織し、それぞれのレベルに対応して、使用者を含めた経済協議会 Wirtsschaftsräte を設置するものとされた。労働者協議会は、使用者とともに賃金・労働条件の規定および生産力の全体的経済的発展に共同参画するための機関であり、もはや政治的性格を完全に失い、純粋に経済的な組織として位置づけられた。なお、全国経済協議会は、社会政策および経済政策に関する法律案に対し、意見を陳述し、建議する権限が与えられた(42)。

(4) 一方、ワイマール憲法の起草と並行して、経営協議会法案の検討がすすめられ、一九二〇年二月四日に同法が公布されるが、使用者の抵抗とUSPDおよびドイツ共産党KPDの反対にあい、これら左右両陣営の妥協の産物として出発せざるをえなかった。使用者側は、とくに、貸借対照表の提示義務、監査役会への労働者の参加、採用・解雇における共同決定等に反対し、労働組合は、いわゆる経営利己主義 Betriebsegoismus が伸張して横断的連帯がそこなわれることを警戒した。

このように紆余曲折を経て誕生した経営協議会法によれば、経営協議会は、従業員二〇人以上の経営に強制設置される。委員の数は、従業員数に応じて、三〜三〇人であり、全従業員の直接、秘密、比例選挙(43)によって選出される。経営協議会の任務は、労働者利益の保護と使用者の補佐の二つであるが(一条)、労働者利益の保護といっても、労働協約の範囲内での労働条件の協定締結権のほかは、苦情処理や災害防止などが規定されているだけで、全体的には、使用者の補佐、生産性への協力という意味あいが強いものとなっている(六六条)。

経営協議会は、相互の連絡を欠き、経済的領域での活動にかぎられ、労働組合の優位が保たれているという点で、第一次世界大戦前・戦中からの労働者委員会の延長線上にあると指摘されている(44)。少なくとも、経営協議会は、一一月革命当時の労兵レーテのおもかげをとどめてはいない。やがて、経営協議会は、同権的共同決定どころか生産性協力のための一機関と化し、一九二九年の世界恐慌がこれに拍車をかけ、ついに経営協議会法は、ナチスの台頭とともに廃止されてしまう（一九三四年一月）。

(29) 以下の記述は、石川吉右衛門「ドイツの経営協議会」東京大学労働法研究会『労働法研究第一輯』四八頁（国立書院、一九四八）、横井芳弘「ドイツにおける経営参加制度の発展とその背景」法学新報六〇巻六号五六頁（一九五三）、同「西独における経営参加の諸問題」季労一一号一四六頁（一九五四）、久保敬治『ドイツ経営参加制度――経営参加法の生成と課題』（勁草書房、一九五六）、花見忠『労働組合の政治的役割』（未来社、一九六五）、佐々木常和『ドイツ共同決定の生成・増補版』（森山書店、一九九三）、大橋昭一『ドイツ経済民主主義論史』（中央経済社、一九九九）による。
(30) 坂井榮八郎『ドイツ史一〇講』一三〇頁（岩波新書、二〇〇三）。
(31) 佐々木・前掲書一九八頁。
(32) 労働者委員会の実態については、佐々木・前掲書二〇二頁以下。
(33) 佐々木・前掲書二五二頁。
(34) 佐々木・前掲書二五七頁。
(35) 大橋・前掲書三六頁。
(36) 革命的オプロイテとは、ロシア革命を信奉し、第一次世界大戦への戦争協力に反対する一部の自由労働組合の活動家で、政治的にはUSPDに属していた（林健太郎『ワイマル共和国――ヒトラーを出現させたもの』一三頁（中公新書、一九六三）、大橋・前掲書一六四頁注(10)）。
(37) 大橋・前掲書一六二頁
(38) 臨時政府の誕生前後の事情については、花見・前掲書一三三頁以下、大橋・前掲書一七三頁以下参照。
(39) 一一月協定の内容は、大橋・前掲書三七～三六頁。
(40) 大橋・前掲書一九四頁。
(41) 大橋・前掲書二一八頁。
(42) ワイーマール憲法一六五条の訳は、ジンツハイマー（蓼沼謙一・楢崎二郎訳）『労働法原理・第二版』三〇七頁

（東京大学出版会、一九七一）、大橋・前掲書四七頁。
(43) 比例代表選挙が、自由労働組合その他当時のドイツにおける労働組合を基盤とするものであることについては、石川・前掲七四頁。
(44) 佐々木・前掲書二八〇頁。

四 人間の尊厳の理念と従業員代表制

1 高度経済成長から現代までの従業員代表制

(1) さて、以上の歴史的経験をふまえて、現代の従業員代表制の展望に移ろう。一九五五年に日本生産性本部が発足し、それ以降、労使協議制が普及していく。日本生産性本部は、技術革新および国際競争力の強化の観点から、団体交渉とは別に、労使協調を理念とした労使協議制を積極的に推奨した。この時期の労使協議制が、戦後経営協議会と七〇年代経営参加論への橋渡しとなったともいわれる。(45)

(2) 一九六〇年代後半から七〇年代にかけて、公害問題やインフレなど、世界的に資本主義の矛盾があらわになる。また、ユーゴの自主管理運動、スウェーデンの「労働の人間化」が注目されるようになる。この時期、わが国でも「経営参加」「共同決定」をめぐって、おびただしい論稿が発表された。(46) とりわけ、沼田稲次郎博士が「人間の尊厳」の理念から、経営参加立法の必要性を力説しているのが注目される。(47) これについては、節を改めて検討したい。なお、日経連も、一九七六年三月に「全員参画経営」を打ち出すが、これは従来の小集団活動に代わる労務管理の一つとして位置づけられるものであり、基本的には、職場からの労働組合の影響力の排除をねらいとするものであって、(48) 同権的対等決定を基礎とする経営参加の理念とはほど遠いものであった。

(3) 一九七三年と七九年の二度のオイルショックをのりこえ、日本経済の体制危機が遠ざかるにつれて、七〇年代経営参加論は下火になっていく。八〇年代はＭＥ革命、ロボット革命といわれる技術革新が進展し、規制緩和、労働の柔軟化がおしすすめられた。とりわけ、労基法の改正により労働時間の弾力化が図られ、その過程で、過半数代表との労使協定の役割が拡大されてくる。このころから、労働法学会では、労基法上の過半数代表制のあり方が見直され、前述のように、選出母体や選出方法まで言及した従業員代表立法の議論が登場してくるのである。一九九八年には、企画業務型裁量労働制（労基法三八条の四）の導入に伴って、従来の過半数代表とは異なる包括的な機能をもつ新しい組織として「労使委員会」が法定されるに至った。[49]近年では、発言型従業員組織が注目されている。[50]

(4)　国際的には、ドイツ経営組織法の改正、EU労使協議会指令等の動きを見逃すことはできない。ドイツでは、二〇〇一年七月に経営組織法が改正され、部門別従業員代表を認めたり、雇用に関する従業員代表の参加権を拡大した。[51]また、EUでは、二〇〇二年二月に「一般労使協議指令」が成立し、加盟国内の中小企業にも適用範囲が拡大され、労使協議の内容も一般的な情報提供・協議へと広げられた。このように、いまやヨーロッパおよびEUでは、労使協議や労働者参加が労働政策の中軸をなしているといってよい。[52]

2　人間の尊厳と従業員代表制、経営参加

(1)　高度成長期に発生した、相次ぐ公害、大規模労働災害を直視して、労働法をはじめとする社会法体系をつらぬく理念として人間の尊厳を掲げたのは、沼田博士である。沼田博士は、一九七六年に「社会的人間の自由と平等」「人間の尊厳」の理念に基づき、従業員代表による経営参加の必要性を説かれている。[53]その論旨には、今日でも傾聴に値するものが多々含まれているように思われる。

人間の尊厳とは、憲法一三条を根拠とした、個人の尊重、人間に値する生存の尊重を理念とする原理であり、自由権および生存権を含む「憲法の人権体系全部を照射する基本理念」である。ここでいう「個人」「人間」とは、類的人間でなければならない。[54]つまり、国籍、人種、性別を超えた、自然界に存在する人間そのものが対象

である。

人間の尊厳は、もはや抽象的・包括的な概念ではなく、戦後の労働運動という歴史的実践的体験を通じて、具体的普遍性をそなえた実定法上の原理である。「人間の尊厳の思想は、自由・平等を実質的具体的にとらえる」（傍点沼田）。この原理の底流にあるものは「何よりも物に対する人間の優位」であり「物＝生産手段の体系に対する人間の優位」である。この原理にもとづき、いっさいの社会的不自由・不平等は否定される。人間の尊厳の原理は、人間性の回復の闘争、人間の尊厳のための闘争を許容するという意味で、本質的に闘争概念である。[55]

(2)　人間の尊厳は、当然に従業員代表を照射する。では、人間の尊厳を基礎とした従業員代表とは、どのようなものであろうか。私見によれば、それは、人間性の回復であり、人間の自己疎外の克服であり、労働の人間化であり、究極的には、人間の解放を志向する従業員代表組織を意味するであろう。それは、ドイツ革命におけるレーテ運動にみられるように、必然的に体制変革的性質をおびざるをえない。人間の尊厳を基礎とするということは、論理必然的に、それほどのラディカル性を内包しているものと解される。

ただ、体制変革といっても、歴史から消え去った既成の社会主義への復帰ではありえない。また、日常的に、むきだしの闘争性を発揮する組織というわけではない。かつての社会主義に代わる、新しい人間社会のあり方を模索する原点が、従業員代表による経営参加ではなかろうか。

そうだとすると、現行労基法における労使委員会や過半数代表制をいくら法的に整理してみても、人間の尊厳を自覚した従業員代表でないかぎり、たんなる「政策論的発想や戦略戦術論」[56]にもとづくご都合主義的な機関にとどまるであろう。それならば、現行法のままで十分ではなかろうか。

(3)　もとより、沼田博士は、レーテ思想にもとづく従業員代表制を直接論じているわけではない。あくまでも、現行憲法の枠内で、次のように、法内在的に考察されている。

憲法との関連でいえば、第一に、従業員代表による経営参加の立法化は、憲法の財産権保障（二九条）に違反しないであろうか。財産権は公共の福祉による制限を受ける。人間の尊厳を理念とする社会は、その実現に向けて「参加」を不可欠の契機とするのであり、参加が公共の福祉の重要な要素となっている。したがって、経営参加により財産権の一部が制限を受けたとしても、憲法に違反しない(57)。

第二に、従業員代表制の立法化は、憲法の団結権、団交権、争議権保障（二八条）に違反しないか。従業員代表と使用者との労使協定ないし経営協定に不満があれば、労働者集団は労働組合を通して「より高い次元での団結による協約闘争」に訴えるべきであり、従業員代表制は、それをさまたげるものではないから、なんら違憲性を帯びるものではない。また、労使対等原理に立脚した従業員代表組織であるならば、協議期間中に労働組合の争議行為を制限したとしても、それは合理的な制限であって争議権の侵害にはあたらない(58)。

(4)　従業員代表法制の内容については、沼田博士は、安全衛生問題につき労働者の調査・監視・協議を含むべきであり、労働条件については協約自治への接合性に配慮すべきであること、立法化にあたっては「骨格的仕組み」こそが重要で、個々の事項についてはそれぞれの労基法関連法諸法規のなかで補充的に規定すべきこととされるだけで、それ以上の具体的なことは示されていない(59)。

労働組合と従業員代表との関係については、沼田博士の諸論稿からして、労働組合の存在を前提として、労働組合が従業員代表をコントロールする関係を念頭においていることは明らかである。つまり、過半数組合であれ少数組合であれ、労働組合と従業員代表組織との併存が、通常の労使関係の状態である。それは、たとえば、次の記述からもうかがえよう。

「いまや、従業員団を組織体として法認し、その代表を通して経営参加ないし共同決定する法的仕組みを工夫する時期にきているのではあるまいか」。そのことが「やがて組合機能を超企業的なものにむかわしめることになりはしないか」。団結権保障法を労働権保障法の分野に機能的に浸透させるためにも、労働者参加の法制化が必要なのである。もちろん、従業員代表による経営参加にはメリットもデメリットもある。メリットとしては

「組合機能の拡充と団結承認促進」という面を無視できない。デメリットがあるとしても、いまや大胆に踏みきるべきであり、従業員代表を「メリットたらしめる形のものにするよう組合が先手をとれといいたいのである[60]」。

(45) 宮島尚史「労働者の経営参加の権利構造——社会経済的背景と若干の国際比較をふまえて」学会誌五一号一二頁(一九七八)。

(46) 労働省労政局労働法規課編『諸外国の労使協議制と経営参加』(日本労働協会、一九七三)、「特集・労働組合の経営参加」季労九二号(一九七四)、「特集・経営参加と団体交渉」季労一〇二号(一九七六)、日本労働協会編『経営参加の論理と展望——西欧的潮流と日本的土壌』(日本労働協会、一九七六)、「特集・経営参加と労働法」学会誌五一号(一九七八)など。

(47) 沼田稲次郎「経営参加法(仮称)の検討を開始せよ」季労一〇二号二頁(一九七六)、同「労働権保障法の体系的展望」前掲著作集七巻一八〇頁、同「日本型経営参加への提言——民主的立法化を急ぐ好機」エコノミスト一九七七年六月七日号一〇頁、座談会「現代の労働運動と〝参加的規制〟」労旬九三八号四頁(一九七七)。

(48) 佐川一信「職場での経営参加と職場組織の団交権」季労一〇二号三〇頁(一九七六)。

(49) 拙稿・前掲季労一八九号二七頁、毛塚・前掲労研四八五号一三頁。

(50) 連合総研『参加・発言型産業社会の実現に向けて——わが国の労使関係制度と労働法制の課題』(連合総合生活開発研究所、一九九七)。

(51) 藤内和公「ドイツ事業所組織法改正」季労一九八号一四〇頁(二〇〇二)。

(52) 濱口桂一郎「EU及びEU諸国における労使協議制の発展」月刊自治研二〇〇二年二月号五二頁。

(53) 沼田・前掲著作集七巻一八三頁。

(54) 類的人間については、マルクス(城塚登・田中吉六訳)『経済学・哲学草稿』九三頁(岩波文庫、一九六四)。

(55) 沼田「基本権的人権思想の発展」著作集七巻一二一〜一二七頁。人間の尊厳の概念ついては、このほか、沼田「労働法の基礎理論——社会変動と労働法学」『労働法事典』三頁(労働旬報社、一九七九)、同『社会的人権の思想』一二頁（日本放送協会、一九八〇）。
(56) 沼田・前掲エコノミスト一九七七年六月七日号一三頁。
(57) 沼田・前掲エコノミスト一四頁。
(58) 沼田・前掲エコノミスト一五頁。
(59) 沼田・前掲著作集七巻一八三頁。
(60) 沼田・前掲著作集七巻一八一～一八四頁。

五　現代日本の労使関係と従業員代表制

1　従業員代表の機能と労働組合

(1)　過去、現在を通じて、従業員代表の機能は、およそ次のようにまとめることができるであろう。(61)

①　企業内における労働条件の形成
②　組合活動の手足となる人材の育成・補給
③　紛争の回避、労使コミュニケーションの円滑化
④　労働者利益代表の一元化（組合併存の場合など）
⑤　労働条件規制の弾力化

(2)　このような機能をもつ従業員代表組織は、労使自治の担い手となりうるであろうか。労使自治とは、本来、労働者の自主的団結である労働組合が、ストライキの脅威を背景として使用者と団体交渉を行い、労働協約の締結に至るシステムをいう。それは、労使の対抗関係を前提としており、自由・平等・独立した人格を前提とする市民法上の私的自治の原則とは、理念が異なるものである。労使自治は、私的自治の原則の修正というよりは、その反省形態といえよう。これに対し、従業員代表は労働者の自主的団結ではないし、日常活動においては、平

和的かつ協調的関係において労使協議が行われ、その結果としての労使協定も、労働協約とは異なる法的性質をもつものである。[62] その意味では、理念としては、労使自治ではなく私的自治の原則に近いかもしれない。しかし、従業員代表といえども、労働の従属性を備えているかぎりは、なにほどかの対抗的性質を潜在的に有しており、また、人間の尊厳を自覚した組織であるならば、潜在的に闘争性を秘めているといえる。従業員代表は、労働組合とは異なる緊張関係をはらみながら、労使協議を通じて労働条件を形成していくのであり、これもまた、労使自治の一態様であると理解してさしつかえないであろう。

(3) では、従業員代表は労働組合の活動領域と競合しないのであろうか。すでにみたように、戦前のわが国では、企業からの労働組合の排除を目的とした上からの工場委員会に対抗して、自主的工場委員会が生まれたが、政府、使用者団体に圧殺されてしまった。また、ドイツでは、レーテ運動が労働組合と激しく対立し、レーテは、経営協議会法によってがんじがらめにされた。しかし、現在では、両国とも事情のちがいはあれ、従業員代表と労働組合との対立関係は克服されているといってよい。かえって、従業員代表は労働組合の存立基盤を奪うどころか、逆に労働組合の機能を拡大させることが期待される。

第一に、労働組合が存在する企業では、組合員の一部が従業員代表として参加することによって従業員代表をコントロールし、両者の連携を保つことができる。労働組合は、経営内の事項は従業員代表にゆだねることができ、企業横断的なマクロレベルの政策課題に取り組むことができるようになる。ひいては、産業別組合の強化につながるであろう。

第二に、労働組合が存在しない企業では、従業員代表が労働条件形成機能を担うことになるが、それがすべての問題を処理しうるわけではなく、従業員代表の機能の限界を認識することによって、かえって労働組合の結成の必要性を自覚する可能性がでてくる。このように「従業員代表は、けっして労働組合組織を解体するものでもなければ、組織化を阻害するものでもない」[63]のである。

2　今後の課題

従業員代表は、事業所内に過半数組合があってもなくても、独自の存在として認められてよい。しかし、このことは、ただちに従業員代表制の立法化が必要であるということにはならない。人間の尊厳を基盤とした従業員代表が、立法化によって実現可能であるとは思えないからである。

労使自治の一翼を担うにふさわしい従業員代表とは、参加・発言型の組織でなければならない。そのためには、労働者側に参加型労使関係を維持発展させるにふさわしい力量が求められる。今後は、従業員代表としての労働者集団の主体形成をどのようにはかっていくか、いいかえれば、従業員集団ないし労働組合が、どのように従業員代表をコントロールしていくかが、労働者陣営の重要な課題となるであろう。なお、筆者は、現代の労働組合が、いまにも消滅しそうなほど組織率や機能が低下しているとは思っていない。戦前の組織率は一九三一年の七・九%が最高であり、[64]これにくらべると、現在まだ一九%もあるともいえるのである。

従業員代表による経営参加は、資本への隷属であってはならない。あくまでも、従業員集団に根をおろした代表として、使用者からの自立性を堅持しなければならない。戦前の自主的工場委員会および戦後直後の経営協議会は、労働組合と直結した組織であり、使用者からの自立性という点では、とくに問題はなかった。二一世紀型の従業員代表においても、代表者と選出母体集団との不断の大衆討論をつうじて、代表者が独走することのないようにコントロールされることが求められよう。[65]

(61)　毛塚「組合機能と従業員代表制度」連合総研・前掲書一〇五頁。
(62)　従業員代表と使用者との労使協定は、労働協約の有利原則により、労働者にとって労働協約よりも有利な基準である場合にはそのまま有効であり、不利な場合には、労働協約の規範的効力により無効となると解する。
(63)　毛塚・連合総研前掲書一一九頁。
(64)　大原社会問題研究所編『日本の労働組合一〇〇年』七八五頁（旬報社、一九九九）、角田・前掲沼田還暦上巻四九八頁。

(65) 座談会・前掲労旬九三八号一一頁、一九〜二〇頁、二二頁等における沼田発言。なお、沼田博士は、労働者委員は組織に根をおろした者でなければならないとの理由で、労働者重役制だけは絶対に賛成できない、と発言しておられる(同一九頁)。

労働者像の変容と法

——ドイツの労働力事業主に関する議論を中心に——

小俣勝治

一　はじめに

ドイツの被用者（労働者）概念は一〇〇年以上前の工場労働者の像に由来し、それは一日中厳しい労働条件の下でわずかな賃金を得て生活せざるを得ない貧困者であった。当時は富者である事業主とは財産的にも地位的にも両者に大きな落差があった。人的従属性の理念もこの社会現象に由来する。[1]すなわち、使用者の指揮命令に服する被用者の責任は、指揮命令されたことの履行に尽きる。

もとよりその後、ＢＡＧ（連邦労働裁判所）ならびにＢＳＧ（連邦社会裁判所）による限界事例をめぐる判例の展開は、その対象を拡大させて来た。すなわち、そこでは被用者と独立自営業者との区別の基準としての人的従属性は、(a)指揮命令被拘束性（労働の①場所、②時間及び③内容ないし専門に関する指揮命令に拘束されること）と、(b)事業組織への編入（④委託者の従業員との共同作業＝人的編入、⑤委託者の労働手段による労働＝物的編入）に区分される。判例では、独立自営的就業と従属的就業のいずれのメルクマールが具体的ケースにおいて優越するかが問題となる。[2]

しかし根本的な技術革新は通信・製造及び組織の構造に大きな変容をもたらすと同様に、変容した組織形態は従業員の固有の責任を強化することによって指揮命令への服従性並びに被用者性の定義における人的従属性の程度を弱める結果をもたらす。ところがヒュッメリッヒ（Klaus Huemmerich）によれば、ドイツの硬直的な労働法並びに解雇に関する判例は被用者の固有の責任を強めようとはせず、むしろ被用者をなお擁護している。その結果として企業は、従来は被用者によって行われていた勤務給付を自営業者によって行わせる例が増えている。(3)

従来からこの種の問題として念頭に置かれて来たのは、テレワークや偽装自営業者その他の自由協働者の法的取扱に関する問題である。ハインツェ（Meinhand Heinze）によれば、同一の社会問題の兄弟システムである労働法と社会（保障）法の両者は相互に調整されねばならず、そして調整された細分化の中で、他人決定による、完全な保護性を有する段階から最大規模の自己決定の段階に至るまでの保護の移行スライド制を達成しなければならない、として、段階的（移行的）保護システムの導入を主張した。(4)

しかるに、一九九九年に改正され翌年の二〇〇〇年には再度改正された社会保険法第四編第七条第四項一号ないし五号において導入された就業者性の認定新方式は、就業者の五つのメルクマールのうち三つを充足すれば就業者性が認められるもので、被用者と非被用者（自営業者）を峻別する立法政策をとっている。五つのメルクマールとは、①社会保険義務のある被用者を就業させていないこと、②一人の委託者への継続的活動（専属性）、③就業者にとって典型的な活動であること、④典型的な事業者的行動がないこと、⑤外観的現象形態が以前の活動に相当するもの、である。(5)

他方で、ドイツでは雇用が深刻化してきた九〇年代以降、労働組織と労働時間の柔軟化によって新たな就業形態が生まれている。そのなかで、産業社会学では労働力事業主（Arbeitskraftunternehmer）と呼ばれるものが注目される。社会学でそれは、労働力商品の社会的な形態であってそこでは、働く者は第一次的に自己の労働能力を販売するのではもはやなく、むしろ労務給付の（企業内外の）受託者として行動する。(6) ここではむしろ、雇用された被用者（その意味では人的従属性が前提になっている）者が、自己決定的要素の拡大によって元来の被用者性との間に矛盾・齟齬が発生し、これに対し法がどのように対応すべきかが問題となる。わが国では、裁量労働時間制と年俸制の導入によって、ほぼ同様な問題が生じているるが、ドイツでも一層深刻化した問題を提起している。

本稿は、この労働力事業主への一歩を示唆する信頼労働時間（Vertrauensarbeitszeit）制に関する議論を手がかりに、労働時間に代わって成果を賃金支給の規準とする形態のもたらす労働法並びに社会（保障）法の規範原理への影響を考察しようとするものである。

（1）Klaus Huemmerich, Arbeitsverhaeltnis als Wettbewerbsgemeinschaft, NJW 1998 S. 2625ff. ドイツでは被用者性は、一方で社会（保障）法における社会保険の保険義務の具体化をめぐって展開されており、他方で商法における代理商を商業使用人から区別する必要から生まれている。区画基準として人的従属性を使う必要は、自由雇用契約（わが国における有償委任契約に相当）に基づいて労務提供されている事例についてのみである。請負契約に基づいて労務を提供する者は最初から被用者とは見られないとされる。Richardi, Muenchner Hdb. z. ArbeitsR, 2. Aufl.§24 Rdnr. 45.

（2）拙稿「フランチャイズ加盟販売業者の労働法上の地位——仮装独立自営業者の一例」労旬一四三一（一九九八・五・一〇）号二三頁以下。

（3）Huemmerich, a.a.O., S. 2627.

（4）Meinhard Hainze, Wege aus der Krise des Arbeitsrechts – Der Beitrag der Wissenschaft, NZA 1997, S. 1ff(4).

（5）この問題について詳しくは、ロルフ・バンク著・小俣勝治訳「社会法典第四編第七条第一項および第四項の改正と社会法及び労働法上の残された問題点（下）：新規定の個別問題」(Arbeit und Recht 9/2001, S. 327-336) 青森法政論叢第三号一一八頁以下参照。

（6）Guenther Voss und Hans G.Pongratz, "Der Arbeitskraftunterneheme r. Eine neue Grundform der Ware Arbeitskraft?"in: Kœlner Zeitschrift fuer Soziologie und Sozialpsychologie. 1998. S. 131ff. 139.

ならない。

二　標準的労働関係の変容

1　標準的労働関係の意義とその退潮傾向

伝統的な標準的労働関係とは、労働時間、賃金等の基本的条件について集団的契約（労働協約・事業所協定）によって、または、少なくとも労働法及び社会（保障）法によって最低基準が規律されている、安定的で社会的に保護された従属的なフルタイム雇用である。その主たる要素は、フルタイムの雇用と安定的（継続的）雇用である(7)。フルタイムの雇用でなければ家族給（生活給）を確保できないし、安定的雇用でなければ人生設計もままならない。

標準的労働関係における規制と保護によって、労働力という特別の商品は市場の浮き沈みに対して保護されているのであり、すなわち社会国家的装置によって、市場と労働関係との間の緩衝装置が設けられている。例えば、不就労でも少なくとも過渡期には（労災、失業、操短労働）何らかの収入が確保されており、また過大な要求に対する保護（最長労働時間規制、長期の有給休暇など）によって労働力の維持が確保され、標準的労働時間の確定（一日八時間・週四〇ないし四八時間）によって私的生活の計画可能性が確保される。労働を免除された時間は、自己の労働力への投資（職業再訓練）や家族の労働力への投資（育児休業）にも活用される。このようにして標準的労働関係の規範性は、市場における就業者の交渉力を引上げ、そのことによって社会的な不平等の縮減に貢献してきた(8)。

フルタイム雇用の基準は、実際上男性一人が一家の稼ぎ手として家族の生活を維持するだけの給料を得るための条件でもあった。しかしそのことは同時にパートを非標準的労働関係とすることによって、むしろパート労働を標準とする女性を排除する結果となり、差別的との非難がなされうる(9)。しかも最近二〇年の傾向は、標準的労働関係の退潮に対しこの非標準的労働関係の増加である。非標準的労働関係には、偽装自営業、家内労働、派遣労働、僅少就業、操短労働、社会保険義務のあるパート労働、有期労働などである。一九八〇年から九五年の一五年間で、標準的労働関係の全従属就業への割合は八〇%から六八%に減少したとも言われ[10]、また、西ドイツ地域での無期のフルタイム雇用の数は一九八八年から一九九八年の一〇年およそ一八〇〇万で停滞しているが、全就業者に対する無期雇用の割合は六七・四%から六二・一%へ減少すなわち五%以上の減少が確認される、とされる。しかも全就業者は二〇〇万増加しており、その大部分はパートタイム労働である。西ドイツ地域におけるパートタイム労働の就業の量は同時期に一一・三%から一七・三%つまり六ポイント増加している[11]。しかし、他方雇用の安定の強化・勤続年数の増加の傾向が看取される。不況になって労働者が自己の職場に固執することも影響している[12]。

2　標準的労働関係の歴史性

フルタイム雇用と経済成長が、一九五〇年代から六〇年代の標準的労働関係の生みの親である、といわれる。第二次産業では大量生産が支配的で企業は需要の変動を、労働時間ではなく在庫管理によって調整できたし、サービス産業では固定的労働時間によって標準的・固定的営業時間が確保された。しかし、大量生産は大分以前から低賃金国に移転しており注文生産のみが残っているのであるが、需要の調整は柔軟な労働時間によってなされる。また、サービス産業も営業時間が顧客のニーズの高いところでは大幅に拡大されている。ドイツでは単純労働よりも資格付けられた労働力の重要性（包括的な投入の可能性）が一層増している。また企業も危機的状況でも、このような従業員を保持することによって、内部的な柔軟性は高められた。したがって勤続年数は経済危機にもかかわらず伸びている。逆に高い失業率は、労働市場の規制緩和と相俟って、標準的労働関係を解体させる。多くの被用者は好むと好まざるとに関わらず、パート労働あるいは有期労働に至る[13]。労働市場の競争は激化し被用者の競争力を弱体化させるため、企業は市場のリスクを労働へ転嫁し易くなる。多くの被用者は好むと好まざるとに関わらず、パート労働あるいは有期労働に至る[13]。

また、標準的労働関係は最低基準・解雇保護・労働組合などによって規制された労働関係であるから、そのような規制が弱くなると（アメリカやイギリスの場合）、労働条件は個別交渉によって全面的に決められることになり、標準的労働関係と同程度の保護基準が得られるのは極わずかな労働者に限られることとなろう。したがって、そこではドイツにおけるほど標準的労働関係に関する対立は存在しない。逆に、標準的労働関係があまりに硬直的な場合には、スペインに見るように、これ以外の就業形態が増加することになろう。[14] ちなみに、スペインでは、九八年には無期雇用が四八・七％に対し、有期雇用が二一・九％、パートが六・二％となっている。[15]

3 新たな就業形態——労働力事業主——の登場と法政策的立場

標準的労働関係の退潮傾向に対しては、その基準（標準）性の喪失を理由にそれが帯有している諸規制も後退若しくは不必要であるとの主張と、むしろその基準性の現存を理由にその規制の維持確保（あるいは一定程度の拡大）に努めるべきとの主張が対立している。ドイツのような社会国家を標榜する国では、規制緩和を通じて就業関係を完全に市場に委ねようとすることに対しては、企業の優越的な市場権力に無力に身をさらしている人々の利益と欲求を無視するものであるとの批判がなされる。短期のそして保障のない収益労働の方向へとめどもなく進もうとすることへの批判でもある。と同時に、従来の標準的労働関係への固執は男性だけを家族の稼ぎ手とする構造に適合するもので、その保護的性格と共にその排他的性格から、その差別性が没却されてしまうとの批判がなされる。[16]

とはいえ、労働組織と労働時間の柔軟化によって、雇用が深刻化した九〇年代以降新たに成立している多種多様な就業関係（非標準的労働関係）が、一様に、労働法ならびに社会法上の保護から排除されている点は重大である。これに対し、労働力利用に関する経営の戦略が市場メカニズムの強化へと変化するなかで、産業社会学における労働力事業主と呼ばれる就業形態が注目される。これは被用者性が認められるだけでなく、標準的労働関係の枠内にあるもので、形式上労働法による保護対象になるはずの存在である。それは注文に方向付けられた参加型コンセプトによる事業所の労働操作の変更であって、指揮と権限委譲は目標合意によって行われる。その中心的要素は労働力事業主の自治（自律）的領域の制度的拡大である。と同時に、より広範な事業者リスクが労働力事業主に転嫁される（この点では事業者との類似性が認められる）。すなわち、彼は、その職業能力並びにその常態的な市場への適合可能性について、さらにはその流動性や処分可能性についても単独で責任を負担している。したがって彼は、その給付能力の減少の結果も単独で引き受けなければならない。その元来の眼目である支配から自由な領域における労働力の自己責任による操作（制御）もその基本条件については部分的にのみ影響力を有するに留まり、自己の利益の配慮を契約交渉において常時貫徹させることができるわけではない[17]。このように従来典型的な被用者とされていた一部の者（その業務）が自治的要素の拡大によって典型的性格を失いつつある点に問題がある。

したがって、独立自営業者ではあるが固有の人格と労働力とが不即不離に結びついている契約を締結している者（仮装自営業者）と並んでこの労働力事業主についても、（本来適用されない）労働法上の保護が全面的に及ぶべきかが議論されている。

そこで先ず、その産業社会学における労働力事業主の概念を提唱する Voss und Pongratz[18] による説明を見てみよう。

柔軟化された、成果に方向付けられた注文（委託）関係への移行によって、事業所の労働力の活用にとって根本的な問題（必要な労働の提供の組織的・技術的な確保）は新たな論理によって対処されねばならない。すなわち、企業が協働者の採用によって購入するのは、契約上明確に定義された活動（業務）ではなく一定の期間に労働を提供し得るその人の潜在性すなわち潜在的な労働力であって、完全な労働の提供ではない。労働力の購入という経済的行為は、もはや望まれた労働を少なくとも期待される質と量において保障するものではない。労働力を必要な給付に転換するためには、諸々の労働の活動を積極的に制御および監視するための組織的な安全措置がとられねばならない。最終的には、「労働力」の「労働」への具体的な転換は、働く者がその潜在力から実際の活動を生み出すことによって、働く者自らによってなされなければならない。[19]

労働力事業主とは、労働力商品の社会的形式であって、そこで働く者は第一次的には自己の潜在的な労働資力を売却することでは決してなく、むしろ（事業所内外に）主に労働給付の受託者として行動するのである。すなわち、彼らの労働力は広く自己組織と自己コントロールによって事業所の経過に具体的な貢献をするのであって、そのために彼らは継続的に機能的な利用（すなわち購入者）を探さねばならない。

労働力商品の新基本形としてのこの類型の特殊な性格は、自己規制、自主経営（Selbstoekonomisierung）及び事業経営の主要な指標で形作られている。[20]

資本主義的事業主はその利益をまさに他者の労働力の投入から引き出すのに反し、労働力事業主は第一にその固有の労働力の商品化によって生活するのであり、たとえ彼が限定された範囲において他者の労働力に手を出さざるを得ない場合があるにしても。この点に関しては労働力事業主はむしろ（従属的）自営業者との類似性の中にある。なぜなら彼は経済的には独立しているが、しかし小さな事業所の規模においてそして固有の労働力の投入（単独または非常にわずかな従業員を伴って）という決定的な意味を伴って、事業を営んでいるのである。自（独）立的収益活動の各種形態の中で、自由業（医師、建築家、弁護士等）との類似性が最も強い。なぜなら、彼らも（個）人的給付と責任が委託（注文）関係の基礎である。ただ、自由業は競争やその他の市場原理の適切な制限に依拠しているのに反し、労働力事業主への発展はまさに労働および給付関係の強行的な市場経済化を意味している点で異なる。しかし、それは労働力事業主の理解にとって有益な関連を提供しているとして、次の三点を挙げる。[21] すなわち、

(1) 雇われた労働力事業主と（独立）自営の労働力事業主の共通のメルクマールは、労働の遂行の広範な自由

の下で労働の成果に対する個人的責任の形での独立性である。

(2) 労働力事業主は自由業による自営業者と同様に（必要とは言えなくとも）雇用主として働く。労働力事業主への発展は、サービス給付の経済的意味の増大と密接に結びついている。サービス給付の諸活動が新たな労働形態の性格、とくに給付の非物質性を決定する。この性格が、高度の場所的、時間的並びに組織的な柔軟性並びに情報化をも可能にするかまたはそれを必要とする。

(3) 労働力事業主の大部分は、（企業の内・外の）下請業者として働く。仮装自営業者およびテレワーク（家内労働）の形態におけるそれは最も明瞭であって、彼らは企業の事業経過と密接に結び付けられている。下請業者と顧客との間で、密接かつ継続的な協力と対立的利害（提供者としては注文継続の利害・顧客としては品質確保の利害）とが存在する。労働力事業主は後者より前者の立場が第一義的である。

したがって、そこでは自営の労働力事業主も考慮されているが、本稿ではむしろ「雇われた労働力事業主」を前提に考察を進める。

（7） Gerhard Bosch, Konturen eines neuen Normalarbeitsverhaeltnisses,in: WSI-Mit. 4/2001, S. 218ff, 220. なお、標準的労働関係の概念並びにその危機的現象については、和田肇「ドイツ労働法の変容——標準的労働関係概念を中心に——」学会誌労働法九三号（一九九九）五七頁以下、西谷敏「二一世紀の労働と法」講座二一世紀の労働法第一巻『二一世紀労働法の展望』二頁以下（二一～二三頁）、ドイブラー著・西谷敏訳「ドイツ労働法における規制緩和と弾力化（上）」法時一九九六年七月号五一頁以下など参照。

（8） Bosch, an dergl. O.

（9） Heide Pfarr, Soziale Sicherheit und Flexibilitaet,Brauchen wir ein “Neues Nromalarbeitsverhaeltnis” WSI-Mit. 5/2000, S. 279ff.

（10） Ulrich Zachert,Bausteine einer modernen Arbeitsverfassung in der sozialen Demokratie. in: Richterliches Arbeitsrecht. Festschrift fuer Thomas Dieterich. S. 699ff.

(11) Gerhard Bosch, a.a.O., S. 223.
(12) Bosch, a.a.O., S. 224.
(13) Bosch, a.a.O., S. 227.
(14) Bosch, a.a.O., S. 224
(15) Bosch, a.a.O., S. 222.
(16) Pfarr, a.a.O., S. 280.
(17) Pfarr, a.a.O., S. 281
(18) Voss und Pongratz, a.a.O(6)., S. 131ff.
(19) Voss und Pongratz, a.a.O., S. 137.
(20) Voss und Pongratz, a.a.O., S. 139.
(21) Voss und Pongratz, a.a.O., S. 145-146.

三　信頼労働時間制の意義と問題点

1　労働力事業主への第一歩としての信頼労働時間制(22)

なぜ使用者は労働時間のコントロールを放棄・断念したのかとの問いに対し、ＩＢＭの事業所委員会の確認によれば、「経営が時間外労働を命ずる」ことにその原因があるのではなく、むしろ従業員自らが簡単に継続して労働してしまうことが問題なのである。従業員は自分を保護する時間規制（法律や協約）を無視しているのである。なぜ仲間はそうするのかの問いが生ずる。グリスマン（Glissman）は、これに対しおよそ次のように主張する。

①　新たなマネージメント形態

先ず、新しい企業支配の形態は、使用者が指令（命令）とコントロールを通じて行うのではなく、従業員ができるだけ直接に自分の行動条件と対決するように使用者は演出することからはじめる。市場は分断（細分）される。（企業がそこで活動を望んでいる）諸分断市場に、企業の諸分断部分が対向する。そして市場の圧力は従業員にとってできるだけ直接に知覚されうるものとなる。従業員は自ら統一体の事業者的な成功を確保しなければならない。もし事業者的成功が得られないならば、そのときは、使用者による「投資の減少 desinvestiment」が迫る。すなわち、活動の停止または外部発注となる。

② 事業者としての被用者

被用者としての私は、使用者によって自分の統一体の事業者的諸問題と対決させられている。私は企業と期間の定めのない労働契約を締結しているが、労働に当たっては突然に、自分がまるで自己の権限の独立の提供者でもあるかのように現出している。以前は使用者（行動主体）が事業者的問題を認識しかつ事業者的決定を行いそしてそれが被用者（被関与客体）に達するのである。現在ではその決定より大分以前に問題はすべての者に透明化しており企業統一体における仲間（同僚）は自ら可能な事業者的帰結を引き出すことができ、彼らに将来の事業者的決定によって迫ることになる固有の損害を想起することができる。このことは自己の利害の主張並びに自己の思想を変更する。

③ 被用者による労働条件の改悪

使用者はコンツェルンにおいてはますます決定のプロセスを演出する。そこでは複数のチームまたは立場が注文を求めて競争しなければならない。このメカニズムが労働条件に対して影響せざるを得ない。すなわち、被用者による時間算定は、注文を獲得するためのみのもので、しばしばまったく非現実的である。従業員はさらに悪い事態を避けるために、自己の労働条件を自ら改悪するのである。

④ 法的規制の任意による放棄

被用者としての自分の権利は何も変わらない。八時間の後は私は疑いなく帰宅する権利を有する。しかし明日顧客に引き渡されねばならないその仕事がまだ終わっていない場合には、どうするか。そのことの帰結がどうなのかを私は知っている。私はすべての関連を知っているのであり、そして私をお手上げにするのもまさにこの知識である。私の固有の知識は自分自身に向けられる。私自身は「まったく任意に」自分の現存の権利を無視するのである。

労働時間法は最長限度を定義する。それは被用者を保護するために、使用者に対し罰金刑・過料とその他牢獄で迫る。しかし時間配分の事業者の機能が従業員自身に委譲される場合には、突然労働時間法の脅威は従業員にも向けられる。自分は事業者的な成功に達したいとの圧力の下に置かれる、と同時にまた、法律の規定（規制）を遵守しなければならないとの圧力の下にも置かれる。保護と考えられたものが、それとは別の紛糾と判明したのである。

⑤　悪魔としての新たな自立性

命令と服従、非独立性、監督と規制という命令システムの廃棄は、歓迎すべきことである。新しい自営業（独立者）を攻撃的に把握しそして事業者的な諸問題との対決を積極的に遂行しなければならない。その際ひとつ決定的なことがある。すなわち、私は被用者としてなるほど事業者（企業者）的な諸問題を処理するが、しかし私は使用者ではない（私は自分の労働力の販売の成功によって生活するものである）。私はなるほど事業者的な知識を習得しなければならない、しかしもしわれわれ被用者が経営の知識をそのとおり引き受けるならば、そのとき我々は使用者の利害を我々自身に対して執行することになる。したがって事業者的知識を独自に身につけることが必要となる。

以上の説明は、事業所委員会の側からの状況把握と問題提起である。それと共に、信頼労働時間制の問題は労働力事業主に関する問題の一つとして把握するに足ることを示している。

2　信頼労働時間制の基本問題

(1)　信頼労働時間制の定義と問題性

信頼労働時間制は、使用者が労働契約上の労働時間の遵守のコントロール（監督）を放棄し、そして協働者（職員）が労働時間関係の契約上の諸義務をこれらコントロールなくしても履行することを信頼するものである。(23) 極端に言えば、使用者にとっては、誰がいつどのように働くかはどうでもよいことであって、主たる関心事は成果が最終的に自分の期待に合致することである。(24)

信頼労働時間制は、外勤職員や郵便配達人などでは以前から存在していたが、その発案者からは、従来の柔軟な労働時間制が就業者の時間主権（Zeitsouveraenitaet）の欲求に対する配慮がなさ過ぎたのに対し、より高度の柔軟化すなわちコントロールの放棄＝在社時間を手がかりとする業績評価の放棄によって、就業者に新たな自由時間（自由な空間）＝「自己決定による労働」が成立するとして、労働者側の利点が強調される。しかし他方で、このシステムは就業者に対して、外部・内部の市場の圧力や他者との競争による圧力に以前よりも直接的に曝されると同時に、就業者の自由といっても労働投入の方向とテンポについて決定できるに留まり、結果として労働の圧力と時間は飛躍的に増大するのではないかとの不安が生ずる。すなわち、労働自体は別の仕方でなされるわけではないのであり、また自己の職業上のキャリアを袋小路で終らせたくないならば、就業者は契約上債務として負っているところ並びに健康上耐えられるところよりはるかに多く「任意」で働いてしまうのではないか（過重負担）。さらにこのシステムは、時間の消費と報酬との間の関連を解体し、被用者（労働の受取人）を請負契約の受取人の役割に換えようとするのではないか。すなわち、労働時間すなわち事業所での在社時間が給付の基準ではなくむしろ成果が基準となるのではないか。(25)

(2)　信頼労働時間制の法的問題点

労働時間法一六条二項によれば、使用者は同法三条第一文の「週日の労働時間を超える被用者の労働時間」については、これを記録する義務を負い、そして当該記録は最低二年は保管されなければならない。この義務は被用者の安全と健康保護のための監督官庁による法律遵守の監視を確保するものである。同法三条一文によれば週日の労働時間は八時間（被用者の健康保護の目的の時間的範囲における現実化）であるから、これを一五分を上回って超える場合には記録義務が生ずる。しかし八時間という週日の労働時間の基準点は、同法三条二文に基づき、絶対的に当該日に関連せしめられるのではなく、「一〇時間の絶対的な一日の最長労働時間の限度」を守る場合には通常六暦月または二四週の平均において遵守されればよいことになっている。この期間中については「八時間を超える時間」と共にそれを調整するために「短縮された時間」（調整時間）をも記録義務に含まれるとの見解が登場する。(26)

この点について信頼労働時間制の生みの親でもあるアンドレアス・ホッフ（Andreas Hoff）は、基準点が週日（一日）の労働時間のみに関連し週の最長労働時間に関連しないことに注目する。労働時間法は一日について八時間を限度とするのであれば一週については四〇時間となるはずだが、週日は六日あるので四八時間までは労働させてもよい形式になっている。そこで、ホッフは、「蓄えられた調整期間の原則」により柔軟な記録手続を主張する。それは、週日に確定的に予定された労働免除時間をマークしてこの免除＝補正時間を観念的に後続の実際の労働日のある期間に配分するものである。実務では土曜日は休日（労働免除時間）となっている週日であり、この休息時間を補正時間として後続の労働週の月曜から金曜までに配分すると、各日について九・六時間を超えた段階から記録義務が発生することになる。あるいは、この補整時間を月曜から木曜までの四日に配分すると各日の労働時間は一〇時間を超える部分のみが、そして金曜には八時間を超える部分が記録義務を発生させることになる。(27)

このようにすると九・六時間ないし一〇時間までは法定労働時間内として扱われることとなり、しかも週労働時間による規制がないので前週に四八時間働いていたとしてもその週の一週日を休業とすればこの八時間分を更に翌週に配分できることになる。その結果、毎週四八時間働かせることも可能となる。ただし、六暦月ないし二四週の平均が八時間とならなければならないとの限度は伴うが。いずれにしても、規定の文言からもまた保護目的からも逸脱した容認し難い拡張解釈といわざるを得ないであろう。その意味ではむしろ、八時間を超える部分とそれを下回る部分の双方を記録すべしとの前記の見解は、たしかに規定の文言から逸脱するが、当該期間内における平均が八時間となるかどうかを確定するには必要であり、合理的というべきであろう。

次に、労働時間法は一日に八時間を超える労働時間についてその記録および資料作成を使用者に対して要求している。この時間把握の任務は被用者に委任されることも認められているので、信頼労働時間制も違法ではない。しかし、インゴー・ハッム（Ingo Hamm）によれば、被用者がその任務を全うするにはそれなりの装置が必要である(28)。

次に、実体（法）的には労働時間法による規制があるが、他方手続的には事業所委員会による共同決定が要求される。これについて、ハッムの見解が参考になる。すなわち、信頼労働時間制が十分に機能を発揮する条件としては先ず、「処理されるべき労働の明確な企画（プロジェクト）構成」である。当該労働の処理にどれほどの時間が費消されるのかが見積もられねばならない。これが少なめに見積もられると過重労働を生み出すことになりかねない。したがってプロジェクトの計画はリアルに行われねばならない。またそれは指令の方式によるべきものではない。就業者の関与権が合意されるべきである。それにもかかわらず「誤まった計画」は避けれらないとしても、それは後に修正されればよいのである。誰もが不可能なことをなさねばならないとの印象を与えないようにしなければならない。

事業所組織法八七条一項二号によれば、日々の労働時間の開始と終了および休憩時間並びに労働時間の個々の週日への配分については、事業所委員会は共同決定権を有する。信頼労働時間制では、過剰負担の原因は一定の時間についての労働の命令ではなく、プロジェクトの労働量の測定である。そしてこの測定には事業所委員会の共同決定権は及ばない。それは自由な時間配分モデルまでである。しかし、それでは従来のシステムが崩壊するとして、事業所委員会が事業所協定全体の解約を主張すれば、これを回避するため労働の測定についての協定作りに事業所委員会の関与を認めざるを得ないであろう。この「労働の測定のための協定」には、継続的な労働量の検証手続が規定されねばならない。そのためには、就業者・事業所委員会・注文業者（その代理人）との間で不断の協議がなされる必要があろう[29]。

このような手続が、実際に行われているかは不明であるが、信頼労働時間制が普及してより一般化してくればより現実味を持った主張となろう。

(22) Wilfried Glissmann, Vertrauensarbeitszeit und die neue Selbststaendigkeit in der Arbeit. in: Arbeitsrecht im Betrieb, S. 585-588.
(23) Von Christian Schlottefeldt und Anderas Hoff, “Vertrauensarbeitszeit” und arbeitszeitliche Aufzeichnungspflicht nach §16 II ArbZG, NZA 2001, S.530ff.
(24) Ingo Hamm, Flexible Arbeitszeiten in der Praxis. zweite Aufl. S. 212.
(25) Hamm, a.a.O., S.213.
(26) Neumann/Biebl, Arbeitszeitgesetz, 13. Aufl. §16 Rdn. 6, S.290.
(27) Hoff, a.a.O., S.531.
(28) Hamm, a.a.O., S.214.
(29) Hamm, a.a.O., S.217～S.218.

四　成果を給付基準とする契約に対する評価

1　従来の労働法理との矛盾（労働関係の市場化に対する懸念）[30]

(1)　労働契約か請負契約か

信頼労働時間制に代表されるように、使用者が行っていた労働時間把握を協働者に委ねることは、残業並びにそれに支払われていたコストの削減をもたらすだけでなく、労働契約上の交換関係への深刻な介入となる。すなわち成果に方向付けられた労働は、従来の労働契約を請負契約に改変するのか、ひいては労働の従属性を前提に構築された労働法全体を終了させることになるのか、との問題が提起される。(31)

ドイツでは、労働契約の前提となる自由雇用契約は、請負契約と同じく勤務義務者の独立性によって特徴付けられるが、しかし前者は時間に方向付けられており債務となっているのは尽力（苦心）のみあるいは単なる作業、労務給付自体（たとえば、コンサルタント、業務執行者または弁護士など）である。これに対し、請負契約は一定の成果の達成自体を債務としている。両者の区分は最終的にはリスク分配による。すなわち、提供されるべき勤務給付がその目的を達しなかった場合、誰がその経済的帰結（結果）を引き受けねばならないかによる。請負人（Werkunternehmer）は、自己の活動を自ら、自己の責任において、自己の労働手段または専門知識を投入して行うのであり、労働の成果に対する企業リスクを負担する。

このような視点から見ると、成果に方向付けされた労働契約が請負契約に改変されたとまでは言えない。請負契約の独立性は、請負人が自己の名で固有のリスクを負って契約を締結し市場における固有の機会を自分のために利用できることを前提にしているが、成果型の被用者の独立性並びに自由は特定の使用者のために（あるいはその枠内において保護されて）働いている点で非常に限定されている。(32)

(2)　労働契約の構造変化

労働契約にとって労働時間は、鍵機能として、双方の当事者に規範的並びに自然的な限界によって確定された規模（範囲）を提供する。労働時間は、被用者が使用者にその労働力の処分を委ねざるを得ない時間的範囲である。ヴォルフガング・トリッテイン（Wolfgang Trittin）は、労働時間と労働契約における以下のリスク分配とを関係付ける。すなわち、労使双方の責に帰すべからざる事由による労務提供の不能の場合において使用者は報酬支払義務を免れるはずのＢＧＢ三二三条の原則とは異なり、経営危険並びに経済危険を単独で負担し、これを被用者に転嫁してはならない（ＢＧＢ六一五条）。また、被用者は給付の成功を義務付けられてはいないのであって、不完全履行の場合にも使用者が危険を負担する。このような一方的な危険分配に対する調整として、使用者は製造されたものに対する所有権を慣習法上取得する、とする。(33)

① トリッテインは、成果に方向付けられた労働にあっては労働時間はもはや交換関係における鍵機能を失う、とする。給付基準が労働時間から労働の成果に変更した場合、使用者は、ある一定の時間の量の範囲内において労働の任務を処理しなければならないとのリスクをもはや負担しない。労働時間が交換関係の中核にある場合、すべての障害はいかなる種類にせよ使用者の危険領域に属するとして、使用者は諸種の扶助（疾病の場合に備えての要員、在庫管理など）を行う。成果型の労働では、使用者はこのリスクを被用者に移し、被用者は労働過程の諸障害や市場の諸要求に対して独立して対応していかなければならない。

② 成果への方向付けによって、使用者はそのアイデンティティーと法形式をその時々求められる成果に合わせることがよくある。形式的な使用者はすぐに交替しそして交換可能な法的人物像となり、それはその時々の製品、営業分野またはサービスに適応する。

③ 成果型労働は、指揮に基づく人的従属性から決別するが、決して終了するものではなく服務規定上の指揮装置として維持される。さらに成果型が強化されれば（平均を超える給付など）になれば、「標準的」給付を提供できない場合に、解雇を正当化し、損害賠償を義務付けさらには、広範囲の人事交流なども命令可能にする。

④ 報酬（賃金）も成果型になれば、先ず成功に依存する諸種の形態（プレミアム、ボーナス、プログラム賃金など）が増える。さらには、報酬が企業の成功に関するリスクと結び付けられる。

⑤ 成果型労働においては、労働過程に結びついた人的、技術的並びに経済的なリスクは被用者に移されており、被用者は他者によって決定された成果を得られない場合には、自らその結果を引き受けなければならない。

従属的労働に結びついたリスクから被用者を保護することが労働法の中核である。成果型労働は労働法の保護規定の形式的適用には影響を与えないが、これによる労働の形成範囲を狭くさせる。労働法の保護規定は、時間に操作された労働に適合しており、労働の開始・終了および継続時間に関して規制を行うが、成果型労働ではその機能を充分に発揮できない。しかも請負契約と異なり、労働の成果に対する所有権を取得しない。(34)

(3)　法的な問題点

①　被用者へのリスク移転によって、司法的コントロールが不可避と思われるほどに使用者は被用者に一体かつどれ程負担を課すことができるのかの問題が提起される。これに関する判例はないが、BAGは、リスク分配の問題はBGB一三八条による良俗違反の観点から検討する。

②　被用者が従属的なコンツエルン企業と同じように、支配的企業の包括的かつ継続的な指揮権の下に服するのは、基本法上要求される人間の尊厳に合致しない。

③　報酬規定が被用者による企業の経済的損失への参加を予定する場合、BGB一三八条一項の良俗違反が問題となる。

④　双方当事者の主たる義務の規定は労働関係の中核に属するから、かかる義務の使用者による一方的形成は指揮権の限界を超える。「労働時間は労働の任務（課業）に従う。」との方式においてその任務を一方的に使用者が決定すればそうなるので、これを一般的に肯定する見解（フロマトカ）は正しくない。

⑤　使用者は、給付基準を労働時間から労働の成果に取り換えることを変更解約告知によることはできない。

⑥　事業所慣行の変更には使用者はその旨の宣言をする必要があるが、その際も合意による変更となるから、被用者側の関与・影響力行使が重要となる。(35)

2　労働関係の市場化を是認する見解

(1)　競争共同体としての労使関係[36]

ヒュッメリッヒによれば、現行の被用者概念に対する批判はそれを変更すべき必然性を説明しきれていない。むしろすべての改革案は、法的もしくは人的従属性の要素が関与しうる視点を内含している。したがって議論の出発点は法政策的なものとなる。

先ず彼によれば、労働関係は、ある島の状況の中で展開されている、定義上は競争下にある企業の運命とは切り離されている、企業の損失への直接間接の関与は労働関係の本質に矛盾するなどという、多くの労働法学者の観念は、被用者の理解に根ざす根本的な誤りである。むしろ「使用者と被用者とはひとつの競争共同体を形成する。」との立場に立つ。企業が被用者を雇用しうるのは、企業が市場に存続している限りである。企業の競争力のみならず労働条件や被用者の労務提供の競争力もまた、労働契約が締結されかつ使用者によって主たる・従たる給付がなされるための条件である。成果や収益に依拠する使用者の給付約束は労働関係では未知ではない。被用者の定義における「全部かまたは無か」の選択の原則から解放されようとするなら、企業の競争能力に依拠する給付約束や合意された請求権の要素は将来は市場の諸条件に適合するようしなければならない。

時代の変化は労働組織の形態にも現れる。以前には使用者や上司による一定の労働任務を実施する要求としての指示(指揮)が前面に現れたが、現在では人間はチームで、あるいは少なくともコーポラティブなコミュニケーションの形態で職場に集まる。一八九一年に労働関係の定義が通例として形成したものすなわち従属に方向付けられた指示は、最後の手段したがって例外と化した。技術発展の変化、市場の要求の変化及び人間の生活観の変化に対応するのはコミュニケーション反応の変化であるが、これは現行の労働関係の定義には適合しないかあるいは少なくとも若干の削除なくしては適合しない。

かくてヒュッメリッヒによれば、被用者が長期にわたってその職場を維持しようと思うならば、市場の現象への自らの関与（参加）の改善のための諸提案を行うことが認められるべきである。この意味における新たに展開された給付提供形態に同意するならば、被用者概念における（独立）自営業者と従来の被用者との間の中間形態を認めることが法政策的な要求に沿うものである。差別化された被用者概念が、そして被用者が自らを使用者と一緒に競争共同体の一部として受けとめかつそのように行動する場合にのみ労働契約のすべての履行が継続的に可能であるとの認識がやってきたのである。(37)

労働関係が使用者と被用者との間の競争共同体として把握される場合には、それによって被用者が企業の競争（能）力を阻害するすべての義務違反は明らかにその重要性を増す。それは、特別（即時）解雇に関する及び行為を理由とする解雇の社会的正当化に関する判例に対しても影響するであろう。

(2)　競争関係としての労働関係(38)

①　市場競争の内部構造への影響(39)

フォン・ズィンディクス（Von Syndikus）によれば、ＩＴ技術や市場のグローバル化によって、競争が本質的に強化されかつ市場参加者にとっての反応の速度が大幅に早められたことによって、市場の競争が透明化され、そしてそれは企業並びにその内部のヒエラルキーの各様の諸段階に入って作用している。企業は素早く、効率的にそして競争適合的に複数のヒエラルキーの段階に対して反応しそして対外的効果をもった決定をするよう余儀なくされている。このことにより関係協働者（職員）は高度の（仕事上の）要求並びに、自ら意見を述べそして固有の責任を負担する能力が課せられる。企業の管理運営は市場のシグナルに金融及び人員の市場を含めて反応し、（市場からの）様々な情報を濾過しそしてそれらを諸々の企業（事業）者的決定に転換するのである。この企業者的決定は、ヒエラルキーの諸段階を通じて内部の労働過程の中にもたらされねばならずかつ細部については人に関連した給付によって具体化されねばならない。その際にそれらは現存の事業（所）の可能性に合わせられるのであって、場合によっては修正される。

この内部的な転換の過程はどうしてもある程度市場の競争を模写したものとなる。それらは市場の要求の追体験であって、事業者的な根本的決定の具体化に当たっては事業所並びに企業内部の集中的な競争の過程になる。これは内部的な競争ないし内側の競争として、市場の競争と連関し相互作用の関係にある。

企業の重要なヒエラルキーの諸段階のすべてにかつ上から下へ、下から上へ並びに平面的な関係・方向において、継続的でコーポラティブが問題となる。そこで、内部的競争はコーポラティブな最善化のための競争と呼ばれる。

② 内部的な競争の労働契約内容への影響(40)

フォン・ズィンディクスは、市場の競争並びに内部的な競争は「力関係と労働の態様」に大きく影響を与えるとする。今日では、「職場が人生設計の基礎」足りうるほど確かなものではなく、むしろ職場への被用者の期待は、現に有する能力を利用し更に発展させる可能性と、新たな能力と更なる知識を追加的に獲得する可能性の提供である。被用者は知識の追加的獲得のために整備されたコミュニケーション交換に引き入れられる。そこでは被用者は、相互学習、意見・経験の交換、問題解決への試みが対話形式で、すなわち競争を通じて行われねばならないことを承認する。労働契約の締結に当たって被用者が黙示的に前提にするのは、最善の解決と決定がなされるには同僚や上司とこれに関するコーポラティブな対決が不可欠であることである。被用者は、単に指揮命令の受領者・供与者であるばかりでなく自己の知識と能力を対話的な迫力で他者による検証と最善化に曝すこの過程の中に、その能力と資格を持った人として自ら入ることに同意するのである。このことは、事業所並びに企業の内部的な最善化競争に参入しようとし、かつできる限りこれを市場の競争に拡張することを労働契約上宣言することに他ならない。

③ 競争促進的請求権と競争促進的獲得義務(41)

フォン・ズィンディクスによれば、労働関係が労働契約によって双方の契約当事者のために、最善化のための内部競争並びに直接間接には市場の競争に貢献するならば、指揮権並びに指揮命令被拘束性の内容も拡大ないし修正を迫られる。彼の提案では、指揮権を請求権に換えるべきである。これには先ず単純な指示も含まれるが、多くは垂直的・水平的な方向での協働者に対する諸請求がなされる。これら請求は、課題または問題設定を概念規定しそしておそらく望まれる解決策および求められる結果を素描する。しかしこの請求は、補充を必要とする中間領域を空白にされているのであって、しかも所与の請求の輪郭の実質的な逸脱または修正に関して授権がなされている。かくて協働者（職員）は、創造的で独自性のあるそして批判を受容するがしかしその時々理由付けを必要としかつ責任を負担すべき解決策と最善化された結果（成果）を獲得するためには、活用せざるを得ない重要かつ必要な活動領域を獲得した。したがって使用者の請求権の対応物は被用者の獲得義務である。請求並びにその獲得が内部の最善化競争そして必要な場合には市場の競争の諸条件と諸原則に基づいて提起されていることを示すには、請求権と獲得義務は「競争促進的」との修飾語を要する。

④　内部競争における労使の競争促進義務[42]

内部の最善化競争が厳密な指揮権を相応の獲得義務の伴う内容の空白な請求権に換えた。しかし内部的な競争の形成と維持が法的に義務であるとするための法的基礎が欠如する。その目的で、使用者の配慮義務と労働者の誠実（忠実）義務という労働契約の付随義務を労働法の交換関係における第二の双務契約に引き上げる。被用者にとって使用者の配慮は、被用者がその職業上の能力を内部的な競争によって発展させ最善化しそしてその内部的並びに外部的な機会を確保ないし改善することに対する安定的な機会と権利を取得することである。使用者にとって被用者の誠実（忠実）は、被用者がその知識、情報並びに個人的な職業能力を内部的な競争の過程の厳選システムの中に何の留保なくそして忠実に持ちこむことである。

（30）　Wolfgang Trittin, Umbruch des Arbeitsvertrages: Von der Arbeitszeit zum Arbeitsergebnis. in: NZA 2001/S. 1003.

(31) Trittin, a.a.O., S. 1004.
(32) Trittinn, a.a.O., S. 1004.
(33) Trittin, a.a.O., S. 1005.
(34) Trittin, a.a.O., S. 1005~1007.
(35) Trittin, a.a.O., S. 1008~1010.
(36) Huemmerich, a.a.O., 2632ff.
(37) Huemmerrich, a.a.O., S. 2633~2634.
(38) Von Syndikus a. D. Bernd Beacump, Das Arbeitsverhaeltnis als Wettbewerbsverhaeltnis, NZA 2001, S. 1011ff.
(39) Von Syndikus, a.a.O., S. 1011~1012.
(40) Von Syndikus, a.a.O., S. 1012.
(41) Von Syndikus, a.a.O., S. 1012~1013.
(42) Von Syndikus, a.a.O., S. 1013.

五　若干の検討

1　標準的労働関係の変化への対応

フルタイムと長期雇用を特徴とする標準的労働関係は、数量的には横ばい状態であるが、総就業者数における割合ではずっと減少傾向にある。他面しかし、集団的契約と法律を通じて規制され保護されている（規範的）側面はなお維持されている。しかし、パート労働の増加に伴いこれとの平等化への要請はより強まるであろう。また厳しい雇用情勢を反映して、有期労働や派遣労働についても例外性よりも雇用への積極的側面が見なおされてもいる。法的取扱いについて困難な問題を提供しているのが、社会保険義務を負わない僅少就業者の増加、並びに労働法上の保護を受けない自由協働者、更には偽装自営業者の諸問題である。

わが国でも、長期雇用における中核的従業員としての正規従業員（正社員）の状況は、右のドイツの標準的労働関係と類比されうるものであろう。(43)

ただ、ドイツの場合は産別レベルの協約政策ないし法律に基礎を持つ従業員代表制更には個別の法律の規定を背景とするため、その変容も個別企業単位では限界があり社会全体（政治レベルにせよ産業レベルにせよ）として認識の変化する必要がある。

この標準的労働関係及びそれを前提とする労働法・社会法による保護が社会的・経済的弱者に対する保護の必要に基づいてなされているとの認識に立つともいえるが、その点で深刻な問題を提起するのが、次の指摘である。すなわち、（独立）自営業者と企業を除くと、労働法の有権利者と無権利者との間で社会の分裂現象が生じている。労働法の有権利者は完璧な社会保険による保護を享受しているのに反し、無権利者には周辺的社会扶助の可能性さえ欠如している。この分裂現象は、被用者の使用者に対する構造的な劣位の理論では言い表すことができない。一方でまるで無権利者のような有権利者（被用者）になお労働法上の保護を与えつづけるべきかの疑問が生ずると共に、経済的従属性の強い請負契約者と被用者との境界を厳格に維持すべき理由があるのかの疑問が生じよう。(44) わが国でも、労働者は法的保護並びに企業内の制度上の保護が厚すぎるとして、その削減を主張するものもなくはない。(45) しかしそれ以上に強調されるべきは、今まで正規社員が従事していた職務を担当する非正規社員の労働法上の保護（平等の観点からの）であろう。

2　信頼労働時間制の問題性と可能性

ホッフ(46)によれば、信頼労働時間の活用される場としては、先ず協働者が少なくとも一定の時間主権（課題処理の時間主権の意味で）を享受している分野、なかんずく以前からフレックスタイム制がとられていたところに適している。現代的なチーム型の、協働者間の調整に基づく柔軟な労働時間システムでは行動における裁量の余地が存在する。このような活動領域では信頼労働時間制は、時間口座制による柔軟な労働時間システムと競合する。次に、信頼労働時間が適しているのは、労働時間の給付基準が相対化されているが「方向付け」のためには確定されているところである。そこで登場するのが、協約外で報酬を受けるいわゆる協約外職員（AT-Angestellte）である。その契約上の労働時間の義務は最近ではますます協約基準との結びつきを弱めている。とくに時間外労働に対する追加的な報酬が排除されている個別契約条項によって（したがって正確ではないが「無給の時間外労働」と呼ばれる）。この展開を一歩推進させたのは、ドイツでは八〇年代に協約上の労働時間を四〇時間以下に短縮させたことを受けての労働時間の柔軟化である。これを契機として管理職層（Fuehrungskraefte）及びそれ以外の協約外職員はフレックスタイム制並びに時間把握から除外されて行った会社もある。

そこで新たな労働時間の自治（自律）に関する説明がなされる。すなわち、従来の労働時間での行動様式及びその契約上週四〇時間に確定された労働時間への方向づけを脱して、彼らは自分の上司と調整してその労働時間を所与の任務に合わせるようになる。「労働時間は任務（課題）に応じて決められる。」[47]自己の仕事の処理において大きな裁量の余地が認められる職務に従事する者に利用される場合が多いところから、わが国の裁量労働（専門業務型のみならず企画業務型についても）に酷似している。しかも労働時間短縮傾向の中で労働時間柔軟化ための究極の手段とも言える点でも似ている。それでも労働時間を契約上協定（合意）しておかないで、「任務によ る」とするのはわが国では考えられない。先ず、その合法性について、労働時間の長さに関する留保は「解雇制限法によって保護された労働関係の中核領域への侵害」として無効と言えるかの観点から議論のあるところである。[48]

これを有効とするフロマトカによると、監督的職員以外の管理職層は労働時間法三条の範囲内ですなわち週四八時間の範囲の中で労働の可能性と二四週ないし六暦月の範囲なかでの一日の平均が八時間を超えない範囲で許容されている点に着目し、また監督的職員に関しては労働時間法の適用除外（同法一八条一項一号）とされているため、いつどのように働こうと好きなように働くことができる。問題は、確定された労働時間に代わって登場した不確定な法概念すなわち「任務」である。例えば仕入れ部長（Einkaufsleiter）としての任務は、極めて一般的に画定され得るが、他方で微細に渡った求人票で具体化されうる。そのいずれにしても不確実性は残る。それは典型的または平均的な職業像に合わせるかまたは当該企業における要求に合わせるか等方法はあるが、客観的な要求と個人の主観的な給付能力との兼ね合いが難しい。また職業的要求も時代と共に変化するので任務自体も変わってしまう。そこでフロマトカは、取引慣行に配慮して信義則に従い解釈されるべきであるとする。具体的には、当該事業所の位置する地域での当該部門における管理職にとって一般的な労働時間、あるいは協約上の労働時間である。[49]

以上の点は信頼労働時間制では過重負荷（過労）の問題として論じられている。前掲のホッフによれば、これをうまく処理するには、管理職層が任務と協働者の給付能力について十分判定できること及び協働者からそのことで悪い評価を受けないかとの不安なく過重負荷の苦情を申し出られる環境（信頼関係）作りが重要である。したがって、個別的にそしてチーム全体で常態的な開かれた協働者との会談（意見交換）なしには、指導層はうまくやっていけない。しかし、信頼労働時間制は、自分の健康に悪いことがわかっていても無理して働いてしまう可能性があるだけに、その合理的運用はまだ大きな課題を抱えたままであり、必要があれば将来法規制がなされるかもしれない。

3　成果を基準とする労働に対する評価の対立

(1)　信頼労働時間制はわが国では裁量労働制に酷似しているとはいっても、わが国では反対給付のための給付基準が労働時間から成果に移ったとの議論は存しない。裁量労働では、労働時間のみなし制の一つでありあくまでも「みなされた」労働時間を基準とする。ただ、これと年俸制が結びつけば成果型はより一貫するわけで、同じような問題も発生しかねない。ドイツのように本当に給付基準が成果に移行してしまうと言っても、反対給付としての賃金の算定は労働時間と関係なくなされるとは限らず、むしろ日本のように形式的にせよ予定された(前もって想定された)労働時間を前提になされると思われる。そのため、トリッテリンが危惧するような事態になるのか(従来のリスク分配の根本的変更)は分からない。それが肯定される場合には、リスク分配の変更の労働者側への影響(負担の強化)をどう食い止めるかが課題となろう。

他方、労働関係の市場経済化を容認しようとする見解、なかんずくフォン・ズィンディクスの見解は従来のドイツ理論には見当たらないかなり挑戦的なものである。先ず、ヒュッメリッヒによって打ち出された企業を「競争共同体」として理解して労使のコーポラティブな協力を求める見解をより発展させる形で、さらに、外部市場の競争を企業内部にもたらし内部組織の競争へ最善化努力を労使双方に課す。企業の内部が各ヒエラルキーにおいて分断化されてそれぞれが外部市場と対向関係に立つ。そこで企業組織全体からの統一的命令の形で業務が遂行される状況でなくなる。そして企業という組織の内部的な最善化競争・努力が労使関係のキーになっていくので、使用者の指揮命令は競争促進的請求として再構成され、これに対応する被用者の義務もかなりの裁量が認められたものとなっている。すなわち被用者は、広い裁量の範囲内で最善化へ貢献する義務が課せられる。これは一種の努力義務のように考えられているのだろうか。いずれにしてもこの点で、この契約は労働契約というより自由雇用契約(わが国では有償委任契約)に近いものとなろう。このような競争促進義務は当該企業ないし当該部門の業績によって評価される面が出てくる。被用者は経営者ではないが、それと同じような形で責任をとらされる可能性が出てくる。そうなるとやはり、トリッテンの考えたようなリスクの転換がなされているといえそうである。

この見解がドイツでどのような評価を得ることになるかは分からないが、フルタイムと長期雇用を指標とする前記の標準的労働関係の視点から見ると、フルタイム就労ではあるが長期雇用はまったく保障されないであろう。一方でオランダのようにパートタイム就労が一般化してくればこれも標準的となろう。女性労働の増加を前にすると、他の国でももはやフルタイムのみを標準的とはなしえなくなってくる。しかしその上、長期雇用も保障できないとなれば、およそ標準的労働関係の名に値しないものになろう。なぜなら、それによって生存・生活の維持は不安定とならざるを得ないからである。

(2)　フォン・ズィンディクスの見解は必ずしも現実的基礎のない主張ではなく、アメリカにおける労使関係ではほぼそれに近い状況が述べられる。すなわち、雇用関係の大変革、外部の市場の内部への流入・貫徹現象である。(50)

キャペリによると、ひとたび市場（企業が取り扱っている製品市場と、労働者にとっての労働市場という二つの市場）が企業という組織内部に持ちこまれると、伝統的な雇用契約に由来する諸制度（長期雇用、内部登用制や社内人材育成、企業と従業員の双方による責任負担、社員間の公平性への配慮など）は駆逐され、市場原理が優位を占めるようになる。伝統的な雇用契約すなわち内部市場型の雇用慣行の特徴は企業と社員の双方の保護であって、社員は失業のリスクから企業は人材確保と維持に係る不確実性から保護されている。(51)

とくに特徴的なのは、ダウンサイジングである。社員との雇用関係を変えずに人員整理を行う方法は、自然減、採用凍結、成績の芳しくない社員の解雇率の増加など数多くある。それと対照的に、ダウンサイジングは、社員を成績不振以外の理由で解雇する。それは、必ずしも景気後退時の対策ではなく、コスト削減や財務業績を向上させるための人員削減の意味を含む。それは、従来と異なり、レイオフと同時に新規採用も行っている。これにより雇用関係の変化の激しかったのは、伝統的に最も安泰な立場にあったホワイトカラーや管理職層であった。(52)

他方、内部労働市場型の雇用システムは、社員そして最終的には企業を外部労働市場の圧力から保護するような仕組みになっていたが、このシステムを放棄するということは、企業側の社員の態度や行動に対する影響力も大幅に失うことになる。市場原理に基づく雇用契約の中心テーマは、今や社員の行動や態度を左右する最大要因が組織外部、すなわち労働市場（における受給バランス）に存在するという点である[53]。

そして、職場における対立関係は、ホワイトカラー対ブルーカラー、スーパーバイザー対それ以上の管理者などであったが、ここで問題となる対立関係は経営トップ対それ以外の全員である。なぜなら、上級幹部が他の社員とは根本的に異なる待遇を受けていると認識されている。経営トップにとって成果をあげられなかったら解任される確率はどの社員グループより高い。しかし失職のリスクに十分過ぎるほどの桁外れの報酬が彼らに支給される。上級幹部とそれ以外の社員の利益がもはや一致しなくなってしまった。上場企業の最高幹部の報酬はその大部分が会社の株価に連動しており、彼らの利益は株主の利益と一致している。彼らは、明らかに企業利益を最大化することに意欲的であり、あらゆる手段を尽くして目的を達成しようとしている。それ以外の社員は、このようなインセンティブはない[54]。

また、リチャード・セネット[55]によれば、フレキシブル組織の三要素として次のものを挙げる。

①　組織の非連続的見直し　すなわち、制度や組織を決定的に後戻りできない方に作り変えようとする変化で過去と現在を不連続にすることである。

②　フレキシブル生産方式　より多様な製品をより早く市場に出そうというもので、そこで最も重要な要素は、変化しつづける外部世界の需要に応じて組織の内部構造を進んで変えるいくという姿勢である。

③　中央集権なき権限集中　先ず権限の分散、すなわち会社の従業員に自らの仕事を管理する権限を与えようとする。その管理は、組織内の幅広い多様なグループに、各々生産目標や利益目標を課すことで行われ、目標達成方法は各グループが自由に選べる。

そしてそれぞれについて問題点を呈示する。

①　組織の非連続的見直しについては、多くは失敗しているとしてその失敗の原因は、リエンジニアリング

（業務革新）のためのダウンサウジング（人員整理）繰り返しの過程で組織が機能不全に陥る、その方向性を失う点にあるとする。

② フレキシブル生産方式に関しては、そのあり方は社会が何を共通の善とするかで決まるとして、富の不平等に関するアングロ・アメリカ型とライン型諸国との相違を主張する。

③ 中央集権なき権限集中については、各グループに与えられる生産目標や利益目標は彼らの能力の範囲をはるかに超えたものであって、相当な圧力になることである。

(3) 以上のアメリカにおける雇用関係・慣行における新傾向がまさにグローバリズムの名の下に各国に同様に導入されるべきかについては、疑問であろう。

市場における諸要求がそのまま企業組織の内部における労働（業務の割当など）について影響を与え決定付けるこのような方式は、使用者としては企業内部の従業員と同じように外部市場における転職希望者を自己の業務の必要に充当（採用によって）することを可能にする。内部従業員に対する人材育成措置や賃金における付加価値の設定など優遇措置（差別化）を図る必要もなくなる。したがってこれは標準的労働関係（労働力に対する特別保護を伴う）など存在しない労働社会への変化を意味する。このような経営政策をとろうとしてもドイツでは先ず、労働組合による激しい抵抗と一定の妥協策としての協約締結を余儀なくされて、趣旨の貫徹は難しいであろう。たしかに使用者団体からの個別企業（使用者）の脱退状況が増えれば[56]、労働組合の規制力は弱まることは予想されるが、それは同一産業の内部における各企業の事情に応じた対応（企業別化）を促進する程度のものであろう。企業内における従業員代表たる事業所委員会には、法定の共同決定権その他の関与権（経営変更・社会計画など）が認められているため、彼らを無視した人事政策をとることも困難であろう。法律的にも解雇制限法上の諸規制（企〔事〕業者決定に対する司法的規制、最後の手段原則、経営上の必要性の切迫性、社会的選択など）の改正も必至となろうが、それも容易ではないであろう。最も懸念されるのは、労働者間の分極化、スキルに対する需要の多い者と少ない者との間の富の極端な差別化であろう。自らスキルを身につけようとしても、資産がなければできないとなれば、その格差はさらに増幅することになろう。[57] いわゆるライン型の資本主義の代表のようなドイツでは、このような社会的な分極化は社会国家の理念からして受け入れられにくいであろう。たとえ受け入れるにしても、別な形でのセーフティネットの構築が求められるところであろう。

これに対しわが国の労働組合は、ドイツのような外部労働市場において形成された団体として個別企業の労使を規制するものではなく、むしろ「内部労働市場のなかで利害を共通する正規従業員集団がその利益（雇用、労働条件、福利厚生）を推進する目的で組織する団体」[58]として、労働協約も組織内部の正規従業員の保護的性格が強い。他方で、企業側も長期雇用における人材育成、内部昇進制などによる正規従業員の維持確保に利益を有してきた。これに対応して判例も周知のように、配転・出向のような人事権や企業秩序形成の権限を広く解する一方で、解雇に対しては権利濫用禁止の法理によってかなり厳しい要件を課している。国家の制定法レベルではパート労働並びに女性労働に対する平等取扱いの方向に向かっているが、実際の労使関係の中軸はフルタイムで長期の（男性の）正規社員で形成されている。これはドイツの標準的労働関係そのものであるが、ドイツと大きく異なるところは、労働組合が産別・地域別単位で活動するため労働条件形成がある程度横断的で、そのことから離職して再就職の過程を経たとしても、必ずしも賃金そのほかがダウンするとは限らない。これに対しわが国では労働条件、特に賃金は企業内独自に形成された（年功賃金）ものであることから、新卒入社した者と中途採用者との間の賃金格差は激しい。[59]

それだけ一層、雇用関係の市場化の影響は大きいであろう。長期間保障されていた雇用が断続的になるだけでなく、賃金水準も市場レベルに適合させるとなると、現行より三～五割も減少することになりかねない。さらに製品市場における成果に対する責任も強化されるとなれば、なおさら労働者にとって厳しいものとなろう。しかし、企業横断的な組合もない、そして法律は必ずしも従来の雇用慣行に対応してできているわけでもないことからすれば、各企業レベルでは雇用の市場化が現出することも予想される。ただ、その場合本当に重要なコアとなる職員を確保・維持することの困難性が随伴するであろうが。

雇用・労働関係の競争市場化に対しては、社会的平等・公平性（正義）の観点からの違和感が付きまとう。労働力までもが通常の商品と同じように、市場における需要と供給だけで評価されるとなれば、一定の職業能力への需要の集中によってその能力を有する者は非常に高額の賃金を得るのに対して、それほどでない者は、同じような教育を受けほぼ匹敵する経験を有する者であっても、一段と低い評価を受けることになりかねないのである。そして問題なのは、圧倒的多数の人がこのフレキシブルな資本主義についていけない人なのである点である。(60)

（43）菅野和夫『新・雇用社会の法』（有斐閣、二〇〇二年）一八頁。一九八五年には八三・六％であったものが二〇〇〇年には七四％に減少。そのことは、伝統的な長期雇用システム自体の規模ないし適用範囲が減少していることの証左である。同著一九頁。

なお、労働省による「平成一一年就業形態の多様化に関する総合実態調査」によれば、正社員は七二・五％で非正規社員は二七・五％となっている。非正規社員の七九・三％がパートタイマーとなっている。

（44）Huemmerich, a.a.O., S. 2628.

（45）その意味で、雇傭及び労働法の改革を主張するものに、八代尚宏著『雇用改革の時代』（中公新書、一九九九年）がある。

（46）Andreas Hoff, Vertrauensarbeitszeit: einfach flexibel arbeiten, Wiesbaden 2002, S. 27ff

（47）Hoff, a.a.O., S. 28.

（48）Wolfgang Hromadka, “Die Arbeitszeit richtet sich nach der Aufgabe”, Arbeit und Arbeitsrecht-AuA 11/2000, S. 533ff.

（49）Hromdka, a.a.O., S, 534.

（50）ピーター・キャペリ著・若山由美訳『雇用の未来』（The New Deal at Work）（日本経済新聞社、二〇〇一年）。

(51) 同著一五頁、三三頁、一七三頁。
(52) 同著一〇頁、一七四頁、一七六頁。
(53) 同著六八頁、七四頁。
(54) 同著三三七頁、三三八頁。
(55) リチャード・セネット著・斎藤秀正訳『それでも新資本主義についていくか――アメリカ型経営と個人の衝突』(The Corrosion of Character)(ダイヤモンド社、一九九九年)「第三章 フレキシビリティ」(五一頁~七六頁)。
(56) 名古道功「大量失業・グローバリゼーションとドイツ横断的労働協約の『危機』」金沢法学第四三巻第二号(二〇〇〇)五五頁(八四頁)以下参照。
(57) キャペリ・前掲書三四五頁。しかし、キャペリによれば、良し悪しの問題ではなく市場は効率的であればよく、「効率的な市場には、公平性に対する配慮が入りこむ余地はない。」としている。そしてさらに、ニューディールさえもいずれは過去のものとなることを認識すべきとする。同著三四七頁。
(58) 菅野和夫『新・雇用社会の法』四頁。
(59) 八代・前掲著三六頁。同著によれば、三〇歳以上でほぼ横ばい状態の中途採用者の賃金は競争市場で決定された賃金(労働市場の均衡点)であり、年功賃金はこれと比べて高すぎる企業内賃金と評価される。中高年層の労働力受給のミスマッチの原因は、「年功賃金の下で、特定企業にしか通用しない高年齢者の、技能と比べて高すぎる賃金」にあるとする。同著三三頁。
(60) リチャード・セネット・前掲書二一三頁。

〔附記〕 本稿は二〇〇二年一一月末日脱稿。
それ以後のテーマに関する文献として、以下のものが参照される。
(1) Ingo Hamm, Arbeitszeitkonten, Bund-Verlag, 2003.

（2） Hans J.Pongratz, G.Guenter Foss, Arbeitskraftunternehmer, Hans Boeckler Stiftung, 2003.

（3） Monika Schlachter, Vertrauensarbeitszeit in Deutschland und Japan: kollektive Gestaltungsmoeglichkeiten auf betrieblicher Ebene. in: Herg. von Oekter, Pris, 50 Jahre Bundesarbeitsgeicht, Muenchen, 2004, S.1253-1272.

（4） Hans J.Pongratz, G.Guenter Voss (Hg.), Tyisch Arbeitskraftunternehmer?-Befunde der empirischen Arbeitsforderung, Has Boeckler Stifung 2004.

（5） Sabine Boehm, Christa Hermann, Rainer Triczek, Herausforderung Vertraruensarbeitszeit-Zur Kultur und Praxis eines neuen Arbeitsmodells, Hans Boeckler Stiftung, 2004.

（6） Helke Grunewald, Grundlagen und Grenzen der Vertrauensarbeitszeit: Vorgaben de ArbZG und kollektivvertragliche Gestaungsmoeglichkeiten, Berlin, 2005.

トライアル雇用制度について
――ドイツの制度との比較を中心に――

藤原稔弘

一　はじめに

わが国において雇用情勢は、依然として深刻である。平成一七年一月二八日発表の「労働力調査（速報）平成一六年一二月結果の概要」[1]によると、完全失業者数は、二七〇万人であり、完全失業率は四・四％である。また、前記労働力調査によると、年齢別には若年世代（一五歳から二四歳）と五五歳以上の中高年世代において失業が深刻であり、他の年齢グループと比べると完全失業率が明らかに高い（第一三表「年齢階級別完全失業率」参照）。さらに、失業が長期化し、構造化するという現象も確実に進行している。総務省が平成一六年一一月三〇日に発表した労働力調査詳細結果（平成一六年七～九月平均）の概要（速報）[2]によると、失業期間が一年以上の長期失業者は、約一〇〇万人（うち二年以上五二万人）に達し、完全失業者に占める割合は三一・九％と、ほぼ三人に一人を占めている。

こうした状況を踏まえて、政府も様々な雇用対策を行っている。その中で、とりわけ注目されるのは、失業の特に深刻な年齢層を対象として実施されているトライアル雇用制度である。トライアル雇用は、まず最初に平成一一年四月一日より、職業紹介が困難な障害者を対象に実施された。その後、中高年労働者および若年者の雇用情勢の悪化に伴い、障害者でない前記の二つの失業者グループについても、雇用保険法の雇用保険三事業の一環としてトライアル雇用が行われるようになった。中高年労働者に関しては、平成一二年一一月二九日に発表された「中高年齢者緊急就業開発事業」[3]にもとづき、「試行就業」が実施された。これは、四五歳以上の中高年齢者を一定期間試行的に受け入れる事業主に対して、奨励金の支給、常用雇用への円滑な移行に向けた相談・援助を行うこと等により、中高年齢者の就業機会の拡大を図るものである。[4]三〇歳未満の若年者を対象とするトライアル雇用事業は、平成一三年一二月から開始された。若年者トライアル雇用事業では、学卒未就職者等の若年失業者を短期間（最長三ヶ月）の試用雇用として受け入れる企業に対し支援（雇用管理上の助言や奨励金の支給等）を行い、その後の常用雇用への移行が図られる。[5]

これらのトライアル雇用事業は、いずれも大きな成果を上げたとされている。障害者および中高年労働者については、トライアル雇用への参加者のおよそ八割が、本採用ないしは常用雇用に移行した。[6]若年者対象のトライアル雇用についても、平成一六年二月までに六九、八三九人を試行雇用し、終了者五二、三三二人のうち四一、五五二人（七九・四％）が常用雇用に移行した。[7]こうした成果を受けて、厚生労働省は、平成一五年四月より、従来の対象労働者に、母子家庭の母や日雇い労働者・ホームレスを加えた統一的なトライアル雇用事業を開始している。

ところで、ドイツでは、雇用促進法（Arbeitsföderungsgesetz）の第三篇としての社会法典（Sozialgesetzbuch）への編入（一九九八年四月一日以降）に伴い、とりわけ失業の長期化に対する対策を目的とした雇用政策上の諸手段（トレーニング措置、職場編入契約、新規設立企業への採用助成金の制度等）が新たに導入された。これらの中で、職場編入契約（Eingliederungsvertrag）は、トライアル雇用を法制度化したものであった。職場編入契約制度の下で、使用者は、雇用局（Arbeitsamt、わが国でいうハローワークに相当）の同意を得て、六ヶ月以上の長期失業者等の就職が困難な者と、二週間以上六か月以下の就業関係（Beschäftigungsverhältnisse）を創設する職場編入契約を締結することとなっていた。この制度に特徴的なことは、使用者と労働者には、いつでも理由を示すことなく職場編入契約を解約できる特別の解約権が与えられている点であり、また、使用者は、雇用局から、労働給付のなかった期間でも支払いを義務づけられる報酬（疾病休暇や有給休暇中の報酬負担）および社会保険拠出料の使用者負担分等について、助成を受けることができた。

ところが、この職場編入契約制度は、二〇〇一年一二月一〇日制定の労働市場政策上の手段の改正のためのJob（職）-AQTIV法（AQTIVは、活性化＝Aktivieren、職業資格付与＝Qualifizieren、職業訓練＝Trainieren、投資＝Investierenおよび職業紹介＝Vermittelnの頭文字）による社会法典第三編の改正（二〇〇二年一月一日より施行）に伴い廃止され、同制度を定めていた同法二二九条以下には、ジョブ・ローテーション（Job-Rotation、職務代行者の採用への助成による職業継続教育の促進制度）が、構造政策および労働市場政策に関する新たな政策手段として定められている。[8] 職場編入契約制度が廃止された理由は、後述するようにその利用頻度が低く、しかも年々減少傾向にあることであり、この制度の利用は、効率的に管理運営されている事業所でも、煩雑でかつ事務処理コストのかさむことであったとされている。[9]

しかしながら、ドイツの職場編入契約の導入の経緯やその制度内容および、わずか数年間であったがその利用状況を考察することは、上述のように成果を上げつつあるわが国のトライアル雇用制度をより有効な雇用政策上の手段として行く上で示唆的である。この場合、失敗例から成功例以上に多くのことを学ぶことができると考えられる。

（1）総務省のホームページ（http://www.stat.go.jp/data/roudou/sokuhou/tsuki/index.htm）より取得。
（2）総務省のホームページ（http://www.stat.go.jp/data/roudou/sokuhou/4hanki/dt/index.htm）より取得。
（3）厚生労働省のホームページ（http://www.mhlw.go.jp/houdou/2000/0011.html）より取得。
（4）この試行就業の事業は、平成一三年一一月一日をもって終了し、一七〇億の当初予算を使い切った。
（5）若年者トライアル事業の内容については、平成一四年四月三日発表の厚生労働省職業安定局の「未就職卒業者就職緊急支援事業の実施について」(http://www.mhlw.go.jp/houdou/2002/04/h0403-4.html) を参照。なお、トライアル雇用制度の沿革については、小嶌典明「試用期間の現状と未来」『下井隆史先生古稀記念・新時代の労働契約法理論』(二〇〇三年、信山社) 一四二頁以下参照。

(6) 小嶌前掲論文一四三頁参照。

(7) 内閣府「ここまで進んだ小泉改革［経済構造改革の成果と進捗状況］(平成一六年四月)」三〇頁 (経済財政諮問会議のホームページ＝http://www.keizai-shimon.go.jp/explain/pamphlet/より取得) を参照。

(8) Job (職) -AQTIV 法による社会法典第三編の改正については、W.Spellbrink/W.Eicher (hrsg.), Kasseler Handbuch des Arbeitsförderungsrecht: Das SGB III in Recht und Praxis, 2003, München, S. 1010f. (P.Armbrust).

(9) Vgl. BT-Drucksache 14/6944, S. 39

二　わが国のトライアル雇用制度について

上述のように、本稿は、ドイツの制度との比較研究が主たるテーマであるが、ドイツの制度の考察に入る前に、わが国のトライアル雇用制度の内容を簡潔に説明しておきたい。

最初に、類似の制度との区別に簡単に触れておく。トライアル雇用以外に、短期間の有期雇用で労働者を試験的に雇い入れ、従業員として適格であると判断されれば、常用雇用に移行し期間の定めのない労働契約を締結することになる制度としては、常用目的紹介（トライアル紹介）があるし、試験的雇用が派遣という形態で行われるものに紹介予定派遣がある。紹介予定派遣は、直接雇用ではなく、労働者派遣である点で、トライアル雇用とは基本的に異なる。また、トライアル雇用は、職業安定所に登録した求職者のみが対象となる点および対象労働者を試験的に雇い入れた雇用主に公的な助成金が支給される点で、常用目的紹介とは違う。(10) なおトライアル雇用は、試行雇用あるいは試行就業と呼ばれることもある。

以下では、平成一五年四月一日から実施されている最新のトライアル雇用制度を取り上げる。これは、雇用安

定事業（雇用保険三事業の一つ）の助成金である「試行奨励金」にもとづく制度である。(11)

(1) 制度趣旨

トライアル雇用制度の目的は、ハローワークが紹介する対象労働者を短期間（原則として三ヶ月間）試行的に雇用し、その間、企業と労働者が相互の理解を深め、その後の常用雇用への移行や雇用のきっかけを作ることである。企業は、トライアル雇用中に対象労働者の適性や業務遂行可能性などを実際に見極めた上で、本採用するかどうかを決めることができるし、労働者も、企業の求める適性や能力・技術を実際に把握でき、トライアル雇用中に技能の収得等に努力することで、その後の本採用に道が開かれる。

(2) 対象労働者および対象となる事業主

対象となる労働者は、ハローワークに求職登録をし、就職を希望している次の労働者である。すなわち、①中高年齢者（トライアル雇用開始時に四五歳以上六五歳未満であって、離職後一定期間（当分の間、三ヶ月とする）経過するまでの間に再就職の実現が困難であった者で、速やかな再就職を促進することが特に必要であると公共職業安定所長が認める者）、②若年者（トライアル雇用開始時に三〇歳未満の者）、③母子家庭の母や生活保護法による保護の決定を受けた者等、④障害者（障害者の雇用の安定等に関する法律第二条第一号に定める障害者等）および⑤日雇労働者・ホームレスである。

対象となる事業主は、雇用保険法の適用事業の事業主であるが、次のいずれかの場合は、トライアル雇用の適用対象とはならない（つまり、後述の奨励金が支給されない）。すなわち、①トライアル雇用を開始した日の前日から起算して六ヶ月前の日からトライアル雇用終了までの間に事業主都合の解雇を行った場合、②前記期間内に一定数の被保険者の労働者を特定受給資格者となる離職理由により離職させた場合、③雇い入れた対象労働者を、トライアル雇用開始の前日から過去三年の間に雇用していた場合、④過去三年以内に不正行為により本奨励金の不支給または支給の取消の措置を受けた事業主の場合および⑤過去三年以内に雇用保険三事業の助成金を不正に受け、又は受けようとした事業主の場合等である。

(3) 雇用期間中の労使の権利義務および労働者の処遇

事業主は、受け入れ可能であれば、対象労働者の採用面接を実施し、トライアル雇用を実施するかどうかを決める。採用に際しては、関係法令（労働基準法等）にもとづき、事業主と対象労働者との間で雇用契約を結び、「トライアル雇用実施計画書」（雇い入れから二週間以内に、事業主が対象労働者と十分に話し合い、その合意を得た上でハローワークに提出する）に、賃金と労働時間およびその他の労働条件を記載しなくてはならない。

①から③の対象労働者については、事業主は、その後の本採用に結び付くようトライアル雇用中に実務能力の向上を図るための取組を行い、「トライアル雇用実施計画書」に、常用雇用への移行の促進のためトライアル雇用中に講じる措置（実施する指導・訓練）[12]を記載する必要がある。

(4) 常用雇用（通常の労働関係）への受け入れ義務

トライアル雇用の実施は、事業所に本採用を義務づけるものではない。しかし、特に①から③の対象労働者のトライアル雇用については、事業主は、常用雇用への移行を前提としたものであることを理解し、できる限り常用雇用へ移行するよう努力しなくてはならない。ただし、本採用するかどうかは、トライアル雇用中の対象労働者の実務能力の向上や業務への意欲的な取組などにかかっており、事業主は、この点を、対象労働者に十分理解させ、業務などに意欲的に取り組むように指導や助言をすべきである。なお事業主は、「トライアル雇用実施計画書」に、常用雇用に移行するための要件（どのくらいの業務遂行が可能であれば本採用できるか）を具体的に記入しなくてはならない。[13]

事業主は、能力等の要件に照らして常用雇用への移行が不可能な場合、トライアル雇用だけで終了してもよい。トライアル雇用が終了したとき、またはトライアル雇用期間中に常用雇用に移行した場合には、ハローワークに「トライアル雇用結果報告書」を提出する。

(5) 公的助成の内容

トライアル雇用を実施する事業主には、トライアル雇用を実施する対象労働者一人につき、月額五〇〇〇〇円の奨励金が最大三ヶ月支給される。奨励金の支給を受けるには、トライアル雇用終了後一ヶ月以内に、「試行雇用奨励金支給申請書」に前記の実施計画書の写し、報告書、当該労働者の出勤簿の写しを添えてハローワークに提出することになっている。

(10) トライアル雇用制度の特徴については、小嶌前掲論文一四三頁以下参照。

(11) 本制度の内容は、厚生労働省「試行雇用奨励金」（厚生労働省のホームページ＝http://www.mhlw.go.jp/general/seido/josei/kyufukin/pdf/10.pdf より取得）および厚生労働省他「トライアル雇用事業のご案内（リーフレット）」（ヤングハローワークのホームページ＝http://www.younghw.jp/pdf/toraiaru-.pdf より取得）にもとづくものである。

(12) 前掲「トライアル雇用事業のご案内」によると、トライアル雇用中に講じる措置の例としては、指導担当者が同行して取引先を訪問し、業務指導及び人物紹介を行うことや、新商品の開発担当部署において、商品の特徴やアピールポイント等の勉強を行うこと等が考えられる。

(13) 常用雇用への移行の要件として、前掲「トライアル雇用事業のご案内」には、扱う商品についての基礎的な知識をもつようになること、得意先（顧客）から好感が得られることおよび取引先に対して商品の説明がスムーズにできること等が記載例として示されている。

三　ドイツの職場編入契約制度

1　職場編入契約制度の導入の趣旨および提言

まず、職場編入契約制度の制度内容を検討する前に、この制度が導入された趣旨あるいはその目的を明らかにしたい。

職場編入契約制度は、一九九七年四月一日、雇用促進改正法（Arbeitsförderungs-Reformgesetz）により、従来の雇用促進法の五四条aから五四条cとして導入された。一九九八年一月一日以後、これらの規定は、社会法典第三編の旧の二二九条から二三四条となった（以下、かつて職場編入契約制度を定めた社会法典第三編の規定を「旧〇条」と記載する）。職場編入契約制度の基本的思想は、就業関係の最初の期間、最長六ヶ月まで雇用に伴う一定の労働法上の制限や負担を取り除くことにより、使用者に特定の失業者（長期失業者および職業紹介を困難にする個人的事情を有する者）の雇用を奨励することである。そして、この制度のもっとも重要な特徴は、連邦雇用庁（雇用局）が、その同意を得て職場編入契約を締結した使用者に対し、労働給付がない時間に支払われなければならない報酬、特に疾病の場合の報酬の継続支給分や、医療保険、介護保険および年金保険の保険料の使用者負担部分等を弁償するという点にあった。

(1) 職場編入契約制度の導入の趣旨

最初に、一九九六年六月一八日の連立与党グループの雇用促進改正法案の立法理由書から、職場編入契約制度の導入の趣旨・目的を検討しておきたい。

まず、B　各論（Besonderer Teil）部分の該当条文である二二七条の立法理由を見ると、次のように記載されている。職場編入契約は、長期失業者や他の職業紹介が困難な失業者を職業に編入する（就職させる）ための雇用促進の新たな手段である。職場編入契約の目的は、こうした失業者グループについて多くの使用者が直面する採用の障壁を取り壊すことである。多くの使用者は、このような失業者グループと労働契約による拘束関係に入ることのリスクを恐れ、付加的なコストの発生（特に、平均を超える欠勤によるそれ）を懸念している。職場編入契約の制度は使用者に、失業者と知り合いになり、その職業上の知識を試しかつ彼らを訓練する機会や可能性を与える。それにより、様々な予断や偏見が、より適切にかつより早く取り除かれる。他方失業者は、職場編入契約を通じて、自己の能力や真価が実証され、再び正規の第一労働市場で就労することができるようなる。(14)

次に、こうした各論部分での叙述が本立法理由書のＡ　総論部分（Allgemeiner Teil）とどのような関連を有するかを指摘したい。総論部分では、雇用促進法制の改正の主要目標として、1　就業の機会を獲得するチャンスを増やし、失業の発生を回避すること、2　雇用促進法制をさらに発展させ、その利用可能性を改善すること、3　連邦雇用庁の効率を向上させること、4　給付の濫用をより適切に確認できるようにし、かつそれを（違法な就業を含めて）より効果的に撲滅できるようにすることおよび5　保険料支払者の負担を軽減することの五項目が示されていた。(15)

これらの主要目標のうち、職場編入契約の制度は、第一の目標に関係する。すなわち、第一の目標は、一方において既存のかつ試験済みの雇用促進法にもとづく労働市場政策上の諸手段を改善しその利用可能性を高めること（こうした既存の手段の利用可能性の改善は、それぞれの守備範囲を拡大し、それぞれの多様な利用資格要件を原則的に統一することや、場所的および現実的な必要性にもとづく柔軟な利用を可能にすることによって達成される）、および他方で新しい手段（トレーニング措置、新規設立企業に対する採用助成、労働者の雇用の促進にとり有効な社会計画上の諸措置に対する援助等）を導入することによって実現される。そして、後者の新しく導入される手段として、長期失業者に対する職場編入契約が挙げられていた。

なお、前記立法理由書の総論部分では、雇用促進法制改正の五つの主要目標の指摘に続いて、これらの目標の実現は、①労働者がその（新しい職場を見つけ出すことに対する）自己責任から免れず、かつ使用者が労働者の雇用を可能な限り追求する責任から免れないこと、②雇用促進の給付により正規の労働市場が損なわれないことおよび③雇用促進の給付によって企業間の競争が歪められないことという原則と結び付けられている。(16) こうした原則は、職場編入契約制度に対しても当てはまり、特に①の原則が重要である。職場編入契約の制度も、労使の自己責任原則を前提としたものでなくてはならない。

(2)　職場編入契約と類似の制度の導入の提言

一九九七年の雇用促進法制の改正に際して、職場編入契約制度が新しい雇用促進の手段として導入される以前、同様の制度の必要性が労使双方の団体によって指摘されていた。

(a) カトリック事業者連合の提言

まず、こうした必要性を指摘するものとしてもっとも重要なのは、カトリック事業者連合の提言である。同連合の一九九四年に設立されたワーキンググループ(「失業に対抗する盟約企業」と名付けられている)は、その膨大な検討をルーズリーフないしは仮綴じ本として公表したが、ワーキンググループのメンバーの一人であった弁護士のH. M. Stindtは、ドイツのおよび各国共通の労働法と経済法に関するバイエルン財団の専門会議(一九九五年一一月三〇日開催)において、その基本的部分を要約し、報告している。以下、Stindtの報告によりつつ、カトリック事業者連合の提言の内容を明らかにしたい。

最初に、Stindtによると、カトリック事業者連合(Der Bund Katholischer Unternehmer e.V. 以下、BKUという)は、失業を克服するための基本的施策として、①スライド式の早期退職制に代えて人員を大切に取り扱う(ressourcenschonend)雇用調整や高齢者のパート労働の助成、②短期の失業を回避しあるいは縮小するための集中的な職業紹介および③長期失業者の職業統合のための援助労働契約(Föderarbeitsvertrag)を提言している。(17) ここで問題なのは、③の制度である。

BKUの作業グループは、援助労働契約についても、相当に詳しく制度の構想を提示している。まず、この制度に関しては、Stindtの報告によると、次のような基本認識がその背景にある。すなわち、失業の原因は、仕事の不足ばかりでなく、仕事の増加を可能な限り人員を増やすことなく処理しようという使用者の姿勢にもあり、こうした使用者の姿勢の背後には、賃金や賃金付加コストが高いことおよび労働時間制度が十分に柔軟なものではないことや現行労働法制が柔軟ではなく、それによる負担が過大であるという事情がある。(18)

最後の現行労働法制によって生じる負担が採用の障害(Einstellungshemmnisse)となっている例としては、①

現行の解雇法制（解雇制限法に限らず、他の法令や協約による規制も含む）にもとづく多様な解雇制限、②有期労働契約の締結に対する制限（就業促進法＝Beschäftigungsförderungsgesetz による規制緩和も十分ではなく、むしろ使用者の採用意欲に対する新たな阻害要因を持ち込んだ）、③採用第一日目から労働者が病気欠勤した場合でも、賃金継続支給法等により賃金の継続支給を義務づけられることおよび④経営上の理由による解雇の際の社会的選択に関して、通常高齢の労働者よりも若年の労働者を先に解雇すべしとされていることが高齢労働者の雇用の障害となっていること等がある。(19)

また、Stindt の報告によると、旧雇用促進法（Arbeitsförderungsgesetz）は、労働法制が原因の一つとなって生じたあるいは阻止できなかった失業に絶えず不可避的に直面せざるを得ないから、労働法制にもとづく負担により新たな労働者の採用を尻込みする使用者をしてその態度を修正させ採用へと動機づける様々な措置を備えている。たとえば、旧雇用促進法五三条（労働者の採用を助成するための多様な給付を定める）、同一〇三条b（失業者は、失業手当請求権を失うことなく職業訓練措置に参加することができる）、同四九条（連邦雇用庁は、労働者が実習期間の経過後初めてある職務を遂行することができかつ実習の初めに失業していたかあるいは直接失業の脅威に脅かされていた場合、その労働者に対し実習手当 Einarbeitungszuschuß を支給することができる）および同五四条（労働市場の通常の条件のもとでは就職が困難な失業者や失業に直接的に脅かされている求職者の職業統合を促進するために補助金の交付や貸付を行う）等が挙げられる。しかし、これらの措置は、労働法の欠陥に十分に適切に対応しているわけではなく、それゆえその効果には限界があった。(20)

そこで、ＢＫＵは、長期失業者や再就職を困難にする事情を持つ失業者の労働生活への統合、しかも第一労働市場での統合を促進するために、援助労働契約の制度の導入を提言している。まず、援助労働契約の制度は、使用者、失業者（労働者）および労働行政の三角関係（Dreiecksverhältnis）のうえに立脚しなければならず、可能な限り三面契約（dreiseitiger Vertrag）の形式をとることが求められる。(21) そして、こうした三面関係は、二つの段階、すなわち訓練段階（Trainingsphase、職業教育法一九条の職業教育関係の形式をとることが推奨されている）と、通常の労働関係の開始へと入り込んでいく安定化段階（Stabilisierungsphase）を経過して行く。従来の雇用促進法上の制度と異なり、最初から、雇用の機会を提供する具体的な使用者と契約関係を持つという点が、援助労働契約制度の基本的特徴である。[22]

さらに、援助労働契約の特色としては、①契約関係の初期の段階（訓練段階および安定化段階の双方を含む）で使用者の諸々の義務に伴う危険の軽減（Risikominimierung）のために解雇や期間の設定を容易にすること、②労務管理を容易にすることおよび③使用者の費用負担を軽減すること（たとえば、疾病の場合の賃金継続支給による使用者負担や社会保険料の使用者負担を、賃金助成の形で安定化段階の期間中労働行政が引き受けるべきである）が指摘できる。[23] 最後に、安定化の段階が所期の成果を上げて終了した場合、労働関係は原則として通常の段階（Normalphase）に入っていくことを、使用者により失業者および労働行政に対して、安定化段階の最初で約束されるべきであることが強調されている（このような約束が行われることによって、失業者は安定化段階への参加を動機づけられるし、労働行政には、費用の出費が無駄にならないという保障が与えられる）。[24]

(b)　その他の提言

ＢＫＵ以外にも、使用者側および労働組合側から、職場編入契約と同様の制度の導入が提案されている。

まず、ドイツ使用者団体連盟の代表として、上述のバイエル財団主催の専門会議に参加した弁護士の Robert Reichling は、その報告の中で次のような提言を行っている。彼によると、労働市場政策は、適切な財政支出により、職業資格が欠如しているかあるいはその他の職業紹介を困難にする事情を抱えている者を、第一労働市場（erster Arbeitsmarkt）へ編入統合することを容易にするという目的の実現に役立たなくてはならない。こうした観点からすると、従来の積極的労働市場政策の中心であった雇用創出措置と職業継続教育に対する助成は、必要な費用に比べて効果が非常に乏しい。[25] これに対し、積極労働市場政策の手段の中でもっとも効果的なのは、実習手当である。それは、事業所内において実習を行いかつ技能を取得する期間（実習期間）中、失業者を金銭的な面で助成するもので、試験的雇用や労働テストと並んで強化されるべきである。使用者、失業者および雇用局の三者間の新たな助成契約（Fördervertrag）は、適切に雇用の初期の段階のリスクから使用者を解放し、かつ失業者を職業に編入統合することを段階的に助成するとされる。(26)

次に、ドイツ労働総同盟の代表として、前記の会議に参加したUrsula Engelen-Keferの報告の中にも、職場編入契約のような制度の導入を示唆している部分がある。(27) すなわち、ＤＧＢの雇用促進法制の改正の提案として、長期失業者の編入のチャンスを増やすために、遅くとも失業の六ヶ月後には、すべての失業者についての個別的な助成計画を作成すべきことが提案されている。また、長期失業者の職業統合の成果の向上は、経験上しばしば、有期雇用、職業継続教育および事業所での試験的雇用が結びつけられて初めて実現可能であることが明らかになっているとして、個々の失業者の能力を考慮した前記手段についての柔軟な助成の連鎖（Förderketten）を作り出すことが必要であるとされている。

2　職場編入契約制度の内容

次に、社会法典第三編の旧二二九条から旧二三九条に定められていた職場編入契約の制度内容について、わが国の制度との比較という観点から重要であると考えられる点を中心になるべく詳しく説明したい。

(1)　職場編入契約の成立

(a)　職場編入契約の当事者である「助成を要する失業者」とは

最初に、職場編入契約において使用者の契約の相手方となるのは、助成を要する失業者（förderungsbedürftige Arbeitslose）である（社会法典第三編旧二二九条以下）。助成を要する失業者とは、長期失業者並びに少なくとも六ヶ月間失業しておりかつ職業紹介を困難にする要因の一つが存在するその他の失業者に他ならない（同旧二三〇条)。長期失業者とは、社会法典第三編一八条一項によると、一年以上失業している者である。同二項によると、「長期の失業を前提とする積極的雇用促進の諸給付」(職場編入契約制度もこれに分類される)に関しては、五年の期間内に生じた次のような失業の中断の期間は、前記一年以上という期間の算定に際し考慮されない。それには、①他の積極的雇用促進措置(職業教育措置、訓練措置、連邦社会扶助法にもとづく就労扶助等)の対象となった期間や疾病の期間あるいは②母性保護法による就労禁止の期間等(同項一号から五号を参照)が属する。次に、職業紹介を困難にする要因としては、一九九七年八月一一日の連邦雇用庁の告示[28](Runderlaß)によると、特に、年齢と重度身体障害(Schwerbehinderteneigenschaft)、一般的な健康上の障害、職業資格の不取得、低い技能水準あるいは職業復帰者であること(Berufsrückkehrereigenschaft)等が問題とされた[29]。

(b) 雇用局の同意の法的性格

職場編入契約は、使用者と失業者が雇用局の同意を得た場合にのみ締結可能であった(旧二三一条一項一文)。この同意の法的性格については、同意が、職場編入契約の効力要件であるとする説とそうではないとする説が対立していた[30]。効力要件説によると、雇用局の同意がなければ、契約は私法上無効であり、非効力要件説では、雇用局の同意は、職場編入関係が連邦雇用庁の助成対象となるための要件にすぎず、労使間の契約の効力とは関わりないとされている[31]。前者の効力要件説の論拠は、①職場編入契約は雇用局の同意を得てのみ締結できるという前記の法律文言、②後述の連邦雇用庁の使用者の賃金負担等に対する弁償義務(Erstattungspflicht)の発生は、(有効な)職場編入契約の存在を要件としており、法規定の整合的解釈という点から雇用局の同意を契約の有効要件とするのが適切であることおよび③職場編入契約という特殊な労働市場政策上の手段は、後述するように、雇用局の積極的な助成があって初めて有効に機能するものであり、雇用局が積極的に関与しない(つまり承認しない)場合、その存在自体が実質的に意味をなさず、形式的に契約の有効性だけを認めるのは明らかに不合理であることであった[32]。

なお、雇用局の同意は、社会法典第一〇編三一条一文の意味の助成的行政行為（begünstingender Verwaltungs-akt）であり、その特定性（Bestimmtheit）、形式、内容および告知に関して、社会法典一〇編三一条以下が適用可能であった。(33) 雇用局の同意を得る手続きであるが、一九九七年八月一一日の連邦雇用庁の告示の手続き指針は、次のように定めていた。(34) まず、使用者と就業者によって署名された職場編入契約（場合によってその複写）が、同意を得るために雇用局に提出されなければならない。そして同意は、許可決定（Bewillingsabscheid）により行われるものであった。

さらに、職場編入契約の有効要件の同意に関しては、ＢＧＢ一八二条以下が適用された。社会法典第三編には、同意が事前ないしは事後のものでなくてはならないという明文規定は存しない。それゆえ雇用局の同意は、事前にも事後にも行うことができた。(35) つまり、事前の同意（ＢＧＢ一八三条の意味の承認＝Einwilligung）でもよいし、事後の同意（ＢＧＢ一八四条の意味の追認＝Genehmigung）でもよい。後者の追認の場合、遡及効（Rückwirkung）が認められた。

(2)　職場編入契約の期間および終了

(a)　職場編入契約の期間

職場編入契約は、法規定によると、常に有期契約であり、その最低期間は二ヶ月、最長期間は六ヶ月であった（社会法典第三編旧二三二条一項一文）。また、トレーニング措置（同法四八条から五〇条）に直接的に連続して同じ使用者と職場編入契約が締結される場合、措置の期間だけ職場編入契約の期間が短縮された。

一般に、当初合意された期間が六ヶ月よりも短かった場合、契約期間を事後に法定の最長期間まで延長可能であり、法所定の最長期間の範囲内で何回もの延長が可能であると解されていた（ただし、延長の度に雇用局の同意を要した）。(36) なお、こうした期間の延長は、時間的な中断（zeitliche Zäsur）がある場合や、職務の内容（Tätigkeitsinhalte）に変化を伴う場合にも認められるかどうか問題となっていた。(37) 連邦雇用庁の前記告示によると、先行する職場編入契約により最長期間経過後も通常の労働関係に受け入れられなかった場合等には、同じ失業者が他の使用者と繰り返し職場編入契約を締結することも例外的に可能であった。また、最長期間経過後同じ使用者と繰り返し職場編入契約を締結することも、従来と異なる他の職務（当該失業者がその職務に適していると考えられる）についての再訓練等が予定される場合に限り可能であった。(38)

(b)　職場編入契約の終了

職場編入契約は有期契約でしかあり得ないが、期間満了以前の事前の終了の可能性が法律により明定されていた。旧二三二条二項によると、職場編入契約の両当事者は、常に（つまり、存続期間中のいかなる時点においても）かつ理由を示すことなく編入を「失敗に終わった（gescheitert）」と意思表示することができ、それにより職場編入契約は解消された。この場合、解約告知ではなく、独自の終了事由が問題となった。それゆえ、民法典上の期間の設定や解約告知に関する諸規定は適用されないし、当然のこととして解雇制限法の適用もない。さらに、職場編入契約を終了させる意思表示には、事業所組織法一〇二条の事業所委員会の事前の意見聴取や異議申立の規定も適用されない。旧二三二条二項により、これらの規定の適用は、法律上排除されたと解された。(39)

もっとも、「失敗に終わった」という意思表示は、受領を要する（empfangsbedürftig）一方的意思表示である点に変わりはない。それゆえ、ドイツ民法典の意思表示の到達や代理に関する諸規定が適用された。(40)この意思表示は、要式行為ではないから、口頭で行うこともできた。しかし、契約上、文書形式を要することを合意するのは可能であった。なおこの場合、法規定の文言を用いて意思表示を行う必要はなく、解釈によって、契約当事者の一方が職場編入契約が「失敗に終わった」という趣旨の意思表示をしていると理解できれば十分であった。(41)たとえば、「あなたとの間では何も生み出されなかったので、関係を本日終了します」という使用者の意思表示でもよい。

(3)　職場編入契約の法的性質、労働法の諸規定の適用および通常の労働関係への移行

(a)　職場編入契約によって創設される就業関係の法的性質

職場編入契約によって創設される就業関係を労働関係ではないとする説が多数を形成していた。政府案の理由書の中でも、「職場編入契約によっていかなる労働関係も創設されない」という記述が見られた。[42] こうした非労働関係説では、職場編入契約によってある種の社会保障法上の就業関係が創設されるが、それは労働関係ではない。また職場編入契約は労働契約ではなく、特別の契約（Vertrag sui generis）である。[43] 非労働関係説の論拠は、以下のこと等であった。[44]

まず第一に、職場編入関係が首尾よく終了した後失業者を通常の労働関係に移行させるという職場編入契約の目的からして、それを労働関係と理解することには無理がある。つまり、労働関係への受け入れは職場編入関係の目的であって、編入とともに労働関係が始まるのではない。第二に、本法（社会法典第三編のこと）は、職場編入契約の期間中存在する法的関係を呼称するために、いかなる箇所でも労働関係という用語を用いていなかった。また、本法は、編入される者（der Einzugliederunden）を表示するのに労働者という語を使用することを避け、それに代えて失業者という語を使っていた。

第三に、本法で、異なる定めのなき限り労働法の諸規定や原則が職場編入契約に適用されるべきこと（旧二三一条二項一文）や、職場編入契約にもとづく法的紛争は労働裁判所に管轄権があること（旧二三二条三項）が定められていたが、職場編入関係が労働関係であるならばこれらの規定は全く余計なもの（つまり必要がない）と考えられる。第四に、本法により、労働関係では通常みられない義務が使用者に課された。すなわち、職場編入関係の終了後失業者を通常の労働関係に受け入れることができるように使用者は職業教育を行い、仕事を習熟させなくてはならないし、雇用局等が失業者を指導・援助することを許容したり、職業追加教育や再教育に参加することを許可しなくてはならなかった。これらの義務は、職業養成教育関係（Ausbildungsverhältnis）における義務と同様のものであるが、一般に職業養成教育関係は労働関係とは評価されない。

これに対し、職場編入契約によって創設される就業関係を、法律によって特別の形態を与えられた労働関係とする説も少数ながら存在した。[45]

(b) 労働法の諸規定および諸原則の適用関係

まず第一に、労働契約法（Arbeitsvertragsrecht）は、前記旧二三一条二項一文の準用規定に従い、原則として適用があった。例外は、上述したように、法律上特別の規定がある期間設定や解雇に関する諸規定であり、職場編入契約の終了あるいは解約に関してこれらの規定の適用はなかった。もっとも上述のように、職場編入契約の解約にも、ＢＧＢ六一一条ａ（性別を理由とする雇用上の不利益取り扱いの禁止）および同六一二条ａ（労働者がその権利を適法に行使したことを理由とする不利益取扱いの禁止）は適用された。

第二、支配的見解によると、個別的労働法の以下の法規定が職場編入契約に適用があった。[46] まず、報酬継続支給法（Entgeltfortzahlungsgesetz）の適用があり、祝日や疾病により労働が行われなかった場合にも、被編入者（職場編入契約により雇用された失業者）は賃金請求権を失わない（同法二条および三条）。これらの規定の適用は、こうした費用の支出の労働行政による弁償が職場編入契約制度のもっとも重要な特徴であること（後述）から明らかである。また、連邦休暇法の諸規定も適用された。職場編入関係の終了後、通常の労働関係に移行しなかった場合、部分休暇に関する規定（連邦休暇法五条）が適用になった。なぜなら、完全な年休請求権は、就業関係が六ヶ月間存続した後に初めて成立するものであるからである。就業関係が終了してしまったことにより、年休が全部あるいは一部付与されなかった場合、それは、金銭により補償・精算されなくてはならない（連邦休暇法七条四項）。さらに、労働安全に関する労働保護法（Arbeitsschutzgesetz）の規定も職場編入契約には適用があった。

第三に、事業所組織法制も、法律上特別の規定が存しない限り、職場編入契約関係に適用された。なぜなら、連邦労働裁判所の判例によると、原則として、事業所に編入されたり、そこで労働したりあるいは職業養成訓練を受けているすべての個人は、事業所組織法制の意味の労働者に数え入れられるからであった[47]。それゆえ、職場編入契約にもとづき就業している者も、事業所組織法の意味の労働者に他ならない。ただ、例外的に、職場編入契約に関する法律上の諸規定が、事業所組織法上の諸規定の適用と相容れない場合に、それらの適用が除外されるにすぎない。

事業所組織法の規定の適用と相容れない職場編入契約に関する法規定としては、まず、旧二三一条四項二文があった。この規定によると、使用者は被編入者を柔軟な労働時間システムの下かつ任意に職場を変更させて仕事に従事させることができ、かつ被編入者は、使用者によって提案された事業所の職業教育措置に参加することを義務づけられた。この規定の内容と、労働時間の状態および配転や事業所内職業教育措置に関する事業所委員会の共同決定権等（事業所組織法八七条一項二号、九九条、九六条から九八条）は抵触するから、これらの共同決定の諸規定は職場編入関係には適用されない[48]。

また上述のように、職場編入関係は解約告知によってではなく、独自の解消事由により終了するから、解約告知の実施以前に事業所委員会の意見を聴取する使用者の義務を定めた事業所組織法一〇二条の規定も適用不可であった[49]。これに対し、事業所レベルでの賃金形成に関する共同決定（事業所組織法八七条一項一〇号）は、格別、内容的に抵触する規定は存しないので、その職場編入関係への適用に疑問はなかった[50]。

第四に、職場編入関係は、原則として労働関係と同様に労働協約によって規律可能であった[51]。その論拠としては、職場編入関係との類似性が顕著な職業養成教育関係について、職業教育法三条二項は、労働契約に適用される法規定の準用を定めており、一般に、こうした法規定に労働協約法も含まれると解されていること等が指摘されていた。もっとも、報酬に関して、賃金・給与協約の拘束力のある適用がなされるかどうかについては、否定的に解する見解が支配的であった[52]。その理由は、職場編入関係の目的（失業者に職業教育を行い、仕事を習熟させること）が、明らかに通常の労働関係と異なることや、職業教育を行うために雇用されている者には、賃金・給与協約の一般的な規定は適用されないのが通常の取り扱いであること等であった。ただ、そうした取り扱いが事業所で通常である（betriebsüblich）場合に限り、職場編入関係におけるそれぞれの職務にふさわしい協約上の報酬規定が適用された。

なお、もちろん協約当事者は、報酬に関して独自の職場編入協約（Eingliederungstarif）を合意することは可能であった。(53) しかし、六ヶ月を超える期間の延長を認めたり、職場編入契約の解消を困難にする等の協約規定は、職場編入契約に関する法規定に違反し無効であった。(54)

(c)　職場編入契約当事者の義務および通常の労働関係への移行

まず、旧二三三条三項一文によると、職場編入契約において使用者は、職場編入関係の首尾よい終了後失業者を労働関係に受け入れるという目標で、事業所に通常の労働条件の下彼に職業教育や実習を施さなくてはならなかった。事業所に通常の労働条件の下での職業教育や実習とは、どのようなものであるかは、個々のケースの諸事情にもとづいてのみ判断可能な事柄であり、(55) 連邦雇用庁の前記告示も、職業活動が事業所に応じてあまりに多様であることから、事業所内職業教育の内容や範囲について準則を予め定めることは不可能であるとしていた。(56)

また、職場編入関係の期間、失業者は必要な場合、特別の援護（Betreuung）を受けることになっていた。第一に、旧二三三条三項二文によると、使用者は、失業者を適切な方法で援護しなければならず、さらに、雇用局あるいは雇用局によって指名された第三者による援護を許容しなければならない。連邦雇用庁の前記告示によると、失業者の抱える特別の問題や欠陥（たとえば、いわゆる一日八時間労働制を個人的事情から受け入れられない等）に適切に対処するためには、可能な限り、旧雇用促進法六二条ｄにもとづき助成の対象となる社会的援護措置（たとえば、職業クラブによる支援等）が行われなくてはならない。(57) なお、状況によっては、特別の問題（たとえば、過剰債務等）についての地域の専門的な相談や援助のサービスの利用も問題になり得た。(58) 失業者の義務は、旧二三三条四項に定められており、失業者は合意された職務の遂行を義務づけられた。

ところで、上述のように、法律により職場編入契約制度が導入されたのは、長期失業者に対する偏見を除去するための実習や試用の後、引き続き労働関係に受け入れられることを期待してのことである。しかし、一般に、職場編入関係の終了後、引き続いて被編入者を通常の労働関係に受け入れる義務は、使用者にはないと解されていた。(59) このことは、職場編入関係が合意された期間の最後まで解約されることなく継続実施された場合でも同様であった。一部の学説により、旧二三一条三項一文の規定（職場編入契約がその首尾よい終了後の被編入者の通常の労働関係への受け入れを目的としていることを定めている）により、職場編入契約期間が長くなるに従い個々のケースに応じ通常の労働関係への受け入れへのある種の（確固たる法的地位と評価できる）期待権（Anwartschaftsrecht）が生じるとの説が主張されていたが、(60) 一般的ではなかった。

(4)　職場編入契約に対する助成

(a)　労働給付のない期間に支払われた報酬の弁償義務

雇用局は、①労働給付の行われなかった期間中でも使用者により負担されるべき報酬、②すべての社会保険拠出料の使用者負担分および③疾病の場合の報酬の継続支給や休暇中の報酬の支払いのための補償制度（Ausgleichssystem）における使用者の分担金を、使用者に弁償しなければならない（旧二三三条一項一文）。前記連邦雇用庁の一九九七年八月一七日の告示によると、①の労働給付の行われなかった期間には、法律上、協約上あるいは地域慣行上（ortsüblich）の有給休暇期間、母性保護法にもとづく休業期間、疾病等による労働不能（Arbeitsunfähigkeit）の期間および事業所に通常の訓練期間を超える職業教育の期間や旧二三一条三項二文にもとづく雇用局の教育指導（Betreuung）期間等が該当し、それらの期間中に使用者の支払った報酬を雇用局が事後的に弁償しなくてはならない。(61) ③の補償制度としては、使用者のための有給休暇補償金庫や賃金補償金庫（Urlaubs-und Lohnausgleichskassen）等が考えられていた。(62)

雇用局によって弁償される報酬の額であるが、職場編入契約において合意された労働報酬の額によって定まる。

上述のように、それは、協約上の報酬規定と一致すべき必要性はない。個々の事例ごとに、協約規定による賃金・給与あるいは地域や事業所に通常の労働報酬に従って定められてもよいし、それらを下回ってもかまわない。ともあれ、弁償されるべき労働報酬の額は、労働給付のない期間中に使用者に支払い義務が生じた報酬の全額であった。それゆえ、疾病による労働不能の場合には、適用を受ける労働協約に一〇〇％支給すべき旨の規定が存しないときには、報酬継続支給法の規定に従い、報酬額の八〇％が弁償の対象となった。[63] また、報酬継続支給法六条の請求権の移転の規定に従い、労働者から労働不能に関し第三者に対して有する損害賠償請求権の移転を使用者が受けた場合等には、その賠償額分雇用局の弁償額は縮減された（旧二二三条一項二文）。

(b)　職場編入契約期間中の職場編入助成金の支給

雇用局は、職場編入契約の期間中就労の行われている間、使用者に対し職場編入助成金（Eingliederungs-zuschüsse）を支給できた（旧二二三条二項一文）。職場編入助成金の申請方法は、前記の連邦雇用庁の告示によると、雇用局の同意を得るために職場編入契約を提出する際に行うのが適切であるとされていた。[64] こうした職場編入助成金に関しては、社会法典第三編の二一七条以下に詳しい規定がある。職場編入契約に関して主に問題となる職場編入助成金は、同法二一八条所定の種類のうち、被用者が職場に編入される（就職する）ために特別の技能の取得を必要とする場合の職場編入助成金（同条一項一号）、職業紹介困難な長期失業者や重障害者等についての職場編入助成金（同二号）および職業復帰者（子供の養育や家族の介護のため就業を相当期間中断した後に職業活動に復帰する男性および女性）が職場への編入のために特別の技能の取得が必要な場合の職場編入助成金（同条二項）であった。

また、前記告示によると、職場編入契約に続いて同一の使用者と通常の労働関係に入った場合は、職場編入助成金の支給はなくなった。[65] なぜなら、職場編入契約の終了とともに、職場編入関係も終了するからである。しかし学説の中には、使用者に責任のない中断期間（unverschuldete Unterbrechungszeit、たとえば、長期の労働者の疾病等）が存する場合や、それ以外に職場編入関係の目標が実現できないときには、職場編入助成金の継続支給や支給期間の延長が認められるとする見解もあった。[66] なお、旧二三三条二項二文によると、使用者は、職場編入契約が期間途中で解消された場合でも、支給された職場編入助成金の返還を義務づけられない。

(c)　助成の中止

最後に、とりわけ被編入者の欠勤期間（Fehlzeit）の状況から職場編入契約の目標の不実現が多分に見込まれるときには、雇用局は、一項および二項の助成を中止できた（旧二三三条三項）。助成の中止は、使用者および（少なくとも間接的に）労働者に関わる負荷的（belastend）行政行為であり、その性質上、旧二三一条一項一文にもとづく職場編入契約に対する雇用局の同意の解除（Rückgängigmachung）と評価された。[67] 雇用局に職場編入契約の特別の解約権はない。

3　職場編入契約制度の問題点と改正の方向

続いて、職場編入契約制度の利用状況を踏まえて、その問題点を指摘し、制度改正の方向性を示しておきたい。こうした考察は、トライアル雇用制度についてのわが国の立法政策への示唆を考える上で重要な意味を持つ。

(1)　制度導入時の危惧

最初に、職場編入契約制度に対しては、その制度の導入時に次のような危惧が、主として労働側により指摘されていた。すなわち、職場編入契約制度が長期失業者の職場への統合編入の促進というその趣旨目的通りに利用されず、労働法上の労働者の様々な権利を否定する手段となりはしないかと懸念されていた。基本的に個別的および集団的労働法の規定が適用になるとされているにもかかわらず、職場編入契約の制度により、第二労働市場の差別的な諸規制が正規の労働市場（第一労働市場）に移し替えられ、正規の労働市場の中に第二ランクの労働者（Arbeitnehmer zweiter Klasse）が創出されるおそれがある。[68]

たとえば、まず、上述のように前記一九九七年八月一一日の連邦雇用庁の告示によると、職場編入契約のもとで雇用されている者の労働報酬が比較可能な職務の協約上の労働報酬を下回る場合にも、職場編入契約は雇用局の同意を得て有効に成立するとされている。つまり、協約に拘束されるか否かにかかわりなく、編入される労働者に協約基準を下回る賃金を支払うことが可能である。[69] また、職場編入契約は、使用者および労働者によって、その期間の経過中の何時にても理由を示すことなく解消することができる。このような特別の解約権が認められたことにより、法律上の解約告知規制（ＢＧＢ六二二条）は排除され、また期間の定めのある雇用契約は重大な事由が存在する場合に限り期間の途中で解約可能であるとの民法上の解雇制限規定（ＢＧＢ六二六条一項）も適用が否定される。[70] さらに、一九九六年の就業促進法一条一項の有期労働契約の締結規制（現在では、パートタイム労働および有期労働契約に関する法律一四条二項）も、職場編入契約によって実質的に緩和されてしまう。つまり職場編入契約の下では、最長六ヶ月までの間に何度でも期間を設定し労働者を雇用できる。これによって、使用者には、まず最初の六ヶ月間社会法典第三編にもとづき何度か有期契約を締結し、それに続いて就業促進法にもとづきさらに二年間三度まで有期労働契約を更新することができるようになる。[71]

(2) 利用度の低さとその原因

しかし、制度導入時に考えられていた職場編入契約制度の問題点は、結果的には杞憂に終わった。なぜなら、職場編入契約制度の利用度が非常に低かったからである。連邦雇用庁の二〇〇一年労働市場調査[72]によると、積極的労働市場政策のうち、「正規の雇用の助成（Förderung regulärer Beschäftigung）」として分類される諸措置には、次の六つが取り上げられている。すなわち、①民間企業に対する構造調整措置・東（Strukturanpassungsmaßnahmen Ost fur Wirtschaftsunternehmen SAM OfW）、②職場編入助成金（Eingliederungszüschusse）、③職場編入契約、④新規設立事業への採用助成金（Einstellungszüschusse bei Neugründungen）、⑤連邦政府の長期失業者に対する就業支援プログラムおよび⑥独立して事業を開始した被用者の生活保障等のための移行資金

表1　選択された労働市場政策上の諸措置に対する新規助成

（1997年—2001年、ドイツ全体）

労働市場政策上の諸措置（新規助成）	1997	1998	1999	2000	2001
	1	2	3	4	5
職業継続教育 (Berufliche Weiterbildung)	421641	607970	490796	551534	449622
訓練措置 (Trainingsmaßnahmen)	103184	280166	431566	476672	565132
就業機会の創出措置 (Beschäftigungsschaffende Maßnahmen)					
—雇用創出措置（ABM）	215906	366555	295499	260079	192037
—伝統的構造調整措置 (traditionelle Strukturanpassungs-maßnahmen)	56645	66042	57019	54212	54047
職業上のリハビリテーション (Berufliche Rehabilitation)	113026	118792	129939	132824	135773
ドイツ語語学課程 (Deutsch-Sprachlehrgänge)	87920	65000	55691	59843	54655
正規の雇用の助成 (Förderung regulärer Beschäftigung)					
—民間企業に対する構造調整措置・東 (Strukturanpassungsmaßnahmen Ost für Wirtschaftsunternehmen)	51301	206136	151001	46782	27272
—職場編入助成金 (Eingliederungszuschüsse)	43641	101041	141856	146187	129035
—職場編入契約 (Eingliederungsvertrag)	974	2782	989	731	332
—新規設立事業への採用助成金 (Einstellungszuschüsse bei Neugründun-gen)	5309	12158	13976	15164	13517
—長期失業者に対する就業支援	52668	66826	39086	43597	50003
—独立自営業の開始に際しての当面の移行資金の支給 (Uberbrückungsgeld bei Aufnahme einer selbstädigen Tätigkeit)	78824	98300	98114	92604	95656

（出所）　Arbeitsmarkt 2001, ANBA 49.Jg., Sondernummer Nürnberg, 28.Juni. 2001, S.2001 (Tabelle ⅡE1a)

（Überbruckungsgeld）の支給である。前記調査の結果（表1）により、一年間に新たに助成が承認された件数をみると、職場編入契約制度の利用度は、他の措置と比べて明らかに低い。こうした利用度の低さの原因は、職場編入契約制度が労使の双方にとってあまり魅力的なものでなかったことにあるのは言うまでもあるまい。使用者側および労働者の側にとって、あまりメリットがないと考えられたのであろう。

この点に関し最初に雇用局の同意をめぐる問題を検討する。職場編入契約が助成を受けることができるだけでなく、そもそもそれが私法上有効であるためには、雇用局の同意を得なくてはならない。雇用局の同意を得るためには、連邦雇用庁の前記告示の手続き指針によると、使用者と被編入者によって署名された職場編入契約（場合によってその複写）が、雇用局に提出されなければならない。職場編入契約の統一的なひな型が、前記告示により用意されているので、この同意の申請手続きが、他の助成措置と比べて煩瑣であるとはいえない。

しかし、雇用局による職場編入契約への助成の内容が、使用者にとって魅力的なものかどうかは疑問である。被編入者に支払われる労働報酬の何割かが雇用局による弁償の対象となるわけではない。弁償の対象となるのは労働給付の行われなかった期間中（有給休暇期間、疾病による労働不能期間等）でも使用者により負担されるべき報酬や社会保険拠出料の使用者負担分等であった。これに対し、職場編入助成金の場合には、通常被用者に支払われる報酬の五〇％ないしは三〇％が助成される。また、職場編入契約に関し費用の弁償を受けるためには使用者は、職場編入契約の期間の経過後、様式ＥＶ５に、合意された労働報酬の額、使用者の支払う社会保険料の額、有給休暇補償金庫や賃金補償金庫の使用者の分担金の額（以上は一ヶ月単位）、編入期間の全体を通じての欠勤時間（これは疾病とか休暇とかその原因別に記載する）および第三者によって弁償済みの金額を記載して雇用局に提出しなくてはならない。このような手続きも、職場編入助成金の場合は必要はない。また、職場編入期間の終了後でないと、費用の弁償を雇用局に請求できない点も問題であった。

他方、失業者の立場からは、通常の労働関係に被編入者を受け入れる義務が使用者に存在しないことが問題であった。このような義務は、職場編入契約関係が合意された期間の終了まで実施された場合にも、存在しない。上述のように、職場編入契約制度の原型となったカトリック企業連合の援助労働契約のモデルでは、通常の労働関係への受け入れが、安定化段階の最初で約束されるべきであることが提案されていた。そしてこのような約束が行われることによって、失業者は援助労働契約への参加を動機づけられるし、労働行政には、費用の出費が無駄にならないという保障が与えられると指摘されていた。これを逆に考えると、通常の労働関係に受け入れる保障がない場合、失業者には職場編入契約の締結はそれほど有益なものではなくなる。

また、職場編入契約に関しては、旧二三二条二項により、契約の両当事者は、常に（つまり、存続期間中のいかなる時点においても）かつ理由を示すことなく、契約関係を解消する権限を有した。また、途中で解約されても職場編入契約が存続した期間の費用の弁償を求める請求権は使用者に認められた。もっとも、こうした権限が、使用者にとってどれだけメリットのあるものかは疑問である。他方、被編入者（職場編入契約により雇用された失業者）や労働行政にとっては非常に不都合であった。職場編入契約関係に入っても、使用者の思惑により何時解約されるか分からないという不安定な状態に被編入者は置かれるし、公費による助成が使用者の一方的な意思表示によって無駄に終わることになり労働行政の立場も受動的で不安定となる。

(14) Gesetzentwurf der Fraktionen der CDU/CSU und F.D.P. Entwurf eines Gesetzes zur Reform der Arbeitsförderung in der BT-Drucksache 13/4941 vom 18.6.1996（以下、BT-Drucksache 13/4941), S. 194.

(15) BT-Drucksache 13/4941, S. 140.

(16) BT-Drucksache 13/4941, S. 141.

(17) H.M.Stindt, Innovative Arbeitsförderung – aus der Sicht der betrieblichen Praxis, in: U. Engelen-Kefer u.a., Die Reform der Arbeitsförderung, Fachtagung der Bayer-Stiftung für deutsches und internationales Arbeits-und Wirtschaftsrecht am 30. November 1995, München, 1997, S.37.

(18) Vgl. Stindt, a.a.O., S. 52

(19) Stingt, a.a.O., S. 52-54. なお、Stingt によると、新規採用時の賃率（Einstiegstarif）をごくわず引き下げることも多くの労働組合による抵抗に合っており、こうしたことも新規採用の促進の障害となっているという（Vgl. Stingt, a.a.O., S. 53.）

(20) 労働法制の欠陥を排除するための雇用促進法の各措置の内容とその問題点については、Stingt, a.a.O., S. 54-57. を参照。

(21) Stingt, a.a.O., S. 59.

(22) Stingt, a.a.O., S. 60.

(23) ebenda.

(24) 訓練段階から通常の労働関係への移行段階に至る援助契約の制度内容については、Stingt, a.a.O., S. 60ff. を参照。

(25) Vgl.R.Reichling, Arbeitsmarktpolitik unter Reformdruck - aus der Sicht der Arbeitgeber in: U.Engelen-Kefer u.a., a.a.O., S.15-18.

(26) Reichling, a.a.O., S. 18.

(27) U. Engelen-Kefer, Arbeitsmarktanalyse, Arbeitsmarktentwicklung und notwendige Reformschritte- aus der Sicht der Gewerkschaften in: U.Engelen-Kefer u.a., a.a.O., S. 6.

(28) ANBA 1997, S. 1220.

(29) A.Gagel u.a., Sozialgesetzbuch Ⅲ- Arbeitsförderung- Kommentar, München. 2001（以下、Gagel-SGB Ⅲと略す）、Bd. 2.§230 Rn.8（K.Bepler）は、職業紹介を困難にする要因が精確かつ確定的に定められていないことの問題性を指摘している。

(30) Vgl. P.Bader, Arbeitsförderungsreformgesetz, AuR 1997, S. 388; K.Niesel（hrsg.）, Sozialgesetzbuch Arbeitsförderung - SGB Ⅲ Kommentar, München, 1998（以下、Niesel-SGB Ⅲと略す）、§231 Rn. 3（L.Menard）.

（31） Vgl. I.Natzel, Das Eingliederungsverhältnis als Übergang zum Arbeitsverhältnis, NZA1997, S. 806; Gagel-SGB Ⅲ ,§231 Rn. 40（Bepler）.

（32） Vgl. Bader, a.a.O., S.388.

（33） Vgl. Gagel-SGB Ⅲ , §231 Rn. 40（Bepler）

（34） ANBA 1997, S.1228.

（35） Vgl. Niel-SGB Ⅲ , §231 Rn. 3（Menard）.

（36） Vgl. Niel-SGB Ⅲ , §232 Rn. 3（Menard）.

（37） Vgl. Bader, a.a.O., S. 389. Gagel-SGB Ⅲ , §232 Rn. 4（Bepler）によると、法律の明文規定から職場編入契約の再締結ではなく、その延長が問題になるにすぎないので、最長六ヶ月という期間の間に中断があってはならない（つまり、職場編入契約は連続していなくてはならない）。

（38） ANBA 1997, S. 1220.

（39） Vgl. Bader, a.a.O., S. 389; Gagel-SGB Ⅲ , §232 Rn. 9 ,11（Bepler）; D.Hold, Der Eingliederungsvertrag nach §§54a bis 54c AFG aus arbeitsrechtlicher Sicht, AuA 1997, S.286. これに対し、A.Gerntke/J.Ulber, Der Eingliederungsvertrag – Instrument zur Integration oder zur Entrechnung?, S. 513 und 519 は、民法六二二条の解約告知期間の規定や事業所組織法一〇二条の規定の適用を認める。ただし、職場編入契約を終了させる意思表示にも、いわゆる一般的禁止法規（allgemeine Verbotsgesetz）、すなわち、民法一三四条（強行規定違反）、同一三八条（公序良俗違反）、同六一一条ａ（性差別の禁止）および同六一二条ａ（適正な権利行使に対する不利益取扱いの禁止）が適用されることは広く承認されている（Vgl. Gagel-SGB Ⅲ , §232 Rn. 13（Bepler）; P.Hanau, Der Eingliederungsvertrag – Ein neues Instrument der Arbeitsförderung, DB 1997, S.1279）.

（40） Vgl. Gagel-SGB Ⅲ , §232 Rn. 10（Bepler）.

（41） Bader, a.a.O., S. 389.

（42） BT- Drucks. 13/4941, S. 148.

(43) Vgl. Niel-SGB Ⅲ, §231 Rn. 3 (Menard); U.Baur, Rechtsänderung zum 1.4.1997 durch das ArbeitsförderungsReformgesetz (AFRG), S, 728; Hanau. a.a.O., S. 1279; Natzel, a.a.O., S. 807; J.Kopp, Reform der Arbeitsförderung, NZS 1997, S. 457; C.Rolfs, Arbeitsrechtliche Aspekte des neuen Arbeitsförderungsrecht, NZA 1997, S. 19.

(44) Vgl. Natzel, a.a.O., S. 807; Hanau, a.a.O., S. 1279.

(45) Vgl. Bader. a.a.O., S. 389; Gerntke/Ulber, a.a.O., S. 512-513.なお、Gagel-SGB Ⅲ, §231 Rn. 8f. (Bepler) も労働関係説に立っているように解される。

(46) Vgl. Gagel-SGB Ⅲ, §231 Rn. 18f. (Bepler); Hanau, a.a.O., S. 1279; Nazel, a.a.O., S. 807.

(47) とくに連邦労働裁判所第七小法廷一九九二年五月一三日判決（AP Nr.4 zu §5 BetrVG Ausbildung = DB 1993, S.1244.）を参照。

(48) Vgl. Niel-SGB Ⅲ, §231 Rn. 16 (Menard); Hanau. a.a.O., S.1280. これに対しGagel-SGB Ⅲ, §231 Rn. 27 (Bepler)は、使用者が失業者に実習のため一定の職場や職務を割り当てた場合には、配転や労働時間の状態に関する共同決定権の適用が認められるとしている。またGerntke/Ulber, a.a.O., S.517f. も、事業所委員会の共同決定権の職場編入関係への適用に積極的である。

(49) Gerntke/Ulber, a.a.O., S.519は、旧一三二条二項にもとづく使用者の契約解消の意思表示に、事業所組織法一〇二条の適用を肯定する。

(50) Vgl. Niel-SGB Ⅲ, §231 Rn. 16 (Menard); Hanau. a.a.O., S.1280.

(51) Gagel-SGB Ⅲ, §231 Rn. 30. (Bepler); Niel-SGB Ⅲ, §231 Rn. 14 (Menard); Hanau, a.a.O., S. 1280; Hold, a.a.O., S.288. これに対し、Natzel, a.a.O., S. 808によると、同時に労働関係や職業養成関係が創設されない限り、既存の協約規範の人的適用範囲は、社会保障法上の就業関係には及ばないことを理由に、協約規定は、職場編入関係には適用されないという。

(52) Runderlaß der BA v.11. 9. 1997, ANBA 1997, S.1220; Niel-SGB Ⅲ, §231 Rn.14 (Menard); Hanau, a.a.O., S.

1280.こうした説に対しRolfs, a.a.O., S.19は、賃金・給与協約を職場編入関係に類推適用する旨の規定を協約に設けることは協約当事者にとり当然に可能であるとの立場から、疑問を示している。

（53） Vgl. Gagel-SGB Ⅲ, §231 Rn. 30. (Bepler); Hanau, a.a.O., S.1280; Nazel, a.a.O., S.808.

（54） Gagel-SGB Ⅲ, §231 Rn. 30. (Bepler); Niel-SGB Ⅲ, §231 Rn. 15 (Menard); Hanau, a.a.O., S.1280.

（55） Vgl. Niel-SGB Ⅲ, §231 Rn. 18 (Menard).

（56） ANBA 1997, S.1225.

（57） ANBA 1997, S.1221.

（58） ebenda.

（59） Vgl. Gagel-SGB Ⅲ, §231 Rn. 62. (Bepler). 職場編入契約の終了後、同じ事業所ないしは企業で、通常の労働関係に移行した場合に、職場編入契約の期間を解雇制限法の適用要件である六ヶ月の待機期間に算入することができるかどうか論議の対象となっている（Vgl. Niel-SGB Ⅲ, §231 Rn. 21 (Menard); Hanau, a.a.O., S. 1280)。

（60） Gerntke/Ulber, a.a.O., S.519.

（61） ANBA 1997, S.1220. 連邦雇用庁の告示に列挙されなかったが、雇用局の弁償義務の対象となるかどうかが問題となっている、欠勤時の報酬の継続支給としては、報酬継続支給法二条の祝祭日の報酬継続支給、労働者の心身に存する事由による（その責に帰すべき事由にもとづかない）短期間の労務の不提供の際の報酬継続支給（民法六一六条）および使用者の受領遅滞の場合の報酬継続支給（民法六一五条）がある（Vgl. Gagel-SGB Ⅲ, §233 Rn. 6f. (Bepler); Kopp, a.a.O., S.457)。なお、連邦雇用庁の告示によると、無断欠勤の期間（欠勤日）については、使用者は労働報酬を支払う義務も、社会保険の拠出金を分担する義務もないので、雇用局の弁償義務もない（ANBA 1997, S1221)。

（62） Vgl. Niel-SGB Ⅲ, §233 Rn.10 (Menard).

（63） Vgl. Niel-SGB Ⅲ, §233 Rn.8 (Menard).

（64） ANBA 1997, S.1228.

(65) ANBA 1997, S.1225.
(66) Vgl. Niel-SGB Ⅲ, §233 Rn.17 (Menard).
(67) Vgl. Niel-SGB Ⅲ, §233 Rn.20 (Menard). なお、雇用局の助成の中止によって私法上の労働関係が当然に消失するわけではない。使用者が、助成の中止後遅滞なく旧二三二条二項の特別の解消権を行使しなければ、職場編入関係は、旧二三一条以下の助成や特別の権利の伴わない通常の有期労働関係として存続する（Vgl. Gagel-SGB Ⅲ, §233 Rn.25. (Bepler)）。
(68) Gerntke/Ulber, a.a.O., S.512.
(69) ebenda.
(70) Vgl. Gerntke/Ulber, a.a.O., S.513.
(71) Vgl. Gerntke/Ulber, a.a.O., S.514.
(72) Arbeitsmarkt 2001 ANBA 49. Jg, Sondernummer Nürnberg, 28. Juni 2001, S. 109ff.

四　おわりに

最後に、以上の考察を踏まえ、わが国において、トライアル雇用制度をより効果的な（つまり、労使双方にとり、利用しやすくかつメリットのある）ものとするために、参考となる点を指摘して本稿の結びとしたい。

まず第一に、トライアル雇用制度は、一時的あるいは時限的な措置ではなく、恒久的措置することが望ましいし（今回、この点が実現されたようにも考えられるが、なお不確かな点もある）、できれば、基本的な骨組みは法制化すべきである。第二に、恒久措置化された場合のトライアル雇用制度の対象者であるが、制度の柔軟な適用を可能とするために、対象者を一般的に定めるのがよい。中高年と若年者あるいは障害者という形で例示列挙するのではなく、抽象的な定義規定を置くべきである。対象者の定義については、ドイツの旧職場編入契約制度のように、長期失業状態にあるかあるいは就職が困難な事情を抱えているものとするのがよかろう。わが国のトライアル雇用制度の対象者は、職安による紹介者に限定されているが、職安による紹介者以外の者（たとえば民間職業紹介機関による紹介者）も、トライアル雇用制度の対象者とすべきである。もっとも、ドイツの旧制度と同様、トライアル雇用契約に対する職安の承認は、必要である。

第二に、トライアル雇用の期間である。わが国の中高年や若年者を対象とする既存の制度では、最長三ヶ月となっている。しかし、三ヶ月では短かすぎる。後述のように、トライアル雇用期間中に、労働者への職業教育を本格的に使用者に義務づけるとすれば、ドイツの旧職場編入契約の場合のように、六ヶ月までの雇用期間を認めてよいし、法律上定められた最長の期間まで、何度でも延長可能とすべきである（わが国の制度では、期間の延長は認められていない）。これに対し、雇用期間の途中に、いつでも任意に（正当な理由がなくとも）雇用関係を解約する労使の権利は、認めるべきではない。ドイツの旧制度下での経験に照らすと、こうした特別の解約権は、使用者にメリットを感じさせる以上に、労働者にトライアル雇用制度への魅力を失わせ、その利用へのインセンティブを低める。

第三に、トライアル雇用期間中の職業教育についてである。ドイツの旧職場編入契約制度においては、使用者には、職場編入契約関係の終了後失業者を正規の労働関係に受け入れるという目標で、事業所に通常の労働条件の下職業教育や実習を行う義務が法律によって課されていた。しかし、わが国のトライアル雇用制度では、常用雇用への移行を促進する観点からトライアル雇用中に講じる措置を、「トライアル雇用実施計画書」に記載することになってはいるものの、こうした措置は本格的な職業教育とはいえない。中高年や若年者等が就職あるいは再就職できず、長期失業状態に陥る要因は、技能や職業資格を有しないことが大きな要因となっている。それゆえ、公的助成を無駄にしないためにも、トライアル雇用期間中の本格的な職業教育の実施は重要である。もっとも、職業教育費用を事業主に負担させることは、トライアル雇用制度の利用を消極化させる大きな要因になるから避けるべきで、公的助成を行うのがよかろう（かっての若年者対象のトライアル雇用制度では、専修学校等の教育訓練機関に委託して教育訓練を実施した場合、それに要した費用(上限六万円)を公的助成として支給することになっていた)。

第四に、通常の労働関係への移行を義務づけることの是非が検討されなくてはならない。ドイツの旧職場編入契約制度の下では、一般に、職場編入関係の終了後引き続いて労働者を通常の労働関係に受け入れる義務は、使用者にはないと解されている。またわが国のトライアル雇用制度でも、常用雇用への移行の義務は使用者にはない。しかしドイツの旧制度下の状況からも明らかなように、トライアル雇用の後通常の労働関係へ受け入れられる見込みがどれだけあるかによって、労働者がトライアル雇用に参加する動機づけの強さが違ってくる。それゆえ、トライアル雇用の後、通常の労働関係に受け入れるかどうかを完全に使用者の任意の判断に委ねるのは疑問であり、何らかの形での強制がなくてはならない。しかし他方、直接的で厳格な義務づけ(たとえば、通常の労働関係に受け入れなかった場合、助成金の返還を求める等)は、逆に、使用者がトライアル雇用制度を利用することを消極的にさせる恐れがある。したがって、あまりストレートな方法は好ましくないが、何らかの形で通常の労働関係への受け入れを強制すべきであろう。

この点については、わが国のトライアル雇用制度について、トライアル雇用の実施計画書に、常用雇用へ移行するための要件を明記することが求められ、トライアル雇用終了後常用雇用に移行することは使用者の努力義務となっている。しかし、現行制度には、これ以上の強制はない。かっての中高年の試行就業に関しては、中高年者の責めに帰すべき理由がなく、中高年齢者が希望するにもかかわらず、試行就業の後常用雇用に移行しなかった場合、ペナルティーとして、その後、当該事業所に関しては、試行就業に関する新たな職業紹介、試行就業に係る求人の受理は行われなかった。こうしたペナルティは、現行制度でも維持すべきであったろう。これらの常用雇用への移行の強制の仕方や移行を行わなかった場合のペナルティーを、どのように評価するかに関しては、厳しすぎるとの見方もある。しかしストレートに常用雇用への移行を義務づける(上述のように、移行を拒否したときに公費助成の返還を求める等）以外の間接的な方法としては、こういう形しか考えられない。なお、常用雇用以外の非正規雇用への移行についても助成を行うことは考慮されるべきであろう。

スイス集団的労働関係規制の淵源

中野育男

一　はじめに

集団的労働関係の規制は、法的にも社会政策的にも重要なものであるが、スイスにおいて、それは連邦の立法担当者のアイデアでもなくまた法学者のそれでもなかった。それは社会的パートナーの事業及び職業関係の実践における自治のなかから発展してきた。そのため労働協約は当初、法的な基礎を欠いていた。労働協約の社会的な原初形態は、労働保護法のそれと同様に、劣悪な労働条件、著しい低賃金を、労働者の団結により、良好なものへと改めさせようとするものであった。団結の前提は、多数の労働者を使用する産業の出現と、都市に集まる労働者の存在によってもたらされ、労働者や使用者が職業団体や経済団体を組織した後に、労働協約は締結される。労働組合と使用者団体の存立の要件は団結の自由であり、この基本的な権利が集団的労働法の基礎となっている。(1) 本稿においては、このようなスイスの集団的労働関係規制の特質を、その沿革と法源の検討を通じて明らかにする。

二　スイス集団的労働関係規制の沿革

労働協約及び標準労働契約はスイスでは、一九一一年の債務法三二二〜三二四条によって初めて法的に規制されることになった。スイスは債務法において労働協約に規範的効力を付与することによりこの領域のパイオニアとなった。近隣諸国でかかる規制が成立するのは第一次世界大戦の後のことである。一方、標準労働契約もスイスのオリジナルであるが、広く普及することはなかった。

1　集団的労働関係の成立

(1)　団結自由の承認

労働者団体の結成はスイスでは一九世紀まで禁止されていたが、一八四八年の連邦憲法がはじめて結社の自由を保障し、職業団体の団結自由が認められることになった。だが州における団結の禁止、とりわけ争議行為の禁止は連邦工場法の施行まで継続した。(2) 連邦工場法八条二項は、労働者に工場規則（就業規則）の草案に対して意見を述べる機会を与えることを定めるとともに、一八七四年の修正連邦憲法五六条も結社の自由を基本権として保障した。こうして、国家の経済諸団体に対する関係は新たな段階へと移行した。今まで受動的な黙認に甘んじていた職業的団結は、その要求を鮮明にすることになった。それは経済的諸団体が、一定の社会問題を解決するための社会的パートナーとして、相応しいものと見られるようになったことでもある。そこでは労働協約の締結が中心的な課題となった。(3)

さらに第一次世界大戦後、国際労働機関（ＩＬＯ）が設置されたことにより制度の整備が進んだ。ＩＬＯは各国政府及び使用者団体、労働者団体（三者構成）の協調に基づくものであり、連邦憲法に基づくスイスの団結自由はＩＬＯ条約によっても保護されることになった。(4) スイスでは国家による団結自由に対する侵害は消滅し、使用者による組合活動家の解雇や、アウトサイダーに対する組合の圧力の行使などの民間による侵害も次第に減少していった。(5)

職業団体に対する特別な立法はスイスには存在しない。諸外国の立法とは異なり、スイスでは職業団体の権利能力や、団体の内部組織については、法人に関する一般規定に基づいて規制されている。とくに市民法典六〇条以下の、結社の自由に関する規定は職業団体の発展を促すことになった。

(2)　労働者団体の組織化

国家による権力的な介入にも関わらず、スイスでは一九世紀前半から労働者団体の組織化が始まった。その先駆けは印刷製本業の労働者だった。彼らは伝統的な結束のもとに、精力的に組織化をすすめ、初の全スイス的な組織であるスイス印刷同盟を一八五八年に結成した。

一方で使用者団体は当初、国家の立法の影響のもとに、労組の団結に対応するかたちで設立された。スイスの主要な労組と使用者団体は一九世紀後半までに結成を終えた。そして二〇世紀はじめには一〇〇〇を超える自律的な組織である職業団体、経済団体が存在することになった。今日では使用者団体の組織化の方が労組のそれよりも進んでいる。

印刷産業の賃金協定は労働協約の先駆となった。この協定の下で印刷産業における労使関係が展開することになった。一八五〇年のジュネーブや一八六一年のザンクトガレンに見られる地域協定は、労働者により集団的に設定され、使用者に対して提起された。一八六一年のスイス印刷同盟の綱領は、一八六二年初頭までに、すべての地域支部が使用者に対して、賃金協定の草案を提起することを定めていた。労働者は団結して、賃金協定の締結を使用者に要求した。この際、労働者は就業拒否も辞さなかった。この協定は賃金問題に限定したものではなく、仲裁機関の設置や見習工の員数の制限に関する規定も含んでいた。[6]製本印刷業以外での集団的規制は、一八五七年のジュネーブにおける家具製造業の賃金に関する労使協定が初のものである。初期の集団的規制では、賃金協定が中心になっていた。

一八七〇年代以降、地方レベルから全国レベルへと協定を発展させようとする動きが高まった。この時期に、労働者の側で定められ、その力によって強制される協定から、当事者の双方が社会的パートナーとして関与する労働協約へと変革が進んだ。こうして一般的な合意のための場を設置をする必要性が認識されるようになった。

チューリッヒ州の統計局は一九〇八年に初の労働協約に関する調査を行っている。その調査によれば相互協力的な労働協約が二九件、企業内協約が二六五件であった。(7) 労働協約は、法的な根拠を持たないまま大いに発展した。労働協約の法的根拠に関しては、法律学の文献においても一九世紀末まで論評は見られなかった。国家も労働協約に対しては懐疑的であったが、契約自由のもとにこれを黙認せざるをえなかった。

(3) 団結の法的状況

労働協約は、契約自由を拠り所として相互的な権利・義務を定めていたが、個々の労働者や使用者に対する法的な拘束力はなく、債務的効力だけが当時の労働協約には存在した。(債務法三五六条三項) 使用者は、労働組合の事実上の影響力と、その団結意思をふまえて、労働協約を尊重してきた。このような労働協約に関する法的状況は、今日でもイギリスにおいては広範に存在する。

労働協約の履行を確保するため、これに反する個別的な使用者と労働者の間の取り決めを排除する規定が、多くの労働協約の中に盛り込まれた。この規定は効果的であった。明示の約定がないかぎり、労働協約の内容は個々の契約当事者の間で黙示的に合意された。連邦裁判所は、一九一四年に労働協約を原理的に認知することになった。(8)

二〇世紀初頭には、法律学も労働法に対する取り組みをはじめ、労働協約の固有の制度に関する研究を開始した。その当時、ベルンで活動していたドイツ人の法律学者であるフィリップ・ロトマー (Philip Lotmar) は、労働協約に関する基礎的な研究をスイスで公表した。(9) ロトマーは一九〇二年にスイス法学会で、スイス市民法における雇用契約に関する報告を行った。これが債務法における労働関係の法的規制の出発点となった。この報告の中でロトマーは労働協約の法形式、直律的効力 (unabdingbare Wirkung)、及び所定の条件の下での一般的拘束力等に関する提言を行っている。これより前の一九〇〇年には、ゲオルグ・ズルツァー (Georg Sulzer) が「労働者と使用者の間の集団的な協定の締結」に関する論文と、これを定式化した立法草案を公表している。またオイゲン・フーバー（Eugen Huber）は立法作業をすすめる国民会議の委員として法案の準備に奔走した。

2　スイス労働協約の成立

(1)　労働協約の黎明

労働協約に関する初期の立法上の議論は、ジュネーブの一九〇〇年二月一〇日の立法から始まる。[10] これらの法律学における研究の進展と、現実における労働協約の広範な普及は、連邦政府の立法作業を促すことになった。一九一一年債務法三二二条及び三二三条は不十分ではあるにしても、労働協約の実効的な規制を行い、この制度の一層の発展の可能性を開いた。債務法三二三条が定める労働協約の規定と矛盾する労働契約の規定を無効にし、自動的に労働協約の規定を労働契約に設定する直律的効力は、連邦議会の草案ではまだ予定されていなかったが、連邦政府はこれを採用することにした。スイスのこの分野における功績は、早い段階で労働協約に関する明快な立法秩序を実現したことにある。このスイスの功績は、その後に発表された労働協約に関する法律学的研究の土台となった。[11] ドイツもフランスも、ほぼスイスと同じ時期に労働協約の立法的規制の準備作業に着手しているが、労働協約立法の施行は第一次世界大戦後のことであった。しかもこれらの諸国の法規範は基本的にスイス債務法の規定に沿ったものであった。

ドイツの理論と区別される「労働協約（Gesamtarbeitsvertrag）」の概念は当初、議会では基本的な議論を避けて法案の中に取り込まれた。その理由はフランスの用語である「集団的労働契約（contrat collectif de travail）」との調和をはかる必要があったためと見られた。債務法三二三条ははじめに、使用者及び使用者団体と労働者及び労働者団体の当事者能力について定めている。団体相互間の労働協約だけでなく、企業及び事業所レベルの労働者の組織的集団ではない事実上の団体（groupements de fait）との協定も認めている。有効性の要件として、文書の形式をとることが求められている。なお債務法は労働協約の有効期間についても規定しており、両当事者が継続に関する合意を至らない場合、一年が経過したのちは六ヶ月の予告を以て何時でも解約できると定めている。

⑵　労働協約の規範的効力

債務法三二三条で重要なことは、労働協約に法類似の権能を付与していることである。労働協約の規制を受ける使用者と労働者の間で締結された雇用契約は、労働協約の定める基準に反する場合、無効とされる。無効となった規定は労働協約の定める規定により置き換えられる。直律的及び規範的効力に関するスイスの立法者の意図は、広範な社会的パートナーによる自律的かつ創造的な法の発展を確保し、職場秩序の明確化をはかることにあった。そこで私人の定めた規範に対して、私法規定と同様な強行的効力を付与することになった。債務法三二三条により国家以外の「立法者」を認知したことは重要な新機軸であった。

労働協約に対する立法規制は社会的パートナーの間の現実的な関係を根本的に変更することはなかった。労働協約はすでにそれ以前から一般的に存在し、パートナーはこれに従って来た。しかし、労働協約立法の成立は、当事者が労働協約に関する紛争を裁判所に提訴することを可能にした。そのため労働協約をめぐる法的状況は根本的に変わった。一方で労働協約の件数自体は微増にとどまった。そのため、新たな法規定は当時のスイスの社会政策の状況を大きく変えることはなかった。また労働協約の内容を拡大することについても躊躇があった。労働協約は先ず営業部門（gewerblichen Wirtschaftszweigen）で締結された。輸出産業はこのような拘束を拒否していたため、労働協約は工業部門では余り締結されなかった。流通業では労働協約は例外的であった。[12]

⑶　労働協約の普及

労働協約が、労働条件を規制する最も重要な手段として、全国的に普及するのは第二次世界大戦の勃発前夜になってからである。一九三七年七月一九日に機械産業と金属産業の労働協約（平和協定）が締結された。使用者側はエルンスト・デュビ（Ernst Dübi）、労働者側はコンラード・イルグ（Konrad Ilg）の指導のもと大手輸出産業を中心に団体協約が成立した。この労働協約は規範的な規定を含んでおらず、協約締結当事者の債権法上の義務しか包含していなかった。(13) 事業所内または団体間における紛争規制のための精密な秩序と、絶対的平和義務に関する協約の締結が問題となった。協約の適用にあたっては信義誠実の原則の遵守が両当事者を拘束し、その趣旨の下に、一方の当事者は他方の調達可能な給付を拒否することは許されず、また履行の不可能な給付を要求することも許されない。このことは、多面的な配慮の必要な協約を現実のものとするためには、とくに重要な要素であった。ナチス政権の脅威という、一九三〇年代末の国際情勢の下でのスイスに対する外圧は、社会的パートナーにとって、協約締結の大きな誘因となった。一九三六年のスイスフランの平価切下げを受けて、連邦参議は労働争議の強制仲裁制度を導入した。機械鉄鋼産業労組も時計金属労組もこのような国家の介入に反対であったが、紛争処理協定に合意する道を選んだ。(14)

(4)　スイス労働協約の発展

第二次世界大戦後、矢継ぎ早に多くの産業部門で労働協約が締結され、一九五〇年代半ばには約一五〇〇もの労働協約が締結されるに至った。圧倒的多数の労働協約は、企業協約として存在していた。その後、労働協約の総数は減少したが、労働関係における労働協約規制は後退することなく、今日、労働協約が適用される領域は増大している。数量的な発展とともに、労働協約の内容もさらに豊かになってきている。多くの労働協約は、もともと賃金協定だけを含むものであったが、次第に労働条件の包括的規制のための規範的部分が形成され拡大した。債務法は協約当事者の債権法上の権利・義務を明確にした。職業団体は協同歩調を取り、統一的な仲裁手続を採用することになった。個々の労働協約は、本来の職業特別法を構成し、労働協約当事者間の関係だけでなく個別労働契約当事者間の関係をも包括的に規制している。労働協約の発展を通じて、集団的労働法制は労働関係規制における支配的な地位を確保することとなった。

スイスでは、労働協約は一九一一年債務法の施行以前に、すでにカントンの立法の中で普及していた。すでに一八九二年にはジュネーブの法規のなかに盛られている。[15] 労働協約に依拠する企業を優遇する立法を通じて、ジュネーブ州は労働協約の締結を間接的に要請した。補助金の公布を通じて州は、より具体的に労働条件を統制することができた。このような政策的誘導による集団的労働関係規制は、個々のカントンにおいて今もなお行われている。

(5) 一般的拘束力とスイス労働協約

スイスは一九一一年債務法において労働協約の規範的効力のパイオニアとなったが、一方で労働協約の一般的拘束力については近隣諸国より遅れての導入となった。一般的拘束力に関する立法化の試みは、労働関係規制のための連邦法に関する一九二〇年の国民投票においてはじめて行われた。[16] しかし国民投票の結果はこれを認めなかった。

一般的拘束力は、スイスでは産業部門の保護のための特別措置として、一九二二年一〇月一三日の刺繍事業の保護に関する連邦決議、一九三五年四月五日のホテル事業の保護措置に関する連邦決議、一九三八年九月三〇日の「自動車輸送規則」に関する連邦決議、などにより行政的に導入された。家内労働に関する一九四〇年一二月一二日の連邦法一二条はこの系譜の中に位置している。

一九三〇年代に入ってジュネーブ、ヌーシャテル、フリブールの各州は一般的拘束力を自らの州域内で施行することを試みたが、連邦裁判所により連邦法違反として取り消された。[17] 最初の一般的拘束力の導入は、第二次大戦を契機として実現した。危機感が募る中で、社会的緊張を抑止するための手段として連邦議会は、労働協約の一般的拘束力に関する一九四一年一〇月一日の緊急オルドナンスを制定した。この規定は一九四三年六月二三日に通常の立法手続（国民投票を必要とする）により施行され、このオルドナンスは廃止された。戦後、この規定は一九五六年九月二八日の労働協約の一般的拘束力に関する連邦法の施行まで継続して適用された。一九四七年の連邦憲法の新しい経済・社会規定である三四条一項及び三項により、労働協約の一般的拘束力に対して明示的な憲法上の根拠が与えられた。今日、労働協約の一般的拘束力に関する連邦法はこの憲法規定を拠り所にしている。

労働協約の一般的拘束力は、連邦憲法を根拠にして、次の要件が求められている。

1、許可。

2、産業及び国民の利益に対する全体的な考慮。

3、宗教上及び営業上の少数者の利益にたいする配慮。

4、多数決の原理。

5、権利の平等。

6、連邦法及び州法の強行規定に違反しないこと。

7、団結自由の保障。

8、開放性の原則。

9、拠出に関する考慮。

裁判管轄や訴訟手続についても詳細に規定されており、一般的拘束力の適用範囲が複数の州の領域に広がっている場合、連邦参議（行政府）が管轄し、その事務を州の機関が取り扱う。州の領域における労働協約の一般的拘束力に関しては、連邦参議の許可を必要とする。

スイスにおいて一般的拘束力の重要度は必ずしも高くない。一九八二年七月一日から、連邦参議は、全国レベルの一般的拘束力を持つ労働協約と、州の範囲の一般的拘束力を持つ労働協約の二本立てのシステムを導入した。しかし現実に問題となるのは多くの小規模の労働協約の存在であり、事業所協定は一般的拘束力を持たないことが多い。一般的拘束力の適用が稀であることの理由は、多くの前提条件と複雑な手続きにある。しかしもっと大きな理由は、アウトサイダーの問題である。アウトサイダーの対応に関する労働者団体と使用者団体の間の直接的な協定は、アウトサイダーの連邦法による規制を困難にしている。[18]

3　企業内労使関係規制の発展

スイスにおける経営組織法は変化に富んでいる。事業所においては、使用者と労働者が、人的集団を構成して活動している。組織された集団には「基本的なルール」が必要であり、それに基づいて集団は組織としての意思を決定する。「企業のルール」(Betriebsverfassung) は、国家法概念のアナロジーにより、企業の組織規定として、使用者と従業員の関係、ならびに従業員全体との関係を論じてきた。個々の事業所はこの「ルール」を定めなければならない。

(1)　スイスにおける経営組織法

スイスの経営組織法は端緒的な段階にある。その理由は、主としてスイスでは、小規模ないし中規模の事業所がほとんどであることによる。このような事業所においては労働者と使用者の間に直接的な人的関係が存在するので、定式化された組織規定の必要性があまりない。スイス法における個人主義やリベラリズムは、経営の組織化についても、企業施設の所有権に基づいて担保されるものとしている。

労働契約に基づく使用者の指揮命令権は、労働者の労務給付義務の内容の曖昧さから必然的に生じる。個々の作業過程は経営の必要性に基づいて確定され、使用者の指揮権は債務法三二一条dにより明示的に定められている。この規定が債務法に導入される以前は、使用者の指揮権とこれに対応する労働者の服従義務は、労働契約上の労働義務を根拠としていた。また使用者は個別の労働者ごとにこの権利及び義務を特定し具体化しなければならなかった。物権法上の所有権と労働契約上の指揮命令権が権威主義的な経営組織の土台を構成していた。

一九一一年債務法三二一条では、雇用主は統合的な作業規則を定めることが出来るとしている。この規則は文書で作成され採用前に通知してある場合、個々の労務給付義務者を拘束する。しかし、この規定は一九七一年債務法の労働契約規制には継承されなかった。この一九七一年債務法の定める作業規則は労働契約に基づくものであり、使用者に帰属する指揮命令権を部分的に補充し具体化する。使用者はこの作業規則により従業員全体に対して、統一的な指揮命令を行う。この規則は、経営の組織化のための手段として、また経営全体の標準として、就業規則ををも包含する形で、経営組織法の枠組みのなかに置かれている。

(2)　経営規則の制定

スイスにおける経営組織法の端緒は、一八七七年工場法及び一九一四年工場法の規定した工場規則にあり、それを継承したのが一九六四年労働法の経営規則である。すでに最初の工場法の七条では、工場所有者に対して項目を限定した工場規則の制定を義務づけていた。改正工場法も、一一条から一八条までの間に、配置の手続き、州政府の許可、労働者に対する拘束力、緊急事態、解約告知期間などの詳細な規定を含んでいた。一部には権威主義的、家父長的な企業経営に対する規制が含まれていたこともあり、労働者や州政府の支持も得ていた。州政府は公平原則及び、労働協約や標準労働契約などの規定に違反する内容を含まない限り、提出された工場規則案を許可するものとされていた。工場規則は、工場所有者により一方的に制定される。許可手続きの際の労働者の意見聴取は、州の立法、労働協約、標準労働契約の違反を点検する程度の機能しか果たしていなかった。この意見聴取によって労働者が工場規則の内容に対して影響力をもつことにはならなかった。

労働法上の経営規則（ArG 三七条〜三九条）は、この工場規則を継承したものである。労働法上の経営規則は工的企業に限ってその制定義務を課している。行政命令により経営規則を非工的企業においても制定することは可能であるが、連邦参議はこれまでこの権能を行使することはなかった。しかし商業、銀行、保険等の大企業では経営規則が存在しており、労働法三七条三項も非工的企業の自発的な経営規則の制定を可能としている。この場合、これらの企業では労働法三七条〜三九条の規定が適用される。

労働法の草案では、経営規則に関して異なった規制があり、詳細な規範化をすすめる一方で、その概念の限定も行われるなど、経営協定に対する態度は動揺していた。経営協定と使用者の一方的に制定する経営規則の何れを優先するかについても見解が分かれた。一九六四年労働法の経営協定に関する規定は、一九七一年六月二五日の労働契約法の最終規定及び移行規定により修正され、経営規則のなかの義務的な内容は縮小された。使用者は法的な規制の進展を不必要な負担と見ていた。それらに対応する規定は既に多様な形で労働協約の中に含まれていた。

経営規則の作成については二つの方法が考えられる。使用者と労働者代表との協定によるものと、労働者の意見聴取の後、一方的に使用者が制定するものである。この選択は使用者の形成権とされ、スイスの経営規則の持つ専制的な性格が垣間見られる。労働者に対する意見聴取の義務の一定程度の軽減と、協定に基づく経営規則の内容の拡張も行われた。[19]

（1）Hans Peter Tschudi, Geschichte des schweizerischen Arbeitsrechts, Basel 1987, XII Ziff.1.s.28.
（2）Eduard Gruner,Die Arbeit in der Schweiz im 19.Jahrhundert, Bern 1968, 932.
（3）Insbesonders BV Art.32 Abs.3 und Art.34 Abs.1 lit.b und c.
（4）結社の自由と労働組合の権利に関するＩＬＯ八七号条約（スイスは一九七四年に批准）及び一九五〇年のヨーロッパ人権規約一一条。
（5）Ekonomi und Rehbinder, Gegenwartsprobene der Koalitionsfreiheit, Bern 1975, 54ff.
（6）Schönenberger/Vischer, Kommentar zum OR, Teilband V 2c, Zürich 1983, B13/14.
（7）Eduard Eichholzer, Aus der Geschichte des Schweizerischen Gesamtarbeitsvertrags, ZSR 1964, 55/56; Tobias Emil Wild, Die Entwicklung des Gesamtarbeitsvertragsrechts, Zürich 1985, 38.
（8）連邦裁判所判例集 BGE 40 II 515/516.
（9）Philip Lotmar, Der Arbeitsvertrag, Bd.I, 1902, 775; Die Tarifverträge Zwischen Arbeitsgebern und Arbeitsnehmern, Archiv für Sozialwissenschaft und Sozialrecht, Bd.15 (1900).

（10）Loi du 10 fevrier 1900 fixant le mode d'etablissement des tarifs d'usage entre oubriers et patrons reglants les conflits collectifs relatifs aux conditions de leur engagement.
（11）Hugo Sinzheimer, Der korporative Arbeitsnormenvertrag, 2 Bände, 1907/1908; Rundstein, Die Tarifverträge und die moderne Rechtswissenschaft, 1906.
（12）Hans Peter Tschudi, Geshichte des schweizerischen Arbeitsrechts, Basel 1987. s.32-33.
（13）この間、この集団的規制の重要性を斟酌して、債務法 三五六条二項において排他的な債権法上の規定を含む協定が正式に労働協約として認められることになった。したがって機械金属産業で施行されていた「平和協定」は広範囲に及ぶ規範的性格をもつ労働協約となった。
（14）Frank Vischer, Der Arbeitsvertrag, in: Schweiz. Privatrecht, Bd. VII/1, Basel 1977, 455ff.
（15）Eduard Eichholzer, Aus der Geschichte des Schweizerischen Gesamtarbeitsvertrags, ZSR 1964, 59ff.
（16）連邦参議は一九一一年債務法の草案（BBI 1905 III 745-853）に、雇用契約において他の定めがないかぎり、賃金協定を全ての関連職業または地域に適用する規定を置く提案を行った。この賃金協定の補助的あるいは反射的な効果は一般的拘束力に近いものといえるが、この提案は連邦議会において拒否された。
（17）BGE 64 I 23 und 65 I 249.
（18）Hans Peter Tschudi, Geshichte des schweizerischen Arbeitsrechts, Basel 1987. s.52-54.
（19）Manfred Rehrinder, Schweizerisches Arbeitsrecht 12.Aufl., Stämpfli AG, Bern 1995.s.86-87.

三　スイス集団的労働関係規制の法源

集団的労働法は労働団体の権利と社会的パートナーの個々の関係を規制する。集団的労働法には下位概念として固有の意味での団結法、労働協約法、争議行為法がある。労働団体は個別の経営とそれを超えた領域に存在する。そのため経営組織法（Recht der Betriebsverfassung）と労働組織法（Recht der Arbeitsverfassung）の二つの領域が集団的労働関係の規制には存在する。労働組織法は団結、労働協約及び争議行為の規制を主たる対象としている。[20]

1　スイスにおける団結の権利構造

集団的労働法の担い手は団結である。団結とは構成員の労働条件の保護と改善のための労働者または使用者の私法上の団体である。一般に団体（Verbände）は職業ごとにではなく産業部門ごとに結成されていることから、団結の意味でしばしば使われるドイツ語の表記である職業団体（Berufsverband）は誤解を招く表現であるといえる。

(1)　労働関係団体の組織

(1)　労働者団体

スイスには三九〇万人[21]の労働者が存在し、その三分の一が労働者団体（労働組合）に組織されている。単一の組合としては存在せず、部門ごとに影響力を持つ多くの組合の連合体となっている。

とくに重要な労働者団体はベルンに本部を置くスイス労働組合連合（Schweizerische Gewerkschaftsbund）である。スイス労働組合連合は連合体（Spitzenorganisation）であり、一六の単位組合と四三一、〇〇〇人の傘下組合員を擁している（一九九三年末）。スイス労働組合連合（SGB）に加盟する単位組合はその管理運営と組合員の利益擁護に関して完全な独立性を確保しており、多くの場合それぞれの産業及び営業部門の関係者により構成されている（Industrieverbandprinzip）。スイスでは純粋な意味での職業組合はその意義をすでに失っている。少数派の労働組合の連合体としては、ベルンに本部を置くキリスト教国民労働組合連合（Christlich-Nationale Gewerkschaftsbund：CNG）がある。カソリックの労働者の優勢な連合体であり一〇六、〇〇〇人の傘下組合員を擁している。

スイスの労働組合は国際的な労働団体に加盟しているものも多い。SGBは国際自由労連（ICFTU）とヨーロッパ労働組合連合（ＥＧＢ）に加盟している。

(2)　使用者団体

使用者団体はスイスでは二つの上部組織にまとめられている。

スイス使用者団体連合会（Zentralverband Scweizerischer Arbeitgeberorganisationen）はチューリッヒに本部を置き、地域及び業種ごとの団体を統合している。機関紙としてスイス使用者新聞を発行している。

スイス営業者団体（Schweizerischer Gewerbeverband）はベルンに本拠を置き、業種、地域、地方ごとに中産階級の事業者を組織している。

(2)　任務と権限

これらの団体は第一にその構成員の利益を代表するとともに、さらに公的な秩序形成の使命も担っており、その任務を遂行するために一定の権限が与えられている。団体は債務法三五六条により協約締結能力を持ち（tariffähig）、また一般的拘束力宣言に関する連邦法五条により一般的拘束力を通じて労働協約を構成員以外にも拡張して適用する権限を持っている。また唯一、適法に争議行為を開始することができる（労組の争議行為独占）。集団的労働法上の利益の擁護のために労働組合には弁論請求権[22]と独自の訴権[23]が認められている。団体は代理人として裁判所及び和解機関における提案権を持っている。また労働災害、労働争訟及び社会保障関係（年金保険法三条）の管理機関にも参加している。一定の法律及び規則の公布にあたってもその意見を聴取されることになっている（連邦憲法三四条）。また標準労働契約の公布（債務法三五九条ａⅡ）、職業訓練制度（職業訓練法六六条）及び公法上の労働時間規制（労働法四〇条Ⅱ）に関しても意見聴取がなされる。

(3)　法的形態と組織

労働組合と使用者団体は、そのほとんどが社団（Verein）としての法的形態を持つが、まれにスイス醸造者団体のように共同組合（Genossenschaft）の形態をとるものもある。共同組合の形態の許可は市民法典五九条Ⅱ及び六〇条に基づいてなされ、営利を目的としたものは除外される。スイスでは共同組合は経済活動を目的とするよりも、むしろ人的な結合を基礎にして構成される。団体が営利活動をしないかぎり共同組合の法的形態も選択することができる。

団体の構成員資格の得喪は、社団法または協同組合法とその規則による。加入拒否があった場合、また独占や濫用の可能性があると司法審査の対象となる。加入拒否については定款に根拠がなかったり、手続に瑕疵がある場合、また法規、慣行に反し明らかに不当である場合、無効とされる。

(4) 団結の法的概念

国家は団体に対して、広範な労働生活の領域における「社会的自主管理」と、力関係の自由な変動を通じた労働生活の構成を委ねている。そのため、団体は国家に対して一定の要請に応える必要がある。

(1) 自由な意思に基づく統合

加入及び脱退の自由がこれに含まれる。構成員が異なる目的を表明したり、新たな団体を作ることを妨げるような団結強制は認められない。

(2) 競争者の自由の承認（Gegnerfreiheit）

団体が社会的パートナーの一方として存在しうるためには、団体は競争者の自由を承認しなければならない。団体は随時、使用者または失業者を含む労働者の加入を認めなければならない。また通常、団体は相手方に対して実態的にも理念的にも独立していなければならない。一方、労働組合員の採用及び解雇は使用者が決定する。「事業組合（Werkverein）」や「家内組合（Hausverband）」はここで言う団体ではないが、一つの職種または産業部門を現実に統括している場合、例外的に認められることもある。例としてスイス郵政職員組合やスイス税関職員組合などがこれにあたる。

(3) 第三者からの独立

団体は独自に労働条件を設定する権能を与えられていることから、第三者とくに国家、政党あるいは教会からも独立していなければならない。国家からの自由を確保するために、団体は公法上の存在ではなく、私法上の存在として組織されている。第三者からの独立はまたその指示からも自由であることを意味している。すなわち、団体は自由な意志に基づく政策または展望に沿ってその綱領を実現することになっている。

(4) 労働者及び使用者の集団的利益の保護

社会的パートナーとしての機能は、団体に対して両当事者の集団的な利益の保護を究極的な目的とすることを求める。その構成員の経済的及び社会的状態の改善だけでは目的として充分ではない。従って消費組合や企業グループのような純粋な経済組織あるいは演劇組合のような文化的組織はここでいう団体ではない。団体はむしろ（他の目的とともに）労働条件の保護あるいは促進を意図するものでなければならない。団体はこの目的のために積極的に相手方に対して社会的な圧力を行使するが、必ずしも争議行為の準備は必要ではない。社会的パートナーとして団体は一定程度、継続してその目的に沿った活動を行わなければならず、単発的なストライキを実行するための自然発生的な「臨時の団結」は、団体として認められない。

2　団結自由

(1)　公法上の自由権としての団結自由

団結の権利は団結自由の原則により規制される。労働組合の結成を妨げられることはないとするこの権利は「結社の自由の権利」のなかに包含される（連邦憲法五六条）。今日ではこの権利はヨーロッパ人権規約第一一条により、さらに労働者側にとって有利に強化されている。同規約は労働者の団結自由を一般的な人権として保障している。団結自由の目的は、団体における個々人の保護と国家の介入からの団体の保護にある。

(1)　個別的団結自由

個々人にとっての団結自由は、使用者にとっても一つの権利である。また結社の自由はスイス国民にのみ限定されるものではない。個別的団結自由の保護法益は、団体への参加に関する意思決定にある。個々人は他の者と団体を結成する権利、既存の団体に参加する権利、あるいはそこにとどまる権利を持っている（積極的団結自由）。これらの権利を国家が妨げることは許されない。さらに団結自由は、憲法で保護されている当該領域の既存の団体に妨げられることなく、個々人に新たに団結する権利も認めている。団結自由は個々人が団体に加わらない権利または団体から脱退する権利を保障する（消極的団結自由）[24]。国家は団体の強制的な結成や第三者に対する強制的な参加を指示する権限を持たない。

(2) 集団的団結自由

憲法上の団結保護は、結社の自由の権利の中に含まれている。憲法は団結の存在を保障し（存立保障）、団結のために活動することを認めている（活動保障）。したがって一般的な団結禁止は、団体行動の妨害とともに違憲となる。結社の自由の憲法上の保護は、結社が違法な目的を追求せず、違法な手段を用いず、また国家に害悪をもたらさないことを前提として、与えられる（憲法五六条）。

(2) 私法における団結自由

憲法上の自由権は国家的強制からの自由のみを保障する。その私的領域への直接適用（第三者効）は一般に否定されている[25]。私的な側面の干渉は人格権の侵害となりうる（市民法典二七条f）。違法、良俗違反または権利濫用のない場合に限って、私法上の団結自由を主張できる[26]。団結に敵対的な措置（私法上の積極的団結自由）及び団結強制（私法上の消極的団結自由）に対しては保護を求めることが出来る。

(1) 団結敵対的な措置からの保護

① 個人の保護

団結に敵対的な措置からの保護のための私法上の積極的団結自由は、基本的に個人に関わるものである（個人の団結自由)。市民法典二八条に基づく人格権として団体参加の自由は、団結自由を制限したり、妨げたりするすべての行為を無効としている(債務法二〇条)。またそのための他のすべての作為及び不作為も違法とされる(債務法四〇条)。労働組合に加入したこと、または加入しないことを理由とする解雇や、適法な労働組合の活動を理由とする解雇は違法とされている。この場合、使用者には損害賠償義務が生じる(債務法三三六条a)。採用の際に、使用者がこのような理由で応募者を採用しないことは自由である。それは採用に対する請求権が存在しないからである。使用者に敵対する労働組合に所属しないことを将来に向けて約束することを求めることは違法である(債務法二〇条)[27]。いわゆるブラックリストの設定も違法である(債務法四一条)。多くの労働協約は使用者の団結敵対的な措置を明示的に禁止している。

② 団体の保護

私法上の団結自由は、競争組織の団結関係にも適用される(集団的団結自由)。これはいわゆる切り崩しに対する保護である。対抗する労働組合の弱体化を意図して、一方の労働組合が不当に組合員の勧誘を行うことは違法とされる。この場合、他方の労働組合は損害賠償等を請求できる(市民法典二八条、債務法四一条)。債務法三五六条Ⅳは、複数の労組が労働協約に参加する場合、それらの関係においては相互に対等の権利と義務を持たなければならないと規定している。少数労組は労働協約の他の当事者から、当該協約に参加したり、または他の協約を締結することを妨げられることはない[28]。

(2) 消極的団結の自由に対する保護

私法上の団結自由の保護は、団結に加わらない意思決定とも関わる。完全雇用の時代には、雇用の機会は保障され、労組の交渉による労働条件の改善は使用者の自由な裁量により非組合員の労働者にももたらされた。そのため労働組合の組合員であること、とくに組合費を支払っているということは、労働者個々人にとって必要性を感じることではなかった。また外国人労働者の大多数も労働組合とは無縁である。

一方、フリーライダーの存在は労働組合にとっては重大な関心事であった。また異なる労働者団体の間に競合関係が存在し、他の団体を傘下に置くことが労働組合にとって利益となるという事態も生じた。未組織のまたは他の組織の労働者であるアウトサイダーは、労働組合員の賃金要求よりも割安な賃金を提示し、労働市場に好ましくない競争状態を生じさせる。アウトサイダーは使用者に比較的低いコストでの生産を可能にするため、競争による利益をもたらす。またアウトサイダーが随時、団結に対して動揺を与えることは使用者の利益につながる。このような経緯から、アウトサイダーを団結強制の対象にしようとする試みが始まった。

① 排　除

争議行為またはその他の威嚇を用いて、未組織の労働者または他の組織の労働者を事業所から排除する試みが、労働組合に加入する労働者によって行われることがある。しかし、このような「排除」はアウトサイダーの人格権に対する侵害となり、不法行為を構成することになる。[29]

② 隔離条項（組織条項）

いわゆる隔離条項（Absperrklauseln, 組織条項）は、使用者に対して排他的に当該労働組合の組合員だけを採用するよう義務づけるものである。この条項はアメリカ法の枠組みのなかで発展してきたが（Union Security Clause）、スイス法ではクローズドショップ及びユニオンショップは隔離条項として無効とされている（債務法三五六条aＩ）。

③ 加入義務

一方、一定の領域においては加入負担金の支払を義務づける加入強制（Anschlusszwang）が可能とされている。この加入によりアウトサイダーは、労働協約当事者の許可を得ることにより、労働組合の組合員でなくとも労働協約上の身分を取得し、労働協約の適用を受けて、雇用されることになる（債務法三五六条ｂＩ）。この場合、使用者が資格証明を行い、アウトサイダーに対して加入分担金の納付を証明する文書（Berufskarte）を交付する。[30]

3　スイス労働協約法制の特質

一九一一年債務法の労働協約規制の評価は高い。それは集団的労働法の大規模な発展を可能にしたことによる。一方、実務においては、重要な包括的規制に関する二項目が未解決の問題として残された。アウトサイダーの労働協約との関係や、規範的効力を持つ規定の効果的な適用の方法などは本質的な問題であった。この二つの問題の解決は、一九五六年九月二八日の労働協約の一般的拘束力宣言に関する連邦法の施行と労働協約法の改正を待たねばならなかった。[31]

(1)　協約基本法としての一九五六年労働協約法

一九五六年九月二八日の法改正により労働協約法は、労働協約の基本法として本質的かつ詳細な規制を行うことになった。同法の草案の審議の段階で、以下のような問題が議論された。[32]①協約当事者の紐帯への参入及び紐帯からの退出の場合の労働協約のうける影響。②二つ以上の労働協約の抵触。③市民法典及び債務法の労働協約に対する適用可能性。④重大事由による労働協約の終了。⑤訴訟手続問題。これらの問題に対して修正法では次の新たな規定が設けられることになった。

(1)　規範的効力

労働協約の内容は、規範的効力を不可欠とした旧規定が廃止された範囲で拡張される。協約当事者は規範的効力を持つ規定を定めることが可能であり、また「その他の規定」（債務法三五六条二項）についても債権債務に関する規定に限って定めることが出来る。これに伴い、金属機械産業における「平和協定」は労働協約として認められることになった。

(2)　平和協定

平和協定の中に、詳細な規範的部分を取り入れようとした立法者の意図は妥当なものであった。今日、平和協定は原則として、その他の労働協約にも対応しており、現行法の労働協約の規範的部分はもはや概念規定ではなく、多くの場合その協約の主要な内容となっている。協約当事者のもとでの債権法上の機能は、旧法の下で学説が発展させてきた相対的平和義務などの形で債務法三五七条に規定された。絶対的平和義務は労働協約において明確に協定されている場合に限って有効とされる。金属機械産業における平和協定をひな型として、今日では大半の労働協約がこのような協定を取り入れている。

(3)　債務履行の確保

労働協約における債務履行の確保は、この法改正の重要な目的の一つであった。このための手段として、協約の締結団体は労働協約を核として共同体を構成するものとし、これに伴う権利の取得と、義務の履行、さらに裁判所での訴訟が可能になった。(33) 労働協約の当事者により創出された法主体と、これに与えられた権利行使の可能性は、事前の審議会や連邦議会においても、議論の分かれるところであった。最終草案（債務法三七五条b）では「協約共同体」の呼称はなくなっており、「共同的実施」が言及されるにとどまった。

労働協約当事者が他に定めをしない限り、共同体に関する規定の適用が可能とされ、債務法三五六条第四項により、協約を核とした共同体の内的関係が規制される。共同体としての請求権は、労働協約当事者に対し個別の労働契約の当事者としての請求権に基づく訴権が帰属しないかぎり、厳格に規制される。労働関係の締結、内容及び終了に関する請求権は単に確認されているにすぎない。個別の使用者及び労働者が、自らに帰属する請求権を実際に行使する必要がある。

労働協約の当事者は団体間で締結された労働協約において、次の事項が問題となる場合、関与した労働者及び使用者の契約の遵守に関する請求権が共同で協約当事者に帰属することを協定することが可能である。①労働契約の締結、内容及び終了。②労働関係に関する制度、企業における労働者代表、労働平和の確保。③これらの規定に関連する監督、保証及び違約金。これらの規定は実務では必ずしも活用されてこなかった。[34] それは法規制の複雑さだけでなく、個別の労働契約のレベルでの請求権を欠いていることが多く、労働協約上の債権債務の履行請求が中心になっていたことによるものである。

(4)　アウトサイダー

一九五六年法の準備にあたってはアウトサイダーの使用者及び労働者との連携に関する規定が大きな議論となった。債務法三五六条bの規定は、団結強制の禁止（第二項）、協約強制の承認（第三項）など、目的指向的なものであって、団結への貢献の約定、不適切な場合の裁判官の無効宣告、許容範囲の限定などが可能になっているが、明快さを欠いており実務に役立つものではなかった。[35] この場合、アウトサイダーの負担すべき組合費に相当する拠出は、学説及び実務では、通常の三分の二程度としている。

(5)　少数組合

債務法三五六条四項は、少数組合との関係に関する規定を取り入れている。労働協約は契約自由の原則をふまえて、当該協約の当事者間で締結されることから、少数組合はこの労働協約に関与することはできない。しかし、一つの労働協約に、同じ権利と義務の関係に立った多くの団体が参加している現実があり、個別に異なった約定は無効とされていることから、労働協約の枠組みのなかでの少数組合に対する差別は排除されるとしている。

(6)　一九七一年債務法への移行

一九五六年九月二八日の法律の労働協約に関する規定は、ほとんど変更されることなく一九七一年債務法の労働契約に関する章の三五六条以下に継承された。職業選択の自由に関する三五六条a二項及び三項はこの改正を機に追加された。これはカルテル法の審議がその契機となっており、労働者を一定の職業または一定の行為、あるいは必要とされる訓練から排除し、またそれを制限する約定を無効とする人格保護の規範は、一般的に適用される。早い時期から、このような協定は労働協約に取り入れられていたが、これに対応する立法は一九七一年法の労働協約に関する規定を待たなければならなかった。保護すべき価値のある利益、安全衛生上の必要性、労働の質の確保などから正当化される場合、職業選択及び職業訓練に関する制限を例外的に有効としている。しかし新規に職業に参加しようとする者を排除することは、保護すべき価値のある利益として認められていない。一方、災害の防止及び健康への配慮並びに年少及び女性の労働者に関する保護を強化する特別な規定を設けることは認められる。(36)

(2) 今日の労働協約規制

労働関係規制の法源は法律、規則、労働契約だけではなく、労働協約もその法源となっている。労働協約は集団的なものであり、労働者団体及び使用者団体の団結に対応して階層構造をなしている。労働関係を規制する団体間の協定を労働協約という。今日の労働協約はその規範的部分において多くの問題を規制している。また実務においては個別的労働関係にとっても重要な法源となっている。また事業所内の組織、委員会等を通じて事業所の内的問題に対応する協定を事業所協定(経営協定)という。事業所協定は法的には労働協約を補充するものであるが、より詳細な経営内の事項を規制することから実務における意義は大きい。(37)

(1) 働協約一般

① 労働協約の当事者

労働協約は、一方において個別の使用者または複数の使用者あるいは使用者団体を、他方において労働者団体を当事者として締結される協定である(債務法三五六条I)。労働協約を締結する権限は、労働者の側では団体(労働組合)に限られている。使用者の側では団体(使用者団体)だけでなく、個別の使用者も労働協約の当事者となることができる。

団体は団結としての前提条件を満たしていなければならない。組織されていない労働者の集団(事実上の集団)は、法的安定性の観点から労働協約上の権能を認められていない。労働協約における権利は義務と結びついている。労働協約にもとづいて履行すべき義務の一つに平和義務がある。

組織された労働団体であっても、その団体の規約のなかで労働協約の締結が可能とされている場合にのみ、労働協約の権能が生じる。地方自治体における団結は、その規約に定めた事項に関する労働協約を締結する場合、または傘下の団体がそれに関する権限を委譲している場合にのみ、労働協約の当事者としての権能を持つことになる。

② 労働協約の締結

現実の労働協約の締結にあたっては労働協約の管轄権限も問題となる。労働協約の当事者は労働協約の管轄する領域に関して所定の権限を持っている必要がある。団体（Verbände）は定款でこれを定める。二つの産業部門にまたがる企業の場合、困難が生じる。団体は相互に労働協約の管轄権限をめぐって競争を行う。また労働協約への参加を求める団体も存在し、このための交渉の要求も行われる。[38] しかしこれに対する応諾の強制はない。[39] 労働協約の締結、変更、終了などに関する意思表示のための書式が用意されている。（債務法三五六条cⅠ）このような書式が用意されているのは、注意を喚起するためと証明の機能を果たすためである。従って形式を欠いた労働協約は無効とされる。

③ 労働協約の法的性格

労働協約の規範的効力を法理論的に説明することは容易でない。[40] 団体は労働協約を自己の名義で締結するのであって、その構成員を代表して締結しているのではない。団体は、労働者が個別労働契約において不利な約定を強いられる可能性を、規範的効力により直接的に妨げる。団体は、法律行為における代表権としてではなく、「労働組合の社会的後見」の見地から、これを排除することになる。一方、団結はその本質が規則制定権に由来する固有の権利を行使する。これらの規則制定権は、国家が本来的に団結に対して付与したものではなく、譲歩したものであり、この規則制定権の行使は、主権に基づく立法行為ではない。非国家機関への主権に基づく規則制定権限の譲渡は、国家に監督の可能性が留保されている場合にのみ可能である。一方、団体の協約自治は国家の干渉から直接的に開放されていることを本旨としている。したがって、私的自治の領域における立法行為は、規範的約定（Normenvertrag）の枠組みのなかで社会的パートナーの協力のもとに行われる行為である。

④　労働協約の適用可能性

労働協約の紛争処理の際の適用可能性は、個々の規程の内容によって異なる。債務的な規程は訴訟を通じてのみ、他の協約当事者に対して適用可能となる。しかし、実務においては仲裁に関する合意により、訴訟を排除することが一般的である。さらに保証金や違約金に関する約定がなされていることも多い。これに対して、規範的な規程は事例ごとにその扱いを異にしている。

個別労働関係における当事者間の権利と義務に関する条項が問題となる場合、まず個々の労働者または使用者の個別労働契約における相手方当事者に対する直接の訴えがなされる。その上で団体間で締結された労働協約に基づいて、個々の当事者の労働契約上の条項の遵守に関する請求について、両団体に共通して帰属させることも可能である。この場合、両団体は集団的な訴権を持つ。この訴権は契約不履行の認定にのみ関わるものである（債務法三五七条ｂⅠ）。給付訴訟の提起は個人の意思決定を留保するが、一方で個人はその請求権を団体や協約共同体（Vertragsgemeinschaft）に譲渡することも出来る。また団体が持つ遵守請求権は保証金及び違約金により確保される。

規範的条項に対して、間接的な債務的規程が問題となる場合、この規程は個別労働関係に適用されるが、個人の権利と義務は個別契約の相手方ではなく、団体に帰属し、個別の労働者または使用者の相手方当事者に対する直接の訴えは排除される。これらの諸条項は、団結の影響力の行使を間接的、債務的に強制する。また内容に関して限定された範囲で団体が規制を行うことも可能である。この場合、双方の団体に集団的訴権があり、さらに遵守請求を確保するために保証金や違約金に関する約定も可能である。

⑤　労働協約の終了

労働協約は次の場合に終了する。(a)約定期間の経過または条件改定の実施、(b)新しい労働協約の設定、(c)解約の告知などである。他に定めのある場合以外、一定年数の経過後、一方の当事者は解約の告知を他方の当事者に対していつでも求めることが出来る（債務法三五六条ｃⅡ）。また他の債権関係と同様に、重大な約定の違反、営業基盤の喪失等の事由がある場合、特別の解約告知も可能である（債務法第三三七条）。[41]

(2)　労働協約の債務的効力

労働協約は、その協約当事者に内容の遵守を義務づけている（債務法三五七条ａⅠ）。労働平和を維持する義務とともに、団結構成員が労働協約の約定に違反する場合、これに影響力を行使する義務もその内容となっており、相互に協約当事者を拘束する（債務法三五六条Ⅲ）。

①　平和義務

平和義務は相対的な平和義務にとどまる。協約の有効期間中、労働協約で規制している（債務法三五七条ａⅡ）事項に対する争議行為は許されない。これを労働協約の平和機能という。協約で規制されている以外の事項及び労働協約と矛盾する事項でないかぎり、争議行為は許される。協約の有効期間中すべての争議行為を排除する場合には、特別の約定が必要になる。これを絶対的平和義務という。スイスの労働協約の相当数はこの約定を締結している。絶対的平和義務が労働協約の唯一の内容となっているものを平和協定という。平和義務は協約の失効後も一定の期間、存続する。平和義務の違反は、差止請求及び損害賠償請求を導くことになり、また防御のための応酬をうけることになる。

②　内部統制義務

団体はその構成員に対し、労働協約に違反のある場合、団体規約その他の手段により内部統制を行うことになる（債務法三七五条ａⅠ）。この内部統制義務（Einwirkungspflicht）は労働協約に基づく自治にとって大きな意味を持つ。個々の労働関係の枠組みに対する実際の障害となる山猫ストを防止することが可能になる。団体はその構成員に労働協約の存在と内容を周知させ、必要な場合、制裁をもってその遵守を強制しなければならない。制裁の具体的な態様は催告、譴責、罰金、団結の保護からの除外、組合員資格の停止、そして最終的には除名に至るまで広い範囲にわたる。

この内部統制義務の違反は、団体に対して損害賠償義務を生じさせ、労働協約の解約告知を可能にし、争議行為の理由にもなる。しかし内部統制義務は「保障義務」ではなく、制裁の適用にも関わらず、団体の構成員が労働協約の義務に従わない場合、団体はこのことに責任を負わない。保障義務については、特別の約定が必要である。

③ その他の義務

労働協約はまたその他の対象に対する債務的規程を含むこともできる。例えば施設の設置、管理及び出資分担に関すること、団体による協定の監視と実行についての規程や調停に基づく訴えに関すること等である（債務法三五六条Ⅲ）。

団体の規約がこれらを予め規程し、または上部組織に同様の決定があるかぎり、労働協約により、労使団体とも共同で相互に各々の所属の使用者及び労働者にその遵守を請求する（債務法三五七条b）。参加団体は協約共同体を構成し、共同体に関する規程（債務法五三〇条以下）が適用される。協約共同体に帰属する個々の使用者と労働者の請求権は法的に区別される。それは個々の労働者と使用者との関係及び、補償基金や福利厚生措置のための拠出、事業所における労働者代表、労働平和の確保、監督措置、罰金・違約金の支払などの間接的な債務のみに関与する。規範的部分の遵守に関する請求は認定に基づいてなされ、間接的な債務の請求権とは異なり、給付請求というかたちで強制されることはない。給付の訴えは個々人の決定として留保され、許容される請求の中身は罰金と違約金とによって担保される。(42)

(3)　労働協約の規範的効力

労働条件の集団的な編成は、まず第一に労働協約の規範的部分によりなされる。労働協約は個々の団体構成員の法的位置をさだめる。この中には最低労働条件が含まれる。また協約当事者は労働関係に対して強行的かつ直接的な影響力を行使する。労働協約は使用者と労働者の関係にかかわる規範を含むが、その権利及び義務を直接に定めるものではない（間接債務的規程）。労働協約の法的規範の対象は、個別労働関係の締結、内容、終了に関する規定（債務法三五六条Ⅰ）であるとともに間接的な債務規定でもある。

個々の申合せにより定められた内容規範（Inhaltsnormen）は労働協約の実務的に重要な部分を構成する。それは賃金規定（Tarif）であり、さらに賃金俸給表、そして困難、危険、不潔、時間外、夜勤、休日出勤交代制を伴う作業、また疾病、事故、労働阻害（慶弔事由、転居等）の場合の賃金の継続支払である。それはまた出来高賃金か時間賃金かといった賃金形態でもあり、割増賃金や賞与のことでもある。また休暇手当、労働時間、短時間労働であり、競業避止であり、合理化に関する保護、高齢時の賃金保障、労働の人間化などに関与する新たな労働関係の成立を規整する。(43)

4　経営組織法

労働法上の経営規則はスイスにおける近代的経営組織法の出発点である。共同決定が出来ない場合、使用者の一方的に制定する経営規則には、労働者に対する意見聴取義務が定められている。協定による経営規則では、経営参加への共同の努力が高まり、経営共同体の発展のための新たな展望が開かれる可能性がある。(44)今日では、経営協定の形態をとる経営規則は全体の一割程度にとどまっているが、実務における労働者と使用者の協調と協同の可能性は、当初立法が予期していたものを大きく上回っている。

(1)　共同決定と職場代表

労働法は労働時間の設定に関する労働者の共同決定の権利を定めている。一連の労働時間規制のために、事前の労働者に対する意見聴取が求められており、労働者には共同討議の権利が与えられている。次の各条項がその根拠となっている。一一条（休業した労働時間の精算）、一二条三項（時間外労働）、一五条（休憩）、二〇条（代替休日）。労働者の同意とその共同決定は以下の事項を含むものとされている。一〇条三項及び三四条二項（労働日の範囲）、一三条二項（自由時間における残業の精算）、一七条一項、一九条一項及び二四条一項（一時的な深夜労働及び休日労働）、二一条二項（半休日の集約）、三五条（妊産婦の就業）、三六条二項（家内労働及び残業）。

共同決定と企業の共同的経営の不可欠の土台は職場代表の設定であり、スイスでは通常は労働者委員会がこれにあたる。立法はこれについて規定していない。労働法三七条四項は、労働者により自由に選ばれた労働者代表が使用者との間で経営規則を協定することが出来る、と定めているだけである。労働法施行規則Ⅰ第七三条一項により、労働協約又はその他の集団的協定に基づく選挙規則にそった選挙を経た労働者代表だけが「自由に選ばれた」とされる。このような労働者委員会はすでに一九世紀末に使用者側のイニシアチブにより設けられていた。二〇世紀前半にはこれに対応した提案が従業員団体からも出された。

今日、労働者代表の法的な根拠は、労働協約のなかに置かれており、労働協約の三分の一以上が労働者の共同決定に関する条項を含んでいる。労働者代表の職責の範囲も、一般的に労働協約の中で定められている。労働者の利益の保護とともに、両当事者の相互的な信頼の要請が、情報の共有と共同決定に関する権限を規制する。共同決定の対象領域は、災害の防止や労働評価等の狭い範囲にとどまっている。

(2)　「経営共同体」の概念

このような協定を通じて、企業所有者の自由な処分権限が規制されるとともに、労働者の集団的な行動も抑制される。使用者と従業員の間のパートナーシップに関して、第二次大戦後は「経営共同体」の概念がしばしば提唱された。連邦憲法の経済社会条項の改正の際に、新たに三四条一項bが導入され、連邦は、使用者と労働者との関係、特に企業経営上の共同決定についての規制権限を持つことになった。この憲法上の規定は、経営における労働者の共同決定に関する支配的な見解に沿ったものである。

連邦はこの憲法上の根拠に基づいて、共同決定に関する立法を促進させなかったこともあり、既存の任意の規制と労働協約での合意だけでは、労働組合の満足は得られなかった。またスイスの立法がこの領域でドイツに比して遅れており、これを遺憾とする声もある。この状況は労働者の人間性を軽んじるものであり、労働者が企業内において管理の対象としてでなく、共に活動する主体として存在すべきであり、労働者が企業の発展に何らの影響力も行使できないのは不当であるとするとの主張もある。

(3)　共同決定のための国民発議

スイスには共同決定法がなく、労働組合は事業所レベルの共同決定権を要求して、一九七一年に「企業、経営及び行政における労働者とその団体の共同決定に関する規定を設けるための連邦憲法の修正を求める国民発議(Volksbegehre)」を提出した。連邦参議はこの国民発議を原則として適法と見なし、独自の提案を作成した。この提案は経営の職務遂行能力とその経済性を保護することを妥当とした上で、共同決定を一定の条件のもとに立法化しようとするものであった。行政機関における共同決定について、連邦参議の提案では何ら触れられていない。それは本来的に国家の権能を行使する行政機関には、共同決定を通じた労働者の関与は憲法上、馴染まないと考えられていた。

連邦議会は、連邦参議の草案をさらに大幅に変更し、その内容を緩和した。これは経営の領域における共同決定を明示的に規制し、共同決定権の行使を排他的に当該企業に雇用されている労働者に限定するものである。国民投票では、国民発議は否決されたが、経営参加、従業員の共同決定、企業の運営及び展開に対する協力等に関する要求は残り、連邦議会は再度、共同決定に関する国民投票の準備を行うことになった。憲法修正による試みには反対して、現行連邦憲法三四条一項bの規定を踏まえた共同決定法の成立を目指した。

(20) Manfred Rehrinder, Schweizerisches Arbeitsrecht 12.Aufl., Stämpfli AG, Bern 1995, s.174.
(21) Swiss info, SECO 2004.
(22) BGE 113 II 37, JAR 1988, s.47.
(23) BGer, JAR 1989 s.308.
(24) BG AVE 2 Ziff.5.
(25) BGE 80 II 41.
(26) 憲法規定における間接的な第三者効については BGer, JAR 1996 s.235ff.及び Sec.9 B II 1a. を参照。
(27) BGer.JAR 1989, s.281.
(28) BGE 113 II 37, JAR 1988 s.407, 1994 s.28.
(29) BGE 54 II 142.
(30) Manfred Rehbinder, Schweizerisches Arbeitsrecht 12.Aufl., Stämpfli AG, Bern 1995, s.180-183.
(31) Hans Peter Tschudi, Geshichte des schweizerischen Arbeitsrechts, Basel 1987, s.48.
(32) Botschaft zum Entwurf eines Bundesgesetzes über den Gesamtarbeitsvertrag und dessen Allgemeinverbindlicherklärung vom 25.Januar 1954.
(33) 一九五四 年一月二九日の連邦参議の草案第六条。
(34) Edwin Schweingrüber/F.Walter Bigler, Kommentar zum Gesamtarbeitsvertrag, Bern 1985, 86.
(35) Schönenberger/Vischer, a.a.O. (anm.30), Nr.26 zu Art.356b.
(36) Hans Peter Tschudi, Geshichte des schweizerischen Arbeitsrechts, Basel 1987, s.49-51.
(37) Manfred Rehrinder, Schweizerisches Arbeitsrecht 12.Aufl., Stämpfli AG, Bern 1995, s.187.
(38) BGE 113 II 37, JAR 1988, s.407.
(39) BGE 74 II 158 116.
(40) 団結の理論として BGE 40 II 519. がある。

(41) Manfred Rehbinder, Schweizerisches Arbeitsrecht 12.Aufl., Stämpfli AG, Bern 1995, s.188.
(42) Manfred Rehbinder, Schweizerisches Arbeitsrecht 12.Aufl., Stämpfli AG, Bern 1995, s.192.
(43) Manfred Rehbinder, Schweizerisches Arbeitsrecht 12.Aufl., Stämpfli AG, Bern 1995, s.195.
(44) W.Hug, Kommentar zum Arbeitsgesetz, s.295.

四 むすび

本稿ではスイスにおける集団的労働関係規制の特質を、その沿革と法源の二つの面からの分析を通じて検討してきた。労働条件の集合的な処理は企業の経営上必須のものであるが、それを規制するシステムは、スイスにおいては近隣の大陸諸国と比して早い時期からその端緒がみられた。労働協約に規範的効力を付与する立法によりスイスはこの領域のパイオニアとなった。スイス債務法は労働協約の目的を労働条件規制の中に置いていたが、後に労働関係の規制に関する事項も盛り込むことになった。労働協約立法におけるスイスの先進性とその後の展開は、スイスにおける集団的労働関係を支えている土台の特質を明らかにしている。

中国労働法入門

荒木弘文

一　はじめに

現在という時点で中国労働法を議論することは、骨が折れる作業である。というのは、法律の条文は変わらないが、中国社会が今どんどんと変容しつつあるからである。二〇〇一年一二月、WTOに加盟することになった。二〇〇二年から実行が始まるであろう。これは、日進月歩の市場経済の進展に拍車をかけるものである。また、二〇〇八年の北京オリンピックに向けて好況が予測される。「経済（土台）は法律（上部構造）を変える」といわれる通りの変化が続いている状況にある。この変化に即した解釈、説明には、苦労するであろう。時代の変容を考慮して柔軟な解釈をすることは、この際無視する。なぜなら、時代の変容にもかかわらず、党・政府の基本方針（タテマエ）が変わっていないから、その方針通りに解釈しなければならないということである。

そうはいうものの、中国では世の中の変化に対応するために、権力担当者は暫定規定、条例、通達、文件、意見など法律に準じるもの、あるいは法律に準じさせるものをつぎつぎと発することが、習慣であった。条文の解釈を柔軟にするのではなくて、一々権力担当者から上のような暫定規定等が出されるのである。結局最終の現場での結論は、法律があってもなくても変わらないほどに、法律以外の力が作用して、現場の規律を維持してきた。労働法もその運用については、まず第一に党員の指導があるであろう。これは、法律にあるかないかとは別である。そもそも共産党が指導する国家体制だからである。党の方針がはっきり決まっていれば、仮に法律はなくても何とかやれるわけである。

しかし、現在中国では、明確な労働法が『中華人民共和国労働法』（一九九五年一月一日施工）（末尾に「資料」として掲げる）である。この法律の条文に即して、内容を説明するのが筋であろう。その後に、現状や将来の予測される動向などを見て、批判的な見方を付け加えてみよう。もちろん、中国では、批判はそう簡単には許されない。日本にいればこその批判であることを、よく心得ていてほしい。

最後に、紹介しておくことがある。私が参考にしたテキストである。それは、関懐教授・中国人民大学教授主編『労働法』（中国人民大学出版社、二〇〇〇年一二月）である。彼は、『労働法』の立法作業にタッチされた。一部始終を承知された当人である。五月にお会いして、このテキストをプレゼントされた。このとき、日本の皆さんによく説明をしてください、といわれた。労働法の条文を文末に資料として載せておくので、読者の方々が自由に解釈をされて、認識を深められるようにお願いしたい。

もう一冊を、上げておこう。王全興教授『労働法』（全五六七ページ）（北京、法律出版社、一九九七）である。

念のために、次の点を述べておこう。

最近は、現実のめまぐるしい変化に目を奪われて、中国社会主義の原理原則を忘れがちであるから、念のために一言する。

(1) 中国は「社会主義国家」である。わかり切っているようであるが、念のため。『中華人民共和国憲法』序言第六段に、「社会主義制度は既に確立した」とあり、第一章総綱第一条では、「人民民主専政の社会主義国家である」という。そこで労働問題、労働関係、労働の権利義務は、全人民所有制を踏まえて理解しなければならない。

(2) 中国には、階級がないこと。中国の国内理論としては、資本家階級対労働者階級という階級は絶滅して存在しない。しかし、世界中を見れば、まだ階級のある国家が多い。そこで、世界中の労働者と団結して階級を絶滅するのには、中国は労働者の国家であるとして、今なお労働者、労働者階級という用語は必要である、という。対世界との関係で労働者階級はあっても、国内では階級はないのである。

(3)　すべて労働者は、権利があり、義務がある。労働の権利があり、労働の義務がある。失業者はいない。仮に失業者がいれば、それは、党や国務院の政治が悪いのである。

以上の前提は、特に説明の必要もいらないのであろうが、念のためにということである。一言付け足しておくと、つぎのようである。無階級法の下での労働法は、行政法に等しい。労働法にかぎらず全ての法律は、行政法の性格を持つのである。労働力は商品ではない、という点が決め手である。だから、労働関係は、民事法事項ではない。かつては、義務だけと思われていたが、今日では義務と権利は対等になった。とりわけ市場経済が進展するのにつれて、権利意識が高揚してきたことも影響しているであろう。関教授も、権利と義務の等しい対応を主張しているのである。この点が、建国以来の義務中心の行政法的認識に対する変化である。

二　中国労働法テキストの紹介

中国のテキストはどのようなものか、という点で、目次を紹介しておこう。

1　王全興氏の場合

立法史篇　第一章～第三章
基礎理論篇
第四章…労働法概述　第五章…法律関係　第六章…労働法主体

労働関係協調篇
第七章…労働契約　第八章…労働協約　第九章…雇用企業内部の労働規則　第一〇章…職工の民主的管理
労働基準篇
第一一章…作業時間と休息休暇　第一二章…給与　第一三章…労働保護
労働保障篇
第一四章…労働就業　第一五章…職業訓練　第一六章…社会保険　第一七章…職工の福利
労働の法律執行篇
第一八章…労働争議処理　第一九章…労働監督　第二〇章…法律上の責任

以上である。

王氏が「体系」を示している箇所があるので、それをまず紹介しておこう（前掲七九ページ）。

労働法体系
- 労働関係協調
  - 労働合同法（労働契約法）
  - 集体合同法（労働協約法）
  - 用人単位内部労働規則（雇用企業内部……）
  - 職工民主管理法（従業者民主……）
  - 労働争議処理法
- 労働基準法
  - 工時法（労働時間法）
  - 工資法（給与法）
  - 労働保護法
  - 労働監督法
- 労働保障法
  - 労働就業法
  - 職業培訓法
  - 社会保険法
  - 労働福利法

王氏が気になることをいっているので、若干触れておく。それは、社会主義でも労働力は商品といえるのか、という点である。王氏は、労働力は商品だという。ただし、「特殊商品」（前掲八一ページ）だという。資本主義では労働力は商品であるが、社会主義では労働力商品を一般化できない。だから、労働力市場も「特殊市場」（八二ページ）だという。それにしても、市場経済を導入したのだから、商品性はあると捉えるのであろう。通常社会主義が姓であり、市場経済は名前である。姓が原則であるから、労働力は商品とはいいがたい。原則は体制的、政治的であり、王氏は経済的にみているといえよう。

2　関懐氏の場合

第一編　労働法総論

第一章　労働法概述　第二章　労働法簡略史　第三章　我が国労働法の発生と発展　第四章　労働者と雇用企業の基本的な労働の権利と義務　第五章　労働の法律関係　第六章　労働組合法と労働組合との労働関係を調整する地位と職権

第二編　労働制度と労働標準

第七章　労働就業　第八章　労働契約　第九章　労働協約　第一〇章　労働時間と休息休暇　第一一章　給与　第一二章　労働安全衛生　第一三章　女子従業者と未成年労働の特殊保護　第一四章　職業訓練　第一五章　社会保険と福利　第一六章　労働規律

第三編　労働争議の処理と労働法違反の法律責任

第一七章　労働争議処理　第一八章　労働監督と検査　第一九章　労働法違反の責任

以上である。

つぎに、翻訳しにくい単語について。たとえば、「職工」「工人」「用人単位」である。

「職工」について。「職工」は、職員と工員である。以前は、ホワイトカラーとブルーカラーであったが、今は違う。職員は、現に勤務している人すなわち従業者の全てである。朱総理も職員である。管理職も被管理職もともに「職員」である。工員は、現に勤務している「職員」以外の現場で作業をする従業者である。工員の中の管理職・たとえば工場長といったエンジニアは、「職員」のほうで勤務する。現場には出ない。「高級工程師」という肩書きを持っている。この「職工」のうち、労働法上の当事者・従業者・主体になれる人と、なれない人とが分離する。朱総理は、なれない。

労働法以外の法の適用を受ける（労働法の適用を受けない）「職工」は、たとえば国家公務員、軍人、農業労働者、家庭雇われ人、社長（中国語では経理）・幹部などの管理職等々である。彼等には、別の法律が適用される。労働法上の「職工」は被用者であるので、「従業者」と訳しておいた。階級がないので、いわば労働過程編入説という状況である。

「工人」は、一般に労働者という。以前は、ブルーカラーであったのであろう。今は、そういうことは抜きにして、働く人・被用者である。

「用人単位」は、使用者の意味である。企業といってもよい。ただし、全民所有制企業のことである。「単位」は、生産生活の単位でもあり、消費生活の単位でもあった。戸籍もこの単位で管理している。たとえば、パスポートも企業管理者が必要書類を発行してくれること、そして、企業内警察が発給許可を出してくれることによる。企業内で用がたりる。企業は、従業者が死ぬまで福利等の世話をする単位である。極端にいえば、就職したら死ぬまで、企業から一歩も外へ出なくても、生活ができるようになっている。しかしこれが、今、改革の難問となっている。「用人単位」は、雇用企業と訳しておいた。

三　中国労働法入門

本稿は、入門とさせていただく。説明は主として、関氏による。

1　立法過程と指導思想

立法過程を簡単に述べておく。鄧小平氏以前は、暫定規定や個別部分法であった。鄧小平氏の市場経済政策出現以後は、統一労働法立法の機運が高まって、何度も草案を検討した。

第一次立法は、一九五六年に始まり一九五八年に挫折。第二次起草が、一九七九年。第三次起草が、一九八九年。九〇年に国務院は、「労働部、国務院法制局、全国総労働組合、国家計画委員会、国家体制改革委員会、人事部、衛生部、農業部の指導者が集まって作る労働法起草小組を立ちあげた」。九三年には「中国の特色ある社会主義経済の目標が確立したので、起草作業が順調に進んだ」。草案は、三〇余稿にもなった。九四年一月七日、国務院第一四次常務会で労働法の草案が通り、二月二八日、李鵬総理は全国人民代表大会常務委員会に審議するように要求した。最後に、九四年七月五日、草案は全人大常委会通過。そして、九五年一月一日施行となった。この流れを見ると、慎重であったことが読み取れる。それだけ、問題としては、重要性があったといえる。

つぎに、立法の指導思想について

(1)　憲法の原則を体現すること。また、労働者権益の突出した保護をしていること。

憲法は根本法であり原則を定めているから、それを貫徹しなければならないということである。立法趣旨のポイントは、労働者の権益を保護することである。

(2)　生産力の発展を促進するのに有利になること。

労働者権益の保護は当然であるが、他面では生産力を発展させて社会主義を大いに建設していかなければならない。労働者保護が労働者の積極的な労働意欲を引き出すのでなければならない。

(3) 統一的な基本標準と規範であること。

労働法は統一的な労働市場規範である。また、労働の標準を定めたものである。

(4) 中国の国情からの出発。

労働法は労働関係を調整する基本法である。中国の特色ある労働法となる。

以上が、指導思想である。「中国の特色」もよくわからないのであるが、「特色」、「社会主義市場経済」、「社会主義初級段階」はみな連動している概念である。これらを勘案して指導思想が出てきていることは、間違いない。

2 枠組みと内容

労働法は第一三章一〇七か条である。労働関係の全てを網羅している。

第一章総則は、立法趣旨、適用範囲、権利義務、職責といったものを定めている。これは、労働法の魂であり統帥である。

第二章は、就業の促進である。ここでは、婦女の保護や未成年者の就業禁止も扱う。

第三章は、労働契約と集体契約のことである。

労働契約は、個別労働契約である。集体契約は、日本でいえば労働協約にあたる。第三五条は、個別労働契約が集体契約の基準を下まわるときは集体契約による、と定めた。集体契約書は、労働行政部門に報告しなければならない。

第四章は、労働時間と休息・休暇である。

第五章は、給与である。
第六章は、労働安全衛生である。
第七章は、女子労働者と未成年についてである。
第八章は、職業訓練である。
第九章は、社会保険と福利である。
第一〇章は、労働争議である。
第一一章は、監督検査である。
第一二章は、法律上の責任である。
第一三章は、附則である。

以上は、一九九五年一月一日より施行された。一言加えれば、労働法の制定によって、中国の国際上の威信を高めるのだという。

ついでにいえば、一九九二年四月三日、第七期全国人民代表大会通過の『中華人民共和国労働組合法』がある。

3　労働者と雇用者との基本的な労働の権利と義務

労働者の基本的な労働の権利・義務が一つ。雇用者の基本的な労働の権利・義務が一つ。これら二つの権利義務を扱う。

(1)　憲法では、中華人民共和国の公民（日本の民法上の自然人に相当）は労働の権利と義務を有するという。これが、憲法の基本準則である（四二条）

(2)　労働関係の主体双方の労働の権利・義務は、憲法規範の具体的な体現である。労働法第一条総則第三条は憲法により、労働者の方の権利・義務を設定した。同四条は雇用者の労働の権利・義務を設定した。二つを区別した。

(3) 労働標準をなした。労働者と雇用者という当事者の行為の準則を確定した。双方は互いに権利・義務を保証し合うことである。たとえば、労働者の報酬権を侵犯すれば、法律上の責任が生じたり、相応の懲罰を受けたりする。

また、労・雇双方の権利・義務は合法権益を守る法的根拠である。

(4) 労働者の基本的な権利（三条）

ア 平等な就業権と職業選択権。公民全員が就業できることは、社会主義の基本である。そういう意味では、基本権である。もう一つ、職業の選択権を保証することである。以前は職業の分配で、選択はできなかった。社会主義に市場経済を取りいれてから、選択の自由を実現しようということになった。憲法第四二条は、「労働就業条件を創造する」のであり、労働法第一〇条は、国家が経済と社会との発展を促進し、就業条件を創造し、就業の機会を拡大する、という点を取り込んだ。その他、国家の態度を表明している。こうやって社会主義市場経済を進めていけば、物質的な保証もさらに実現できる。後は、民族、種族、性別、宗教信仰による差別をなくし、「平等に」就業権を保証することである。

イ 労働報酬を取得する権利。まず、憲法に労働報酬権の享有がうたわれている。報酬は、基本給、ボーナス、手当てなどである。また、最低賃金制も保証する。逐次報酬を高め、生活水準を高める。

ウ 休息休暇を享有する権利。心身の疲労を取り除き、文化水準や業務水準の向上を促進する。また、祭日は、元旦（一月一日）、春節（二月の旧正月）、国際労働祭（メーデー）、国慶節（建国記念日）、その他法律で定めた祭日である。更に、年休がある。

エ 労働安全衛生保護の権利を獲得した。健康を維持するために、この保護権は、雇用者に安全で健康的衛生的な労働条件を要求する権利である。死亡事故や職業病をなくし、処理制度を打ち立てる。

オ　職業技能訓練の権利。各国で普遍的にあるように、専門の教育や技能訓練を推進する。この点は、建国以来包括的に就業前訓練をやってきた。

カ　社会保険と福利の権利を享有。労働能力の喪失、労働の機会の喪失などでは、基本的な生活を保障する制度である。社会保険事業、社会救済事業、医療衛生事業などをする。

キ　労働争議を提訴する権利を享有。労働者は、争議処理を提訴する権利があり、主動な地位は明確になっており、雇用者との地位は平等であり、速やかに解決するのに有利であり、合法権益を保護するのに有利であり、労働者の法律意識を培養し高めるのに有利である。まず、仲裁委員会に申請して仲裁をうける。仲裁が整わないときは、人民法院（裁判所）に訴訟を提起することができる。法定代理人が争議処理に参加することは可能である。近年来、労働争議は増加の一途をたどっている。そこで、法律上も制度上も保証を行っている。

ク　その他の権利。まず、企業が民主的な管理を行うように、労働者代表は参与する。つぎに、雇用者と平等に団交をする権利がある。更に、労働協約を締結する権利がある。また、労働組合に参加したり、労働組合を組織する権利がある。

(5)　労働者の基本的な義務（三条）

ア　積極的に労働の任務を完成する義務がある。

イ　普段に労働の技能を高めること。熟練した生産技能を我がものにし、技術理論を呑み込み、企業利潤を増やし、経済収益を高め、生産の発展を促進すること。

ウ　労働安全衛生規定を真面目に実行すること。

エ　労働規律と職業道徳を厳格に遵守すること。憲法第五三条に、規律遵守規定がある。道徳は、人々の思想と行為の善悪を評価し、光栄と恥じ、公正と偏私、誠実と虚偽、文明と愚昧ないし野蛮の感覚、観念、原則と規範の総和を評価するものである。道徳的であれば、社会主義精神文明の建設を促進するのに有利であり、社会の物質的富と精神的富とを豊かにするのに有利である。

(6) 雇用者の基本的な労働の権利と義務(四条)

雇用者の労働権という言いかたは、日本人にはなじみがない。要は、労働の指揮命令権である。労働者の権利に対応しては、雇用者には義務が生じる。雇用者の権利に対しては、労働者に義務が生じる。そういう相対的関係にある。

雇用者の基本的な労働の権利は、つぎの四項目である。

ア 労働者に質量ともに労働の任務を完成せよと要求する権利がある。
イ 労働者に職業技能を高める努力を要求する権利がある。
ウ 労働者に労働安全衛生規定を真面目に実行せよと要求する権利がある。
エ 労働者に労働規律と職業道徳を厳格に遵守せよと要求する権利がある。

以上の四項目である。

雇用者の基本的な労働の義務は、つぎの八項目である。

ア 雇用企業は、労働者との平等を引き受ける義務がある。
イ 労働者の労働報酬を支払う義務がある。
ウ 労働者の享有する休息休暇を保証する義務がある。
エ 労働者の享有する安全衛生と労働の保護を提供する義務がある。
オ 労働者に職業訓練を提供する義務がある。
カ 労働者に社会保険と福利を提供する義務がある。

キ　労働争議には協力して解決する義務がある。

ク　労働者に法律規定のほかの権利を保障する義務がある。

以上の八項目である。雇用者は、企業の生産を指揮する権利があるので、労働者に命令する権利がある。しかし、労働者の労働権を大いに発揮させるとか、労働者の労働を邪魔しないことというように、生産力の向上を計ることが任務である。雇用者には最終的には国家と社会のために、更に多くの財富を創造する権利があるのである。

4　労働組合法と労働組合

(1)　労働組合法と労働法との関係

労働組合法は、国家の政治、経済、社会生活の中における労働組合の地位を確立し、労働組合の権利と義務を規定し、労働組合の活動のために法律上の保証を提供した法律だ、ということである。具体的に見ると、労働組合法の立法趣旨と目的、組合活動の基本原則、組合の任務、組合の組織原則と組織体系、組合の基礎組織の職権、組合経費と財産等を包括している。労働組合法は、組合活動の法的根拠であり、党と国家の組合に対する政策と方針を表しており、また、組合が社会主義現代化建設機能を発揮する場合の国家の法律的道具立てである。

労働法との関係では、大方の学者は、「労働組合法は労働法の範疇に属する」といい、労働法の一つの重要な組成部分であるという。

労働組合法の任務から見ると、組合法の中心は労働者階級集団の組織的な作用を発揮することである。それは、労働者の合法権益を守り闘争するために必要であり、組合法と労働法とを密接に関係させるので、労働法の組成部分であるというべきなのである。世界の多くの国では、労働法典の重要な内容としている。

(2) 組合は労働関係を調整する地位にある。

労働組合の法律上の地位は、労働者階級の地位と労働組合の性質によって決定するものである。労働組合の性質は、労働者が自発的に結合した労働者階級の集団組織である。だから組合はまさに組合の、国家の政治、経済および社会生活の中における地位と作用を決定したのである。

そこで、新労働組合法は、はっきりと組合は社会団体法人の資格を有すると決定した。労働組合はその基礎においては民法通則の法人条件を具備している。もう一度組合法の立法趣旨を述べると、つぎのようである。すなわち、第一条は、国家の政治、経済、社会生活の中における労働組合の地位を保証するために、労働組合の権利と義務を確定し、組合は社会主義現代化建設の作用を発揮することである。このことは、労働組合の法律上の地位を確定したものなのである。組合は、国家の政治、経済生活の中では重要な地位を占有し重要な使命を負っているということである。

つぎに、労働関係の調整について。労働法は、組合が労働関係を調整する地位にあることを、明確に定めた。組合は、労働者の合法的権益を代表しまた保護し、独立して自主的に活動を展開するという地位を得たことになる。調整については、労働法総則第一条が明確に規定している。すなわち、労働者の合法権益を保護するために、労働関係を調整し、社会主義市場経済に適応する労働制度を打ち立てて保護し、経済発展と社会進歩を促進し、憲法を根拠にして本法を制定したという。

(3) 労働組合は企業の民主的管理に参与し、雇用者と平等に交渉する権利がある。

労働法第八条は、労働者大会、労働者代表大会その他の形式により、民主管理に参与し、雇用者と平等に交渉すると定めた。企業管理制度は、企業労働者がその企業事務を管理する制度に直接に参加することである。労働者は企業管理に参与することを要求できるし、労働と生活福利の条件の改善を要求することができる。その前にまず、第七条では、労働組合を組織する権利を認めている。自ら組織し、また、参加することである。中国は生産資料の社会主義公有制を主体としているが、さまざまの経済成分が並存する所有制構造になっている。企業の性質と構造は、企業の民主管理の程度、形式、方法で異なるということを決めた。民主的管理の形式は、大体三種類がある。

ア　民主管理の基本形式は、労働者代表大会である。『企業法』の規定では、労働者代表大会は民主管理を行使する権力機構である、と定めた。五種の権限がある、建議の審議権、過程の審査権、審議の決定権、監督を評価する権利、工場長を選挙する権利である。

イ　集団企業の労働者（代表）大会。集団企業は、民主管理を実行し、管理人を選挙したり罷免したりする。経営管理の重大な問題も決定する。権限としては、六種ある。集団企業の規律の制定、改正。社長・工場長その副の選挙、罷免、登用、解任。各項議案の審議、決定。給与形式・調整案、ボーナス案、住宅割り当て案、福利事項。賞罰方法と規律制度の審議と決定。その他の権利。

ウ　外国投資企業と私営企業の労働者が管理に参加するときはまず、組合組織と経営者とが打ち立てた交渉会議制度を通して行う。

5　労働組合の労働関係調整権限について

(1)　労働協約の締結

広範な権限がある。二七、三〇、三三、四一各条。労働者の代表は、企業と労働協約を締結する権限がある。内容としては、報酬、作業時間、休息休暇、労働安全衛生、保険福利等の事項について協約する。協約案は、労働者代表大会または労働者全員の話し合いをすべきである。共産党の一一期三中全会以後は、改革開放が深まり、公有制を主体とする多種多様な経済部分が現れ、複雑・多様な労働関係が現れた。労働協約制を実行するのは、客観的な需要になっている。特に党の一四大以来、市場経済と非公有制経済が迅速に発展し、企業の財産権関係が日増しにはっきりとしてきたし、企業は独立の生産経営主体となり、広く自主権を享有した。このような情勢下では、協約は労働関係の調整には重要な形式である。世界各国もみな成功した経験をもっている。

(2) 適当な契約の解除、組合の意見提出権

雇用者が法律、法規、あるいは労働契約に違反し、組合が不適当と認めたときは、新な処理を要求する権利がある。仲裁でも訴訟でもよい。労働者の合法権益が侵されないために、労働法違反の契約解除があれば、経済保障もする。

(3) 労働時間の延長には組合と交渉をする。

雇用者は経営の必要上労働時間を延長したいときは、組合や労働者と交渉してからでなければならない。一般には、毎日一時間を越えてはならない。特殊な原因で時間を延長したいときは、一日三時間を越えてはならない。ただし、一か月に三六時間を越えてはならない。

6 組合代表の労働争議調停および仲裁に参与する権利

(1) 組合は調停委員会に参与し、調停権を行使する。

労働争議調停委員会は、法によって成立した企業内の労働争議調停の集団的組織である。調停委員会は、労働者代表、雇用者代表、組合代表からなる。委員会は、合法、公正、迅速な処理の原則により、争議を処理しなければならない。

(2) 組合は仲裁委員会に参与し、仲裁権を行使する。

労働仲裁委員会は、法によって成立した労働争議処理の専門機構である。一種の行政執行法である。仲裁委員

会は、労働行政部門代表、組合代表、雇用者代表の組織からなる。委員会主任は、行政部門代表が担当する。労働争議処理機構は、仲裁委員会の事務機構であり、仲裁委員会の日常事務を処理する責任がある。生産発展と社会進歩を促進することは重要な意義があるので、良好な労働関係を打ち立てなければならない。

7 組合は雇用者が労働法律法規を遵守する状況に対し監督する権利がある。

八八条は、各級の組合は法により、労働者の合法権益を守り、雇用者が労働法律、法規を遵守する状況を監督する、と定めた。この規定は、各級組合が行使する集団的な民主的監督権を確保している。特に、「三資」企業と私営企業では、組合幹部は労働者の立場に立たなければならない。結局は、労働者の合法権益が侵されないように守ることである。

8 労働就業について

(1) 就業概念

就業概念は、経済学の、労働者個人の、社会的価値の、労働法のそれぞれの角度でみれば、解釈は違ってくる。労働法の角度からみれば、就業は労働権利能力と労働行為能力とを備えていることを指しており、また、就業願望を持つ公民は報酬のある職業を獲得することを指している。特徴は、つぎの通り。

ア その主体は労働権利能力と労働行為能力とを必ず備えている公民であること。中国では、中国の国籍を持つ満一六歳からである。

イ 公民は主観的には求職の願望があること。

ウ　結果として、労働報酬のある職業を必ず獲得することである。あるいはまた、経営収入のある職業を必ず獲得することである。

つぎの場合は、就業者である。

ア　現在仕事に従事しており、報酬を得、収入を得ている職業人

イ　疾病、事故、労働争議、休暇、気候不良、機械の故障等で、一時仕事を停止している人

ウ　雇い主、個体経営者、家庭経営企業あるいは農場を手助けしているが報酬をもらわない家族成員、正常な作業時間の三分の一以上に従事する人

(2)　就業権

労働就業権の概念は、憲法の労働権とは違った側面もある。就業は労働力と生産資料とを結合することであり、それでまさに労働報酬を獲得する権利概念である。ただし、就業権は労働権の一種のものである。特徴は、権利実現の要求にある。就業権を行使するときの義務者は、国家と社会である。国家はまた、就業の機会を創造し拡大する。職業紹介、職業訓練、職業補導もする。

(3)　就業形式

ア　労働者と雇用者が直接に話し合って決める就業。直接の話し合い形式である。

イ　職業紹介機構が紹介する形式

ウ　労働者がみずから組織を起こして就業する形式。労働者は自由に各種集団経済組織を作ってみずから就業することができる。

9　労働契約

労働契約と労働協約について、改めて若干説明を加えておきたい。

(1)　労働契約の概念

労働契約は、労働法の中でも最も重要な一種の法律制度である。そういうわけで、中国では労働契約を重視しているのがわかる。労働契約は、労働者と雇用者（企業、事業、機関、団体等）との間に労働の権利と義務を確立し、変更し、終了するための協議のことである。特徴は、三点ある。

ア　契約主体（当事者）は、雇用者と労働者である。

法第二条はそれを明確に定めた。すなわち、国内企業、個体（個人）経済組織と労働関係を形成する労働者である。たとえば、国家機関、事業組織、社会団体と労働契約関係を結ぼうとする労働者であり、彼らはみな労働契約の主体である。

イ　契約内容は、契約の中で確定する当事者の権利と義務である。

それが決まれば、労働者は企業の一人の成員となり、一定の職種あるいは職務を引き受け、企業内部の労働規則やその他の規律制度を遵守する。

ウ　労働者の契約締結と履行の場合の地位

労働者と雇用者の地位は平等である。だから、契約を締結するときには、平等で自主的な交渉一致の原則を守ることである。

以上の特徴から、労働契約は、労働内容についての民事契約とも経済契約とも区別することができる。

(2)　労働契約の機能

ア　労働権を実現するという機能

イ　当事者双方の合法権益を保護する重要な手段としての機能

ウ　労働者と雇用者の双方の選択を実現するという機能。労働者は職業を選択したり辞職したりする権利があり、雇用者は自主的に労働者を採用する権利がある。

エ　労働者の素質と労働生産率を高めるのに有利であるという機能

オ　揺ぎない労働規律であり、労働争議を減少し予防する有力な措置であるという機能

(3)　労働契約の種類

ア　雇用形式から見た区分

A　契約制労働者の労働契約。労働者および国家機関、事業組織、社会団体と契約する労働者はみな労働契約を締結するが、この契約は契約制労働者の労働契約という。

B　農民が労働者に転換するときの労働契約。『国営企業の労働者採用の暫定規定』等にみられるように、企業が労働者を採用したいとき、一年から五年の間で農民を労働者として採用することである。この場合、省、自治区、直轄市人民政府の承認を経ること。

C　臨時工、季節工の労働契約

イ　契約を生み出す方式の区分

A　任用契約。国家労働部門が承認する採用計画内で、雇用者が公開募集や優れた採用方式を通して締結する労働契約である。

B　招聘契約。専門家、技術顧問、法律顧問、財務税務顧問、幹部等を招聘するのはみな招聘契約である。

C　移動（中国語では、借調）契約。急遽技術者が必要になったとき、その技術者を他の企業で調整してもらって、こちらの企業に来てもらう契約である。

ウ　期限による区分

A　期限のある労働契約

B　期限のない労働契約。不定期の労働契約ともいう。満一〇年継続勤務をしたというような熟練労働者は、労使双方の意思のあらわれでもあり、期限のない労働契約を締結しているといえる。

C　仕事の完成を約した労働契約

(4)　労働契約の内容

ア　法定条項。法第一九条に定める七項目がそれである。

イ　交渉約束条項。法第一九条の約束によることも可。法第二一、二二条がそれである。また、約束を補充することも可。たとえば、住宅条件、幼稚園、子どもの入学、バス等の福利条件について、必要な交渉をしてよい。

(5)　労働契約締結の原則

ア　自由・平等な意思の原則

イ　交渉一致の原則

ウ　法に基づいて締結する。

(6)　労働契約締結の手続き

ア　契約締結の提案（申し込み）。まず要約を提出する。たとえば、募集要項、広告、新聞、テレビ等のチャンネルにより招聘要求を提出する。他方は完全に同意を表示する。すなわち承諾することである。

イ　当事者の話し合い。当事者は真面目に話し合うこと。たとえば、仕事の責務、報酬、労働条件、規律、期限、試用期間、保険、福利待遇等、企業の真実の状況を説明する。当事者は反復協議をし、労働者にはよく意見をいわせて、最後に承諾の意思表示をする。

ウ　双方の署名。当事者は、署名前に真実かどうかを詳しく調べること。合意したら、サイン、捺印、年月日を記入する。

(7)　労働契約の無効

ア　法律、行政法規違反。法律や行政法規は労働者階級と人民の意思を反映しているのであるから、労働法は社会主義市場経済に適応した労働制度である。労働法規は、労働契約を締結するときのより所である。だから、労働契約は必ず合法でなければならない。そうでなければ、無効である。

イ　詐欺、脅迫により締結した契約。無効事由が生じたときは、仲裁か民事訴訟となる。

(8)　労働契約の履行

当事者は、労働契約の規定に照らして、各自義務を履行し、権利を享有する。たとえば、仕事の責務を完遂しなければならず、労働規律や企業内部の労働規則等を遵守すること。雇用者は給与を支払わなければならず、安全衛生の労働条件を提供すること。これらはみな、労働契約の履行行為である。

(9)　労働契約の形式

意思表示が一致したときには、書面をもって締結すること。これが法第一九条である。書面によることで労働争議を減らし、合法権益を守るのに積極的な作用を果たすのである。

(10)　労働契約の変更

話し合いが整えば、原契約を改正したり補充することができる。

ア　企業が上級の主観部門の批准を経て生産を転換したり、生産任務を調整するとき。

イ　状況が変化したとき、話し合いによる合意により、関係する内容を変更することができる。

ウ　自然災害、不可抗力により契約不履行を引き起こしたとき、契約内容を変更することができる。

その他たとえば、契約中の部分条項が国家の新しい法律、行政法規に抵触したときは、関係条項を必ず改正ないし変更せよ。そうしなければ、無効となってしまう。

⑾　労働契約の解除

ア　当事者の話し合いによる契約解除。法第二四条

イ　雇用者の事前通告による解除。法第二五、二六、二七条

ウ　労働者の事前通告による解除。法第三一、三二条

エ　特殊事情があるとき。労働者の除名、刑法上の判決が出たときには、自動的に解除される。

オ　経済保障。法第二八、二四、二六、二七条により契約を解除するときには、経済的な保障をしなければならない。

⑿　労働契約の終了

ア　契約の期限満了

イ　契約上の終了条件の発生。労働者の死亡、企業の倒産といった事情が発生したとき。

⒀　労働契約の審査

労働行政部門は、労働契約内容の審査を行う。主として、契約内容の合法性、真実性、実行可能性を審査する。そうすれば、労働契約の全面的な履行が確保され、労働争議が予防され、減少し、安定した労働関係を打ち立てることができる。また、当事者の合法権益を保護することができる。九二年、『労働契約審査実施方法』を公布した。その主な内容は、労働契約審査の性質、審査機関、審査範囲、審査内容、審査時の提出材料、審査手続き等である。このことは、労働契約の管理を強化し、法により契約当事者の合法権益を保護するという重要な意義がある。

審査内容は、契約締結資格を備えているかどうか、契約内容が国家の法律、法規、政策に合っているかどうか、当事者が自由な意思で話し合ったかどうか、当事者の権利義務や責任が明確かどうか、外資の場合は外国文と中

国文とが一致しているかどうか、である。

10 労働協約

(1) 労働協約の概念

労働協約は、団体協議とカ集体協議ともいう。社会主義制度では、法第三三条で、報酬、労働時間、休息休暇、労働安全衛生、保険福利等について労働協約を締結できるとした。当事者は、労働組合と企業である。

(2) 労働協約の特徴

ア 民事協議ではない。労働協議である。主たる内容は労働条件であり、労働の権利義務に関する協議である。労働関係をその存在の基礎とする。

イ 特定の当事者間で締結する協議である。一方は企業、事業単位であり、他方は全体の労働者である。組合組織によって全労働者を代表する。

ウ 書面協約である。書面は、労働行政主観部門の審査に出すこと。審査に通れば、法律上の効力を備えることになる。

(3) 労働契約との区別

ア 当事者が違う。一方は企業である。他方は組合組織である。

イ 内容が違う。労働契約の内容は法第一九条であるが、労働協約の法第三三条である。

ウ 効力が違う。労働協約の効力は、法第三五条である。

(4) 労働協約制度の意義

ア 社会主義市場経済の必要性に適応している。労働関係は、市場経済の導入によって大きく変化した。市場を通して、労働契約の形式が確立した。この労働契約を実行しようとすれば、必ず労働協約も必要となる。組合の民主的な話し合いの作用を発揮して、合法権益の力量を強化し、市場経済の発展を促進することができる。

イ　労働者の合法権益を守り、労働者の生活福利条件を高める。
ウ　企業の民主的管理を強化し、労働者を動員して労働の積極性と創造性を十分にする。
エ　企業の改革、経営管理を促進し、労働組合の威信を高める。

(5)　労働協約内容の分類
ア　企業と全労働者が共同して引き受けた義務
イ　企業が負担する義務
ウ　労働組合が負担する義務

(6)　労働協約の具体的な内容
法第三三条の前半の部分である。

(7)　労働協約の当事者
全体の労働者を代表する労働組合と企業である。

(8)　労働協約締結の手続き
ア　協約草案の制定。企業行政側と組合とは起草小組をつくり、案を起草する。
イ　草案について、企業行政側と労働者代表大会とは討論をし、改修したり、補充したりして、意見と要求を反映させる。
ウ　サイン、登記。討論後、社長（経理）と組合主席はサインをし、登記手続をとる。

(9)　労働協約の変更、解除

ア　変更、解除は、当事者の交渉一致による。
イ　国家の法律、政策に変化が生じたとき、変更、解除は可。
ウ　不可抗力の外因があるとき、変更、解除は可。
エ　企業が倒産したとき、変更、解除は可。
オ　当事者の一方が協約違反をしたとき、他方は部分的にないし全面的に協約を履行しなくてもよい。

⑽　変更、解除の手続き
ア　一般には、当事者双方は協議によって決する。
イ　一方的に手続きをとる。これは例外で、企業倒産、不可抗力の場合である。

⑾　労働協約の効力
ア　法第三五条である。企業は労働協約の規定に違反してはならない。
イ　企業と全労働者は協約所定の義務を厳格に履行しなければならない。
ウ　労働協約違反の責任。協約を履行するのは企業行政側と労働者側の共同の責任であるから、違反行為があれば責任を追及される。

四　おわりに

中国労働法のポイントは、社会主義という一点を押さえていなければならないということであった。いいかえれば、全民所有制の場合であるから、労働関係は従業者が、企業を、社会を、国家を、精神文明を豊かにするために、仕事の能力を提供し合う関係であった。これが、人民の目標であり、国家の目標でもあった。労働法の権利義務の理解については、この目標から解釈されてくる。

さて、というべきか。いいかえれば、上の理解で良いのだろうか、という疑問を感じませんかということである。すでに一言したように、王全興氏は、労働力がたとい特殊であるにしろ、商品だと考えている。それは、社会主義であるにしろ市場経済を導入していることが影響しているであろう。この社会主義の中の「市場経済」をどのようにとらえるかによって、理論にははっきり区別が出てくる。法律論としてはどこに問題が出てくるかというと、民法との関係である。民法学者の中には最近の市場経済の論理を重視して、価値法則や等価交換、契約自由の原則を前提した、場合によっては資本主義という将来方向をにらんだ理論構成をしようとする人もあらわれてきた。こうなると、民法上の「契約」と労働法上の「契約」との統一した「契約法」を理論構成したくなるだろう。王晨氏という民法論者は、すでにそういう理論構成を試論しているのである（荒木『暁星論叢四九号』で取り上げた）。中国でも『統一契約法』という法律ができた。政府の政策が次々に変化して来るであろう。中国のＷＴＯ実施は二〇〇二年からであろうが、これは、契約法意識を大いにかきたてるであろう。というのは、契約締結について国家の制約を少しでもはねのけるのが、企業家にとって商売がしやすいからである。契約は、自由、さらに自由へと理論も事実も展開していくと思われる。こうなると、労働契約は民事契約とは別物だとは言えなくなって来るであろう。もちろん「経済契約法」からは更に遠ざかるであろう。

いま、中国の法律論は変化のただ中にある、といってよいであろう。

もう一点。法律制度と遵法精神との関係問題である。わしづかみにしていえば、遵法精神が不足し過ぎる。人々が権利や義務を行使せざるを得ないという社会システムが、これまでのところ確立していないというべきなのであろう。中国は大昔から、個人の精神形成は重視してきたが（たとえば儒教）、社会システム作りはしてこなかった。社会科学上ほとんど参考にするものがなかった。遵法精神も、江沢民党総書記のいう精神文明建設のかけ声でまかなおうということであろう。これは、成功しない。市場経済の事実が深まれば、この事実に訓練されて、精神文明を建設せよといわなくても、遵法精神は出来上がってくる。

ただし、市場経済が順調に進んでしまうと、共産党の価値が急速に減少するであろう。こうなると、中国の伝統が壊れてしまう。伝統とは、政治家が自己の権力を他人にさわらせないことである。他人が私の権力にさわらなければ、その他人は政治以外だったら何をやってもかまわないのである。社会主義なのに資本主義式の商売をやってもよいのである。鄧小平氏が、社会主義のただ中で、民主主義であろうとなかろうと私が徳を備えていればよいという趣旨の発言をしていた。また、私の政治に口を出さなければ、あなたの経営には口だしはしない、といっていたことがある。こういう事情は、市場経済の基礎である自由、対等な人々の地位の保障になじまない。中国は民主専制制度であるが、日本人なら人民がもっぱら主人になっていると思うだろう。そこは、違うのである。人民の主人がもっぱらにするということである。これが、中国の伝統である。つまり、人民のリーダーたとえば皇帝が人民に対して支配をもっぱらにすることが、民主専制の意味である。現代化を進めている今日、この伝統を革命する自覚を誰が持っているだろうか。はなはだ疑問である。

〔資料〕中華人民共和国労働法

一九九四年七月五日第八期全国人民代表大会常務委員会第八回会議通過。
一九九五年一月一日施行。

第一章　総則

第一条　労働者の合法権益を保護し、労働関係を調整し、社会主義市場経済に適応する労働制度を設定しかつ擁護し、経済発展と社会進歩を促進するために、憲法に基づいて本法を制定する。

第二条　中華人民共和国内の企業、個人経済組織（以下、雇用企業という）およびこれらと労働関係を形成する労働者にあっては、本法を適用する。国家機関、事業組織、社会団体およびこれらと労働契約関係を設定する労働者には、本法により執行する。

第三条　労働者は平等な就業および職業を選択する権利、労働報酬を取得する権利、休息休暇の権利、労働安全衛生保護を獲得する権利、職業技術要請を受ける権利、社会保障と福利を享受する権利、労働争議処理を申請する権利および法律に規定するその他の権利を享有する。労働者は労働の任務を完成し、職業技能を高め、安全衛生規則を執行し、労働規律と職業道徳を遵守しなければならない。

第四条　雇用企業は法により規則制度を設定し完備し、労働者は労働権を享有し労働義務を履行するよう保障しなければならない。

第五条　国家は各種の措置を取り、労働就業を促進し、職業教育を発展させ、労働標準を制定し、社会収入を調節し、社会保障を完備し、労働関係を協調し、逐次労働者の生活準を高める。

第六条　国家は労働者が社会の義務労働に参加することを提唱し、労働競争と合理的な意見活動を展開し、労働者の科学研究、技術革新と発明創造を奨励し保護し、労働模範と先進的な労働者を表彰し奨励する。

第七条　労働者は法により労働組合に参加し組織する権利がある。
労働組合は労働者の合法権益を代表し保護し、法により独立して自主的に活動を展開する。

第八条　労働者は法律の規定により労働者大会、労働者代表大会あるいはその他の形式を通して民主的な管理に参加し、あるいは労働者合法権益を保護し、雇用企業と平等に団交する。

第九条　国務院労働行政部門は、全国の労働活動を主管する。

県級以上の地方人民政府労働行政部門は、本行政区域内の労働活動を主管する。

第二章　就業の促進

第一〇条　国家は経済社会の発展を促進して就業条件を創造し、就業の機会を拡大する。国家は企業、事業組織、社会団体が法律、行政法規の範囲内で、産業を興し経営を開拓し、就業を増加することを鼓励する。

国家は労働者が自発的意思で組織して就業することを支持する。また、個人経営に従事して就業を実現することを支持する。

第一一条　地方各級人民政府は措置を取り、多様な種類の職業紹介機構を発展させ、サービスを提供しなければならない。

第一二条　労働者の就業は民族、種族、性別、宗教信仰の違いによって差別視されない。

第一三条　婦女は男子と平等な就業の権利を享有する。労働者を採用するとき、国家の規定した婦女には不適合な労働の種類あるいは持ち場を除いて、性別をもって婦女の採用を拒絶したり、婦女の採用標準を高めたりしてはいけない。

第一四条　傷害者、少数民族の人々、現役を退いた軍人の就業は、法律、法規が特別規定を有するときは、その規定による。

第一五条　雇用企業が一六歳未満の未成年者を採用するときは、国家関係の規定によらなければならず、手続きの審査を履行し、義務教育の権利を受けることを保障する。

第三章　労働契約と労働協約

第一六条　労働契約は労働者と雇用企業とが労働関係を確立することであり、双方の権利義務の合意を明確にすることである。

第一七条　労働契約の成立と変更は、平等な自発的意思と交渉一致の原則に従わなければならない。

労働契約の法による成立は、法律上の拘束力を備える。当事者は労働契約に定める義務を履行しなければならない。

第一八条　下記の労働契約は無効とする。

(1)　法律、行政法規違反の労働契約

4　(2)　詐欺脅迫等の手段により成立した労働契約

無効の労働契約は成立時から法律上の拘束力を持たない。労働契約の部分的無効を確認したときは、その他の部分に影響がなければ、その他の部分はもとのまま有効とする。

労働契約の無効は、労働争議仲裁委員会あるいは人民法院により確認する。

第一九条　労働契約は書面をもって成立し、以下の条件を備えるものとする。

(1)　労働契約期間　(2)　仕事の内容　(3)　労働保護と労働条件　(4)　労働報酬　(5)　労働規律　(6)　労働契約終了の条件　(7)　労働契約違反の責任

労働契約は前項の規定の必須条項を除いて、当事者は交渉約束その他の内容によることもできる。

第二〇条　労働契約期間は固定期間、無固定期間および一定の仕事の完成を期限とするものに分類する。

労働者は同一雇用企業の下で連続して満一〇年以上労働したとき、当事者双方が労働契約の延長に合意するには、たとえば労働者が無期限の労働契約の成立を提出すれば、無期限の労働契約を結んだものとすべきである。

第二一条　労働契約は試用期間を約束することができる。試用期間の延長は六か月を超えることはできない。

第二二条　契約当事者は、労働契約中、商業上の秘密保持に関する事項を約束することができる。

第二三条　労働契約期間の満了は、当事者の約束した労働契約終了条件が成就したとき、労働契約は終了する。

第二四条　労働契約当事者は交渉一致により、労働契約を解除することができる。

第二五条　労働者は下記の一に該当するとき、雇用企業は労働契約を解除することができる。

(1)　試用期間中、採用条件に合致しないと証明されたとき

(2)　労働規律あるいは雇用企業の規則制度に著しく違反したとき

(3)　著しく業務上失態し、不正行為を働き、雇用企業の利益に対して重大な損害をもたらしたとき

第二六条　下記の一に該当するとき、雇用企業は労働契約を解除する。ただし、三〇日前に書面をもって労働者本人に通知しなければならない。

(1)　労働者が病気となりあるいは労働によらない負傷は、医療期間満了後、もとの仕事に従事することが出来ず、また雇用企業が別に用意した仕事にも従事することがで

きないとき
(2) 労働者が仕事に耐えられないとき、訓練あるいは仕事の持ち場の調整を経てもやはり耐えられないとき
(3) 労働契約成立時における客観的状況に重大な変化が生じ、もともとの労働契約を履行することが無理となり、当事者が交渉を経ても労働契約変更の協議が整わないとき

第二七条 雇用企業が倒産にのぞみ法廷の調整機関にあり、あるいは生産経営状況が著しく困難となり、人員削減が確実となったとき、三〇日前に労働組合あるいは全労働者に状況を説明し、労働者の意見を聞き、労働行政部門への報告を経た後、人員削減をすることができる。

第二八条 雇用業者が本法二四、二六、二七条の規定により労働契約を解除するとき、国家の関係規定に照らしあらかじめ経済保障を経なければならない。

第二九条 労働者は下記事項の一に該当するときは、雇用企業は本法二六、二七条の規定による労働契約を解除することができない。
(1) 職業病を患いあるいは労働負傷により労働力を喪失しあるいは部分的に喪失しているとき
(2) 患病あるいは負傷が規定の医療期間内のとき
(3) 女子労働者の妊娠期間、出産期間、哺乳期間内のとき
(4) 法律、行政法規内のその他の事情があるとき

第三〇条 雇用企業が労働契約を解除することに対して労働組合が不適当と認めたとき、意見を提出する権利を有する。もしも雇用企業が法律、規則あるいは労働契約に違反するならば、労働組合は新たな処理を要求する権利を有する。労働者が仲裁を申請しあるいは訴訟を提起したとき、労働組合は法によりあらかじめ支持と援助を与えなければならない。

第三一条 労働者が労働契約を解除するには、三〇日前に書面をもって雇用企業に通知しなければならない。

第三二条 下記の一事情に該当するとき、労働者は随時雇用企業に労働契約の解除を通知することができる。
(1) 試用期間内のとき
(2) 雇用企業が暴力、威嚇あるいは違法に人身の自由を制限する手段により労働を脅迫したとき
(3) 雇用企業が労働契約の約束によりいまだ労働報酬を支払わずあるいは労働条件を提供しないとき

第三三条 労働者と企業は労働報酬、作業時間、休息休暇、労働安全衛生、保険福利等の事項について労働協約を締

結することができる。労働協約草案は労働者代表大会あるいは全労働者の討論を通過して提出されなければならない。

第三四条　労働協約署名後、労働行政部門に報告をしなければならない。

労働行政部門は労働協約書を受領した日から起算して一五日以内に異議が提出されないとき、労働協約はその効力を生ずる。

第三五条　法により署名した労働協約は、企業および労働者に対してその拘束力を備える労働者個人が企業と約束した労働契約中の労働契約と労働報酬等の標準は、労働協約を下回ってはならない。

第四章　労働時間と休息休暇

第三六条　国家は労働者の毎日の労働時間が八時間を越えないことを実施する。平均毎週の労働時間が四四時間を越えない労働時間制度を実施する。

第三七条　出来高払いを実施する労働者に対し、雇用企業は本法三六条の規定の労働時間は合理的にその労働定額と出来高払いの報酬標準を確定しなければならない。

第三九条　企業が生産の特徴によって本法三六、三八条を実行できないとき、労働行政部門の批准を経て、その他の労働と休息方法を実行することができる。

第四〇条　雇用企業は下記の一に該当する祭日期間は、法により労働者に休暇を与えなければならない。

(1)　元旦　(2)　春節　(3)　国際労働日　(4)　建国記念日　(5)法律、法規に規定するその他の休暇祭日

第四一条　雇用企業は生産経営の必要から、労働組合および労働者と協議をした後、労働時間を延長することができる。この場合、一般に毎日一時間を超えることができない。特殊な要因により労働時間を延長する必要があるときは、労働者の身体健康を保障するという条件の下で、毎日三時間を超えない範囲で労働を延長する。

第四二条　下記の一に該当するとき、本法四一条の規定の制限を受けずに労働時間を延長する。

(1)　自然災害、事故あるいはその他の原因が発生し、労働者の生命健康および財産安全が脅かされ、緊急の処理が必要であるとき

(2)　生産設備、交通運輸路線、公共施設に故障が発生し、生産と公衆の利益に影響し、タイムリーに応急措置をとらなければならないとき

(3)　法律、行政法規に規定するその他の場合

第四三条　雇用企業は本法の規定に違反して、労働者の労働時間を延長することができない。

第四四条　下記の一に該当するとき、雇用企業は下記の基準により労働者の正常な労働時間給与よりも高い（割増）給与報酬を支払う。

(1)　労働者の労働時間を延長したとき、少なくとも給与の一〇〇分の五〇（五〇％）の給与報酬を支払う。

(2)　休息日に労働者に労働をさせまたは代休ができないとき、少なくとも給与の一〇〇分の三〇〇（三倍）の給与報酬を支払う。

(3)　法廷の休暇日に労働者に労働をさせたとき、少なくとも給与の一〇〇分の三〇〇（三倍）の給与報酬を支払う。

第四五条　国家は年次有給休暇制度を実行する。

労働者は連続して一年以上労働したとき、年次有給休暇を享受する。具体的な方法は、国務院の規定による。

第五章　給与

第四六条　給与の分配は労働に応じた分配原則に従わなければならず、同一労働同一賃金を実行しなければならない。

給与水準は経済発展の基礎の上で逐次向上させる。国家は給与総額についてはマクロ視点からの調整を実行する。

第四七条　雇用企業は当該組織の生産経営特徴と経済利益に基づき、法によって自主的に当該組織の給与分配方式と給与水準を確定する。

第四八条　国家は最低給与保障制度を実行する。最低給与の具体的基準は省、自治区、直轄市人民政府の規定により、国務院に登録する。

雇用企業が労働者に支払う給与は当地最低給与基準を下回ることができない。

第四九条　最低給与基準を確定し調整するには、下記要因を総合的に参考としなければならない。

(1)　労働者本人および扶養人口の平均的最低生活費用　(2)　社会の平均的給与水準　(3)　労働生産率　(4)　就業状況　(5)　地区間の経済発展水準の差異

第五〇条　給与は貨幣をもって、毎月労働者本人に支払わなければならない。労働者の給与をピンハネしあるいは故なく遅滞してはならない。

第六一条　労働者の法定休暇日、冠婚葬祭期および法による社会活動参加期間では、雇用企業は法により給与を支払わなければならない。

第六章　労働安全衛生

第五二条　雇用企業は健全な労働安全衛生制度を設定し、国家労働安全衛生規定と基準を厳格に執行し、労働者に労働安全衛生教育を行い、労働過程中の事故を防止し、職業上の危害を現象しなければならない。

第五三条　労働安全衛生施設は国家規定の基準に符合しなければならない。

新建築、改造建築、拡張建築工事の労働安全衛生施設は、主体物の工事と同時に設計し施行し生産し使用しなければならない。

第五四条　雇用企業は労働者のために、国家安全衛生条件と必要な労働防護用品を提供しなければならず、職業危険のある労働に従事する労働者は定期的に健康診断を受けなけれらない。

第五五条　特殊作業に従事する労働者は専門の訓練を経過し、特殊作業資格を取得しなければならない。

第五六条　労働者は労働過程中、安全操業規定を厳格に遵守しなければならない。

労働者は雇用企業の管理人が違法に指揮し危険をおかす作業を強要したとき、拒絶する権利を有する。生命の安全と身体健康を害する行為に対しては、批評、摘発、告発を提出する権利を有する。

第五七条　国家は死傷事故と職業病の統計報告と処理の制度を確立する。県級以上の各級人民政府の労働行政部門、関係部門および雇用企業は、法により労働者の労働過程中に発生した死傷者数と労働者の職業病の状況に対して、統計を行い報告し処理しなければならない。

第七章　女子労働者と未成年労働者の特殊保護

第五八条　国家は女子労働者と未成年労働者に対し、特殊労働保障を実行する。

未成年労働者とは満一六歳から一八歳未満の労働者を指す。

第五九条　女子労働者が鉱山、井戸、国家規定の第四級の体力労働強度の労働およびその他の避けるべき労働に手配することを禁止する。

第六〇条　女子労働者が生理期間に高所、低温、冷水作業に従事させ、国家規定の第三級の体力労働強度の労働に従事させてはならない。

第六一条　女子労働者は懐妊期間中、国家規定の第三級体力労働強度の労働に従事させ、妊娠中従事を避けるべき労働に従事させてはならない。

第六二条　女子労働者の出産は少なくとも九〇日の産休を享受する。

第六三条　女子労働者が一歳未満の乳児を哺乳している期間は、国家規定の第三級体力労働強度の労働に従事する労働と、その哺乳期間従事することを避けるべきその他の労働をさせてはならず、その労働時間の延長と夜間労働をさせてはならない。

第六四条　未成年労働者が鉱山、井戸、有事有害、国家規定の第四級体力労働強度の労働とその他従事することを避けるべき労働をさせてはならない。

第六五条　雇用企業は未成年労働者に対し、定期に健康診断を行わなければならない。

第八章　職業訓練

第六六条　国家は各種の方法を通して各種の措置を取り入れ、職業訓練事業を発展させ、労働者の職業技能を開発し労働者の素質を高め、労働者の職業能力と作業能力を増強する。

第六七条　各級人民政府は発展的な職業訓練を社会経済発展の計画に取り入れ、条件づきの企業、事業組織、社会団体および個人が各種形式の職業訓練をすることを鼓励し支持しければならない。

第六八条　雇用企業は職業訓練制度を設立しなければならない。国家の規定により職業訓練費用を引き出し、試用し、本組織の実際により労働者には計画的に職業訓練を行う。

技術労働の種類に従事する労働者は、労働につく前に必ず訓練を経なければならない。

第六九条　国家は職業の分類を確立し、規定された職業に対しては職業技能標準を制定し、職業資格証書制度を実行し、政府の批准を経た審査検定機構により労働者に職業技能審査検定を実施する責めを負う。

第九章　社会保険と福利

第七〇条　国家は社会保険事業を発展させ、社会保険制度を設定し、社会保険基金を設立し、労働者が老年、疾病、労働負傷、失業、出産等の状況下にある場合、労働者には援助し保障をする。

第七一条　社会保険の水準は社会発展水準および社会の受け入れ能力とがバランスするのでなければならない。

第七二条　社会保険基金は保険類型により資金源を確定し、

逐次社会の統一計画を実行する。試用者と労働者は法により社会保険に参加し、社会保険費を納めなければならない。

第七三条　労働者は下記の事情の下では法により社会保険の待遇を享受する。

(1)　退職　(2)疾病、負傷　(3)　後遺症あるいは職業病　(4)　失業　(5)　出産

労働者の死亡後、その遺族は法により手当てを享受する。

労働者は社会保険待遇の条件および基準を法律と法規の規定により享受する。

労働者が享受する社会保険基金は時間に応じて額面どおりに支払わなければならない。

第七四条　社会保険の取扱い機構は、法律の規定により社会保険基金を収支し管理し運営する。また、社会保険基金を維持し引き上げる責任を有する。

社会保険基金の監督機構は法律の規定により、社会保険基金の収支、管理、運営に対して監督を実施する。

社会保険基金取扱い機構および社会保険基金監督機構の設立と職能は法律の規定による。いかなる組織、個人も社会保険基金を流用してはならない。

第七五条　国家は雇用企業が本組織の実際の状況に基づいて労働者のために補充保険を設立することを鼓舞し激励する。

国家は労働者個人が貯蓄的保険を行うことを提唱する。

第七六条　国家は社会福利事業を発展させ、公共福利施設を設置し、労働者の休息休養および療養のために条件を提供する。

雇用企業は条件を創造し、個人の福利を改善し、労働者の福利待遇を向上させなければならない。

第一〇章　労働争議

第七七条　雇用企業と労働者において労働争議が発生したときは、その当事者は法により、調停、仲裁、訴訟を申請し、または協議によって解決する。

調停の原則は仲裁と訴訟過程に適用する。

第七八条　労働争議を解決するには、合法、公平、即時処理の原則に基づき、法により労働争議の当事者の合法権益を守らなければならない。

第七九条　労働争議が発生したときは、当事者は本組織の労働争議調停委員会に調停の申請提出することができる。調停で解決できないときは、当事者の一方が仲裁を要求して労働争議仲裁委員会に仲裁を申請することができる。

当事者の一方は直接に労働争議仲裁委員会に仲裁を申請することもできる。仲裁委員会について不服があれば、人民法院に訴訟を提起することができる。

第八〇条　雇用企業の内部では、労働争議調停委員会を設立することができる。労働争議調停委員会は労働者代表と労働組合代表の中から組織する。委員会の主任は労働組合代表が担当する。

当事者は労働争議が調停によって協議に達した調停案を履行しなければならない。

第八一条　労働争議仲裁委員会は労働行政部門の代表と労働組合、雇用企業のそれぞれの代表から組織する。主任は、労働行政部門の代表が担当する。

第八二条　仲裁の要求を提起する一方は労働争議が発生してから六〇日以内に、労働争議仲裁委員会に書面申請をしなければならない。仲裁裁定は申請を受けた日から六〇日以内に出さなければならない。仲裁裁定について異議が起こらないときは、当事者は履行しなければならない。

第八三条　労働争議の当事者は仲裁裁定について不服があるときは、仲裁裁定書を受け取ってから一五日以内に人民法院に訴訟を提起することができる。当事者の一方が法定期間内に訴訟も提起しないし、履行もしない場合は、他の当事者は人民法院に強制履行の申請をすることができる。

第八四条　労働協約の締結について労働争議が発生し、当事者が協議により解決できない場合は、当地人民政府労働行政部門によって関係者を組織し処理する。

労働協約の履行について争議が発生し、当事者が協議により解決できない場合は、仲裁裁定書を受け取ってから一五日以内に人民法院に訴訟を提起することができる。

第一一章　監督、検査

第八五条　県級以上の各級人民政府の労働行政部門は法により、雇用企業が労働法律、法規を遵守する状況について監督、検査を行う。労働法律、法規に違反する行為に対しては権力をもって制止し、是正を命令する責任がある。

第八六条　県級以上の各級人民政府労働部門は検査員の執行状況を監督し、雇用企業内部で労働法律、法規が実行されている状況を調べ、必要な資料を審査し、作業所を検査する権力を有する。

県級以上の各級人民政府労働行政部門が検査員の公務執

行を監督するとき、証明書を示さなければならない。また、公正に法律を履行し関係規律を守らなければならない。

第八七条　県級以上の各級人民政府の関係部門は各自の職責の範囲内で、雇用企業が労働法律、法規を守る状況について監督する。

第八八条　各級の労働組合は法により労働者の合法権益を守り、雇用企業が労働法律、法規を守る状況について監督する。

すべての組織と個人は労働法律、法規に違反する行為を申告することができる。

第一二章　法律責任

第八九条　雇用企業の制定した労働規則制度が法律、法規に違反するときは、労働部門は警告を発し是正させる。労働者に損害をもたらしたときは、賠償責任を負う。

第九〇条　雇用企業が本法の規定に違反して労働者の労働時間を延長したとき、労働行政部門は警告を発し是正させる。また、罰金を取ることもできる。

第九一条　雇用企業が下記の労働者の合法権益を損害する状況の一に該当するとき、労働行政部門は雇用企業に労働者の給与、報酬および補償金を支払わせる。また、弁償金を支払わせることもできる。

(1)　労働者の賃金の上前をゆえなくはねたり、支払いを滞らせたとき

(2)　労働者の延長した労働時間の賃金を支払わないとき

(3)　当地最低賃金以下の賃金を支払うとき

(4)　労働契約を解除した後、本法の規定により労働者に補償を行わないとき

第九二条　雇用企業の労働安全施設と労働衛生条件が国家の規定に一致せず、労働者に必要な労働防護品と労働保護施設を提供しないときは、労働行政部門あるいは関係部門はこを是正させ、罰金に処すことができる。事情がひどい場合は、県級以上の人民政府により生産を停止させ、整頓を行う。労働災害が発生するおそれがあり措置を講じないためにひどい災害を起こし、労働者に健康傷害と財産の損失をもたらしたとき、責任者に刑法第一八七条の規定を参照し、刑事の責任を問う。

第九三条　雇用企業が強制的に労働者に危険作業、有害業務を行わせ、重大な健康傷害、死傷事故を起こしたとき、責任者に刑事責任を問う。

第九四条　雇用企業が法に反して満一六歳に満たない未成

年者を雇ったとき、労働行政部門により是正させ、罰金に処する。事情がひどい場合は工商行政管理部門により営業許可証を取り上げる。

第九五条　雇用企業が本法で定める女子労働者と未成年労働者に対する保護規定に違反し、その合法権益を侵害したとき、労働行政部門により是正させ、罰金に処する。女子労働または未成年者に損害をもたらしたときには、賠償の責任を負う。

第九六条　雇用企業が下記の行為の一に該当する場合、公安機関（警察局）により責任者に一五日以下の拘束または罰金、警告に処する。犯罪をなしたときは、法により責任者の刑事責任を問う。

(1)　暴力、威嚇または法に反して人身の自由を制限する手段で強制的に労働させたとき

(2)　労働者に対して侮辱、体罰、殴打、違法検査と拘束を行ったとき

第九七条　雇用企業の責任で成立した無効契約が労働者に損害をもたらしたとき、雇用企業は賠償責任を負わなければならない。

第九八条　雇用企業が本法で定める条件に違反して労働契約を解除し、または故意に労働契約の成立を滞らせたとき、労働行政部門により是正される。労働者に損害をもたらしたとき、雇用企業は賠償を負わなければならない。

第九九条　雇用企業がまだ労働契約を解除していない労働者を雇う場合で元の雇用企業に経済損失をもたらしたとき、その雇用企業は法により連帯賠償責任を負う。

第一〇〇条　雇用企業が理由なく社会保険費を納めないとき、労働行政部門は期限を決めて納めさせる。

第一〇一条　雇用企業がゆえなく労働行政部門、関係部門およびその人員が監督検査を行うことを阻止し検挙者に仕返しをしたとき、労働行政部門または関係部門により罰金に処する。犯罪をなした場合、責任者に刑事責任を問う。

第一〇二条　労働者が本法に定める条件に違反して労働契約を解除し、または労働契約で定める秘密遵守の条款に違反し雇用企業に経済的損失をもたらした場合、法により賠償責任を負う。

第一〇三条　労働行政部門または関係部門の人員が職権を濫用し職務をおろそかにしたとき、法により刑事責任を問う。犯罪をなしたときは、行政処分に処する。

第一〇四条　国家行政職員と社会保険基金を運営する組織の職員が社会保険基金を使い込み犯罪をなしたときは、

法により刑事責任を問う。

第一〇五条　本法の規定に違反し労働者の合法権益を侵害したとき、他の法律、行政法規に罰則が定めてある場合、その法律、行政法規の規定により処罰する。

第一三章　附則

第一〇六条　自治区、直轄市人民政府は本法と本地域の実際状況に基づいて、労働契約制度の段取りを施し、国務院に登録する。

第一〇七条　本法は一九九五年一月一日から実施する。

横井芳弘先生「作品」目録（一九五一〜二〇〇五）

横井芳弘先生の「作品」目録としては、すでに横井先生還暦記念文集『遊子閑談』（非公刊・一九八五）所収のもの（中村和夫〔静岡大学教授〕作成）と、法学新報一〇一巻九＝一〇号横井先生古稀記念号（一九九五）五六九—六〇五頁に掲載されているそれとがある。前者は、一九八五年一月までの作品を項目ごとに時系列に記載している。後者はこれよりも分類を詳しくして、一九九四年まで発表されたものを、それぞれの項目ごとにまとめている（なお両者間で、一九八五年一月までの作品記載に、いくつか異同があったが、法学新報一〇一巻九＝一〇号の記述を原則として採用した）。ここでは、横井先生の中央大学御退職時までを扱う古稀記念号の分類（講演録については、「論文」または「判例研究」として扱っている）にしたがいつつ、その後に発表されたものを含めて、編年体で御業績をまとめてみた。これらに社会・労働運動史の年表を重ね合わせることにより、横井先生がその時どきにいかなる課題に関心を寄せられ、またそれに応えられていったのかを明らかにすることができると考えたからである（石井保雄）。

一九五一（昭和二六）年

著書　『債権各論学習指導書』（中央大学通信教育部）（一一月）

論文　「法曹社会主義者としてのアントン・メンガー」白門三巻三号（三月）

判例研究　「受任者の身分上の地位を信任してなした委任と委任者の死亡による終了—東京高判昭二四・一一・九」法学新報五八巻八号（八月）

座談会　「戒能通孝著『裁判』をめぐって——本はどのように読まねばならないか」（川村泰啓、白羽祐三、田

村五郎）中央評論（一一月）

一九五二（昭和二七）年

論文　「ドイツ労働法における自由と強制」労働法律旬報一〇〇号（八月）

一九五三（昭和二八）年

論文　「ドイツのおける経営参加制度の発展とその背景」法学新報六〇巻六号（六月）

論文　「ドイツにおける経営協議会制度の発展とその背景」日本労働法学会誌三号（一〇月）

一九五四（昭和二九）年

論文　「経営協定の本質に関する若干の考察——Götz Hück の所説」法学新報六一巻二号（二月）

「西独における経営参加の諸問題」季刊労働法一一号（三月）

「経営協定の本質」法学新報六一巻一一号（一一月）

座談会　「西ドイツ労働法から何を学ぶべきか」（松岡三郎、楢崎二郎）労働法律旬報一六一号（四月）

「近江絹糸における労務管理と不当労働行為の分析——共同報告」（有泉亨、青木宗也、外尾健一、佐藤進、楢崎二郎）労働法学研究会報一八一号（九月）

その他　「近江絹糸みたまきいたまま」中央評論三四号（一〇月）

一九五五（昭和三〇）年

著書　『人権争議』（共著、青木宗也・外尾健一・佐藤進・楢崎二郎・宮島尚史）（法律文化社）（一〇月）

論文　「労働法と『信義誠実の原則』」白門七巻一号（一月）

「ドイツにおける労働争議の法理」季刊労働法一五号（三月）

「西独の解雇制限に関する法制」季刊労働法一八号（一二月）

判例研究　「帰休命令とその拒否——三菱日本重工業横浜造船所——」討論労働法三六号（三月）

一九五六（昭和三一）年

論文
「労働法上の労働条件の概念とその諸原則」講座労働問題と労働法五巻『賃金・労働条件と労働基準法』（弘文堂）（三月）
「労働協約の本質について」討論労働法四九号（四月）
「不当労働行為について――差別待遇を中心として」白門八巻五号（五月）
「日鋼室蘭争議とその『闘争資金』」日本労働法学会誌八号（同前）
「全鉱の共同交渉方式」同前九号（一〇月）
「ドイツにおける団結と団結権」講座労働問題と労働法二巻『団結権と不当労働行為』（弘文堂）（同前）

その他
「法学界の動向――労働法」中央評論四三号（三月）

一九五七（昭和三二）年

論文
「ドイツの労働協約」講座労働問題と労働法四巻『労働協約と就業規則』（弘文堂）（六月）
「通牒の『労働協約論』について」労働法律旬報二七四号（同前）
「憲法二八条と組合の政治活動――政治ストを中心として」討論労働法六三号（六月）
「臨時工――その実態と労働法上の諸問題」法律時報別冊『今日の労働問題』（七月）
「ピケッティングについて」白門九巻八号（八月）
「労働協約の一般的拘束力」日本労働法学会（編）労働法講座四巻『労働協約』（有斐閣）（一二月）

判例研究
「企業解散の自由と不当労働行為――太田鉄工所事件（大阪地判昭和三一・一二・一、大阪高判昭三一・一二・二七）」季刊労働法二三号（三月）
「臨時工をめぐる判決・裁定例」『臨時工をめぐる諸問題』（東洋経済新報社）（一一月）

一九五八（昭和三三）年

著書　『労働法講義案』（一）（学芸社）（四月）

論文　「労働協約の一般的拘束力」日本労働法学会誌一一号（三月）

「『最低賃金法案』をめぐって」白門一〇巻五号（五月）

「労働協約における組合活動条項」労働争議調査会（編）戦後労働争議実態調査Ｘ『労働協約をめぐる労使紛争』（中央公論社）（一一月）

「ＩＬＯ条約八七号をめぐって」白門一〇巻一一号（同前）

「労働協約の平和義務―その法的根拠についての疑問」季刊労働法三〇号（一二月）

判例研究　「年次有給休暇の請求と使用者の時季変更権――東亜紡績事件（大阪地判昭三三・四・一〇）」法学新報六五巻七号（七月）

書評　「新刊紹介／キルヒマン・ラートブルフ・カントロヴィッチ著、田村五郎訳『概念法学への挑戦』」中央評論五八号（九月）

その他　「人間性の回復――その一手段としての組合運動の観点から」中央評論五九号（一〇月）

一九五九（昭和三四）年

著書　『労働組合読本』（共著、沼田稲次郎・蓼沼謙一）第二章一、二節、第五章、第七章（東洋経済新報社）（七月）

論文　「中小企業における企業閉鎖と不当労働行為」月刊労働問題九号（二月）

「解雇同意（協議）条項における『同意』と『協議』」（一）（二）労働法律旬報三三四号（二月）、三四六号（六月）

「労働協約における『窓口交渉』をめぐる問題点――唯一交渉団体条項と交渉権限委任禁止条項」白

門一一巻五号（五月）
「労働争議と警察――主婦と生活社の争議の場合」（共筆、小田成光）思想四二〇号（六月）
「主婦と生活社争議と官憲」法律時報三一巻七号（六月）
「全農林事件」日本労働法学会誌一四号（一〇月）

判例研究
「ピケッティングの正当性と妨害禁止等の仮処分の必要性――新聞印刷事件（大阪地決昭三三・六・一九）」法学新報六六巻二号（二月）

座談会
「営業の自由と争議権の限界」（松岡三郎、島田信義、萩沢清彦）労働法学研究会報三六五号（三月）
「中小企業の争議――その実態と法理」（沼田稲次郎、小島成一、松本善明）月刊労働問題一二号（五月）

その他
「大学と就職と」中央評論六四号（一〇月）

一九六〇（昭和三五）年

論文
「労働法と警察権」（共筆、野村平爾）戒能通孝〔編〕『警察権』（岩波書店）（二月）
「職場占拠の正当性について」労働経済旬報四三七号（五月）
「労働組合と政党」白門一二巻六号（六月）
「職場占拠について」労働神奈川一三九号（七月）
「職場占拠の正当性」季刊労働法三八号（一二月）

判例研究
「要求後直ちに行われた争議行為の正当性――富士文化工業事件（浦和地判昭三五・三・三〇）」労働経済旬報四四六号（八月）
「労働法（今年の判例を顧みる）」法律時報三二巻一四号（一二月）

座談会
「一九五九年法学界回顧と展望」（橋本公亘、川添利幸、下村康正、染野義信、大野實雄、立石芳枝、桑田

三郎、新井正男）総合法学一八号（一月）

その他　「国会デモに参加して――議会主義と大衆運動」中央評論七〇号（九月）

一九六一（昭和三六）年

著書　『法律学説・判例総覧――官公労働法』（共編、高窪喜八郎）（中央大学出版部）（二月）

『労働法――理論と実践』（共著、沼田稲次郎・青木宗也・片岡昇・本多淳亮・三島宗彦・佐藤進）（労働大学）（一一月）

論文　「中小企業の争議、法定の労働基準」氏原正治郎・野村平爾（編）『中小企業の労働組合』（日本評論社）（四月）

「労働協約の規範的効力」石井照久・有泉亨（編）『労働法演習』（有斐閣）（六月）

「労働協約における組合活動条項」『組合活動をめぐる法律問題』（東洋経済新報社）（七月）

「ロックアウトと職場占拠」（共筆、蓼沼謙一）労働法学研究会報四五五号（同前）

「各国労働協約の比較法的研究Ⅸ――西ドイツ」月刊労働問題三九号（八月）

「同前Ⅹ――東ドイツ」（一）同前四二号（一一月）

判例研究　「部分ストと賃金カット――パインミシン事件（宇都宮地判昭三五・一一・二二）」労働経済旬報四六五号（三月）

「労働法（今年の判例を顧みる）」法律時報三三巻一三号（一二月）

座談会　「学園生活をはじめるに当たって――横井芳弘先生を囲んで（学生との座談会）」中央評論七四号（五月）

一九六二（昭和三七）年

著書　『労働協約と就業規則』（労働大学）（九月）

論文

「各国労働協約の比較法的研究XI―東ドイツ」（一二）月刊労働問題四六号（三月）

「合同労組とその団体交渉」労働経済旬報五〇四号（四月）

「統一交渉・統一闘争の問題点――民間単産のそれを中心として」日本労働法学会誌二〇号（一〇月）

「統一交渉・統一闘争の法理と問題点」労働法学研究会報五一一号（一一月）

判例研究

「ピケットおよびボイコットの正当性と責任――岩田屋事件の判決をめぐって」（共筆、宮島尚史）労働法学研究会報四八三号（四月）

「労働協約の拡張的効力――日本油脂王子工場事件（東京地決昭二四・一〇・二六）」ジュリスト臨時増刊『労働判例百選』（六月）

「シットダウン――主婦と生活社事件（東京地決昭三四・四・一四）」同前（同前）

一九六三（昭和三八）年

論文

「労働協約の成立」石井照久・有泉亨〔編〕労働法大系二巻『団体交渉・労働協約』（有斐閣）（二月）

「『解雇の自由』とその『制限』」『企業合理化をめぐる労使の法律問題』（東洋経済新報社）（四月）

「合同労組の実態」（共筆、宮島尚史・佐藤昭夫・蓼沼謙一・島田信義・大脇雅子・本多淳亮・三島宗彦・久保敬治・近藤正三・窪田隼人・坂本重雄）沼田稲次郎〔編〕『合同労組の研究』（労働法学研究所）（同前）

「労働協約による争議行為の制限禁止――最近における協約改悪化の一断面」月刊総評七三号（五月）

「ロックアウトによる坐り込み排除と賃金不払の法的問題」日労研資料五八一号（八月）

「『解雇の自由』の法構造」季刊労働法四九号（九月）

「ピケッティングの正当性の限界」法学セミナー九一号（一〇月）

判例研究

「争議行為と刑事責任――最高裁三・一五判決を中心として」白門一五巻五号（五月）

「共稼ぎ夫婦の一方に対する転勤命令――呉羽紡績事件（大阪地判昭三七・八・一〇）」労働経済旬報五四一号（同前）

「業務命令の法的効力について――全逓千代田丸事件を中心に――」労働法学研究会報五四九号（九月）

「組合員の立候補の自由と組合の統制権――三井美唄事件（札幌高判昭三八・三・二六）」労働経済旬報五六三号（一二月）

座談会
「最高裁の公労協三判決」（有泉亨、松岡三郎、青木宗也、秋田成就、蓼沼謙一、東城守一、佐藤昭夫、籾井常喜、山本博、古西信夫）季刊労働法四八号（六月）

「労働政策・労務管理の動向と権利闘争の課題――民間労働者を中心に」（東城守一、上田誠吉、佐藤義也、植木敬夫、山本博、小島成一、佐藤昭夫、籾井常喜）労働法律旬報五〇〇号（九月）

書評
「沼田稲次郎『運動のなかの労働法』――その方法論について」労働法律旬報四七七号（一月）

「組合運動における常識」中央評論八一号（一月）

その他
「学界回顧一九六三年―労働法」法律時報三五巻一三号（一二月）

一九六四（昭和三九）年

著書
『法律学説・判例総覧――労働法（新版）』上Ⅰ（共編、升本喜兵衛、中村武）（中央大学出版部）（七月）

論文
「団体交渉の権利」労働法律旬報五〇〇号記念『権利闘争の課題』（労働旬報社）（六月）

「経営者にたいする組合幹部の言論の自由と限界」日労研資料六一一号（六月）

「不当労働行為の救済」ジュリスト三〇〇号『学説展望』（同前）

「労働法の解釈――二、三の方法論的疑問について」日本労働法学会誌二四号（一一月）

「権利闘争の課題」（一）月刊労委労協一〇七号（一二月）

判例研究　「ビラ貼り行為と施設管理権―新潟電務区事件（新潟地判昭三八・一一・二七）」労働法学研究会報五八二号（六月）

「使用者の一方的ビラ剝ぎ取り行為とそれに対する抗議行為の正当性――新潟電務区事件（新潟地判昭三八・一一・二七）」季刊労働法五三号（九月）

座談会　「スクーリング開講にあたって」（伊津野正、下村康正）白門一六巻六号（六月）

「四・一七ストと統制問題」（野村平爾、沼田稲次郎、青木宗也、東城守一、矢加部勝美）労働法律旬報五三〇号（七月）

書評　「団結のモラルに就いて労働者の仲間とともに考える――沼田稲次郎『団結権の生命』」季刊労働法五二号（六月）

一九六五（昭和四〇）年

著書　『法律学説・判例総覧――労働法（新版）』上Ⅱ（共編、升本喜兵衛・中村武）（中央大学出版部）（九月）

論文　「権利闘争の課題」（二）月刊労委労協一〇八号（一月）

「労働組合の団体交渉（労働法のＡＢＣ）」労働法律旬報五四七号（同前）

「地公法の職員団体に加入している単純労務者の救済について」月刊労委労協一〇九号（二月）

「労組の共斗態勢と交渉権者・交渉方式の考え方」日労研資料六四四・五号（六月）

「協約違反の争議行為」浅井清信教授還暦記念『労働争議法論』（法律文化社）（同前）

「労働協約の一般的拘束力」別冊ジュリスト『続学説展望』（七月）

「労働運動と労働法の展開」岩波講座現代法一〇巻『現代法と労働』（岩波書店）（八月）

判例研究　「病院ストの正当性の限界―新潟精神病院事件（最三小判昭三九・八・四）」判例評論七六号（二月）

一九六六（昭和四一）年

論文
「ドイツの経営協定」労働法学研究会報六九一号（一二月）

論文
一九六七（昭和四二）年
「労働協約についての考え方」(一)〜(三) 白門一九巻二号（二月）、五号（五月）、六号（六月）
「労働組合に対する使用者の支配介入と経費援助をめぐる問題点――法理論と実例を中心として――」岩手労働一四二号（三月）
「各国における団体交渉の形態――ドイツ」日本労働法学会〔編〕新労働法講座三巻『団体交渉』（有斐閣）（同前）
「政治ストとしての反戦スト」(一)〜(三) 法律時報三九巻三号（同前）、六号（五月）、七号（六月）
「IMF・JCの提起した問題点」日本労働法学会誌二九号（五月）
「経営権と労働組合の政治活動」日労研資料七〇七号（六月）
「労使関係法研究会報告書の問題点――労働協約の分析――」季刊労働法六四号（六月）
「争議行為と刑事責任――官公労組の場合――」白門一九巻一〇号（一〇月）

判例研究
「時間外協定と労働基準法――甲陽護謨工業事件（西宮簡判昭四一・八・五）を契機として」労働法学研究会報七〇六号（四月）
「労働協約の方式――トヨタ自動車事件（最大決昭二六・四・二）」別冊ジュリスト『新版労働判例百選』（五月）
「寄宿舎の自治――八幡製鉄退寮処分事件（福岡高判昭三六・三・二八）」同前（同前）

書評
「沼田稲次郎・本多淳亮・籾井常喜『労使慣行をめぐる法律問題』」法学セミナー一三七号（八月）
「佐藤昭夫『労働法学の課題』」法律時報三九巻一三号（一一月）

「方法論の確立と深化に資する基礎作業――片岡昇『現代労働法の理論』」季刊労働法六六号（一二月）

論文

一九六八（昭和四三）年

「労働協約の法的効力――その基礎にある考え方――」白門二〇巻三号（三月）
「労働組合の政治活動と組合員の政治活動――組合の統制権の観点から――」官公労働二二巻五号（五月）
「言論の自由とイデオロギーの共存」白門二〇巻五号（同前）
「労働組合の団体性――その法的主体性についての一考察――」季刊労働法六九号（九月）
「ドイツにおける協約排除条項と組織強制の法理」比較法雑誌六巻一＝二号（一二月）

判例研究

「配転をめぐる南海電鉄みさき公園事件（大阪地判昭四二・五・二六）」月刊労働組合一二号（三月）
「労基法に基づく災害補償と慰謝料――仲栄製機事件（最一小判昭四一・一二・一）」一九六八年版ジュリスト年鑑（五月）
「ユニオン・ショップに基づく解雇の効力――日本食塩事件（東京高判昭四三・二・二三）」労働法学研究会報七七〇号（七月）

座談会

「労働争訟をめぐる問題――労働仮処分を中心として」（色川幸太郎、園部秀信、沖野威、松岡三郎、花見忠、古西信夫）日本労働法学会誌三二号（一〇月）

一九六九（昭和四四）年

論文

「職場交渉において、使用者側の下部職制は職場組織の要求する事項が自己の権限外事項であることを理由としてその交渉を拒否することができるか」法学セミナー一五五号（二月）
「労使関係法報告書のねらいとわれわれの基本要求」日本労働組合総評議会〔編〕『権利闘争の前進の

ために』序章（労働旬報社）（一〇月）
「チェック・オフをめぐる法律問題」日労研資料七四八号（一一月）
「政治ストの合法性」月刊労働問題一四〇号（一二月）

判例研究
「性別を理由とする差別的賃金条項の無効性とその確認訴訟の可否――西ドイツ連邦労働裁判所一九五七・三・二三」別冊ジュリスト『ドイツ判例百選』（五月）
「実効的賃金条項と一般的拘束力宣言――西ドイツ連邦労働裁判所一九五六・三・一判決」同前（同前）

その他
「休業手当」「経歴詐称」「組合活動の範囲」「ロックアウト」「団体交渉の当事者」『法律学の基礎知識』（有斐閣）（六月）

一九七〇（昭和四五）年

著書
『労働法判例』（共編著、青木宗也、片岡昇、蓼沼謙一）（有斐閣）（二月）
『「少数派組合員の権利」をめぐる判例』上・下（共編、島田信義）労働法学研究会報八七七号、八七八号（一〇月）

論文
「休憩時間中の政治活動――二つの判例を中心として」白門二二巻三号（三月）
「組合民主主義――労働者の組織と個人――」ジュリスト増刊『現代の法理論』（六月）
「就業時間中における政治的プレート着用の正当性」日労研資料八〇六号（八月）
「労働組合の統制権――その根拠についての一考察」季刊労働法七七号（九月）
「労組内少数派の闘いと法理」朝日ジャーナル一九七〇・一一・二二号（一一月）

判例研究
「公務員の争議行為と懲戒処分――全税関神戸支部事件（神戸地判昭四四・九・二四）」月刊労働組合三四号（一月）

「企業外政治活動と懲戒規定の効力――三菱電機事件（神戸地尼崎支決昭四五・三・一二）」労働法学研究会報八五五号（五月）

座談会　「使用者の私生活の自由と組合活動――社長宅への団交開催要求行動の正当性」（青木宗也、中山和久、籾井常喜、鍛冶利秀）労働法律旬報七三九号（五月）

「企業外政治活動と懲戒解雇――三菱電機事件を中心に」（西川美数、滝川誠男）季刊労働法七六号（六月）

その他　「やさしい労働教室―労働基準法」（一）～（二七）全繊新聞一〇七五号（六月）～一一〇一号（一二月）

「労働法講評：年次有給休暇請求権の法的性格を論ぜよ／いわゆる山猫ストを論ぜよ」受験新報昭四五・一〇月号（一〇月）

一九七一（昭和四六）年

著書　別冊法学セミナー・基本法コンメンタール『労働法Ⅰ団体法』（共編、沼田稲次郎・野村平爾・青木宗也）（一一月）

論文　「団体交渉と労使協議制」労働と経済（東京都労働経済局）八二号（一月）

「定年制と労働契約」（一）（二）労働判例一一九号（三月）、一二〇号（四月）

「第三者の強要と不当労働行為」中央労働時報五一三号（五月）

「幹部責任」青木宗也・片岡昇〔編〕『学説判例労働法・労働団体法』（法律文化社）（六月）

「休暇」塚本重頼・萩沢清彦〔編〕労働法実務全書二『労働条件』（ダイヤモンド社）（同前）

判例研究　「短期労働契約の更新と更新拒絶の意思表示――東芝柳町工場事件（東京高判昭四五・九・三〇）」ジュリスト増刊『昭和四五年度重要判例解説』（同前）

「公害原因の公表と組合活動の正当性――日本計算器事件（京都地峯支判昭四六・三・一〇）」日労研八四二号（一〇月）

座談会

「戦後の労働法学」（松岡三郎、林迪廣、青木宗也、外尾健一、島田信義、片岡昇、本多淳亮、籾井常喜、花見忠、川口実、古西信夫）日本労働法学会誌三七号（五月）

「労働問題の多科学的研究」（沼田稲次郎、舟橋尚道、徳永重良、岡本秀明、三戸公）季刊労働法八〇号（六月）

「企業合併と定年協定の拡張適用――日産自動車事件を中心として」（宮島尚史、正田彬）季刊労働法八一号（九月）

「全損保への組織破壊攻撃とその不当性――組織つぶしのための分裂・脱退攻撃と不当労働行為の成否」（籾井常喜、青木宗也、山根晃、伴啓吾、井倉大雄）労働法律旬報七九三号（一一月）

一九七二（昭和四七）年

著書

『労働協約読本』（共著、沼田稲次郎、蓼沼謙一）（東洋経済新報社）（五月）

『演習労働法』（共編、片岡昇）「労働の従属性と労働法の概念」「労働法の法源」「労働法の解釈」「団結権の保障と不当労働行為」「不当労働行為の主体」（青林書院新社）（三月）

論文

「職場闘争としての職場交渉――その法的主体性を中心として」労働法律旬報八〇一号（一月）

「就業規則―解説」有泉亨・青木宗也（編）別冊法学セミナー・基本法コンメンタール『労働基準法』（日本評論社）（五月）

「現代の労働争議と裁判」甲斐道太郎・鈴木正裕（編）『現代社会と裁判』（有斐閣）（一二月）

判例研究

「企業合併と定年制協定の拡張適用――日産自動車事件（東京地判昭四六・四・八）」ジュリスト増刊『昭和四六年度重要判例解説』（七月）

「労働判例の新しい動き」中央労働時報五三三号（一〇月）
「休憩時間中の政治活動――日本ナショナル金銭登録機事件（東京高判昭四四・三・三）」ジュリスト増刊『労働法の判例』（一二月）

座談会
「労使関係と市民的自由」（松岡三郎、東城守一、奥平康弘）労働法律旬報八〇八号（五月）
「官公労働者の労働基本権と裁判所の考え方」（青木宗也、竹下英男、水野勝、角田邦重）現代法ジャーナル五号（九月）
「公務員・公社職員等の政治活動――法規・裁判例からみたその限界」（田口精一、慶谷淑夫）官公労働二六巻一一号（一一月）

書評
「沼田稲次郎『団結権思想の研究』」法学セミナー二〇二号（一〇月）

その他
「やさしい労働教室――労働組合法」（一）～（四九）全織新聞一一五八号（三月）～六〇号、一一六〇～三号、一一六五～八七号、一一八九～九四号、一一九七～一二〇九号、一二一一号、一二一三～一二一五号（一九七三年六月）
「組合実践講座・職場の労働法―不当労働行為」（一）～（八）まなぶ一四〇号（四月）～一四七号（一一月）
「裁判を動かしていくもの」白門二四巻五号（五月）
「労働法講評：不当労働行為の主体／労働協約の平和義務」受験新報四七年七月号（七月）

一九七三（昭和四八）年

論文
「市民法と労働法」中川善之助〔監修〕別冊法学セミナー増刊『現代法学事典』二巻（七月）
「臨時雇用労働者をめぐる諸問題」月刊ゼンセン二二四号（八月）
「歴史の歯車を逆回転させる最高裁――四・二五全農林警職法判決を中心として」白門二五巻一〇号

（一〇月）

「官公労働者の労働基本権と公制審答申」月刊労働組合八〇号（一一月）

判例研究

「起訴休職の合理性」司法連ニュース一三号（一二月）

「教職員人事異動に関する団体交渉――静岡県教組事件（静岡地判昭四五・三・一三）」別冊ジュリスト『教育判例百選』（四月）

「労基法に基づく災害補償と慰謝料――伸栄製機事件（最一小判昭四一・一二・一）」ジュリスト増刊『昭和四一・四二年度重要判例解説』（五月）

「男女別定年制の反公序性――日産自動車事件（東京地判昭四八・三・二三）を中心にして」労働判例一七四号（六月）

「労働者の法定外休日労働義務について――東洋鋼鈑事件（広島高判昭四八・九・二五）」労働判例一八六号（一二月）

座談会

「最近の労働基本権判例の問題点――全逓横浜中郵差戻判決・全専売判決・動力車労組判決」（青木宗也、竹下英男、水野勝、角田邦重）労働法律旬報八二五号（一月）

「スト権奪還闘争における法理論上の諸問題」（「報告／労働基本権制約の判例理論」蓼沼謙一、青木宗也、片岡曻、中山和久、籾井常喜）労働法律旬報八二九号（三月）

「最高裁四・二五判決の基本的性格・問題点」（「報告／判決における労働基本権の矛盾点・問題点――全農林警職法事件判決を中心に」沼田稲次郎、蓼沼謙一、青木宗也、片岡昇）労働法律旬報八三三号（五月）

「公制審答申と公務員の労働基本権」（青木宗也、蓼沼謙一、本多淳亮、中山和久、籾井常喜）労働法律旬報八四二号（一〇月）

その他

「『生きがい論』の横行」全繊新聞一二〇一号（二月）

「労働法講評：いわゆる三六協定から直接に労働者の時間外労働義務が発生するか／組合の違法争議指令にも組合員は服する義務を負うか」受験新報昭四八・九月号（九月）

一九七四（昭和四九）年

論文

「労働協約と争議行為の制限」月刊ゼンセン二三一号（四月）

「団結権の保障とその制限」外尾健一・片岡昇（編）『労働法を学ぶ』（有斐閣）（同前）

「組合運動と労働法学——権利闘争論」沼田稲次郎教授還暦記念論文集上巻『現代法と労働法学の課題』（総合労働研究所）（五月）

「チェック・オフ協定と相殺」労働法律旬報八五六号（同前）

「労働者の『豊かな生活』と労働時間の短縮」労政千葉一五八号（同前）

「配転・転勤をめぐる法律問題」月刊労働組合八七号（七月）

「労働協約とは何か——その考え方について」労働判例二〇一号（同前）

「不当労働行為の私法上の地位——不当解雇の効力を中心として」ジュリスト別冊『法学教室』（二期）六号（九月）

判例研究

「本採用の拒否と思想・信条の自由——三菱樹脂事件（最大判昭四八・一二・一二）」（共筆、川添利幸）判例評論一八一号（三月）

「休日振替・休日労働命令と就労義務——東洋鋼鈑事件（広島高判昭四八・九・二五）に関連して」労働法学研究会報一〇三六号（三月）

「企業外における『会社の体面』汚損行為と懲戒処分——日本鋼管砂川基地闘争事件（最小判昭四九・三・一五）」労働判例一九六号（五月）

「政党支持決議——中里鉱業所労組事件（最二小判昭四四・五・二九）」別冊ジュリスト『労働判例百選

〔第三版〕』（九月）

「組合員の立候補の自由——三井美唄炭鉱労組事件（最大判昭四三・一二・四）」同前（同前）

「脱退者と組合財産関係——全金大興電機支部事件（東京高判昭四九・四・二四）を中心に」労働判例二〇八号（一一月）

「争議行為の諸形態」松岡三郎〔編〕別冊法学セミナー・基本判例シリーズ『判例労働法・団体法』（一一月）

座談会

「思想・信条と最高裁判所——三菱樹脂最高裁判決をめぐって——」（「報告／最高裁は思想・信条の自由をどのように裁いたか」渡辺洋三、籾井常喜、塙悟、高野達男）労働法律旬報八五一号（二月）

「七四春闘スト権問題の評価と現下の焦点」（青木宗也、中山和久、籾井常喜）労働法律旬報八五九号（六月）

「労働組合の経営参加はどこまで可能か」（木元進一郎、氏原正治郎）季刊労働法九二号（六月）

「労働組合と統制権——組合民主主義と労働法学」（「報告／労働組合と組合員の法的関係を問う」秋田成就、外尾健一、片岡昇）季刊労働法九四号（一二月）

書評

「沼田稲次郎著『労働運動の権利』」法律時報四六巻七号（七月）

その他

「労働法講評：組合分裂と組合財産の帰属／労働者の就労請求権」受験新報昭四九年七月号（七月）

一九七五（昭和五〇）年

著書

『労働法判例〔新版〕』（共編著、青木宗也、蓼沼謙一、片岡昇）（有斐閣）（四月）

論文

「定年制をめぐる問題」（一）〜（三）週刊労働新聞一〇八九号（三月）〜一〇九一号（四月）

「『解雇の自由』はどこまで許されるか」季刊日本の経営文化六号（七月）

「労働基本権闘争の歴史的意義と今日的課題」全専売オルグ手帳一七〇号（一二月）

判例研究　「最近の労働判例について」(一)〜(四) 官公労働二九巻三号(三月)、五号(五月)〜七号(七月)
「ビラ貼りと損害賠償――動労甲府支部事件(東京地判昭五〇・七・一五)を中心に」労働判例二三三号(一〇月)
座談会　「昭和四九年判例回顧」Ⅰ・Ⅱ(秋田成就、小西國友) 労働判例二一二号、二一三号(一月)
「労働法の学び方」(久保敬治、外尾健一、山口浩一郎) ジュリスト別冊『法学教室』(二期) 八号(七月)
その他　『地方自治昇任昇格演習・六週間講義ノート』(共筆)(公務員研修協会)(九月)

一九七六(昭和五一)年

論文　「スト権ストと議会制民主主義」労働法律旬報八九六号(一月)(国労法対時報別冊特集一月号に転載)
「採用内定とその取消」(一)(二) 受験新報昭五一・二号(二月)、三号(三月)
「試用期間と本採用拒否」同前昭五一・六号(六月)
「スト権ストと第三者の損害」動労法対ニュース別冊二〇号(同前)
「労働事件にみる村上コートの論理と思想」労働法律旬報九〇八号(七月)
「激化する合理化と法律問題」労働経済旬報一〇〇八号(九月)
「起訴休職」(一)(二) 受験新報昭五一・九号(九月)、一二号(一二月)
「再登録制と組合員資格――全逓福岡中央支部事件を契機として」労働判例二五八号(一一月)
「労働協約と争議行為の制約」(一) 賃金実務三三一号(一二月)
座談会　「昭和五〇年判例を顧みる(上) 争議行為と労使関係」(藤本正、高井伸夫) 労働判例二三七号(一月)
「戦後の権利闘争と労働法学の課題」(沼田稲次郎、本多淳亮、片岡昇、中山和久、籾井常喜) 労働法律旬報九〇〇号(三月)

「村上コートの分析と評価」（潮見俊隆、小田中聡樹、高柳信一）法律時報四八巻九号（八月）
「労働運動の当面の課題と今後の動向（下）」（太田薫、富塚三夫、竪山利文、山田陽一）労働経済旬報一〇〇五号（同前）

書評　「活力を失わぬ唯物史観法学―沼田稲次郎『日本労働法論』同著作集第一巻」エコノミスト一九七六・四・二七号（四月）

その他　「総評労働運動への提言（一四）／処罰させぬ力量を、スト権奪還闘争の更なる前進へ」総評新聞一九七号（一月）
「おっかないのにまた会いたくて」沼田稲次郎著作集四巻『労働争議権論』（労働旬報社）月報（六月）

一九七七（昭和五二）年

論文　「労働協約と争議行為の制約」（二）賃金実務三三四号（一月）
「起訴休職」（三）（四）受験新報昭五二・五号（五月）、七号（七月）
「正当な組合活動とその免責の構造」（一）〜（三）労働判例二七四号（七月）、二八〇号（一〇月）、二八五号（一二月）

判例研究　「退職金規定の運用と就業規則の改訂――最近の判例を中心として」労働法学研究会報一一六五号（四月）
「労働組合の闘争資金積立金と脱退組合員によるその返還請求――全金日野車体工業事件（金沢地判昭五一・七・一二）」判例評論二一八号（四月）

座談会　「最近の最高裁判例――その法理的問題点」（秋田成就、安枝英訷、近藤昭雄、渡辺章）労働判例二六二号（一月）

「権利討論集会をふりかえって」（野村平爾、沼田稲次郎、青木宗也、本多淳亮、中山和久、佐藤昭夫、籾井常喜、竹下英男、武藤久、永井新八、細井宗一）国労法対時報二一号（八月）

「経営内における労働者の政治活動と市民的自由」（中山和久、籾井常喜）労働法律旬報九三六号（九月）

その他

「労働法講評：労働委員会は救済命令としてバック・ペイを命ずるにあたり、労働者の『中間収入』を控除しなければならないか／いわゆるリボン闘争について」受験新報昭五二・八号（八月）

「やさしい労働教室―労働協約の話」（一）～（五〇）ゼンセン新聞一四一二号（一〇月）～一六号、一四一八～二一号、一四二三～三六号、一四三八～四八号、一四五〇～五一号、一四五四～五七号、一四五九～六八号、一四七〇号（一九七九年一月）

一九七八（昭和五三）年

著書

別冊法学セミナー・基本法コンメンタール『新版労働組合法』（共編、野村平爾、沼田稲次郎、青木宗也）第三章Ⅰ～Ⅱ、第一六条六（六）～（八）（五月）

論文

「正当な組合活動とその免責の構造」（四）～（七）労働判例二八八号（二月）、二九二号（四月）、二九七号（七月）、三〇七号（一二月）

「就労請求権」（一）（二）受験新報昭五三・三号（三月）、一〇号（一〇月）

「労働組合の統制権」恒藤武二〔編〕『論争労働法』（世界思想社）（四月）

「労働者の団結とは――その考え方」白門三〇巻四号（四月）

「政府・独占のスト権思想」上・下月刊労働組合一三五号（六月）、一三六号（七月）

「『スト権意見書』を考える――歴史の流れのなかで」労働法律旬報九五七＝八号（八月）

判例研究

「減量経営の展開をめぐる人事異動の根拠と拘束力――最近の配転・出向の判例傾向を中心に」労働法

学研究会報一二二四号（二月）
「定年制をめぐる問題」『労使関係に生かす「労働判例」：個別労働関係編』（労働新聞社）（一〇月）
「企業内政治活動の規制――目黒電報電話局事件（最三小判昭五二・一二・一三）」ジュリスト増刊『労働法の判例（第二版）』（一〇月）

座談会

「最近の判例動向と労働法上の難問」（「報告／整理解雇をめぐる判断基準、企業内の政治活動、組合活動の限界」秋田成就、高井伸夫、岡村親宜）労働判例二八六号（二月）
「動きはじめたスト権問題」（青木宗也、本多淳亮、外尾健一、片岡曻、中山和久、籾井常喜）労働法律旬報九四三＝四号（同前）
「企業内組合活動と職場秩序――活動の正当性をどう評価するか」（外尾健一、山口浩一郎）季刊労働法一〇七号（三月）
「人員整理と婦人労働者」（田辺照子、樋口幸子）労働法律旬報九五二号（五月）
「『労働と人権』の再検討」（「報告／「『労働と人権』考察の視角・労働法学の立場から」稲上毅、大須賀明、神代和欣）法学セミナー増刊『労働と人権』（六月）
「労働判例と労働法」（「報告／判例法理と解釈法理の検討と課題」秋田成就、外尾健一、片岡曻）労働判例三〇〇号（八月）
「労働法と労働組合を考える」（角田邦重、菊池高志、佐川一信）労働法律旬報九六〇号（九月）

その他

「アンケート・公共部門のスト権問題解決の方向／意見書はスト禁止のためにのみ機能」季刊労働法一〇九号（九月）
「事実で語らせる労働法」野村平爾著作集一巻『資本主義と労働法』（労働旬報社）月報（一〇月）
「ビラ貼りと刑事責任」中央区労協丸金証券労働組合『ステ貼り弾圧を粉砕しよう』（同前）

一九七九（昭和五四）年

著書
『判例ノート労働法』（共編、青木宗也）第一章労働基本権（法学書院）（三月）
『現代労働法入門』（共編、窪田隼人）労働安全衛生、労働災害補償（法律文化社）（四月）
ジュリスト増刊『労働法の争点』（共編、蓼沼謙一）「雇用契約と労働契約」「争議中の操業の自由」（九月）
『労働法事典』（共編、沼田稲次郎、青木宗也、片岡昇、本多淳亮、中山和久、籾井常喜）（一二月）

論文
「労働時間の規制と時間外労働—労働時間」法律事典編集委員会〔編〕『労働運動市民運動法律事典』（大月書店）第II編第二章第五節の二（六月）
「差別的取扱条項と協約自治の限界——ドイツ判例理論を中心として」（一）比較法雑誌一三巻一号（七月）
「労働基本権」憲法擁護国民連合〔編〕『違憲白書』（九月）
「就業時間中の組合活動と職務専念義務——リボン闘争を中心として」労働判例三二八号（一二月）

判例研究
「就労請求権」（三）受験新報昭五四・一二号（一二月）
「教職員人事異動に関する団体交渉——静岡地判昭四五・三・一三」別冊ジュリスト『教育判例百選〔第二版〕』（九月）

座談会
「労働契約と企業秩序」（秋田成就、小西國友、菊池高志、渡辺章）労働判例三〇八号（一月）
「労働者の情宣活動の自由——石川島播磨重工業ビラ事件・上告審に向けて」（角田邦重、菊池高志、近藤昭雄、上条貞夫、牛久保秀樹、岡村親宜、山本進一ほか）労働法律旬報九七〇号（二月）
「野村法学について」（青木宗也、島田信義、中山和久、川口実）季刊労働法一一一号（三月）
「企業秩序の神格化と組合権の逆流」（一）（二）（「報告／庁舎管理権と組合掲示板の利用—全逓新宿郵便

局事件・東京地決昭五四・二・二七」本多淳亮、籾井常喜、角田邦重）労働法律旬報九八三号、九八四号（九月）

書評　「ある学説とひとつの心象風景——沼田稲次郎『行人有情』」季刊労働法一一四号（一二月）

その他　「野村先生のことなど」ジュリスト六八七号（四月）

一九八〇（昭和五五）年

論文　「『企業秩序』と労働者権の交錯——組合活動論の一断章として」季刊労働法一一七号（九月）

「パートタイマーの法律問題」（一）～（五）専門職（法令実務総合研修センター）一九八〇・一一号（一一月）～一九八一・三号（一九八一・三月）

「権利闘争の課題」季刊労働者の権利一三九号（一一月）

判例研究　「ある下級審判決にみる最高裁判例の拘束性と労働基本権——東京地判昭五五・三・一四日教組事件の検討」ジュリスト七二二号（八月）

座談会　「紛争解決機能からみた判例理論の現実性」（秋田成就、小西國友、角田邦重）労働判例三三〇号（一月）

「権利闘争の総括と展望その二——現状からの出発・権利闘争再生への課題」（「報告／権利闘争の現状を見る眼」青木宗也、本多淳亮、藤本正、坂本修、内山光雄、酒井一三）労働法律旬報一〇〇一号（六月）

その他　「法律学への招待—労働法」法学セミナー増刊『法学入門』（四月）

一九八一（昭和五六）年

論文　「経営参加と協調」学習のひろば一九八一・一号（一月）

「労働法学の方法」日本労働法学会〔編〕現代労働法講座一巻『労働法の基礎理論』（総合労働研究

所）（同前）
「組合活動と施設管理権」中央労働時報六六〇号（二月）
「欧米諸国のストライキ事情」月刊労働組合一六八号（三月）
判例研究　「政党支持決議――中里鉱業所事件（最二小判昭四四・五・二）」別冊ジュリスト『労働判例百選〈第四版〉』（八月）
「争議行為と第三者――東急電鉄事件（横浜地決昭四七・八・一六）」同前（同前）
「労働協約」法学セミナー一九八一・一一付録『判例ハンドブック（労働法）』（一一月）
座談会　「最近の労使紛争の問題点」（秋田成就、渡辺章、近藤昭雄）労働判例三五二号（一一月）
その他　「爛柯の楽しみ」白門三三巻三号（三月）
「主体的な取り組みを」中央大学学友会学術連盟『学術連盟案内』（四月）
「労働法講評：再登録制と組合員資格の剥奪／整理解雇の効力」受験新報昭五六・八号（八月）
「敗戦雑感」ちゅうおう九号（九月）

一九八二（昭和五七）年

論文　「最近の労使交渉の諸形態と法的問題点――団交・労使協議制・労使委員会の役割と運用基準」労働法学研究会報一四〇六号（四月）
「労働協約の規範的効力」有泉亨・秋田成就・萩沢清彦・外尾健一〈編〉『新版労働法演習』2（有斐閣）（一一月）
座談会　「労働組合の変容と団結権法理の再検討――戦後労働法学の認識と方法論を洗う」上・下（本多淳亮、中山和久、籾井常喜）労働法律旬報一〇三九号、一〇四〇号（一月）
「最近の労働判例の動きを追う」（一）（二）（秋田成就、林和彦、山下幸司、石橋洋、山田省三、中村和

夫）労働判例三七四号（一月）、三七五号（二月）

その他

「『従業員であること』とは」労働判例三七六号（二月）

「ラディカルな問いかけとは」中央大学学友会学術連盟『学術論叢』三月号（三月）

「組合民主主義に関する覚書」同前四月号（四月）

「何を学ぶか」同前『学術連盟・案内』（同前）

「労働法講評：某私鉄の組合の争議によって、当該私鉄を利用できなくなった第三者は、私鉄会社にたいし損害賠償を請求することができるか／争議行為のさい、使用者は家族手当を賃金カットの対象とすることができるか」受験新報昭五七・七号（七月）

「外国法を研究するとは」日本労働法学会（編）現代労働法講座九巻『労働保護法論』（総合労働研究所）しおり（一二月）

一九八三（昭和五八）年

論文

「国労攻撃のねらいと権利闘争の課題」国労法対時報四三号（九月）

「就業規則」有泉亨・青木宗也（編）別冊法学セミナー・基本法コンメンタール『新版労働基準法』（一〇月）

「改訂協約による労働条件の切下げ」労働法学研究会報一四八二号（一一月）

「職場活動の法律問題と対症療法」国労法対時報四四号（同前）

「いまなぜ〝労基法見直し〟なのか――立法論的観点から」季刊労働法一三〇号（一二月）

判例研究

「企業秩序と労働者の表現の自由――関西電力事件（最一小判昭五八・九・八）」労働判例四一七号（一二月）

座談会

「最高裁の労働判決をめぐって――その法的拘束力、受け止め方、判決のあり方について」（秋田成

就）労働判例三九六号（一月）

その他　「藤田協約理論にまなぶ」藤田若雄著作集第四巻『年功的労使関係の法構造』（三一書房）しおり（四月）

「組合員資格についての一断章」都職労「石坂さんの組合員地位保全裁判」パンフ（八月）

一九八四（昭和五九）年

論文　「派遣労働者をめぐる法的問題」『第三次産業の労働問題』（東京都労働経済局）（三月）

「企業別協約と有利原則——規範的効力の一断面」季刊労働法一三三号（一〇月）

「労働者派遣事業をめぐる法律問題」労法センターニュース二三号（一一月）

「労働基本権の保障」「労働組合の組織と性格」「組合活動」沼田稲次郎・片岡曻・本多淳亮〔編〕『シンポジューム労働団体法』（青林書院）（一二月）

判例研究　「労働者の強行就労と企業秩序の紊乱——ダイハツ工業事件（最二小判昭五八・九・一六）」月刊法学教室一九八四・一号（一月）

座談会　「最近の最高裁判例——その法理と問題点」（秋田成就、林和彦）労働判例四一八号（一月）

その他　「『悪法もまた法なり』ということについて」中央大学学友会学術連盟『学術論叢』一九八四・六号（六月）

「基本講座四／憲法とともに」まなぶ二九七号（七月）

一九八五（昭和六〇）年

論文　「労働者の『情報入手権』覚書」法と民主主義二〇〇・二〇一号（九月）

座談会　「最近の労働協約をめぐる判例の法理」（秋田成就、渡辺章）労働判例四四〇号（一月）

その他　「わが右往左往の記——還暦を迎えて」横井芳弘先生還暦記念文集『遊子閑談』（非公刊）（一月）

「本件命令（大阪地労委昭六〇・八・二二）を足場に更なる前進に期待」連帯一九八五・九・五号外（九月）

論文

一九八六（昭和六一）年

「労働基準法改正とこれからの労使関係――組合運動の観点から」労法センターニュース三七号（一月）

「勤務時間中の組合活動を理由とする一時金からのいわゆるダブルカットに関する意見書」自治労弁護団雑誌一四号（二月）

「労働法制改編を問う――組合運動をすすめるにあたっての権利保障の観点から」新地平一三七号（五月）

「最近における労働法改正の動向とその背景」白門三八巻七号（七月）

「派遣労働者の法的地位――私法上の権利義務関係を中心として」季刊労働法一四〇号（同前）

「派遣労働者をめぐる法律問題――労使関係を中心として」労働かながわ四三三号（同前）

「国鉄改革法案と国鉄労働者」交通権四号（一〇月）

「人事情報システムと労働者のデータ保護――経営協議会による集団的保護の〔序論的〕考察」蓼沼謙一（編）『企業レベルの労使関係と法』（勁草書房）（一〇月）

その他

「労働基準法とはなにか」まなぶ三一七号（五月）

「若い世代との対話の可能性を求めて」わたしの選択あなたの未来編集委員会（編）『わたしの選択あなたの未来』（労働旬報社）（六月）

一九八七（昭和六二）年

「協約の地域的拡張精度とその実際」（共筆、久谷与四郎）労働法学研究会報一六〇八号（八月）

著書
『新版判例ノート労働法』（共編、青木宗也）（法学書院）（五月）

論文
「中基審『建議』を読んで――建議で時短ははかれない」労働法律旬報一一六一号　（三月）
「労使関係の変貌と労働法の理論」季刊労働法一四三号（四月）
「会社解散と労働者の権利――現行法制度の限界と課題」労働法律旬報一一六八号（五月）
「単身赴任を考える――どこに問題があるのか」白門三九巻八号（八月）
「労基法『改正』と労働者の課題」新地平一五二号（同前）

その他
「人間らしい労働時間を！――権利意識の向上のために考えて欲しいこと」まなぶ三三四号（五月）
「崩壊する戦後労働法学体系――労働組合は存亡の危機へ」労働情報増刊号一九八七・一〇・一五号（一〇月）

一九八八（昭和六三）年

著書
『新版現代労働法入門』（共編著、窪田隼人）（法律文化社）（五月）
『現代労使関係と法の変容』（編著）「被用者の情報開示請求権と人事記録閲覧権」（勁草書房）（一一月）

論文
「三井三池争議」ジュリスト九〇〇号記念『法律事件百選』（一月）
「労基法改正と今後の課題」『労基法改正と今後の課題』（東京都労働経済局）（三月）
「これからの労使関係のあり方と労働法の課題」賃金事情二〇〇一号（八月）

判例研究
「定年延長と労働条件の不利益変更――第四銀行事件（新潟地判昭六三・六・六）」ジュリスト九一六号（九月）

翻訳
「ガミルシェーク／労働法の道具」（共訳、五明光宇）ベーンリッヒ・桑田三郎（編）『西ドイツ比較法学の諸問題』（日本比較法研究所／中央大学出版部）（三月）

一九八九（平成元）年

論文　「労使関係の変容と労働法解釈の方法論的課題」（一）（二）季刊労働法一五〇号（一月）、一五二号（七月）

「戦後労働法制の展開と労組法改悪の動き——組合運動の観点から」労法センターニュース七五号（三月）

「労働法制の再編と権利闘争」月刊労働組合一九八九・四号（四月）

一九九〇（平成二）年

著書　ジュリスト増刊『労働法の争点（新版）』（共編、蓼沼謙一、角田邦重）「労働法における従属性の概念」（一一月）

一九九一（平成三）年

著書　『彩光─中村武先生の想い出』（編）「中村先生のみ魂に」（酒井書店）（三月）

『副読本労働法』（共編、角田邦重、近藤昭雄）「市民法原理の貫徹と労働者の生成」（中央大学通信教育部）（七月）

一九九二（平成四）年

著書　労働判例大系一〇巻『労働組合の組織と運営』（共編、角田邦重）（労働旬報社）（七月）

その他　「イェーリング・権利のための闘争」中央大学新聞一一〇〇号（四月）

「塚本重頼先生の人と業績を偲んで」季刊労働法一六四号（八月）

一九九三（平成五）年

論文　「改正労基法の内容と労働時間の短縮」とうきょう労働（東京都労働経済局）（六月）

「労基法改正と労働時間の短縮」（一）～（三）白門四五巻八～一〇号（八～一〇月）

一九九四（平成六）**年**

その他　「企業の論理と家庭の論理」中央大学学員時報三一六号（一月）

一九九五（平成七）**年**

著書　『現代労働法入門〔第三版〕』（共編著、窪田隼人、角田邦重）第一編「労働法の基礎理論」（法律文化社）（五月）

一九九六（平成八）**年**

論文　「『労働判例』から何を学ぶか」労働判例六八二号（二月）

その他　「青木君、まだ喚ばないで」労働法律旬報一三七八号（八月）

一九九七（平成九）**年**

その他　「時代を斬った沼田先生」労働法律旬報一四一三号（五月）

一九九八（平成一〇）**年**

一九九九（平成一一）**年**

その他　「国家の公共性とは」労働判例七四八号（一月）

二〇〇〇（平成一二）**年**

著書　『新現代労働法入門』（共編著、角田邦重、脇田滋）（法律文化社）第一部「労働法総論」（五月）

書評　「広田研二『この命守りたかった　検証二木公治君の過労自殺』（かもがわ出版）」労働法律旬報一五〇三号（五月）

その他　「創刊五〇周年に寄せて／旬報に学ぶ」労働法律旬報一四七一＝七二号（一月）

二〇〇一（平成一三）**年**

その他　「様変わりした労働関係と労働法——五〇年を閲して」日本労働法学会誌九七号（五月）

二〇〇二（平成一四）年

論文　「市民社会の変容と労働法」季刊労働法一九八号（二月）

その他　「年頭所感／もっと政策批判が必要なのでは」労働法律旬報一五一九号（一月）

二〇〇三（平成一五）年

著書　『新現代労働法入門〔第二版〕』（共編著、角田邦重、脇田滋）（法律文化社）（五月）

二〇〇四（平成一六）年

二〇〇五（平成一七）年

著書　『市民社会の変容と労働法』（共編、辻村昌昭、篠原敏雄）（信山社）（七月）（本書）

（報告者・遠藤隆久）

⑶⓪ 2000•10• 7　「中国の国家思想」
場所・三鷹労政事務所　報告者・荒木弘文

⑶① 2000•11•26　「労働法の公共性　沼田理論を素材に〈ハーバーマスとの接点は〉？」
場所・中大会館　報告者・辻村昌昭

⑶② 2001• 3 •18　「整理解雇法理の基本問題」
場所・中大会館　報告者・藤原稔弘

⑶③ 2001• 7 • 8　「テーマ設定のための研究会」
場所・全電通労働会館

⑶④ 2001• 9 • 7 〜 8　①「持株会社・会社分割の法的諸問題」（報告者・梅田武敏）
場所・茨城県「女性プラザ」　②「近代法の価値システム批判」（報告者・辻村昌昭）

⑶⑤ 2001•10•13　「労働法学における『市民社会と国家』（総論）」（報告者•横井芳弘）
場所・全電通労働会館

⑶⑥ 2001•12•24　「若年非正規雇用と雇用保障」
場所・全電通労働会館　報告者・中野育男

⑶⑦ 2002• 3 •30　「労働法における市民法化批判」
場所・全電通労働会館　報告者・遠藤隆久

⑶⑧ 2002• 5 •11　「労働法学におけるリベラリズム」
場所・専修大学　報告者・石井保雄

⑶⑨ 2002• 9 •13〜14　①「労働法における法解釈の方法論について」（報告者・辻村昌昭）
場所・対岳荘　②「従業員代表の機能と労働組合」（報告者・新谷眞人）

⑷⓪ 2003• 3 •23　「雇傭・請負・委任と労働契約」
場所・全電通労働会館　報告者・鎌田耕一

⑷① 2003• 5 •10　「ヘーゲル法哲学・市民社会・市民法学」
場所・全電通労働会館　報告者・篠原敏雄

⑷② 2003• 7 •27　「グロバリゼーションと労働法の市民法化」
場所・中大会館　報告者・遠藤隆久

⒂　1996・10・26　「内田貴『契約の再生』を読んで」
場所・中大会館　　　　報告者・遠藤隆久

⒃　1996・12・15　「田端稔『マルクスとアソシエイション』〈新泉社・1994年刊〉について」
場所・中大会館　　　　報告者・遠藤隆久

⒄　1997・2・24　「持株会社解禁をめぐって」
場所・専修大学　　　　報告者・梅田武敏

⒅　1997・5・9　「規制緩和論について」
場所・仏教大学　　　　報告者・遠藤隆久

⒆　1997・3・19　「労働法と公共性」
場所・専修大学　　　　報告者・遠藤隆久

⒇　1997・8・2　「広中俊雄『民法解釈方法に関する十二講』」
場所・中大会館　　　　報告者・石井保雄

(21)　1997・10・18　「請負労働に関するILO条約案と日本法理の課題」
場所・亜細亜大学　　　報告者・鎌田耕一

(22)　1998・10・18　「沼田理論における規範意識」
場所・中大会館　　　　報告者・辻村昌昭

(23)　1998・7・5　「戦後労働法学の理論的検討」
場所・中大会館　　　　全体会議

(24)　1998・11・28　「吾妻先生と磯田先生の労働法学方法論について」
場所・中大会館　　　　報告者・石井保雄

(25)　1999・2・28　「ドイツ法における最近の労働者概念」
場所・中大会館　　　　報告者・小俣勝治

(26)　1999・5・10　　①「国際労働基準と国際取引」（報告者・中野育男）
場所・中大会館　　②「労働法の規制緩和」（報告者・遠藤隆久）

(27)　1999・12・5　　①「使用者概念の変化と法」（報告者・小俣勝治）
場所・中大会館　　②「企業内外の組合活動」（報告者・辻村昌昭）

(28)　2000・3・27　「自己決定とセーフティーネット」
場所・中大会館　　　　報告者・遠藤隆久

(29)　2000・9・2　　①「『ポスト工業社会』における労働法の新たなパラダイム」（報告者・大沼邦博）
場所・関大六甲山荘
②「『市場原理主義とグロバーリズム』は、何ものか」

理論法学研究会活動記録（敬称略）1992〜2003

(1) 1992・10・16 「法フェティシズムの陥穽『法哲学としての社会哲学』」
場所・中大会館　　　報告者・森末伸行

(2) 1992・12・11 「ヘーゲル・マルクス・市民法」
場所・中大会館　　　報告者・篠原敏雄

(3) 1993・3・19 「労働法の解釈と解釈主体」
場所・中大会館　　　報告者・横井芳弘

(4) 1993・5・14 「組合民主主義の視座」
場所・中大会館　　　報告者・遠藤隆久

(5) 1993・7・23 「超越的批判と内在的批判」
場所・中大会館　　　報告者・辻村昌昭

(6) 1993・10・29 「平田清明『市民社会とレギュラシオン』(1993年、岩波書店刊）を読む」
場所・中大会館　　　報告者・篠原敏雄

(7) 1994・10・16 「市民法学の方法論上の諸問題〈都立大法学会雑誌・35巻1号〉を読む」
場所・中大会館　　　報告者・篠原敏雄

(8) 1994・12・18 「経済法における域外適用」
場所・中大会館　　　報告者・梅田武敏

(9) 1995・1・8 「労働者の個人的自由と労働組合」
場所・中大会館　　　報告者・遠藤隆久

(10) 1995・3・27 「労働法の解釈」
場所・中大会館　　　報告者・辻村昌昭

(11) 1996・1・20 「『人間の尊厳』理念の再検討」
場所・中大会館　　　報告者・遠藤隆久

(12) 1996・5・18 「経済法と労働法の接点」
場所・中大会館　　　報告者・梅田武敏

(13) 1996・7・13 「労働法における国家」
場所・中大会館　　　報告者・横井芳弘

(14) 1996・9・28 「経済法と労働法の接点」
場所・中大会館　　　報告者・梅田武敏

市民社会の変容と労働法

2005（平成17）年7月25日　初版第1刷発行

編　者　横井芳弘
　　　　篠原敏雄
　　　　辻村昌昭

発行者　今井　貴
　　　　渡辺左近

発行所　信山社出版株式会社

〒113-0033　東京都文京区本郷6-2-9-102
TEL 03（3818）1019
FAX 03（3818）0344
henshu @shinzansha.co.jp
Printed in Japan

印刷・製本／東洋印刷・大三製本

ISBN4-7972-2423-1　C3332